資治通鑑綱目

第一册

公元前四零三年至公元前一一一年

中国书店

（宋）朱熹　赵师渊　编撰　　李孝国 等　注解

图书在版编目（CIP）数据

资治通鉴纲目 /（宋）朱熹，（宋）赵师渊编著. —
北京：中国书店，2021.3
ISBN 978-7-5149-2689-7

Ⅰ．①资… Ⅱ．①朱… ②赵… Ⅲ．①中国历史—古
代史—编年体 Ⅳ．① K204.3

中国版本图书馆 CIP 数据核字（2020）第 232986 号

责任编辑：辛　迪
策划编辑：董立平
封面设计：肖晋兴

资治通鉴纲目

〔宋〕朱熹　赵师渊 等 / 编撰　李孝国 等 / 注解

出　　版：中国书店
地　　址：北京市西城区琉璃厂东街 115 号
邮　　编：100050
发　　行：全国新华书店经销
印　　刷：运河（唐山）印务有限公司
开　　本：700 mm × 1000 mm　1/16
版　　次：2021 年 3 月第 1 版第 1 次印刷
印　　张：252.75
字　　数：3999 千字
书　　号：ISBN 978-7-5149-2689-7

定　　价：598.00 元（全十册）

出版说明

编年体通史巨著《资治通鉴》，以深邃的历史眼光，记录了上起战国、下至宋朝建立之前，一千三百六十二年历史发展的轨迹，展示了其间曾经出现的诸多王朝兴衰交替的历史，揭示了其中蕴含的历史规律，在中国官修史书中占有极其重要的地位。

《资治通鉴》虽好，但皇皇两百九十四卷，堪称卷帙浩繁，要完全读完，需要花费相当长的时间，所以真正能通读的人少之又少。另外，《资治通鉴》遵照时间线记事，事件之间的内在联系和脉络被打乱，阅读起来缺少连贯性，略显杂乱无章。为了解决这些问题，《资治通鉴》主要编撰者司马光也进行了各种新的尝试，比如编写《目录》《举要历》等，另有史学家胡安国也曾根据司马光《举要历》编辑《举要补遗》等。在此之后，一代大儒朱熹，更是在门人赵师渊的协助下，以前人成果为基础，将《资治通鉴》重新编辑成了一套全新的史学巨著——《资治通鉴纲目》（以下简称"《纲目》"）。

在朱熹、赵师渊等的努力下，《纲目》在《资治通鉴》的基础上，开创性地为历史提供了全新的表述形式，主要体现在以下几个方面：

其一，《纲目》删繁就简，撮其精要，恰如其分地将《资治通鉴》从二百九十四卷缩编为五十九卷，仅为原书的五分之一。这五十九卷的缩编，极大地方便了使用者，使他们能够借助编选者的思路，在更短的时间，更快、更好地窥得历史的门径。

其二，《纲目》有纲有目，"纲"可以帮助使用者理清历史脉络，迅速浏览，了解历史的大略；而"目"打破了《资治通鉴》严格遵循编年的记事方式，对同一历史事件深挖其前因后果、来龙去脉，"有追原其始者，有遂言其终者，有详陈其事者，有备载其言者，有因始终而见者，有因拜罢而见者，有因事类而见者，有因家世而见者"，通过"目"，使用者有条件对感兴趣的部分重点阅读，更立体地认识历史事件，避免为了了解同一历史事件，在不同的时间线里前后翻阅，耽误时间，却往往不能得其要领。这样纲张目举的特点，可以为使用者提供个性化的阅读选择，为后世不断研究、学习和借鉴。

其三，在《资治通鉴》的基础上，《纲目》还增补了部分史实，并且改正了其中记载不当之处，并不是全部节录《资治通鉴》。同样一个史实，考虑叙事的准确性、全面性，《纲目》可能选择《资治通鉴》的表述，也可能选择《竹书纪年》《史记》《汉书》《后汉书》《三国志》《晋书》等史书的表述。而这样的选择，体现了朱熹等编撰者的广识博览，高屋建瓴。

其四，为了帮助初学者理解历史事件，《纲目》在《资治通鉴》的基础上，增加了更多的前辈史学家点评，"有温公所立之言、所取之论，有胡氏所收之说、所著之评，而两公所遗，与夫近世大儒先生折衷之语，今亦颇采以附于其间云"，为初学者提供了更全、更新的理解视角。

《纲目》的问世，得到了官方和士人的普遍欢迎。南宋大儒真德秀曾言："昔尝读朱文公《通鉴纲目》，叹其义理之精密。盖'纲'者，《春秋》书事之法也；而所谓'目'者，左氏备言之体也。自司马公《目录》《举要》之作，至是始集大成观者。"南宋著名学者王应麟在《通鉴答问》中写道："朱子《纲目》所补有功于《通鉴》。"明宪宗朱见深更是推崇备至，认为"是书诚足以继先圣之《春秋》，为后人之轨范，不可不广其传也。因命缮录定本，附以《凡例》，并刻诸梓以传。"集举国之力审定《纲目》，并为审定之后的定本亲自作序。清圣祖康熙亦钟爱《纲目》，不光逐篇研读，更在有感处亲自御批。清高宗乾隆也曾作诗赞曰："涑水创为开义例，紫阳述订益精微。直传一贯天人学，兼揭千秋兴废机。"

民间欢迎《纲目》，关键在于简明与通俗，特别是提纲挈领，纲举目张，简明扼要，明白易懂，大的事件可以做到一目了然，这对于那些需要了解历史的人自然方便得多了。正如朱熹自己所说："此书无他法，但其纲欲谨严而无脱落，目欲详备而不烦冗耳。"尤其是全书仅为《通鉴》的五分之一，自然更适合广大民众的需求，加之统治者又大力提倡，因此，问世以后很快得以广泛流传。

在我国古代社会里，从启蒙教育开始，就是通过读史来求得各种知识和伦理道德，乃至修身、齐家、治国、平天下等大道理。所以近代著名思想家龚自珍在《尊史》中说："欲知大道，必先为史。"因此，几乎人人都要学习历史，阅读历史，而《通鉴纲目》充分考虑了这些非专业史学研究者的阅读需求，权威大师担纲编撰，有纲有目，既能快速浏览，又能深入细读，正好就成为了比较合适的一部历史教材。特别是那些尚处于社会中下层的士人，更成为他们科举考试的必读之书。凡此种种，正是宋、元、明、清以来社会上产生"《纲目》热"的原因之所在。不夸张地说，《纲目》在推进史学走向社会、走向通俗化道路上起到了至关重要的作用。在《纲目》诞生之后，虽然它最初是依附《资治通鉴》而产生的，但读《纲目》的人，要远远超过读《资治通鉴》本身的人。甚至在很长一段时间里，《纲目》都是研读者最广泛的史学著作，没有之一。而对《纲目》的研究，在宋代之后的很长时间，更成为史学界的"显学"。一大批诸如《考证》《考异》《发明》《集览》以及续作等等层出不穷，在读书人中形成了深远的影响。

当然，在大众中的《纲目》热背后，也少不了史学界的讨论和争议。但这些争议，和本书的可读性、普及性、专业性并不冲突。如果我们把它定位为一套普及性史学著作，这套书既具有学术的严谨性，又具备很强的普及性，在史学走向大众的道路上，是开创性的，完全可以视为学术大师编写、真正为非专业使用者量身定制的史学巨著。

作为理学大师朱熹唯一的史学作品，《纲目》的史学义理化倾向正是被广泛讨论的争议。朱熹是理学大师，他的身份，以及其思想的价值取向，决定了我们很难否定《纲目》中的理学痕迹，这主要体现在了缩编时材料的选择上。但这些痕迹，是否达到扭曲史实、削足适履的程度，却未必见得。比如最典

型的争论点，对于三国记事的系年，《资治通鉴》以魏系年，而《纲目》改以
蜀汉系年，而这一改变，成为《纲目》罔顾事实、宣扬正统观念的核心证据。
我们在深入研读《纲目》的相关内容之后发现，对三国的具体叙事，朱熹依
然是秉承着不因私意而对历史任意增删的观点。在蜀汉刘备称帝这一条目下，
也记载了《资治通鉴》原来对系年方式的观点：

> 司马公曰：三代之前，海内万国，有人民、社稷者，通谓之"君"。合万
> 国而君之者，乃谓之"王"。王德既衰，方伯连帅，能率其属以尊天子，则谓
> 之"霸"。自汉儒推五德生、胜，以秦为闰位，在木、火之间，霸而不王，于
> 是正、闰之论兴矣。及三国、五胡、南北之乱，各有国史，互相排黜。朱氏代
> 唐，四方幅裂，朱邪入汴，比之穷、新，运历年纪，皆弃而不数，此皆偏辞，
> 非公论也。故今此书独以周、秦、汉、晋、隋、唐为正统，其后子孙虽微弱、
> 播迁，然犹承祖宗之业，四方与之争衡者，皆其故臣也，故犹得用天子之制
> 以临之。至于天下离析，本非君臣，则皆以列国之制处之，然不可无岁、时、
> 月、日以识事之先后。据汉传于魏而晋受之，晋传于宋以至于陈而隋取之，唐
> 传于梁以至于周而大宋承之，故不得不取其年号以纪诸国之事，非尊此而卑
> 彼，有正、闰之辨也。昭烈虽云中山靖王之后，然不能纪其世次，与南唐称吴
> 王恪后无异，故不敢以后汉、东晋为比，使得绍汉氏之遗统也。

　　虽然《纲目》与《资治通鉴》观点不同，采用蜀汉系年，但也并未绝对
地是此而非彼，而是同样列举司马光的观点，供读者两择之。正如司马光所
讲："据汉传于魏而晋受之，晋传于宋以至于陈而隋取之，唐传于梁以至于周
而大宋承之，故不得不取其年号以纪诸国之事，非尊此而卑彼，有正、闰之辨
也。"反过来说，《纲目》用蜀汉系年，同样可以解释为"故不得不取其年号
以纪诸国之事，非尊此而卑彼，有正、闰之辨也"。而以魏系年的《资治通
鉴》，并非否定以正统为尊，而是源于"昭烈虽云中山靖王之后，然不能纪其

世次，与南唐称吴王恪后无异，故不敢以后汉、东晋为比，使得绍汉氏之遗统也"。因此，在宣扬正统这一观点上，《资治通鉴》和《纲目》并无二致，只是在是否承认刘备是中山靖王之后这一方面，存在不同。

在今天全民读史的大潮下，《纲目》以其普及性、方便性、权威性，非常值得向广大读者推介，因此我们才有了编辑这套简体横排注释本《纲目》的想法。

在校点底本的选择上，本书以明宪宗朱见深集全国之力审定、成化年间内府刊刻本为底本，参考温陵初刻本、清摛藻堂刻本《御批通鉴纲目》、上海古籍出版社和安徽教育出版社联合出版的《朱子全书》等资料进行校点。我们除了完整地简体重现《纲目》的原文、并进行现代化标点之外，还在以下方面做出了更适合今天读者的增补：

其一，增补数万条白话文注释。作为一部通史巨著，跨越时代长达千年，如果不借助注解，完全通读并不容易。再加上为了配合《纲目》普及性的特点，考虑到非专业研究者的阅读需要，我们注释的范围也进一步扩大，因此注释的数量是非常庞大的，全书近四万条。这些注释所涉及的范围，主要有地名、官名、难解字词等。柏杨先生在《柏杨白话版资治通鉴》的序言中提到："翻译上最大的困难集中在三点：一是地名，中国人是世界上最勇于更改地名的民族，古地何在？好像都在云端。二是官名，历代官职名称，奇异怪诞，往往匪夷所思。三是时间，'年'不写'年'，而写'雍摄提格'，'日'不写'日'，而写'甲乙子丑'。"而这也同样适用于白话文注释。具体到《纲目》这本书，"年"用天干地支和皇帝纪年，但其可以和公元纪年一一对应，只需在每一年备注上对应的公元纪年，不熟悉干支纪年和皇帝纪年的读者就可以一目了然了。而月、日，在《纲目》中很少涉及，不必花大量的篇幅去处理。时间的问题相对好解决，而剩下的两个问题，地名和官名，就成为我们白话文注释的重点。我们的原则是能注尽注，广泛地借助前人的著作和资料，力图让读者更准确地掌握。除此之外，一些难懂的字词，特别是和今天的常用词写法一样、意思却完全不同的字词，是我们注释的另外一个重点。比如"事情""根据""画室""动作""茂盛"等等，在古代都有完全不同的解释。另外，古代的地名也有很多和今天名字一样，但所指截然不同的，比如徐州、南阳、昆明、北海、江南等；也有在不同历史时期，同一个名称，所指是完全不同的地方。这些在我们的白话文注释中都进行了详尽的说明。

其二，增加检索功能。在编年方面，本书在第一册最前面，按照公元纪年、天干地支纪年、皇帝纪年等的对照，标明了其所在的具体册数、页数，可以迅速查找每一年的具体内容。在地名和官名方面，由于同一个地名和官名经常重复出现，我们不可能在每个地方都做注释，为了方便查找，我们在全书最后的附录里，按照音序排列，将注释中提到的地名、官名完整地编制了索引。如该处没有该地名、官名的注释，而你又需要了解，便可以借助附录中地名、官名的音序索引，查找到该地名或官名所在的注释位置。

其三，增加清圣祖康熙对具体事件的评述。康熙皇帝曾经系统地研读过并御批过《纲目》，其和学院派史学家完全不同的视角，让人耳目一新，惜乎出现较晚，除后期个别版本外，多未收入。在此次简体横排本中，我们将《御批通鉴纲目》中康熙所写的《纲目》点评附到具体的事件之后，以飨读者。

在简体排版上，我们延续了原书的大书提要、分注备言的原则，但根据简体横排的特点，略作变通。宋体大字提要，仿宋小字分注备言。注释采用脚注，方便查找。在简体字的处理上，本书异体字改用通行字（专名不改），通假字不改。书中所用人名，能确定为同一人名不同写法的，用最常用名进行统一。

书中有疑问之处，如在其他史料和资料能确证为错漏的，本次简体版校对予以更正，其他疑问之处无法确切考证的，均照原书录入。

本书卷帙浩繁，编者能力所限，难免有工作不到位之处。烦请诸位方家能在研读本书之余不吝赐教，帮助我们提高，为本书进一步添彩。

谨此致谢！

编者

2020 年 10 月

系年快速检索表

公元纪年	干支纪年	朝代	执政	年号	年次	册数	起始页码
前403	戊寅		周威烈王（姬午）		二十三年		9
前402	己卯				二十四年		20
前401	庚辰				元年		20
前400	辛巳				二年		20
前399	壬午				三年		20
前398	癸未				四年		20
前397	甲申				五年		21
前396	乙酉				六年		21
前395	丙戌				七年		21
前394	丁亥				八年		21
前393	戊子				九年		22
前392	己丑	东周			十年	第一册	22
前391	庚寅		周安王（姬骄）		十一年		22
前390	辛卯				十二年		22
前389	壬辰				十三年		22
前388	癸巳				十四年		23
前387	甲午				十五年		23
前386	乙未				十六年		24
前385	丙申				十七年		25
前384	丁酉				十八年		25
前383	戊戌				十九年		25
前382	己亥				二十年		25
前381	庚子				二十一年		25
前380	辛丑				二十二年		26

公元纪年	干支纪年	朝代	执政	年号	年次	册数	起始页码
前379	壬寅				二十三年		26
前378	癸卯		周安王（姬骄）		二十四年		26
前377	甲辰				二十五年		26
前376	乙巳				二十六年		26
前375	丙午				元年		27
前374	丁未				二年		27
前373	戊申		周烈王（姬喜）		三年		27
前372	己酉				四年		27
前371	庚戌				五年		27
前370	辛亥				六年		28
前369	壬子				七年		29
前368	癸丑	东周			元年	第一册	29
前367	甲寅				二年		29
前366	乙卯				三年		29
前365	丙辰				四年		29
前364	丁巳				五年		30
前363	戊午				六年		30
前362	己未		周显王（姬扁）		七年		30
前361	庚申				八年		31
前360	辛酉				九年		32
前359	壬戌				十年		32
前358	癸亥				十一年		34
前357	甲子				十二年		34
前356	乙丑				十三年		34

公元纪年	干支纪年	朝代	执政	年号	年次	册数	起始页码
前355	丙寅				十四年		34
前354	丁卯				十五年		35
前353	戊辰				十六年		35
前352	己巳				十七年		36
前351	庚午				十八年		36
前350	辛未				十九年		37
前349	壬申				二十年		37
前348	癸酉				二十一年		38
前347	甲戌				二十二年		38
前346	乙亥				二十三年		38
前345	丙子				二十四年		39
前344	丁丑				二十五年		39
前343	戊寅				二十六年		39
前342	己卯				二十七年		39
前341	庚辰	东周	周显王（姬扁）		二十八年	第一册	40
前340	辛巳				二十九年		41
前339	壬午				三十年		42
前338	癸未				三十一年		42
前337	甲申				三十二年		44
前336	乙酉				三十三年		44
前335	丙戌				三十四年		45
前334	丁亥				三十五年		45
前333	戊子				三十六年		45
前332	己丑				三十七年		49
前331	庚寅				三十八年		49
前330	辛卯				三十九年		49
前329	壬辰				四十年		49
前328	癸巳				四十一年		49
前327	甲午				四十二年		50

公元纪年	干支纪年	朝代	执政	年号	年次	册数	起始页码
前326	乙未				四十三年		50
前325	丙申				四十四年		50
前324	丁酉		周显王（姬扁）		四十五年		51
前323	戊戌				四十六年		51
前322	己亥				四十七年		51
前321	庚子				四十八年		52
前320	辛丑				元年		53
前319	壬寅				二年		53
前318	癸卯		周慎靓王（姬定）		三年		54
前317	甲辰				四年		55
前316	乙巳				五年		55
前315	丙午				六年		57
前314	丁未				元年		57
前313	戊申				二年		59
前312	己酉	东周			三年	第一册	60
前311	庚戌				四年		61
前310	辛亥				五年		63
前309	壬子				六年		64
前308	癸丑				七年		64
前307	甲寅				八年		65
前306	乙卯		周赧王（姬延）		九年		66
前305	丙辰				十年		66
前304	丁巳				十一年		67
前303	戊午				十二年		67
前302	己未				十三年		67
前301	庚申				十四年		68
前300	辛酉				十五年		68
前299	壬戌				十六年		68
前298	癸亥				十七年		70
前297	甲子				十八年		72

公元纪年	干支纪年	朝代	执政	年号	年次	册数	起始页码
前296	乙丑				十九年		72
前295	丙寅				二十年		72
前294	丁卯				二十一年		74
前293	戊辰				二十二年		74
前292	己巳				二十三年		74
前291	庚午				二十四年		74
前290	辛未				二十五年		75
前289	壬申				二十六年		75
前288	癸酉				二十七年		75
前287	甲戌				二十八年		75
前286	乙亥				二十九年		75
前285	丙子				三十年		76
前284	丁丑				三十一年		76
前283	戊寅				三十二年	第一册	79
前282	己卯	东周	周赧王（姬延）		三十三年		80
前281	庚辰				三十四年		80
前280	辛巳				三十五年		81
前279	壬午				三十六年		81
前278	癸未				三十七年		87
前277	甲申				三十八年		87
前276	乙酉				三十九年		87
前275	丙戌				四十年		87
前274	丁亥				四十一年		88
前273	戊子				四十二年		88
前272	己丑				四十三年		88
前271	庚寅				四十四年		89
前270	辛卯				四十五年		90
前269	壬辰				四十六年		92
前268	癸巳				四十七年		92
前267	甲午				四十八年		92

公元纪年	干支纪年	朝代	执政	年号	年次	册数	起始页码
前266	乙未				四十九年		92
前265	丙申				五十年		94
前264	丁酉				五十一年		95
前263	戊戌				五十二年		95
前262	己亥				五十三年		96
前261	庚子	东周	周赧王（姬延）		五十四年		97
前260	辛丑				五十五年		97
前259	壬寅				五十六年		99
前258	癸卯				五十七年		101
前257	甲辰				五十八年		104
前256	乙巳				五十九年		106
前255	丙午						109
前254	丁未						112
前253	戊申						113
前252	己酉					第一册	113
前251	庚戌						113
前250	辛亥						114
前249	壬子						114
前248	癸丑						115
前247	甲寅	周秦之交	公元前246年，秦王政继位，称元年，公元前221年始统一全国，称始皇帝。				115
前246	乙卯						116
前245	丙辰						117
前244	丁巳						117
前243	戊午						119
前242	己未						120
前241	庚申						120
前240	辛酉						120
前239	壬戌						121
前238	癸亥						121
前237	甲子						122

公元纪年	干支纪年	朝代	执政	年号	年次	册数	起始页码	公元纪年	干支纪年	朝代	执政	年号	年次	册数	起始页码
前236	乙丑						124	前206	乙未	秦汉之交	公元前206年，汉高祖刘邦称帝，称元年，公元前202年始统一全国。				160
前235	丙寅						124	前205	丙申						168
前234	丁卯						124	前204	丁酉						173
前233	戊辰						124	前203	戊戌						180
前232	己巳						125	前202	己亥				五年		187
前231	庚午						126	前201	庚子				六年		194
前230	辛未	周秦之交	公元前246年，秦王政继位，称元年，公元前221年始统一全国，称始皇帝。				126	前200	辛丑				七年		199
前229	壬申						126	前199	壬寅		汉高祖（刘邦）		八年		202
前228	癸酉						126	前198	癸卯				九年		203
前227	甲戌						127	前197	甲辰				十年		205
前226	乙亥						128	前196	乙巳				十一年		206
前225	丙子						129	前195	丙午	汉			十二年		212
前224	丁丑						130	前194	丁未				元年		216
前223	戊寅						130	前193	戊申				二年		217
前222	己卯					第一册	130	前192	己酉		汉惠帝（刘盈）		三年	第一册	218
前221	庚辰				二十六年		131	前191	庚戌				四年		219
前220	辛巳				二十七年		135	前190	辛亥				五年		220
前219	壬午				二十八年		135	前189	壬子				六年		220
前218	癸未				二十九年		137	前188	癸丑				七年		221
前217	甲申				三十年		137	前187	甲寅				元年		221
前216	乙酉		秦始皇（嬴政）		三十一年		137	前186	乙卯				二年		223
前215	丙戌				三十二年		137	前185	丙辰				三年		223
前214	丁亥	秦			三十三年		138	前184	丁巳	吕后听政	吕后		四年		223
前213	戊子				三十四年		138	前183	戊午				五年		224
前212	己丑				三十五年		139	前182	己未				六年		224
前211	庚寅				三十六年		141	前181	庚申				七年		224
前210	辛卯				三十七年		141	前180	辛酉				八年		226
前209	壬辰				元年		143	前179	壬戌				元年		229
前208	癸巳		秦二世（胡亥）		二年		149	前178	癸亥	汉	汉文帝（刘恒）		二年		235
前207	甲午				三年		156	前177	甲子				三年		238

公元纪年	干支纪年	朝代	执政	年号	年次	册数	起始页码	公元纪年	干支纪年	朝代	执政	年号	年次	册数	起始页码
前 176	乙丑				四年		241	前 146	乙未				四年		284
前 175	丙寅				五年		242	前 145	丙申				五年		284
前 174	丁卯				六年		244	前 144	丁酉		汉景帝（刘启）		六年		284
前 173	戊辰				七年		252	前 143	戊戌				后元年		286
前 172	己巳				八年		252	前 142	己亥				二年		287
前 171	庚午				九年		252	前 141	庚子				三年		288
前 170	辛未				十年		252	前 140	辛丑				元年		290
前 169	壬申				十一年		253	前 139	壬寅				二年		298
前 168	癸酉				十二年		257	前 138	癸卯			建元	三年		299
前 167	甲戌		汉文帝（刘恒）		十三年		259	前 137	甲辰				四年		302
前 166	乙亥				十四年		261	前 136	乙巳				五年		302
前 165	丙子				十五年		262	前 135	丙午				六年		302
前 164	丁丑				十六年		263	前 134	丁未				元年		307
前 163	戊寅				后元年		263	前 133	戊申				二年		308
前 162	己卯	汉			二年	第一册	264	前 132	己酉	汉		元光	三年	第一册	310
前 161	庚辰				三年		265	前 131	庚戌				四年		310
前 160	辛巳				四年		265	前 130	辛亥				五年		311
前 159	壬午				五年		265	前 129	壬子				六年		316
前 158	癸未				六年		265	前 128	癸丑		汉武帝（刘彻）		元年		316
前 157	甲申				七年		266	前 127	甲寅				二年		319
前 156	乙酉				元年		271	前 126	乙卯				三年		323
前 155	丙戌				二年		271	前 125	丙辰			元朔	四年		325
前 154	丁亥				三年		272	前 124	丁巳				五年		325
前 153	戊子				四年		279	前 123	戊午				六年		327
前 152	己丑		汉景帝（刘启）		五年		279	前 122	己未				元年		328
前 151	庚寅				六年		280	前 121	庚申				二年		331
前 150	辛卯				七年		280	前 120	辛酉				三年		332
前 149	壬辰				中元年		281	前 119	壬戌			元狩	四年		334
前 148	癸巳				二年		281	前 118	癸亥				五年		339
前 147	甲午				三年		283	前 117	甲子				六年		340

公元纪年	干支纪年	朝代	执政	年号	年次	册数	起始页码
前116	乙丑			元鼎	元年		341
前115	丙寅			元鼎	二年		341
前114	丁卯			元鼎	三年	第一册	344
前113	戊辰			元鼎	四年		344
前112	己巳			元鼎	五年		346
前111	庚午			元鼎	六年		348
前110	辛未			元封	元年		3
前109	壬申			元封	二年		5
前108	癸酉			元封	三年		7
前107	甲戌			元封	四年		9
前106	乙亥			元封	五年		9
前105	丙子			元封	六年		10
前104	丁丑			太初	元年		11
前103	戊寅			太初	二年		13
前102	己卯	汉	汉武帝（刘彻）	太初	三年		14
前101	庚辰			太初	四年		15
前100	辛巳			天汉	元年		16
前99	壬午			天汉	二年	第二册	18
前98	癸未			天汉	三年		21
前97	甲申			天汉	四年		21
前96	乙酉			太始	元年		22
前95	丙戌			太始	二年		22
前94	丁亥			太始	三年		22
前93	戊子			太始	四年		23
前92	己丑			征和	元年		23
前91	庚寅			征和	二年		24
前90	辛卯			征和	三年		29
前89	壬辰			征和	四年		30
前88	癸巳			后元	元年		32
前87	甲午			后元	二年		33

公元纪年	干支纪年	朝代	执政	年号	年次	册数	起始页码
前86	乙未			始元	元年		36
前85	丙申			始元	二年		37
前84	丁酉			始元	三年		38
前83	戊戌			始元	四年		38
前82	己亥			始元	五年		39
前81	庚子			始元	六年		40
前80	辛丑		汉昭帝（刘弗陵）	元凤	元年		42
前79	壬寅			元凤	二年		45
前78	癸卯			元凤	三年		45
前77	甲辰			元凤	四年		47
前76	乙巳			元凤	五年		48
前75	丙午			元凤	六年		48
前74	丁未			元平	元年		49
前73	戊申			本始	元年		56
前72	己酉	汉		本始	二年	第二册	57
前71	庚戌			本始	三年		58
前70	辛亥			本始	四年		60
前69	壬子			地节	元年		61
前68	癸丑			地节	二年		62
前67	甲寅			地节	三年		64
前66	乙卯			地节	四年		68
前65	丙辰		汉宣帝（刘询）	元康	元年		73
前64	丁巳			元康	二年		76
前63	戊午			元康	三年		77
前62	己未			元康	四年		80
前61	庚申			神爵	元年		85
前60	辛酉			神爵	二年		95
前59	壬戌			神爵	三年		98
前58	癸亥			神爵	四年		100
前57	甲子			五凤	元年		101

公元纪年	干支纪年	朝代	执政	年号	年次	册数	起始页码	公元纪年	干支纪年	朝代	执政	年号	年次	册数	起始页码
前56	乙丑			五凤	二年		102	前26	乙未			河平	三年		152
前55	丙寅			五凤	三年		103	前25	丙申			河平	四年		153
前54	丁卯			五凤	四年		105	前24	丁酉			阳朔	元年		155
前53	戊辰		汉宣帝（刘询）	甘露	元年		106	前23	戊戌			阳朔	二年		158
前52	己巳		汉宣帝（刘询）	甘露	二年		109	前22	己亥			阳朔	三年		160
前51	庚午			甘露	三年		110	前21	庚子			阳朔	四年		160
前50	辛未			甘露	四年		111	前20	辛丑			鸿嘉	元年		163
前49	壬申			黄龙	元年		112	前19	壬寅			鸿嘉	二年		163
前48	癸酉			初元	元年		112	前18	癸卯			鸿嘉	三年		164
前47	甲戌			初元	二年		114	前17	甲辰		汉成帝（刘骜）	鸿嘉	四年		166
前46	乙亥			初元	三年		117	前16	乙巳		汉成帝（刘骜）	永始	元年		166
前45	丙子			初元	四年		119	前15	丙午			永始	二年		170
前44	丁丑			初元	五年		119	前14	丁未			永始	三年		174
前43	戊寅			永光	元年		119	前13	戊申			永始	四年		177
前42	己卯	汉		永光	二年	第二册	124	前12	己酉	汉		元延	元年	第二册	179
前41	庚辰		汉元帝（刘奭）	永光	三年		126	前11	庚戌			元延	二年		181
前40	辛巳		汉元帝（刘奭）	永光	四年		127	前10	辛亥			元延	三年		183
前39	壬午			永光	五年		127	前9	壬子			元延	四年		183
前38	癸未			建昭	元年		129	前8	癸丑			绥和	元年		184
前37	甲申			建昭	二年		129	前7	甲寅			绥和	二年		188
前36	乙酉			建昭	三年		133	前6	乙卯			建平	元年		197
前35	丙戌			建昭	四年		135	前5	丙辰			建平	二年		200
前34	丁亥			建昭	五年		135	前4	丁巳		汉哀帝（刘欣）	建平	三年		203
前33	戊子			竟宁	元年		135	前3	戊午		汉哀帝（刘欣）	建平	四年		205
前32	己丑			建始	元年		142	前2	己未			元寿	元年		210
前31	庚寅			建始	二年		143	前1	庚申			元寿	二年		216
前30	辛卯		汉成帝（刘骜）	建始	三年		144	1	辛酉			元始	元年		219
前29	壬辰		汉成帝（刘骜）	建始	四年		145	2	壬戌		汉平帝（刘衎）	元始	二年		221
前28	癸巳			河平	元年		149	3	癸亥		汉平帝（刘衎）	元始	三年		225
前27	甲午			河平	二年		150	4	甲子			元始	四年		226

公元纪年	干支纪年	朝代	执政	年号	年次	册数	起始页码
5	乙丑		汉平帝（刘衎）	元始	五年		229
6	丙寅	汉	孺子婴（刘婴）	居摄	元年		232
7	丁卯				二年		233
8	戊辰			初始	元年		234
9	己巳			始建国	元年		236
10	庚午				二年		238
11	辛未				三年		242
12	壬申				四年		246
13	癸酉				五年		247
14	甲戌	王莽篡汉	王莽	天凤	元年		248
15	乙亥				二年		249
16	丙子				三年		250
17	丁丑				四年		252
18	戊寅				五年		253
19	己卯				六年	第二册	254
20	庚辰			地皇	元年		255
21	辛巳				二年		256
22	壬午				三年		259
23	癸未		刘玄	更始	元年		263
24	甲申				二年		271
25	乙酉				元年		279
26	丙戌				二年		286
27	丁亥				三年		295
28	戊子	汉	汉光武帝（刘秀）	建武	四年		299
29	己丑				五年		301
30	庚寅				六年		311
31	辛卯				七年		317
32	壬辰				八年		318
33	癸巳				九年		321
34	甲午				十年		324

公元纪年	干支纪年	朝代	执政	年号	年次	册数	起始页码
35	乙未				十一年		325
36	丙申				十二年		328
37	丁酉				十三年		333
38	戊戌				十四年		335
39	己亥				十五年		336
40	庚子				十六年		338
41	辛丑				十七年		339
42	壬寅				十八年		340
43	癸卯				十九年		341
44	甲辰				二十年		344
45	乙巳		汉光武帝（刘秀）	建武	二十一年		346
46	丙午				二十二年		347
47	丁未				二十三年		348
48	戊申				二十四年		349
49	己酉	汉			二十五年	第二册	350
50	庚戌				二十六年		354
51	辛亥				二十七年		355
52	壬子				二十八年		357
53	癸丑				二十九年		359
54	甲寅				三十年		359
55	乙卯				三十一年		360
56	丙辰			建武中元	元年		360
57	丁巳				二年		364
58	戊午				元年		365
59	己未				二年		367
60	庚申				三年		369
61	辛酉		汉明帝（刘庄）	永平	四年		371
62	壬戌				五年		372
63	癸亥				六年		373
64	甲子				七年		373

公元纪年	干支纪年	朝代	执政	年号	年次	册数	起始页码	公元纪年	干支纪年	朝代	执政	年号	年次	册数	起始页码
65	乙丑				八年		374	95	乙未				七年		35
66	丙寅				九年		376	96	丙申				八年		36
67	丁卯				十年		377	97	丁酉				九年		36
68	戊寅				十一年		378	98	戊戌				十年		37
69	己巳				十二年	第二册	378	99	己亥			永元	十一年		37
70	庚午		汉明帝（刘庄）	永平	十三年		379	100	庚子		汉和帝（刘肇）		十二年		37
71	辛未				十四年		379	101	辛丑				十三年		38
72	壬申				十五年		381	102	壬寅				十四年		39
73	癸酉				十六年		382	103	癸卯				十五年		40
74	甲戌				十七年		385	104	甲辰				十六年		42
75	乙亥				十八年		387	105	乙巳			元兴	元年		42
76	丙子				元年		3	106	丙午		汉殇帝（刘隆）	延平	元年		43
77	丁丑				二年		4	107	丁未				元年		45
78	戊寅				三年		7	108	戊申				二年		48
79	己卯	汉		建初	四年		7	109	己酉	汉			三年	第三册	50
80	庚辰				五年		8	110	庚戌			永初	四年		51
81	辛巳				六年		10	111	辛亥				五年		53
82	壬午		汉章帝（刘炟）		七年		10	112	壬子				六年		54
83	癸未				八年		11	113	癸丑				七年		54
84	甲申				元年	第三册	14	114	甲寅				元年		55
85	乙酉			元和	二年		17	115	乙卯				二年		55
86	丙戌				三年		19	116	丙辰		汉安帝（刘祜）		三年		57
87	丁亥			章和	元年		21	117	丁巳			元初	四年		58
88	戊子				二年		22	118	戊午				五年		58
89	己丑				元年		25	119	己未				六年		59
90	庚寅				二年		28	120	庚申			永宁	元年		60
91	辛卯		汉和帝（刘肇）	永元	三年		29	121	辛酉			建光	元年		61
92	壬辰				四年		30	122	壬戌				元年		66
93	癸巳				五年		34	123	癸亥			延光	二年		69
94	甲午				六年		35	124	甲子				三年		70

公元纪年	干支纪年	朝代	执政	年号	年次	册数	起始页码
125	乙丑	汉	汉安帝（刘祜）	延光	四年	第三册	73
126	丙寅				元年		77
127	丁卯				二年		79
128	戊辰			永建	三年		81
129	己巳				四年		82
130	庚午				五年		82
131	辛未				六年		83
132	壬申				元年		83
133	癸酉			阳嘉	二年		86
134	甲戌				三年		91
135	乙亥		汉顺帝（刘保）		四年		92
136	丙子				元年		93
137	丁丑				二年		94
138	戊寅				三年		94
139	己卯			永和	四年		96
140	庚辰				五年		97
141	辛巳				六年		98
142	壬午			汉安	元年		100
143	癸未				二年		102
144	甲申			建康	元年		102
145	乙酉		汉冲帝（刘炳）	永嘉	元年		104
146	丙戌		汉质帝（刘缵）	本初	元年		105
147	丁亥				元年		106
148	戊子			建和	二年		108
149	己丑				三年		108
150	庚寅		汉桓帝（刘志）	和平	元年		110
151	辛卯			元嘉	元年		111
152	壬辰				二年		114
153	癸巳			永兴	元年		115
154	甲午				二年		116

公元纪年	干支纪年	朝代	执政	年号	年次	册数	起始页码
155	乙未	汉			元年	第三册	116
156	丙申			永寿	二年		117
157	丁酉				三年		118
158	戊戌				元年		119
159	己亥				二年		120
160	庚子				三年		126
161	辛丑		汉桓帝（刘志）	延熹	四年		127
162	壬寅				五年		129
163	癸卯				六年		131
164	甲辰				七年		132
165	乙巳				八年		136
166	丙午				九年		140
167	丁未			永康	元年		149
168	戊申				元年		151
169	己酉			建宁	二年		157
170	庚戌				三年		163
171	辛亥				四年		163
172	壬子				元年		163
173	癸丑				二年		165
174	甲寅			熹平	三年		166
175	乙卯		汉灵帝（刘宏）		四年		166
176	丙辰				五年		167
177	丁巳				六年		168
178	戊午				元年		171
179	己未				二年		174
180	庚申			光和	三年		176
181	辛酉				四年		177
182	壬戌				五年		178
183	癸亥				六年		180
184	甲子			中平	元年		180

公元纪年	干支纪年	朝代	执政	年号	年次	册数	起始页码
185	乙丑		汉灵帝（刘宏）	中平	二年		186
186	丙寅				三年		189
187	丁卯			中平	四年		190
188	戊辰				五年		191
189	己巳				六年		193
190	庚午				元年		201
191	辛未			初平	二年		206
192	壬申				三年		211
193	癸酉				四年		217
194	甲戌			兴平	元年		223
195	乙亥				二年		227
196	丙子				元年		236
197	丁丑				二年		241
198	戊寅				三年		246
199	己卯	汉			四年	第三册	251
200	庚辰				五年		256
201	辛巳		汉献帝（刘协）		六年		263
202	壬午				七年		264
203	癸未				八年		266
204	甲申				九年		268
205	乙酉			建安	十年		270
206	丙戌				十一年		273
207	丁亥				十二年		275
208	戊子				十三年		279
209	己丑				十四年		291
210	庚寅				十五年		292
211	辛卯				十六年		295
212	壬辰				十七年		298
213	癸巳				十八年		301
214	甲午				十九年		304

公元纪年	干支纪年	朝代	执政	年号	年次	册数	起始页码
215	乙未				二十年		309
216	丙申				二十一年		312
217	丁酉		汉献帝（刘协）	建安	二十二年		313
218	戊戌				二十三年		316
219	己亥				二十四年		317
220	庚子				二十五年		325
221	辛丑		汉昭烈帝（刘备）	章武	元年		328
222	壬寅				二年		334
223	癸卯				三年		338
224	甲辰				二年		342
225	乙巳				三年		344
226	丙午				四年		346
227	丁未				五年		349
228	戊申				六年		357
229	己酉	汉		建兴	七年	第三册	362
230	庚戌				八年		365
231	辛亥		汉帝禅（刘禅）		九年		368
232	壬子				十年		371
233	癸丑				十一年		374
234	甲寅				十二年		377
235	乙卯				十三年		382
236	丙辰				十四年		388
237	丁巳				十五年		389
238	戊午				元年		398
239	己未				二年		404
240	庚申			延熙	三年		406
241	辛酉				四年		406
242	壬戌				五年		408
243	癸亥				六年		409
244	甲子				七年		409

公元纪年	干支纪年	朝代	执政	年号	年次	册数	起始页码
245	乙丑				八年		410
246	丙寅				九年		413
247	丁卯				十年		414
248	戊辰				十一年	第三册	414
249	己巳				十二年		415
250	庚午				十三年		421
251	辛未			延熙	十四年		423
252	壬申				十五年		425
253	癸酉	汉	汉帝禅（刘禅）		十六年		3
254	甲戌				十七年		6
255	乙亥				十八年		9
256	丙子				十九年		12
257	丁丑				二十年		15
258	戊寅				元年		17
259	己卯				二年		20
260	庚辰			景耀	三年		21
261	辛巳				四年		23
262	壬午				五年		24
263	癸未			炎兴	元年	第四册	27
264	甲申						31
265	乙酉						37
266	丙戌						38
267	丁亥						41
268	戊子	汉晋之交	公元265年，晋武帝司马炎称帝，称泰始元年，公元280年始统一全国。				43
269	己丑						44
270	庚寅						46
271	辛卯						47
272	壬辰						47
273	癸巳						53
274	甲午						55

公元纪年	干支纪年	朝代	执政	年号	年次	册数	起始页码
275	乙未						58
276	丙申						58
277	丁酉	汉晋之交	公元265年，晋武帝司马炎称帝，称泰始元年，公元280年始统一全国。				61
278	戊戌						62
279	己亥						65
280	庚子				元年		71
281	辛丑				二年		77
282	壬寅				三年		78
283	癸卯				四年		80
284	甲辰				五年		82
285	乙巳		晋武帝（司马炎）	太康	六年		82
286	丙午				七年		84
287	丁未				八年		84
288	戊申				九年		84
289	己酉				十年	第四册	84
290	庚戌				十一年		87
291	辛亥				元年		89
292	壬子	晋			二年		92
293	癸丑				三年		92
294	甲寅				四年		93
295	乙卯			元康	五年		93
296	丙辰				六年		93
297	丁巳				七年		94
298	戊午		晋惠帝（司马衷）		八年		96
299	己未				九年		97
300	庚申			永康	元年		102
301	辛酉			永宁	元年		106
302	壬戌			太安	元年		110
303	癸亥				二年		112
304	甲子			永兴	元年		117

公元纪年	干支纪年	朝代	执政	年号	年次	册数	起始页码
305	乙丑		晋惠帝（司马衷）	永兴	二年		125
306	丙寅		晋惠帝（司马衷）	光熙	元年		128
307	丁卯			永嘉	元年		130
308	戊辰			永嘉	二年		134
309	己巳		晋怀帝（司马炽）	永嘉	三年		135
310	庚午			永嘉	四年		137
311	辛未			永嘉	五年		140
312	壬申			永嘉	六年		147
313	癸酉			建兴	元年		152
314	甲戌		晋愍帝（司马邺）	建兴	二年		159
315	乙亥			建兴	三年		162
316	丙子			建兴	四年		165
317	丁丑	晋		建武	元年	第四册	171
318	戊寅			太兴	元年		176
319	己卯		晋元帝（司马睿）	太兴	二年		185
320	庚辰			太兴	三年		188
321	辛巳			太兴	四年		193
322	壬午			永昌	元年		195
323	癸未			太宁	元年		202
324	甲申		晋明帝（司马绍）	太宁	二年		205
325	乙酉			太宁	三年		210
326	丙戌			咸和	元年		213
327	丁亥			咸和	二年		214
328	戊子			咸和	三年		216
329	己丑			咸和	四年		222
330	庚寅		晋成帝（司马衍）	咸和	五年		225
331	辛卯			咸和	六年		226
332	壬辰			咸和	七年		228
333	癸巳			咸和	八年		229
334	甲午			咸和	九年		231

公元纪年	干支纪年	朝代	执政	年号	年次	册数	起始页码
335	乙未			咸康	元年		233
336	丙申			咸康	二年		236
337	丁酉			咸康	三年		237
338	戊戌			咸康	四年		241
339	己亥		晋成帝（司马衍）	咸康	五年		245
340	庚子			咸康	六年		248
341	辛丑			咸康	七年		250
342	壬寅			咸康	八年		252
343	癸卯		晋康帝（司马岳）	建元	元年		255
344	甲辰			建元	二年		257
345	乙巳			永和	元年		258
346	丙午			永和	二年		261
347	丁未			永和	三年		263
348	戊申	晋		永和	四年	第四册	265
349	己酉			永和	五年		267
350	庚戌			永和	六年		271
351	辛亥			永和	七年		274
352	壬子			永和	八年		277
353	癸丑		晋穆帝（司马聃）	永和	九年		281
354	甲寅			永和	十年		282
355	乙卯			永和	十一年		285
356	丙辰			永和	十二年		287
357	丁巳			升平	元年		290
358	戊午			升平	二年		293
359	己未			升平	三年		295
360	庚申			升平	四年		301
361	辛酉			升平	五年		303
362	壬戌		晋哀帝（司马丕）	隆和	元年		304
363	癸亥			兴宁	元年		306
364	甲子			兴宁	二年		307

公元纪年	干支纪年	朝代	执政	年号	年次	册数	起始页码
365	乙丑		晋哀帝（司马丕）	兴宁	三年		308
366	丙寅			太和	元年		310
367	丁卯				二年		311
368	戊辰		晋废帝（司马奕）		三年		312
369	己巳				四年		313
370	庚午				五年		318
371	辛未				六年		323
372	壬申		晋简文帝（司马昱）	咸安	二年		327
373	癸酉			宁康	元年		329
374	甲戌				二年		331
375	乙亥				三年		332
376	丙子				元年		333
377	丁丑				二年		335
378	戊寅				三年		337
379	己卯	晋			四年	第四册	338
380	庚辰				五年		340
381	辛巳				六年		341
382	壬午				七年		342
383	癸未				八年		345
384	甲申		晋孝武帝（司马曜）		九年		350
385	乙酉			太元	十年		359
386	丙戌				十一年		363
387	丁亥				十二年		367
388	戊子				十三年		369
389	己丑				十四年		370
390	庚寅				十五年		373
391	辛卯				十六年		375
392	壬辰				十七年		377
393	癸巳				十八年		379
394	甲午				十九年		379

公元纪年	干支纪年	朝代	执政	年号	年次	册数	起始页码
395	乙未		晋孝武帝（司马曜）	太元	二十年		381
396	丙申				二十一年	第四册	384
397	丁酉				元年		388
398	戊戌				二年		394
399	己亥			隆安	三年		3
400	庚子				四年		9
401	辛丑				五年		13
402	壬寅			元兴	元年		17
403	癸卯				二年		22
404	甲辰				三年		25
405	乙巳				元年		32
406	丙午				二年		35
407	丁未				三年		37
408	戊申		晋安帝（司马德宗）		四年		40
409	己酉	晋			五年	第五册	42
410	庚戌				六年		47
411	辛亥				七年		57
412	壬子				八年		59
413	癸丑			义熙	九年		62
414	甲寅				十年		64
415	乙卯				十一年		67
416	丙辰				十二年		70
417	丁巳				十三年		73
418	戊午				十四年		80
419	己未		晋恭帝（司马德文）	元熙	元年		83
420	庚申				二年		85

公元纪年	干支纪年	朝代	执政	年号	年次	册数	起始页码	公元纪年	干支纪年	朝代	执政	年号	年次	册数	起始页码
421	辛酉						87	451	辛卯						185
422	壬戌						89	452	壬辰						190
423	癸亥						93	453	癸巳						194
424	甲子						98	454	甲午						203
425	乙丑						103	455	乙未						207
426	丙寅						104	456	丙申						207
427	丁卯						110	457	丁酉						210
428	戊辰						117	458	戊戌						211
429	己巳						118	459	己亥						216
430	庚午						123	460	庚子						218
431	辛未						128	461	辛丑						219
432	壬申						132	462	壬寅						221
433	癸酉		南朝历经宋、齐、梁和陈四朝，北朝经历北魏、东魏、西魏、北齐和北周五朝。公元581年，杨坚受禅北周，建立隋朝，称开皇元年。公元589年始统一全国。				136	463	癸卯		南朝历经宋、齐、梁和陈四朝，北朝经历北魏、东魏、西魏、北齐和北周五朝。公元581年，杨坚受禅北周，建立隋朝，称开皇元年。公元589年始统一全国。				222
434	甲戌						138	464	甲辰						224
435	乙亥	南北朝				第五册	139	465	乙巳	南北朝				第五册	225
436	丙子						141	466	丙午						235
437	丁丑						143	467	丁未						244
438	戊寅						144	468	戊申						248
439	己卯						145	469	己酉						249
440	庚辰						149	470	庚戌						251
441	辛巳						153	471	辛亥						253
442	壬午						154	472	壬子						257
443	癸未						156	473	癸丑						259
444	甲申						157	474	甲寅						260
445	乙酉						160	475	乙卯						264
446	丙戌						164	476	丙辰						264
447	丁亥						169	477	丁巳						266
448	戊子						170	478	戊午						272
449	己丑						171	479	己未						275
450	庚寅						171	480	庚申						279

公元纪年	干支纪年	朝代	执政	年号	年次	册数	起始页码	公元纪年	干支纪年	朝代	执政	年号	年次	册数	起始页码
481	辛酉						282	511	辛卯						20
482	壬戌						284	512	壬辰						22
483	癸亥						285	513	癸巳						23
484	甲子						291	514	甲午						25
485	乙丑						294	515	乙未						26
486	丙寅						297	516	丙申						30
487	丁卯						298	517	丁酉						34
488	戊辰						301	518	戊戌						36
489	己巳						303	519	己亥						39
490	庚午						305	520	庚子						43
491	辛未						310	521	辛丑						46
492	壬申		南朝历经宋、齐、梁和陈四朝，北朝经历北魏、东魏、西魏、北齐和北周五朝。公元581年，杨坚受禅北周，建立隋朝，称开皇元年。公元589年始统一全国。			第五册	315	522	壬寅		南朝历经宋、齐、梁和陈四朝，北朝经历北魏、东魏、西魏、北齐和北周五朝。公元581年，杨坚受禅北周，建立隋朝，称开皇元年。公元589年始统一全国。			第六册	49
493	癸酉						318	523	癸卯						50
494	甲戌						324	524	甲辰						52
495	乙亥	南北朝					335	525	乙巳	南北朝					57
496	丙子						342	526	丙午						69
497	丁丑						349	527	丁未						72
498	戊寅						353	528	戊申						77
499	己卯						358	529	己酉						85
500	庚辰						365	530	庚戌						90
501	辛巳						371	531	辛亥						98
502	壬午						381	532	壬子						104
503	癸未						386	533	癸丑						111
504	甲申						390	534	甲寅						113
505	乙酉						3	535	乙卯						120
506	丙戌						6	536	丙辰						123
507	丁亥					第六册	12	537	丁巳						125
508	戊子						14	538	戊午						130
509	己丑						17	539	己未						133
510	庚寅						19	540	庚申						135

公元纪年	干支纪年	朝代	执政	年号	年次	册数	起始页码	公元纪年	干支纪年	朝代	执政	年号	年次	册数	起始页码
541	辛酉						135	571	辛卯						265
542	壬戌						137	572	壬辰						271
543	癸亥						138	573	癸巳						276
544	甲子						140	574	甲午						280
545	乙丑						142	575	乙未						283
546	丙寅						146	576	丙申						286
547	丁卯						149	577	丁酉	南北朝	南朝历经宋、齐、梁和陈四朝，北朝经历北魏、东魏、西魏、北齐和北周五朝。公元581年，杨坚受禅北周，建立隋朝，称开皇元年。公元589年始统一全国。			第六册	291
548	戊辰						159	578	戊戌						296
549	己巳						168	579	己亥						298
550	庚午						181	580	庚子						301
551	辛未						188	581	辛丑						308
552	壬申						192	582	壬寅						314
553	癸酉	南北朝	南朝历经宋、齐、梁和陈四朝，北朝经历北魏、东魏、西魏、北齐和北周五朝。公元581年，杨坚受禅北周，建立隋朝，称开皇元年。公元589年始统一全国。			第六册	199	583	癸卯						316
554	甲戌						203	584	甲辰						323
555	乙亥						213	585	乙巳						326
556	丙子						217	586	丙午						328
557	丁丑						223	587	丁未						330
558	戊寅						227	588	戊申						333
559	己卯						230	589	己酉				九年		335
560	庚辰						234	590	庚戌				十年		343
561	辛巳						241	591	辛亥				十一年		347
562	壬午						243	592	壬子				十二年		347
563	癸未						245	593	癸丑				十三年		349
564	甲申						249	594	甲寅	隋	隋文帝（杨坚）	开皇	十四年	第六册	350
565	乙酉						253	595	乙卯				十五年		353
566	丙戌						254	596	丙辰				十六年		354
567	丁亥						256	597	丁巳				十七年		354
568	戊子						259	598	戊午				十八年		358
569	己丑						260	599	己未				十九年		359
570	庚寅						263	600	庚申				二十年		362

公元纪年	干支纪年	朝代	执政	年号	年次	册数	起始页码
601	辛酉		隋文帝（杨坚）	仁寿	元年	第六册	369
602	壬戌				二年		370
603	癸亥				三年		374
604	甲子				四年		375
605	乙丑		隋炀帝（杨广）	大业	元年		381
606	丙寅				二年		384
607	丁卯				三年		386
608	戊辰	隋			四年		3
609	己巳				五年		5
610	庚午				六年		7
611	辛未				七年		10
612	壬申				八年		12
613	癸酉				九年		15
614	甲戌				十年		24
615	乙亥				十一年		26
616	丙子				十二年		29
617	丁丑				十三年		36
618	戊寅	隋唐之交	唐高祖李渊公元618年建立唐朝，称武德元年，公元624年始统一全国。			第七册	63
619	己卯						80
620	庚辰						92
621	辛巳						98
622	壬午						107
623	癸未						111
624	甲申		唐高祖（李渊）	武德	七年		114
625	乙酉				八年		123
626	丙戌				九年		124
627	丁亥	唐	唐太宗（李世民）	贞观	元年		139
628	戊子				二年		144
629	己丑				三年		149
630	庚寅				四年		153

公元纪年	干支纪年	朝代	执政	年号	年次	册数	起始页码
631	辛卯		唐太宗（李世民）	贞观	五年		160
632	壬辰				六年		163
633	癸巳				七年		168
634	甲午				八年		170
635	乙未				九年		172
636	丙申				十年		173
637	丁酉				十一年		177
638	戊戌				十二年		182
639	己亥				十三年		185
640	庚子				十四年		191
641	辛丑				十五年		197
642	壬寅				十六年		200
643	癸卯				十七年		205
644	甲辰	唐			十八年	第七册	213
645	乙巳				十九年		217
646	丙午				二十年		223
647	丁未				二十一年		226
648	戊申				二十二年		230
649	己酉				二十三年		234
650	庚戌		唐高宗（李治）	永徽	元年		237
651	辛亥				二年		238
652	壬子				三年		238
653	癸丑				四年		239
654	甲寅				五年		241
655	乙卯				六年		243
656	丙辰			显庆	元年		247
657	丁巳				二年		248
658	戊午				三年		250
659	己未				四年		251
660	庚申				五年		253

公元纪年	干支纪年	朝代	执政	年号	年次	册数	起始页码
661	辛酉				元年		253
662	壬戌			龙朔	二年		257
663	癸亥				三年		259
664	甲子			麟德	元年		260
665	乙丑				二年		262
666	丙寅			乾封	元年		263
667	丁卯				二年		266
668	戊辰			总章	元年		267
669	己巳				二年		269
670	庚午			咸亨	元年		272
671	辛未				二年		273
672	壬申		唐高宗（李治）		三年		273
673	癸酉				四年		274
674	甲戌			上元	元年		275
675	乙亥	唐			二年	第七册	276
676	丙子			仪凤	元年		278
677	丁丑				二年		280
678	戊寅				三年		280
679	己卯			调露	元年		282
680	庚辰			永隆	元年		283
681	辛巳			开耀	元年		285
682	壬午			永淳	元年		287
683	癸未			弘道	元年		290
684	甲申				元年		291
685	乙酉				二年		296
686	丙戌		唐中宗（李显）：公元684年至704年，武则天实际执政。		三年		298
687	丁亥			嗣圣	四年		300
688	戊子				五年		302
689	己丑				六年		305
690	庚寅				七年		308
691	辛卯				八年		311
692	壬辰				九年		313
693	癸巳				十年		318
694	甲午				十一年		319
695	乙未				十二年		322
696	丙申				十三年		323
697	丁酉				十四年		329
698	戊戌			嗣圣	十五年		332
699	己亥		唐中宗（李显）：公元684年至704年，武则天实际执政。		十六年	第七册	335
700	庚子				十七年		338
701	辛丑				十八年		341
702	壬寅				十九年		343
703	癸卯				二十年		344
704	甲辰				二十一年		347
705	乙巳			神龙	元年		351
706	丙午	唐			二年		359
707	丁未				元年		364
708	戊申			景龙	二年		368
709	己酉				三年		372
710	庚戌				四年		375
711	辛亥		唐睿宗（李旦）	景云	二年		382
712	壬子			太极	元年		386
713	癸丑				元年		389
714	甲寅				二年		3
715	乙卯				三年		9
716	丙辰		唐玄宗（李隆基）	开元	四年	第八册	12
717	丁巳				五年		16
718	戊午				六年		19
719	己未				七年		20
720	庚申				八年		21

公元纪年	干支纪年	朝代	执政	年号	年次	册数	起始页码	公元纪年	干支纪年	朝代	执政	年号	年次	册数	起始页码
721	辛酉				九年		24	751	辛卯				十载		86
722	壬戌				十年		27	752	壬辰				十一载		89
723	癸亥				十一年		29	753	癸巳		唐玄宗（李隆基）	天宝	十二载		92
724	甲子				十二年		30	754	甲午				十三载		94
725	乙丑				十三年		32	755	乙未				十四载		98
726	丙寅				十四年		35	756	丙申				十五载		105
727	丁卯				十五年		36	757	丁酉			至德	二载		129
728	戊辰				十六年		38	758	戊戌			乾元	元年		146
729	己巳				十七年		38	759	己亥		唐肃宗（李亨）		二年		153
730	庚午				十八年		40	760	庚子			上元	元年		160
731	辛未			开元	十九年		42	761	辛丑				二年		164
732	壬申				二十年		44	762	壬寅			宝应	元年		168
733	癸酉				二十一年		44	763	癸卯			广德	元年		173
734	甲戌				二十二年		46	764	甲辰				二年		181
735	乙亥	唐	唐玄宗（李隆基）		二十三年	第八册	49	765	乙巳	唐		永泰	元年	第八册	185
736	丙子				二十四年		50	766	丙午				元年		191
737	丁丑				二十五年		56	767	丁未				二年		194
738	戊寅				二十六年		59	768	戊申				三年		196
739	己卯				二十七年		61	769	己酉				四年		198
740	庚辰				二十八年		61	770	庚戌				五年		200
741	辛巳				二十九年		62	771	辛亥		唐代宗（李豫）		六年		202
742	壬午				元年		64	772	壬子				七年		203
743	癸未				二年		66	773	癸丑			大历	八年		204
744	甲申				三载		67	774	甲寅				九年		206
745	乙酉				四载		68	775	乙卯				十年		207
746	丙戌			天宝	五载		71	776	丙辰				十一年		209
747	丁亥				六载		73	777	丁巳				十二年		211
748	戊子				七载		81	778	戊午				十三年		215
749	己丑				八载		82	779	己未				十四年		219
750	庚寅				九载		84	780	庚申		唐德宗（李适）	建中	元年		229

公元纪年	干支纪年	朝代	执政	年号	年次	册数	起始页码	公元纪年	干支纪年	朝代	执政	年号	年次	册数	起始页码
781	辛酉				二年		237	811	辛卯				六年		394
782	壬戌			建中	三年		243	812	壬辰				七年		398
783	癸亥				四年		252	813	癸巳				八年		402
784	甲子			兴元	元年		269	814	甲午				九年	第八册	403
785	乙丑				元年		296	815	乙未		唐宪宗（李纯）	元和	十年		406
786	丙寅				二年		302	816	丙申				十一年		411
787	丁卯				三年		306	817	丁酉				十二年		414
788	戊辰				四年		319	818	戊戌				十三年		420
789	己巳				五年		321	819	己亥				十四年		3
790	庚午				六年		323	820	庚子				十五年		11
791	辛未				七年		324	821	辛丑				元年		15
792	壬申				八年		325	822	壬寅		唐穆宗（李恒）	长庆	二年		21
793	癸酉		唐德宗（李适）		九年		330	823	癸卯				三年		27
794	甲戌				十年		334	824	甲辰				四年		29
795	乙亥	唐		贞元	十一年	第八册	341	825	乙巳	唐	唐敬宗（李湛）	宝历	元年		34
796	丙子				十二年		343	826	丙午				二年		37
797	丁丑				十三年		347	827	丁未				元年		40
798	戊寅				十四年		349	828	戊申				二年		42
799	己卯				十五年		349	829	己酉				三年	第九册	45
800	庚辰				十六年		351	830	庚戌				四年		46
801	辛巳				十七年		357	831	辛亥			太和	五年		49
802	壬午				十八年		358	832	壬子				六年		51
803	癸未				十九年		358	833	癸丑		唐文宗（李昂）		七年		53
804	甲申				二十年		359	834	甲寅				八年		59
805	乙酉				二十一年		361	835	乙卯				九年		61
806	丙戌				元年		369	836	丙辰				元年		68
807	丁亥				二年		375	837	丁巳				二年		70
808	戊子		唐宪宗（李纯）	元和	三年		379	838	戊午			开成	三年		75
809	己丑				四年		381	839	己未				四年		77
810	庚寅				五年		389	840	庚申				五年		79

公元纪年	干支纪年	朝代	执政	年号	年次	册数	起始页码
841	辛酉		唐武宗（李炎）	会昌	元年		82
842	壬戌				二年		86
843	癸亥				三年		89
844	甲子				四年		97
845	乙丑				五年		103
846	丙寅				六年		106
847	丁卯		唐宣宗（李忱）	大中	元年		108
848	戊辰				二年		110
849	己巳				三年		112
850	庚午				四年		114
851	辛未				五年		115
852	壬申				六年		117
853	癸酉				七年		119
854	甲戌				八年		119
855	乙亥	唐			九年	第九册	121
856	丙子				十年		122
857	丁丑				十一年		124
858	戊寅				十二年		126
859	己卯				十三年		129
860	庚辰		唐懿宗（李漼）	咸通	元年		131
861	辛巳				二年		134
862	壬午				三年		135
863	癸未				四年		137
864	甲申				五年		138
865	乙酉				六年		139
866	丙戌				七年		140
867	丁亥				八年		142
868	戊子				九年		145
869	己丑				十年		149
870	庚寅				十一年		152

公元纪年	干支纪年	朝代	执政	年号	年次	册数	起始页码
871	辛卯		唐懿宗（李漼）	咸通	十二年		155
872	壬辰				十三年		155
873	癸巳				十四年		156
874	甲午		唐僖宗（李儇）	乾符	元年		157
875	乙未				二年		159
876	丙申				三年		161
877	丁酉				四年		163
878	戊戌				五年		164
879	己亥				六年		167
880	庚子			广明	元年		170
881	辛丑			中和	元年		177
882	壬寅				二年		182
883	癸卯				三年		187
884	甲辰				四年		190
885	乙巳	唐		光启	元年	第九册	199
886	丙午				二年		203
887	丁未				三年		207
888	戊申			文德	元年		215
889	己酉		唐昭宗（李晔）	龙纪	元年		218
890	庚戌			大顺	元年		220
891	辛亥				二年		224
892	壬子			景福	元年		229
893	癸丑				二年		233
894	甲寅			乾宁	元年		238
895	乙卯				二年		241
896	丙辰				三年		248
897	丁巳				四年		255
898	戊午			光化	元年		258
899	己未				二年		260
900	庚申				三年		262

公元纪年	干支纪年	朝代	执政	年号	年次	册数	起始页码
901	辛酉	唐	唐昭宗（李晔）	天复	元年		266
902	壬戌			天复	二年		271
903	癸亥				三年		278
904	甲子		唐昭宣帝（李柷）	天祐	元年		285
905	乙丑				二年		289
906	丙寅				三年		294
907	丁卯				四年		299
908	戊辰	五代十国	五代是指907年唐朝灭亡后依次定都于中原地区的五个政权，即后梁、后唐、后晋、后汉和后周。中原地区之外存在过许多割据政权，其中前蜀、后蜀、南吴（杨吴）、南唐、吴越、闽国、南楚（马楚）、南汉、南平（荆南）、北汉等十个割据政权，统称十国。公元960年，宋太祖赵匡胤陈桥兵变，建立宋朝，并统一全国。			第九册	304
909	己巳						310
910	庚午						313
911	辛未						317
912	壬申						321
913	癸酉						326
914	甲戌						330
915	乙亥						331
916	丙子						336
917	丁丑						339
918	戊寅						343
919	己卯						350
920	庚辰						357
921	辛巳						359
922	壬午						364
923	癸未						366
924	甲申						381
925	乙酉						388
926	丙戌						397
927	丁亥					第十册	3
928	戊子						7
929	己丑						11
930	庚寅						16
931	辛卯	五代十国	五代是指907年唐朝灭亡后依次定都于中原地区的五个政权，即后梁、后唐、后晋、后汉和后周。中原地区之外存在过许多割据政权，其中前蜀、后蜀、南吴（杨吴）、南唐、吴越、闽国、南楚（马楚）、南汉、南平（荆南）、北汉等十个割据政权，统称十国。公元960年，宋太祖赵匡胤陈桥兵变，建立宋朝，并统一全国。			第十册	21
932	壬辰						25
933	癸巳						30
934	甲午						36
935	乙未						47
936	丙申						51
937	丁酉						65
938	戊戌						71
939	己亥						75
940	庚子						79
941	辛丑						82
942	壬寅						88
943	癸卯						92
944	甲辰						99
945	乙巳						107
946	丙午						115
947	丁未						127
948	戊申						144
949	己酉						152
950	庚戌						156
951	辛亥						168
952	壬子						179
953	癸丑						185
954	甲寅						189
955	乙卯						198
956	丙辰						205
957	丁巳						215
958	戊午						220
959	己未						226

第一册 目录

《资治通鉴纲目》序例

（宋）朱熹

　　先正[1]温国司马文正公[2]受诏编集[3]《资治通鉴》，既成，又撮[4]其精要之语，别为《目录》三十卷，并上[5]之。晚病[6]本书太详，《目录》太简，更著《举要历》八十卷，以适厥中[7]，而未成也。绍兴[8]初，故侍读南阳胡文定公[9]始复因公遗稿，修成《举要补遗》若干卷，则其文愈约而事愈备[10]矣。然往者得于其家而伏读[11]之，犹窃[12]自病记识之弗强[13]，不能有以领其要而及其详也。故尝过不自

1　先正：亦作"先政"，前代的贤臣。
2　温国司马文正公：即司马光，北宋政治家、史学家、文学家，主持编纂了《资治通鉴》。去世后追赠太师、温国公，谥"文正"。
3　编集：编纂辑录。
4　撮：摘取。
5　上：进献。
6　病：苦恼。
7　以适厥中：以便做到长短正合适。厥，其。
8　绍兴：南宋高宗赵构年号，存续时间为公元 1131 至 1162 年。
9　故侍读南阳胡文定公：即胡安国，两宋之际著名学者，潜心研究《春秋》。曾被任命为提举万寿观兼侍读，其封爵为南阳县开国男，去世后谥"文定"。著有《春秋传》《资治通鉴举要补遗》等。
10　文愈约而事愈备：文字更加简约，但对事情的记载却更加完备。
11　伏读：恭敬地阅读。"伏"为表敬之词。
12　窃：用作表示自己的谦词。
13　记识之弗强：记识，记忆。弗强，不强。弗，不。

料[1]，辄与同志[2]因两公四书，别为义例[3]，增损檃括[4]，以就此编。盖表岁以首年[5]逐年之上，行外书"某甲子"。遇"甲"字"子"字，则朱书[6]以别之。虽无事，依《举要》[7]，亦备岁年[8]，而因年以著[9]统凡正统之年、岁下大书[10]，非正统者两行分注[11]，大书以提要[12]凡大书有正例，有变例。正例如始终、兴废、灾祥、沿革，及号令、征伐、杀生、除拜[13]之大者，变例如不在此例而善可为法、恶可为戒者，皆特书之也，而分注以备言[14]凡分注，有追原其始者，有遂[15]言其终者，有详陈其事者，有备载其言者，有因始终而见者，有因拜罢[16]而见者，有因事类[17]而见者，有因家世[18]而见者，有温公所立之言、所取之论，有胡氏所收之说、所著之评。而两公所遗，与夫近世大儒先生折衷[19]之语，今亦颇采以附于其间云，使夫岁年之久近，国统[20]之离合，事、辞之详略，议论之同异，通贯晓析[21]，如指诸掌[22]，名曰《资治通鉴纲目》。凡若干卷，藏之巾笥[23]，姑以私便[24]

1　过不自料：自不量力。自料，自己估量。
2　同志：志趣相同的人。
3　义例：著书的主旨和体例。
4　檃括：就原有的文章、著作加以剪裁、改写。檃、括原指矫正竹木邪曲的工具，揉曲称檃，正方称括。
5　表岁以首年：在每一年的开始用干支记载这是哪一年。表，记载。
6　朱书：用朱红色的墨书写的文字。
7　《举要》：即上文所称的《举要历》。
8　岁年：年月，时光。
9　著：标明。
10　大书：用大字表示。
11　两行分注：分成两行小字注解。
12　提要：摘出要领。
13　除拜：授官。
14　备言：详说。
15　遂：就，于是。
16　拜罢：官职的授与与罢免。
17　事类：同类之事，事情的类似性。
18　家世：世代相传的门第或家族的世系。
19　折衷：调和各方面的意见，使之适中。
20　国统：君主一脉相传的统绪，正统。
21　通贯晓析：通贯，通晓，贯通。晓析，了解。
22　如指诸掌：比喻对事情非常熟悉了解。语出《论语·八佾》："或问禘之说。子曰：'子知也。知其说者之于天下也，其如示诸斯乎！'指其掌。"
23　巾笥：即巾箱，古时装头巾或书卷等的小箱子。
24　私便：个人的利益。

检阅，自备遗忘而已。若两公述作[1]之本意，则有非区区所敢及者。虽然，岁周[2]于上而天道明矣，统正于下而人道定矣。大纲概举[3]，而监戒[4]昭矣；众目毕张[5]，而几微著矣[6]。是则凡为致知格物[7]之学者，亦将慨然[8]有感于斯。而两公之志，或庶乎[9]其可以默识[10]矣。因述其指意[11]、条例如此，列于篇端[12]，以俟[13]后之君子云。乾道壬辰[14]夏四月甲子，新安[15]朱熹谨书。

1　述作：撰写著作。述，传承。作，创新。
2　周：完备。
3　概举：大略举出。
4　监戒：鉴察往事，警戒将来。
5　毕张：全都展开。
6　几微著矣：事情的征兆就很明显了。几微，征兆，迹象。著，明显，突出。
7　致知格物：推究事物的原理法则而总结为理性知识。致知，获得知识。格物，推究事理。
8　慨然：感情激昂貌。
9　庶乎：几乎，差不多。
10　默识：暗中记住。识，通"志"，记住。
11　指意：意旨，意图。
12　篇端：文章或著作的开头。
13　俟：等待。
14　乾道壬辰：即公元1172年。乾道为南宋孝宗赵眘的第二个年号，存续时间为公元1165至1173年。壬辰为干支纪年法，对应乾道八年，即1172年。
15　新安：古郡名，辖今安徽省南部新安江上游流域及祁门县、江西省婺源县地。此为朱熹的祖籍、郡望。

御制《资治通鉴纲目》序

（明）朱见深

　　朕惟¹朱子《通鉴纲目》，实备《春秋》经传²之体，明天理，正人伦，褒善贬恶，词严而义精。其有功于天下后世大矣。顾传刻岁久，间有缺讹³。甚至书法⁴与所著《凡例提要》或有不同，是以后人疑焉，有《考异》《考证》之作两存，其说终莫能定。

　　朕尝深求其故⁵矣。盖《凡例提要》，乃朱子亲笔以授门人，使据之以成书。及书既成，再加笔削⁶，则随事立文。时有小异，而大体终不出乎劝惩之外，岂可一一致疑其间？昔者五经同异，赖汉宣帝命诸儒讲论于石渠阁，亲称制临决⁷，然后归一。朕于《纲目》斯有意焉，特命儒臣重加考订。集诸善本证以《凡例》，缺者补之，羡⁸者去之。事关大义，若未逾年改元者，依例正之。至若汉初纪年首冬⁹，惟景帝中"后二年"，旧史误列"冬，十月"于岁终。朱子虽

1　惟：思考。
2　经传：儒家典籍经与传的统称。
3　间有缺讹：间，间或，断断续续。缺讹，减少和变动。
4　书法：古代史官修史，对材料处理、史事评论、人物褒贬，各有原则、体例，谓之"书法"。
5　故：缘故，原因。
6　笔削：对作品删改订正。笔，书写记录。削，删改时用刀削刮简牍。
7　称制临决：称制，行使皇帝职权。临决，亲自裁决。
8　羡：多余。
9　首冬：从冬天开始。

以传疑[1]，而吕东莱《大事记》已考正[2]于次年首矣，此则宜从吕氏。其余书法与《凡例》小异无大关涉[3]者，悉仍[4]其旧，尽去《考异》《考证》，不使并传，所以免学者之疑，成朱子笔削之志也。考订上呈，具如朕意。《纲目》于是为完书矣。於戏！是书所载，自周、秦、汉、晋，历南北朝，隋、唐以及五季[5]，凡千三百六十二年之间，明君、良辅有以昭其功，乱臣、贼子无所逃其罪，而疑事、悖礼咸得以折衷焉，俾[6]后世为君、为臣者因之以为鉴戒劝惩，而存心施政，胥[7]由正道图臻[8]于善治，其于名教[9]，岂小补哉？然则是书诚足以继先圣之《春秋》，为后人之轨范[10]，不可不广其传也。因命缮录[11]定本，附以《凡例》，并刻诸梓[12]以传。爰序首简[13]，俾读者知所自云。

　　　　　　　　　　　　　　　　　　　成化九年二月十六日

1　传疑：将自己认为有疑义的问题如实告人，亦谓传授有疑义的问题。
2　考正：考核订正。
3　关涉：关联牵涉。
4　仍：依照。
5　五季：五代。
6　俾：使。
7　胥：全，都。
8　臻：达到。
9　名教：名声与教化。
10　轨范：规范，楷模。
11　缮录：编写。
12　梓：木头雕刻成印刷用的木板。
13　爰序首简：爰，于是。序，叙述，述说。首简，序言。

资治通鉴纲目

卷

一

起戊寅[1]周威烈王[2]二十三年，尽乙巳[3]周赧王[4]五十九年**凡百四十八年**。

戊寅周威烈王午二十三年（公元前 403 年）

秦简公十二年、晋烈公止十七年、齐康公贷二年、楚声王当五年、燕闵公二十一年。〇魏文侯斯二十二年、赵烈侯籍六年、韩景侯虔六年，皆始为侯。〇统[5]旧国五，新国三，凡八大国。

初命晋大夫魏斯、赵籍、韩虔为诸侯。

司马公[6]曰：天子之职莫大于礼，礼莫大于分[7]，分莫大于名。何谓礼？纪纲[8]是也。何谓分？君臣是也。何谓名？公、侯、卿、大夫是也。夫以四海之广，兆民[9]之众，受制于一人，虽有绝伦[10]之力，高世[11]之智，莫不奔走而服役[12]者，岂非以礼为之纪纲哉？故天子统三公[13]，三公率诸侯，诸侯制卿、大夫，卿、大夫治士、庶人[14]。贵以临[15]贱，贱以承[16]贵，而君臣之分，犹天地之不可易，然后上下相保[17]而国家治安[18]。然礼非名不著，非器不形[19]。名以命之，器以别之，

---

1 戊寅：此为干支纪年法纪年，即公元前 403 年。
2 周威烈王：即姬午，东周第 20 代君主，公元前 425 年至公元前 402 年在位。
3 乙巳：即公元前 256 年。
4 周赧王：即姬延，东周第 25 代君主，也是最后一代君主，公元前 315 年至公元前 256 年在位。
5 统：总共，全部。
6 司马公：即司马光，《资治通鉴》的作者，下同。
7 分：职分，本分。
8 纪纲：原指网罟的纲绳，引申指法度、纲领。
9 兆民：古称天子之民，后泛指众民，百姓。
10 绝伦：无与伦比。
11 高世：高超卓绝，超越世俗。
12 服役：执役，服劳役。
13 三公：古代朝廷中最尊显的三个官职合称，周代已有此词，西汉今文经学家据《尚书大传》《礼记》等以为指司马、司徒、司空，古文经学家则据《周礼》以为指太师、太傅、太保。
14 庶人：平民，百姓。
15 临：治理，管理。
16 承：侍奉。
17 相保：互相救助，共同保卫。
18 治安：政治清明，社会安定。
19 形：显露，显示，成为某种形象。

然后上下粲然有伦[1]。名、器既亡，则礼安得独在哉？故繁缨[2]，小物也，而孔子惜之。正名，细务[3]也，而孔子先之。盖事未有不始于微而成于著，圣人之虑远，故能谨其微而治之。众人之识近，故必待其著而后救之。治其微，则用力寡[4]而功多；救其著，则竭力而不能及也。呜呼！周道[5]之衰，纲纪散坏[6]，礼之大体[7]十丧七八，然犹历数百年宗主[8]天下，徒以名分尚存故也。今晋大夫暴蔑[9]其君，剖分[10]其地，天子既不能讨，又宠秩[11]之，使得列于诸侯，是区区之名分复不能守，而并弃之也。先王之礼，于斯[12]尽矣。或者以为当是[13]之时，周室微弱，三晋[14]强盛，虽欲勿许，其可得乎？是大不然。夫三晋苟不顾天下之诛，则不请命而自立矣。不请命而自立，则为悖逆[15]之臣。天下苟有桓、文[16]之君，必奉礼义而征之。今请于天子，而天子许之，是受天子之命而为诸侯也，谁得而讨之？故三晋之列于诸侯，非三晋之坏礼，乃天子自坏之也。呜呼！君臣之礼既坏，则天下以智力[17]相雄长[18]，遂使圣贤之后无不泯绝[19]，生民[20]之类，糜灭[21]几尽，岂不哀哉？

1　粲然有伦：粲然，形容显著明白。有伦，有序，有理。
2　繁缨：古代天子、诸侯所用马匹的带饰，不同等级的人所用不同。繁，马腹带。缨，马颈革。
3　细务：琐碎小事。
4　寡：少。
5　周道：周代治国之道。
6　散坏：解体，毁坏。
7　大体：重要的义理。
8　宗主：众所景仰归依者，某一方面的代表与权威。
9　暴蔑：欺罔蔑视。
10　剖分：分割。
11　宠秩：宠信并授以官职。
12　于斯：于此。斯，这，这个。
13　是：这，此。
14　三晋：战国时源出于晋国的赵、魏、韩三国合称。
15　悖逆：违反正道，犯上作乱。
16　桓、文：指春秋时的霸主齐桓公、晋文公。
17　智力：才智与勇力。
18　雄长：称雄，称霸。
19　泯绝：完全消灭或消失。
20　生民：人民。
21　糜灭：破碎毁灭。

胡氏[1]曰：阴阳之运，天地之化，物理[2]人事之始终，皆自芒忽[3]毫厘，至不可御[4]。故修德者矜细行[5]，图治者忧未然，君子所以贵于见几而作[6]也。夫三晋之欲剖分宗国[7]，旧矣。自悼公[8]以来，阴凝冰坚[9]，垂及[10]百载。王之命之，盖亦不得已焉。是故善为天下国家者，每谨于微而已矣。卑宫恶服[11]，虑侈汰[12]也；不遑暇食[13]，防逸豫[14]也；栗栗危惧[15]，戒骄溢[16]也；动守宪度[17]，虞[18]祸乱也。不为嗜欲[19]，则娱乐之言无自进；不好功利，则兴作[20]之计无自生。诚如是，虽使六卿[21]并起，三家[22]辈出，莽、操、懿、温[23]接迹[24]于朝，方且[25]效忠宣力[26]之不暇，而何有于他志？是故韩、赵、魏之为诸侯，孔子所谓"吾末如之何[27]"者。人君监[28]此，亦谨于微而已矣。

1 胡氏：此指胡安国，本书后半部分亦有指胡安国之子胡宏、之侄胡寅。因均用"胡氏"代称，而且不会同时出现，再加上出现的频率较高，很难一一区分，因此后面统称胡安国家族。
2 物理：事物的道理，规律。
3 芒忽：芒、忽皆为极小的计量单位，两者并称用以形容极其微小。
4 御：阻挡。
5 矜细行：在小事上也保持谨慎的态度。矜，谨守，慎重。
6 见几而作：发现一点苗头就立刻采取措施。几，细微的苗头。出自《周易·系辞下》："君子见几而作，不俟终日。"
7 宗国：祖国，宗主国。
8 悼公：即晋悼公，在位时间为公元前573至前558年。
9 阴凝冰坚：阴气始凝结而为霜，渐渐积聚乃成坚冰。这里形容逐渐发展变化。
10 垂及：将至。垂，将，快要。
11 卑宫恶服：居住的宫室很简陋，穿着的衣服很寒酸。
12 侈汰：奢侈无度。
13 不遑暇食：忙得没有时间吃饭。不遑，来不及，没有时间。
14 逸豫：安逸享乐。
15 栗栗危惧：形容非常害怕。栗栗，发抖的样子。
16 骄溢：骄傲自满，盛气凌人。
17 动守宪度：一举一动都严格遵守法度。宪度，法度。
18 虞：担心。
19 不为嗜欲：不放纵感官享受方面的欲望。嗜欲，耳目口鼻等方面贪图享受的要求。
20 兴作：兴造制作，兴建。
21 六卿：春秋时控制晋国的六大家族，即赵氏、魏氏、韩氏、范氏、智氏、中行氏。
22 三家：春秋时把持鲁国朝政的三大家族，即孟孙氏、叔孙氏、季孙氏。
23 莽、操、懿、温：即王莽、曹操、司马懿、桓温，均为历代把持朝政或篡权的逆臣。
24 接迹：足迹前后相接，形容人多。
25 方且：尚且，还要。
26 宣力：效力，尽力。
27 末如之何：无法对付，莫可奈何。
28 监：通"鉴"，借鉴，参考。

初，智宣子将以瑶为后[1]，智果曰："不如宵也。瑶之贤于人者五，其不逮[2]者一也。美鬓长大[3]则贤，射御[4]足力则贤，技艺毕给[5]则贤，巧文辩慧[6]则贤，强毅果敢[7]则贤。如是，而甚不仁。夫以其五贤陵[8]人，而以不仁行之，其谁能待[9]之？若果立瑶也，智宗[10]必灭。"弗听。智果别族[11]于太史[12]，为辅氏。赵简子之子，长曰伯鲁，幼曰无恤。将置后，不知所立，乃书训诫之辞于二简[13]，以授二子，曰："谨识[14]之。"三年而问之，伯鲁不能举其辞，求其简，已失之矣。问无恤，诵其辞甚习[15]，求其简，出诸袖中而奏之。于是简子以无恤为贤，立以为后。简子使尹铎为晋阳[16]。请曰："以为茧丝[17]乎？抑[18]为保障[19]乎？"简子曰："保障哉。"尹铎损其户数[20]。简子谓无恤曰："晋国有难，而无以尹铎为少，无以晋阳为远，必以为归。"及智宣子卒，智襄子为政，与韩康子、魏桓子宴于蓝台。智伯[21]戏康子而侮段规。智国闻之，谏曰："主不备[22]，难必至矣。"智伯曰："难将由我[23]。我不为难，谁敢兴之？"对曰："不然。《夏书》有之曰：'一人

1　后：继承人。
2　不逮：比不上，不及。
3　长大：体貌高大壮伟。
4　射御：即射箭、御马，古代六艺中的两种，都属尚武的技艺。御，御马，驾车。
5　毕给：毕具，完全具备。
6　巧文辩慧：擅长文辞，聪明而善辩论。
7　强毅果敢：形容顽强坚毅，敢作敢为。强毅，刚强坚定，有毅力。果敢，果决勇敢。
8　陵：欺侮，欺压。
9　待：依靠。
10　智宗：智氏一门。宗，宗族，同族。
11　别族：从原来的氏族、家族中分离出去。
12　太史：官名，掌记载史事、编写史书、起草文书，兼管国家典籍和天文历法等。
13　简：古代用来写字的竹板。
14　谨识：恭敬地牢记。谨，恭敬。
15　习：熟悉。
16　晋阳：代指晋阳城的长官。晋阳，故址位于今山西省太原市，曾为赵国都城。
17　茧丝：泛指赋税。征收赋税如抽丝于茧，故云。
18　抑：还是，或是。
19　保障：保护，防卫，也代指保护作用的事物。
20　损其户数：向朝廷瞒报晋阳城的人口数。瞒报人口数是为了减轻赋税，使百姓得以休养生息。
21　智伯：即智襄子，也就是智宣子的继承人智瑶。
22　备：防备，戒备。
23　难将由我：有没有灾难将由我决定。

三失，怨岂在明？不见是图[1]。'夫君子能勤小物[2]，故无大患。今主一宴而耻[3]人之君、相，又不备，曰'不敢兴难'，无乃[4]不可乎？蚋、蚁、蜂、虿[5]皆能害人，况君、相乎？"弗听。智伯请地[6]于韩康子，康子欲弗与[7]，段规曰："智伯好利而愎[8]，不与，将伐我，不如与之。彼狃[9]于得地，必请于他人。他人不与，必向之以兵，然则我得免于患，而待事之变矣。"康子曰："善。"乃与之。智伯悦。又求地于魏桓子，桓子欲弗与。任章问焉，桓子曰："无故[10]。"任章曰："无故索地，诸大夫必惧。吾与之地，智伯必骄。彼骄而轻敌，此惧而相亲。以相亲之兵待轻敌之人，智氏之命必不长矣。不如与之，以骄智伯，然后可以择交[11]而图之。奈何独以吾为智氏质[12]乎？"桓子曰："善。"亦与之。智伯又求蔡、皋狼[13]之地于赵襄子，襄子弗与。智伯怒，率韩、魏之甲[14]以攻之。襄子将出[15]，曰："吾何走乎[16]？"从者曰："长子[17]近，且城厚完[18]。"襄子曰："民罢力[19]以完之，又毙死[20]以守之，其谁与[21]我？"从者曰："邯郸[22]之仓库实[23]。"襄子曰：

1 一人三失，怨岂在明？不见是图：一个人屡次三番地犯错误，结下的仇怨怎么会在明处？在对方的怨恨还没表现出来的时候就要做好防范。
2 勤小物：在小事上尽心尽力。勤，尽力多做。
3 耻：羞辱。
4 无乃：岂不是。
5 蚋、蚁、蜂、虿：代指各种小虫。
6 请地：要求割地。
7 与：给。
8 愎：固执，任性，不听从。
9 狃：读为"纽"，习以为常。
10 无故：没有原因。
11 择交：选择邦交。
12 质：通"贽"，信物，见面礼。
13 蔡皋狼：蔡，周代诸侯国名，公元前447年为楚国所灭。皋狼，古地名，治今山西省吕梁市离石区西北，此时为赵国领地，春秋时曾为蔡国属地。
14 甲：披甲的人，即甲士。
15 出：逃亡。
16 吾何走乎：我往哪里逃呢。走，逃跑。
17 长子：古地名，因尧长子丹朱受封于此而得名，位于今山西省长治市长子县西南。
18 厚完：城墙坚固，防守完备。
19 罢力：用尽了力气。
20 毙死：仆倒而死。
21 与：帮助，援助。
22 邯郸：古地名，位于今河北省邯郸市境内，战国时为赵国都城。
23 实：财物粮食充足。

"浚¹民之膏泽²以实之，又因而杀之，其谁与我？其晋阳乎？先主之所属³也，尹铎之所宽也，民必和矣。"乃走晋阳。三家围而灌之，城不浸者三版⁴，沉灶产蛙⁵，民无叛意。智伯行水⁶，魏桓子御⁷，韩康子骖乘⁸。智伯曰："吾乃今知水可以亡人国也。"桓子肘⁹康子，康子履¹⁰桓子之趺¹¹，以汾水可以灌安邑，绛水可以灌平阳也¹²。絺疵谓智伯曰："韩、魏必反矣。"智伯曰："子何以知之？"对曰："以人事¹³知之。夫从韩、魏而攻赵，赵亡，难必及韩、魏矣。今约胜赵而三分其地，城降有日¹⁴，而二子无喜志¹⁵，有忧色，是非反而何？"明日，智伯以其言告二子，二子曰："此谗臣欲为赵氏游说，使主疑二家，而懈于攻赵也。不然，二家岂不利¹⁶朝夕分赵氏之田，而欲为此危难不可成之事乎？"二子出，絺疵入曰："主何以臣之言告二子也？"智伯曰："子何以知之？"对曰："臣见其视臣端¹⁷而趋疾¹⁸，知臣得其情故也。"智伯不悛¹⁹。赵襄子使张孟谈潜出²⁰见二

1　浚：榨取。
2　膏泽：民脂民膏。
3　属：叮嘱，告诫。
4　版：计量单位，表示墙的高度和长度，一般认为高二尺、长八尺为一版。
5　沉灶产蛙：灶淹没于水中，日久致孳生青蛙。形容水患严重。
6　行水：巡视水势。
7　御：驾车。
8　骖乘：陪乘，其任务在于随侍尊者，防备车辆倾侧。
9　肘：用肘触人示意。
10　履：踩。
11　趺：脚背。
12　以汾水可以灌安邑，绛水可以灌平阳也：如此说来，汾水能够淹没魏国的都城安邑，绛水也可以淹没韩国的都城平阳。汾水，古水名，即今山西省汾河。安邑，古地名，战国时魏国都城，故址位于今山西省运城市夏县西北。绛水，古水名，位于今陕西省临汾市曲沃县南。平阳，古地名，战国时韩国的都城，位于今山西省临汾市西南，因在平水之阳得名。
13　人事：人情事理。
14　有日：不久，有期。
15　喜志：愉悦的心情。
16　利：占，谋利。
17　视臣端：看我的时候站得很直。端，站得直。
18　趋疾：走得很快。趋，快步走。
19　悛：悔改。
20　潜出：暗中从城中出来。潜，暗中，秘密地。

子，曰："臣闻唇亡则齿寒。赵亡，则韩、魏为之次[1]矣。"二子乃阴[2]与约，为之期日[3]而遣之。襄子夜使人杀守堤之吏，而决水灌智伯军。智伯军乱，韩、魏翼而击之[4]，襄子将卒[5]犯其前，大败其众，遂杀智伯，灭其族而分其地，惟辅果在。

司马公曰：智伯之亡也，才胜德也。聪察[6]强毅之谓才，正直中和[7]之谓德。才者，德之资[8]；德者，才之帅也。是故才、德全尽，谓之圣人；才德兼亡，谓之愚人。德胜才，谓之君子；才胜德，谓之小人。凡取人[9]之术，苟不得圣人、君子而与之，与其得小人，不若得愚人。然德者，人之所严[10]；才者，人之所爱。爱者易亲，严者易疏，是以察者多蔽于才而遗[11]于德。自古以来，国之乱臣，家之败子，才有余而德不足，以至于颠覆[12]者多矣，岂特[13]智伯哉？

赵襄子漆[14]智伯之头，以为饮器[15]。智伯之臣豫让欲为之报仇，乃诈为刑人[16]，挟[17]匕首入襄子宫中涂厕[18]。左右欲杀之，襄子曰："智伯死，无后，而此人欲为报仇，真义士也。吾谨避之耳。"让又漆身为癞[19]，吞炭为哑，行乞于市，其妻

1　为之次：就是下一个。
2　阴：暗中，暗地里。
3　期日：约定里应外合的时间。
4　翼而击之：从两侧辅助攻击。翼，辅助。
5　将卒：率领士兵。将，带，率领。
6　聪察：明察。
7　中和：中正平和。
8　资：凭借
9　取人：选择人。
10　严：畏惧。
11　遗：因疏忽而漏掉。
12　颠覆：颠坠覆败，灭亡。
13　岂特：难道只是，何止。
14　漆：涂上漆。
15　饮器：溲器，尿器。
16　刑人：受刑之人。古代多以刑人充当服劳役的奴隶。
17　挟：用胳膊夹住。
18　涂厕：修整厕所。涂，以泥抹墙。
19　癞：麻风病。

不识也。其友识之，为之泣曰："以子之才，臣事赵孟¹，必得近幸²。子乃为所欲为，顾不易耶³？何乃自苦如此？"让曰："委质⁴为臣，而求杀之，是二心也。吾所以为此者，将以愧天下后世之为人臣而怀二心者也。"后又伏于桥下，欲杀襄子。襄子杀之。

胡氏曰：君子为名誉而为善，则其善必不诚。人臣为利禄而效忠，则其忠必不尽。使智伯有后，而豫子为之报仇，其心未可知也。智伯无后矣，而让也不忘国士之遇⁵，以死许之，至再三而愈笃⁶，则无所为而为之者，真可谓义士矣。然襄子知其如此，而终杀之，何以为人臣之劝⁷哉？

襄子为伯鲁之不立也，有子五人，不肯置后⁸。立伯鲁之孙浣，是为献子。献子生籍，是为烈侯。魏斯者，桓子之孙，是为文侯。韩虔者，康子之孙，是为景侯。盖自三家之灭智伯，至是五十一年矣。魏文侯以卜子夏、田子方为师，每过段干木⁹之庐必式¹⁰，四方贤士多归之。文侯与群臣饮酒，乐，而天雨，命驾，将适野¹¹。左右曰："今日饮酒乐，天又雨，君将安之¹²？"文侯曰："吾

1　臣事赵孟：对赵国君主称臣。赵孟，春秋时对晋国赵氏历代宗主的尊称。晋国正卿赵盾字孟，因而其子孙都称赵孟。
2　近幸：宠爱。
3　顾不易耶：难道臣事赵孟、委曲求全不是比你这样做更容易吗。顾，反而，难道。
4　委质：向君主献礼，表示献身。
5　国士之遇：把他当作一国中最优秀的人物来对待。国士，一国中才能最优秀的人物。
6　笃：专一。
7　劝：勉励。
8　不肯置后：赵简子因为赵襄子无恤贤能而废继承人伯鲁而立之；赵襄子自觉有愧于伯鲁，因此虽然有五个儿子，但也不肯立自己的儿子为继承人。
9　段干木：名克，封于段，为干木大夫，故称段干木。战国初年魏国名士，师子夏，友田子方，为孔子再传弟子。因其三人皆出于儒门，又先后为魏文侯师，故被后人称为"河东三贤"。
10　式：以手抚轼，为古人表示尊敬的礼节。轼，古代车厢前面用作扶手的横木。
11　命驾，将适野：命令备车，准备到野外去。
12　安之：到哪里去。安，哪里。之，往，到。

与虞人[1]期猎[2]，虽乐，岂可无一会期[3]哉？"乃往，身自罢之[4]。韩借师于魏以伐赵，文侯曰："赵，兄弟也，不敢闻命[5]。"赵借师以伐韩，对[6]亦如之。二国皆怒。已而[7]知文侯以讲于己[8]也，皆朝于魏。魏由是始大于三晋。文侯使乐羊伐中山[9]，克之，以封其子击。他日问于群臣："我何如主[10]？"皆曰："仁君。"任座曰："君得中山，不以封君之弟，而以封君之子，何谓仁君？"文侯怒，座趋出。次问翟璜，对曰："仁君也。"文侯曰："何以知之？"对曰："君仁则臣直。向者[11]任座之言直，是以知之。"文侯悦，使璜召座而反[12]之，亲下堂迎之，以为上客[13]。文侯与田子方饮，文侯曰："钟声不比[14]乎？左高。"田子方笑。文侯曰："何笑？"子方曰："臣闻之，君明乐官，不明乐音。今君审[15]于音，臣恐其聋于官也。"文侯曰："善。"子击出，遭[16]田子方于道，下车伏谒[17]。子方不为礼[18]。击怒，谓子方曰："富贵者骄人[19]乎？贫贱者骄人乎？"子方曰："亦贫贱者骄人耳，富贵者安敢骄人？国君而骄人，则失其国；大夫而骄人，则失其家。失其国、家者，未闻有以国、家待之者也。夫士贫贱，言不用，行不合，则纳履[20]而去，安往而不得贫贱哉？"击乃谢之。文侯谓李克曰："先生有言：

1　虞人：古时掌山泽、苑囿之官。
2　期猎：约好时间打猎。
3　无一会期：不遵守约定前往。
4　身自罢之：亲自去下令停止打猎。罢，停止。
5　闻命：接受命令。
6　对：回答。
7　已而：不久，后来。
8　以讲于己：用对自己讲的理由回答别人。
9　中山：古国名，春秋时狄人所建，又称鲜虞国，治所位于今河北省石家庄市正定县东北，辖今河北省涞源县以南，唐县以西，高邑、宁晋县以北，平山、井陉县以东地。
10　何如主：是怎么样的君主。何如，怎么样。
11　向者：以往，从前。
12　反：返回，回归。
13　上客：上宾，尊贵的客人。
14　比：和谐。
15　审：知道，知悉。
16　遭：遇见，碰到。
17　伏谒：古时谒见尊者，趴在地上通报姓名。
18　为礼：以礼相待。
19　骄人：傲视他人。
20　纳履：穿鞋，借指辞别。

'家贫思良妻，国乱思良相。'今所置，非成则璜，二子何如？"对曰："卑不谋尊，疏不谋戚[1]。臣在阙门[2]之外，不敢当命[3]。"文侯曰："先生临事勿让[4]。"克曰："居视其所亲，富视其所与，达视其所举[5]，穷视其所不为，贫视其所不取，五者足以定之矣。"文侯曰："先生就舍[6]，吾之相定矣。"李克出，翟璜曰："闻君召先生而卜相[7]，果[8]谁为之？"克曰："魏成。"璜忿然曰："西河守[9]吴起，臣所进[10]也。君内以邺[11]为忧，臣进西门豹。君欲伐中山，臣进乐羊。中山已拔，无使守之，臣进先生。君之子无傅[12]，臣进屈侯鲋。以耳目之所睹记[13]，臣何负于魏成？"克曰："子之言克于君者，岂将比周[14]以求大官哉？君问相于克，克之对如是。所以知君之必相[15]魏成者，成食禄千钟[16]，什九[17]在外，是以东得卜子夏、田子方、段干木。此三人，君皆师之。子所进五人者，君皆臣之。子恶得[18]与成比也？"璜再拜谢，曰："鄙人失对[19]，愿卒[20]为弟子。"吴起者，卫人，仕于鲁[21]。齐人伐鲁，鲁人欲以为将。起娶齐女，鲁人疑之。起杀妻以求将，大破齐

1　疏不谋戚：与国君疏远之人不能讨论亲近之人的事。
2　阙门：宫殿、城垣、陵墓、祠庙大门两侧标示地位尊崇的高层建筑物，借以区别等级、尊卑。
3　当命：应命。
4　让：谦让，推辞。
5　达视其所举：身居高位的时候看他举荐的是什么人。
6　就舍：回到居住的馆舍。
7　卜相：选择相才。
8　果：究竟，到底。
9　西河守：西河郡的郡守。西河，古郡名，魏置，辖今陕西省东部黄河西岸地区。
10　进：推荐。
11　邺：古地名，位于今河北省邯郸市临漳县西南，河南省安阳市北。
12　傅：帝王的相，或帝王、诸侯之子的老师。
13　睹记：见闻与记忆。
14　比周：结党营私。
15　相：使作相，选择为宰相。
16　食禄千钟：享受千钟的俸禄。千钟，代指丰厚的俸禄。钟，古代计量单位，六斛四斗为一钟。
17　什九：十分之九。指绝大多数。
18　恶得：怎么能。恶，表示疑问，相当于"何""怎么"。
19　失对：回答不出。
20　卒：终身。
21　仕于鲁：在鲁国为官。仕，做官。

师。或谮[1]之曰："起始事曾参，母死不奔丧，曾参绝之，又杀妻以求为将。起，残忍薄行[2]人也。"起恐得罪[3]，闻魏文侯贤，乃往归之。文侯问诸[4]李克，克曰："起贪而好色，然用兵，司马穰苴[5]弗能过也。"于是文侯以为将，击秦，拔五城。起为将，卧不设席[6]，行不骑乘，亲裹赢粮[7]，与士卒最下者同衣食，分劳苦。卒有病疽[8]者，起为吮之。卒母闻而哭之。或问之，对曰："往年吴公吮其父，其父战不还踵[9]，遂死于敌。吴公今又吮其子，妾不知其死所矣。"赵烈侯好音，谓相国公仲连曰："寡人有爱，可以贵之[10]乎？"连曰："富之可，贵之则否。"君曰："然。郑歌者枪、石二人，吾赐之田，人万亩。"连诺而不与。烈侯屡问，连乃称疾不朝[11]。番吾君谓连曰："君实好善，而未知所持[12]。公仲亦有进士[13]乎？"连曰："未也。"曰："牛畜、荀欣、徐越皆可。"连进之。畜侍以仁义[14]，烈侯迪然[15]。明日，欣侍以举贤使能。明日，越侍以节财俭用。察度[16]功德，所与无不充[17]。君悦，乃谓连曰："歌者之田且止。"以畜为师，欣为中尉[18]，越为内史[19]，赐

1　谮：诬陷，无中生有地说人坏话。
2　薄行：品行不端，轻薄无行。
3　得罪：获罪。
4　诸：之于。
5　司马穰苴：即田穰苴，春秋末期齐国人，著名军事家，曾率齐军击退晋、燕入侵之军，因功被封为大司马，因此又称司马穰苴。
6　设席：铺设休息用的席褥。
7　亲裹赢粮：亲自背着备用的粮食。赢粮，余粮，备用的粮食。
8　病疽：生恶性毒疮。
9　战不还踵：打仗的时候不转动脚跟。比喻不退却逃跑。踵，脚后跟。
10　贵之：使之地位显要。
11　称疾不朝：称病不上朝。疾，病。
12　君实好善，而未知所持：您实际上是好意，但处理方法不得当。
13　进士：荐举贤士。
14　畜侍以仁义：牛畜向赵烈侯进言执政要遵循仁义的道理。此和下文荀欣、徐越的进言，都是从侧面让赵烈侯明白，赐田给郑国歌者这样对国家没有贡献的人并不恰当。侍，进言，进献。
15　迪然：闲适貌，自得貌。
16　察度：审查测度。
17　充：理由充分。
18　中尉：古官名，战国时赵置，负责选任官吏。秦、西汉成为统兵武职，又称备盗贼中尉。位列九卿，职掌京城治安执法，管理中央武库，兼领左右京辅兵卒，戍卫京师，或亦发兵卒远屯边塞。
19　内史：古官名，掌出纳王命，收藏各地宗族谱系资料，参与祭祀，预测天象人事，备咨询顾问，以及受王派遣出使。

连衣二袭[1]。

己卯二十四年（公元前 402 年）

燕僖公元年。

王崩，子骄立是为[2]安王。

盗杀[3]楚君当。

庚辰安王元年（公元前 401 年）

楚悼王类元年。

秦伐魏。

辛巳二年 (公元前 400 年)

魏、韩、赵伐楚。

郑围韩阳翟[4]。

壬午三年（公元前 399 年）

秦惠公、赵武侯、韩烈侯取元年。

虢山[5]崩，壅河[6]。

癸未四年（公元前 398 年）

楚围郑。

1　赐连衣二袭：赏赐给公仲连衣服两套。袭，上衣和下裳都有的衣服。
2　是为：这就是。
3　盗杀：史家之春秋笔法，国君为地位低贱的人所杀称"盗杀"。也指暗杀。
4　阳翟：古地名，战国时韩国都城，大禹受封之地，夏启的都城，位于今河南省许昌市辖
　　禹州市。
5　虢山：古山名，即今河南省三门峡市陕县老城西南鸡足山。
6　壅河：黄河堵塞。壅，堵塞。河，黄河。

甲申**五年**（公元前 397 年）

日食。

盗杀韩相侠累侠累与濮阳[1]严仲子有恶。仲子闻轵[2]人聂政之勇，以黄金百溢[3]为政母寿，欲因以报仇。政不受，曰："老母在，政身未敢以许人也。"及母卒，仲子乃使政刺侠累。侠累方坐府上，兵卫甚众，聂政直入刺之。因自皮面决眼，自屠出肠[4]。韩人暴[5]其尸于市，购问[6]，莫能识。其姊[7]闻而往，哭之曰："是轵深井里聂政也。以妾在之故，重自刑以绝从[8]。妾奈何畏没身[9]之诛，终灭贤弟之名。"遂死政尸之旁。

乙酉**六年**（公元前 396 年）

郑弑其君骀[10]。

丙戌**七年**（公元前 395 年）

丁亥**八年**（公元前 394 年）

齐伐鲁。

1　濮阳：古地名，位于今河南省濮阳市濮阳县西南，因在濮水之阳而得名。
2　轵：古地名，位于今河南省济源市东南轵城镇。
3　溢：古代重量单位，合二十两（一说二十四两）。
4　自皮面决眼，自屠出肠：以剑自毁其面，挖眼，剖腹自杀，肠子都露出来了。意指担心死后被指认，自己先毁容。
5　暴：通"曝"，晒，暴露。
6　购问：悬赏询问。
7　姊：姐姐。
8　重自刑以绝从：大面积自残肢体，避免其他人被连坐。自刑，自残肢体。
9　没身：通"殁身"，杀身。
10　郑弑其君骀：此为春秋笔法，弑君者本为郑国执政驷子阳的党羽，之所以称国名弑，因为国君无道。

戊子**九年**（公元前 393 年）

　　魏伐郑。

己丑**十年**（公元前 392 年）

　　晋孝公倾元年。

庚寅**十一年**（公元前 391 年）

　　秦伐韩宜阳[1]，取六邑。

　　齐田和迁其君贷于海上，食一城[2]和，田恒之曾孙也。

辛卯**十二年**（公元前 390 年）

　　秦、晋战于武城[3]。

　　齐伐魏。

　　鲁败齐师于平陆[4]。

壬辰**十三年**（公元前 389 年）

　　秦侵晋。

　　齐田和会魏侯、楚人、卫人于浊泽[5]，求为诸侯田和求为诸侯，魏文侯
为之请于王及诸侯，王许之。

1　宜阳：古地名，位于今河南省洛阳市宜阳县西。
2　食一城：给他一座城，城里的赋税用以提供他生活所需。
3　武城：古地名，战国时晋邑，位于今陕西省渭南市华州区东北。
4　平陆：古地名，战国时齐邑，位于今山东省济宁市汶上县西北。
5　浊泽：古地名，位于今河南省许昌市辖长葛市西北。

癸巳**十四年**（公元前 388 年）

甲午**十五年**（公元前 387 年）

　　秦伐蜀，取南郑 [1]。

　　魏侯斯卒。

　　魏吴起奔楚，楚以为相魏武侯 [2] 浮 [3] 西河 [4] 而下，顾 [4] 谓吴起曰："美哉，山河 [5] 之固！此魏国之宝也。"对曰："在德不在险。昔三苗氏 [6]，左洞庭 [7]，右彭蠡 [8]，德义 [9] 不修，禹灭之。夏桀之居，左河济 [10]，右泰华 [11]，伊阙 [12] 在其南，羊肠 [13] 在其北，修政 [14] 不仁，汤放 [15] 之。商纣之国，左孟门 [16]，右太行 [17]，常山 [18] 在其北，大河 [19] 经其南，修政不德 [20]，武王杀之。由此观之，在德不在险。君若不修德，舟中之人，皆敌国也。"武侯曰："善。"魏相 [21] 田文，起不悦，谓文曰："请与子 [22] 论功，可乎？"文曰："可。"起曰："将三军，使士卒乐死 [23]，敌国不敢谋，子孰与起？"文曰：

1　南郑：古邑名，位于今陕西省汉中市东。
2　浮：漂流，漂浮。
3　西河：即今山西、陕西两省间自北而南流向的黄河南段。
4　顾：回头看。
5　山河：大山大河。
6　三苗氏：从北方移居到江西的古老部落。
7　洞庭：即洞庭湖，古称云梦，位于今湖南省北部，跨岳阳、汨罗、湘阴、沅江、汉寿、华容、南具等地。
8　彭蠡：即彭蠡湖，江西省鄱阳湖的古称。
9　德义：道德信义。
10　河济：黄河与济水的并称，古代与长江、淮河合称"四渎"。
11　泰华：泰山与华山的并称，古代与嵩山、恒山合称"四岳"。
12　伊阙：古地名，位于今河南省洛阳市南，因两山相对如阙门，伊水流经其间，故名。
13　羊肠：古道路名，即羊肠坂，位于今山西省晋城市南。
14　修政：治理，统治。
15　放：驱逐，流放。
16　孟门：即孟门山，位于今山西省临汾市吉县西、陕西省延安市宜川县东北。
17　太行：古山名，位于今山西高原与河北平原间，北起拒马河谷，南至晋、豫边境黄河北岸。
18　常山：即恒山，位于今河北省保定市唐县西北。
19　大河：黄河。
20　不德：不修德行。
21　相：使作相，作某国或某人的相。
22　子：你。尊称对方，通常为男性。
23　乐死：乐于效命。

"不如子。"起曰："治百官，亲万民，实[1]府库，子孰与起？"文曰："不如子。"起曰："守西河而秦兵不敢东乡[2]，韩、赵宾从[3]，子孰与起？"文曰："不如子。"起曰："此三者，子皆出吾下，而位加[4]吾上，何也？"文曰："主少国疑[5]，大臣未附，百姓不信，方是之时，属[6]之子乎？属之我乎？"起默然良久，曰："属之子矣。"久之，魏相公叔，害起，谮之，武侯疑之。起惧诛，遂奔楚。楚悼王素闻其贤，至则任之为相。起明法审令[7]，捐不急之官[8]，废公族疏远者[9]，以养战士。要[10]在强兵，破游说之言从横[11]者。于是南平百越[12]，北却[13]三晋，西伐秦。诸侯皆患楚之强，而楚之贵戚[14]大臣多怨起者。

乙未十六年（公元前386年）

秦出公、魏武侯击、赵敬侯章、韩文侯元年。○田齐太公和元年。○统秦、晋、齐、楚、燕、赵、魏、韩旧国八，田齐新国一，凡九大国。

初命齐大夫田和为诸侯。

魏袭赵邯郸，不克[15]。

1　实：充满，填塞。
2　东乡：亦作"东向"，向东方进发。
3　宾从：服从，归顺。
4　加：凌驾。
5　主少国疑：君主年幼初立，人心疑惧不安。
6　属：通"嘱"，托付，委托。
7　明法审令：申明法令，使人人遵守，谨慎发布命令，避免出现差错。审，谨慎。
8　捐不急之官：裁减无关紧要的冗员。不急，无关紧要。
9　废公族疏远者：废止一些血缘关系淡薄的王族日常供给。
10　要：关键。
11　从横：同"纵横"，运用政治、外交手段进行联合或分化。
12　百越：我国古代南方越人的总称，分布于今天浙、闽、粤、桂等地，因部落众多，故总称百越。
13　却：退。
14　贵戚：帝王本姓的亲族。
15　克：战胜，攻下。

丙申**十七年**（公元前 385 年）

秦庶长[1]改弑其君及其君母庶长改迎灵公之子于河西[2]而立之，是为献公。遂[3]杀出[4]子及其母，沉之渊[5]旁。

韩伐郑，遂伐宋。

丁酉**十八年**（公元前 384 年）

秦献公、齐桓公午元年。

戊戌**十九年**（公元前 383 年）

魏败赵师于兔台[6]。

己亥**二十年**（公元前 382 年）

日食，昼晦[7]。

庚子**二十一年**（公元前 381 年）

楚君类卒。楚人杀吴起悼王薨[8]，贵戚大臣作乱，攻吴起，杀之。因射[9]刺起，并中王尸。太子臧即位，讨为乱者，夷[10]七十余家。

1　庶长：古官名，秦国置，主管国家的军政大权，相当于卿。
2　河西：指今山西、陕西两省间黄河南段以西地区，约在今天陕西省韩城、合阳、大荔一带。
3　遂：于是，然后。
4　出：即秦出公。
5　渊：深潭。
6　兔台：古地名，位于今河北省邯郸市成安县西。
7　昼晦：白天光线昏暗。晦，昏暗不明。
8　薨：古代称诸侯死。
9　因射：凭借射箭的方法。因，依靠，凭借。
10　夷：灭掉，杀尽。

辛丑二十二年（公元前 380 年）

　　楚肃王臧元年。

　　齐伐燕。

　　魏、韩、赵伐齐。

壬寅二十三年（公元前 379 年）

　　是岁[1]齐亡。统秦、晋、楚、燕、魏、赵、韩、田齐，凡八大国。

　　赵袭卫，不克。

　　齐侯贷卒，无子，田氏遂并[2]齐。

癸卯二十四年（公元前 378 年）

　　齐威王因齐元年。

　　狄败魏师于浍[3]。

　　魏、韩、赵伐齐。

甲辰二十五年（公元前 377 年）

　　晋靖公俱酒元年。

　　蜀伐楚。

乙巳二十六年（公元前 376 年）

　　韩哀侯元年。〇是岁晋亡。统秦、楚、燕、魏、赵、韩、齐，凡七大国。

　　王崩，子喜立是为烈王。

1　是岁：这一年。
2　并：吞并。
3　浍：古水名，发源于河南省，流经安徽省北部，最终注入洪泽湖。

三晋共废其君俱酒为家人 [1]，而分其地。

丙午烈王元年（公元前 375 年）

日食。

韩灭郑，自阳翟徙都 [2] 之。

丁未二年（公元前 374 年）

赵成侯种元年。

戊申三年（公元前 373 年）

燕败齐师于林狐 [3]。

鲁、魏伐齐。

己酉四年（公元前 372 年）

燕桓公元年。

赵伐卫，取都鄙 [4] 七十三。

魏败赵师于北蔺 [5]。

庚戌五年（公元前 371 年）

魏伐楚。

韩严遂弑其君哀侯以韩廆为相，而爱严遂。二人相害，遂刺廆于朝，而

1　家人：平民，庶人，无官职。
2　徙都：迁移都城。
3　林狐：古地名，战国齐邑，位于今河北省沧州市盐山县境内。
4　都鄙：五百家为邑，十邑为一都。五百家为一鄙。
5　北蔺：古地名，位于今山西省吕梁市离石区西。

并中[1]哀侯。

魏侯击卒武侯不立太子。至是，子罃与公中缓[2]争立，国内乱。

辛亥六年（公元前 370 年）

魏惠王罃、韩懿侯元年。

齐侯来朝[3]时周室微弱，诸侯莫朝，而齐独朝之，天下以此贤威王[4]。

赵伐齐。

魏败赵师于怀[5]。

齐侯封即墨[6]大夫，烹阿[7]大夫齐威王召即墨大夫，语之曰："自子之居即墨也，毁言日至[8]。然吾使人视即墨，田野辟[9]，人民给[10]，官无事，东方以宁。是子不事[11]吾左右以求助也。"封之万家。召阿大夫，语之曰："自子守阿，誉言日至。吾使人视阿，田野不辟，人民贫馁[12]。赵攻鄄[13]，子不救。卫取薛陵[14]，子不知。是子厚币[15]事吾左右以求誉也。"是日，烹阿大夫及左右尝[16]誉者。于是群臣耸惧[17]，莫敢饰诈[18]，务尽其情。齐国大治，强于天下。

1　并中：同时刺中。
2　公中缓：即魏缓，魏武侯之子，魏惠王弟。《史记》作"公中缓"，《古本竹书》作"公子缓"。
3　朝：朝见，臣见君。
4　贤威王：尊重齐威王。贤，尊重，崇尚。
5　怀：古地名，位于今河南省焦作市武陟县西南。
6　即墨：古邑名，位于今山东省青岛市辖平度市东南，城临墨水，故曰即墨。
7　阿：古地名，位于今山东省聊城市阳谷县东北。
8　毁言日至：每天都有人到我这里中伤你。毁言，诽谤之言。下文"誉言"指赞美之言。
9　辟：开垦。
10　给：衣食丰足。
11　事：侍奉，供奉。
12　贫馁：贫穷饥饿。
13　鄄：古地名，鄄城，位于今山东省菏泽市鄄城县北。
14　薛陵：古地名，位于今山东省聊城市阳谷县东北。
15　厚币：丰厚的礼物。
16　尝：曾经。
17　耸惧：极其恐惧。耸，通"悚"。
18　饰诈：作假骗人。

壬子七年（公元前 365 年）

楚宣王良夫元年。

日食。

王崩[1]，弟扁立是为显王。

韩、赵伐魏，围安邑韩公孙颀谓懿侯曰："魏乱，可取也。"懿侯乃与赵成侯合兵伐魏，大破其兵，遂围安邑。成侯曰："杀罃，立公中缓，割地而退，我二国之利也。"懿侯曰："杀魏君，暴也；割地，贪也。不如两分之[2]。魏分为两，不强于宋、卫，则我终无魏患矣。"赵人不听，乃解[3]而去。

太史公[4]曰：魏惠王之所以身不死、国不分者，二国之谋不和也。若从一家之谋，魏必分矣。故曰：君终，无嫡子[5]，其国可破也。

癸丑显王元年（公元前 368 年）

齐伐魏。

赵侵齐。

甲寅二年（公元前 367 年）

乙卯三年（公元前 366 年）

秦败魏、韩之师于洛阳。

丙辰四年（公元前 365 年）

魏伐宋。

---

1 崩：古代把天子的死看得很重，常用山塌下来比喻，称"崩"。
2 两分之：将魏国一分为二。
3 解：解除，解围。
4 太史公：代指《史记》的作者司马迁，曾任太史令。
5 嫡子：正妻所生之子。

丁巳**五年**（公元前 364 年）

秦败三晋之师于石门[1]。赐以黼黻之服[2]斩首六万。

戊午**六年**（公元前 363 年）

己未**七年**（公元前 362 年）

魏败韩、赵之师于浍。

秦败魏师于少梁[3]。

秦伯卒[4]秦献公薨，子孝公立，生二十有一年矣。是时河山[5]以东强国六，淮泗[6]之间小国十余。楚、魏与秦接界。魏筑长城，自郑滨洛[7]以北有上郡[8]；楚自汉中[9]，南有巴、黔中[10]。皆以夷翟遇秦[11]，摈斥[12]之，不得与[13]中国之会盟。于是孝公发愤修政[14]，欲以强秦。

1　石门：古地名，一名白径岭，位于今山西省运城市盐湖区西南。
2　黼黻之服：象征位高权重的衣服，此为周王所赐。黼，半黑半白的斧型图案，天子服之，取其断。黻，正反两"弓"相背的图案，半青半黑，象征君臣合离。
3　少梁：古地名，位于今陕西省渭南市辖韩城市南。
4　卒：原指大夫死，后为死亡的通称。
5　河山：黄河与华山的并称。
6　淮泗：淮水和泗水。淮水，今称淮河，源出河南桐柏山，东流经河南、安徽，原在江苏北部独流入海。泗水，淮河下游主要支流之一，发源于蒙山腹地，西南流入山东省泗水县境后改向西行，至曲阜市和兖州市边境复折西南，至今江苏省淮安市淮阴区码头镇北入淮河。
7　滨洛：靠近洛水。滨，靠近。洛，洛水，即今河南省洛河，黄河支流。
8　上郡：古郡名，辖今陕西省北部及内蒙古自治区乌审旗等地。
9　汉中：古地区名，包括今天陕西省秦岭以南，留坝、勉县以东，乾祐河流域及湖北省郧县、保康以西，米仓山、大巴山以北地，因位于汉水中游而得名。
10　巴、黔中：巴，古代国名，辖今四川省东部。黔中，古郡名，辖今湖南省沅水、澧水流域，湖北省清江流域，四川省黔江流域和贵州省东北部。
11　以夷翟遇秦：拿秦国当作夷狄之人对待。夷翟，即夷狄，古代泛称除华夏族以外的各族。遇，对待。
12　摈斥：排斥，弃去。
13　与：参与。
14　修政：修明政教。

庚申八年（公元前 361 年）

秦孝公、燕文公元年。

彗星见[1]**西方。**

卫公孙鞅入秦秦孝公令国中[2]曰："昔我穆公，自岐雍[3]之间，修德行武，东平晋乱，以河为界，西霸戎翟[4]，广地千里，天子致伯[5]，诸侯毕贺，为后世开业[6]甚光美[7]。会往者[8]厉、躁、简公、出子之不宁[9]，国家内忧，未遑[10]外事。三晋攻夺我先君河西地，丑莫大焉。献公即位，镇抚[11]边境，徙治栎阳[12]，且欲东伐，复穆公之故地，修穆公之政令。寡人思念先君之意，常痛于心。宾客群臣，有能出奇计强秦者，吾且尊官[13]，与之分土。"于是卫公孙鞅闻之，乃西入秦。鞅，卫之庶孙[14]也，好刑名之学[15]，事魏相公叔痤。痤知其贤，未及进，会病，魏惠王往问之曰："公叔病，如有不可讳[16]，将奈社稷何？"公叔曰："痤之中庶子[17]卫鞅，年虽少，有奇才，愿君举国而听之。"王嘿然[18]。公叔曰："君即[19]不听用鞅，必杀之，无令出境。"王许诺而去。公叔召鞅谢[20]曰："吾先君而后臣，故先为君谋，后以告子。子必速行矣。"鞅曰："君不能用子之言任臣，又安能

1　见：出现在。
2　国中：国内。
3　岐雍：即岐山和雍山，二山名，均位于今陕西省宝鸡市境内。
4　戎翟：即戎狄，古时华夏地区对西北地区少数民族的统称，北狄和西戎的合称。
5　天子致伯：天子赐封秦穆公为伯爵。致伯，赐封伯爵。
6　开业：开国创立基业。
7　光美：盛大美好。
8　会往者：会，恰好，正巧。往者，过去，从前。
9　不宁：不安定。宁，安定。
10　未遑：没时间顾及。
11　镇抚：安抚。
12　徙治栎阳：徙治，迁移王都或地方官署所在地。徙，迁移。栎阳，古邑名，又作栎邑，位于今陕西省西安市临潼区东北。
13　尊官：赐予高官。
14　庶孙：庶出之孙。嫡子之子当嫡子在世时也为庶孙。
15　刑名之学：战国时以申不害为代表的学派，主张循名责实，慎赏明罚。
16　不可讳：死的婉辞。
17　中庶子：古官名，战国时为掌管公族事务的官，汉以后为太子的属官。
18　嘿然：沉默无言的样子。
19　即：假如，倘若。
20　谢：向人认错道歉。

用子之言杀臣乎？"卒不去。王出，谓左右曰："公叔病甚，悲乎！欲令寡人以国听卫鞅也，既又劝寡人杀之，岂不悖[1]哉？"鞅既至秦，因嬖臣[2]景监以求见，说以富国强兵之术，孝公大悦，与议国事。

辛酉**九年**（公元前 360 年）

壬戌**十年**（公元前 359 年）

秦以卫鞅为左庶长[3]，定变法之令卫鞅欲变法，秦人不悦。鞅言于孝公曰："夫民，不可与虑始[4]，而可与乐成[5]。论至德[6]者，不和于俗；成大功者，不谋于众。是以圣人苟可以强国，不法其故[7]。"甘龙曰："不然。因民而教[8]者，不劳而成功；缘法而治[9]者，吏习[10]而民安之。"卫鞅曰："常人安于故俗[11]，学者溺[12]于所闻。以此两者，居官、守法可也，非所与论于法之外也。智者作法，愚者制[13]焉；贤者更礼[14]，不肖者拘焉[15]。"公曰："善。"乃以鞅为左庶长，卒定变法之令。令民为什伍[16]，而相收司连坐[17]。不告奸者要斩[18]，告奸者与斩敌首同赏，匿[19]奸者与降敌同罚。民有

1　悖：相冲突。
2　嬖臣：受宠幸的近臣。
3　左庶长：古官名。秦国有四种庶长，大庶长、右庶长、左庶长、驷车庶长。四种庶长都是职爵一体，既是爵位，又是官职。除了左庶长可由非王族大臣担任，其余庶长全部是王族专职。
4　虑始：谋划事情的开始。
5　乐成：成功。
6　至德：最高的道德。
7　不法其故：不会沿袭旧有的方法。故，旧法，成例。
8　因民而教：顺着民众的本性实施教化。
9　缘法而治：依着已有的法律来治理。
10　吏习：官吏习以为常。
11　安于故俗：形容思想守旧，喜欢按老一套办事。安，习惯，满足于。俗，习俗。
12　溺：沉湎。
13　制：接受管制。
14　更礼：根据时代需要变更礼仪。
15　不肖者拘焉：不成材的人拘泥于礼。不肖，不成材，不正派。拘，拘守，拘泥于。
16　什伍：古代户籍编制，五家为伍，十户为什，相联相保。
17　相收司连坐：一家犯法，九家检举，若不检举，十家一起治罪。
18　要斩：同"腰斩"，古代的一种酷刑，以斧砧断人腰。
19　匿：隐藏。

二男以上，不分异[1]者，倍其赋[2]。有军功者，各以率受爵[3]；为私斗者，各以轻重被[4]刑大小。僇力[5]本业，耕、织致粟、帛多者，复其身[6]。事末利及怠而贫者，举以为收孥[7]。宗室非有军功论，不得为属籍[8]。明尊卑、爵秩等级，各以差次[9]名[10]田宅、臣妾、衣服。有功者显荣[11]，无功者虽富无所芬华[12]。令既具，未布[13]，恐民之不信，乃立三丈之木于国都南门，募民能徙置[14]北门者，予十金。民怪之，莫敢徙。复曰："能徙者，予五十金。"有一人徙之，辄[15]予五十金。乃下令。令行期年[16]，民之国都[17]言新令之不便者以千数。于是太子犯法。卫鞅曰："法之不行，自上犯之[18]。"太子，君嗣[19]，不可施刑，刑其傅公子虔，黥[20]其师公孙贾。明日，秦人皆趋令[21]。行之十年，道不拾遗[22]，山无盗贼。民勇于公战，怯于私斗，乡邑[23]大治。秦民初言令不便者，有来言令便。鞅曰："此乱法之民也。"尽迁之于边[24]。其后民莫敢议令。

　　司马公曰：夫信者，人君之大宝也。国保于民，民保于信[25]。故古之王者，

1　分异：分居。
2　倍其赋：应缴的赋税加倍。倍，加倍。
3　各以率受爵：每个人各以军功多少受封相应的爵位。率，规格，标准。
4　被：加，施加。
5　僇力：合力，尽力。
6　复其身：指免除本人应承担的劳役和赋税。复，免除赋税徭役。
7　事末利及怠而贫者，举以为收孥：经商之人以及因为懒惰而导致贫困的人，家人没入官府为奴。末利，经商。孥，妻子儿女。
8　不得为属籍：不得列入宗室谱籍。属籍，宗室谱籍。
9　差次：分别等级次序。
10　名：以私人名义占有。
11　显荣：显赫荣耀。
12　芬华：原指香花，此处引申为荣耀显达。
13　令既具，未布：法令已经有了，还没有颁布。具，有。布，颁布，公布。
14　徙置：把物件等移放到别处。
15　辄：立即，就。
16　期年：一年，一周年。
17　之国都：到国都去。之，到。
18　法之不行，自上犯之：法令得不到执行，因为上层有人犯法。
19　君嗣：国君的继承人。
20　黥：古代在人脸上刺字并涂墨之刑。
21　趋令：遵行法令。
22　道不拾遗：丢失在路上的东西，也没有人拾起来据为己有。形容社会风气良好。
23　乡邑：乡遂的城邑，乡里。
24　边：边境。
25　国保于民，民保于信：国家靠得民心自保，百姓靠讲信誉立身。

不欺四海；霸者，不欺四邻。善为国者，不欺其民；善为家者，不欺其亲。不善者反之，是以上下离心，以至于败。所利不能药¹其所伤，所获不能补其所亡，岂不哀哉？商君以刻薄之资²，处攻战之世，犹且不敢忘信以畜³其民，况为四海治平⁴之政者哉？

癸亥十一年（公元前 358 年）

韩昭侯元年。

秦败韩师于西山⁵。

甲子十二年（公元前 357 年）

乙丑十三年（公元前 356 年）

丙寅十四年（公元前 355 年）

齐、魏会田⁶于郊魏惠王问齐威王曰："齐亦有宝乎？"威王曰："无有。"惠王曰："寡人国虽小，尚有径寸⁷之珠，照车⁸前后各十二乘者十枚，岂以齐大国而无宝乎？"威王曰："寡人之所以为宝者，与王异。吾臣有檀子者，使守南城⁹，则楚人不敢为寇。有盼子者，使守高唐¹⁰，则赵人不敢东渔¹¹于河。有黔

1　药：用药治疗。
2　刻薄之资：冷酷无情的智慧。
3　畜：积聚。
4　治平：政治清明，社会安定。
5　西山：古山名。胡三省注："自宜阳熊耳东连嵩高，南至鲁阳，皆韩之西山。"即今河南省洛阳市宜阳县境的熊耳山，向东连接河南省登封市的嵩山，向南直至河南省平顶山市鲁山县，都称之为韩国的西山。
6　会田：会猎，聚会打猎。田，通"畋"，打猎。
7　径寸：直径长一寸。常用以形容圆形物之细小。
8　照车：照亮车辆。
9　南城：古地名，又作南武城、武城，位于今山东省临沂市平邑县南。
10　高唐：古地名，位于今山东省德州市辖禹城市西南，战国时齐国的别都。
11　东渔：向东边来打渔。高唐位于齐、赵之间，在赵国东部，齐国西部。

夫者，使守徐州¹，则燕、赵之人从而徙者七千余家。有种首者，使备盗贼，则道不拾遗。此四臣者，将照千里，岂特十二乘哉？”惠王有惭色²。

丁卯十五年（公元前354年）

秦败魏师于元里³，取少梁。

魏伐赵，围邯郸。

戊辰十六年（公元前353年）

齐伐魏以救赵。魏克邯郸，还战，败绩初，孙膑与庞涓俱学兵法。涓仕魏为将军，自以能⁴不及膑，乃召之。至，则断其足而黥之，欲使终身废弃。齐使者至魏，膑阴见之，使者窃⁵载以归。田忌客⁶之，进之威王。威王问兵法，遂以为师。至是谋救赵，以膑为将。辞以刑余之人⁷，不可。乃使田忌为将，而孙子为师，居辎车⁸中，坐为计谋。忌欲引兵之赵，孙子曰："夫解杂乱纷纠⁹者，不控拳¹⁰；救斗¹¹者，不搏撠¹²，批亢捣虚¹³，形格势禁，则自为解耳¹⁴。今梁¹⁵之轻兵锐卒¹⁶竭于外，而老弱疲于内，若引兵疾走¹⁷其都，彼必释赵而自救，是我一

1　徐州：一作平舒，古地名，即今河北省廊坊市大城县。
2　惭色：羞愧的脸色。
3　元里：古地名，位于今陕西省渭南市澄城县南。战国时位于秦、魏交界处，两国常争战于此。
4　能：才能。
5　窃：偷偷地。
6　客：以客礼相待。
7　刑余之人：受刑致残的人。后也特指太监或受过宫刑的人。
8　辎车：古代有帷盖的车子，既可载物，又可作卧车。
9　纷纠：纠纷，祸乱。
10　不控拳：不要握紧拳头打。意指要心平气和慢慢理顺。《孙子本传》中"拳"作"卷"。
11　救斗：劝解斗殴。
12　搏撠：揪住。
13　批亢捣虚：比喻抓住敌人的要害乘虚而入。批，用手击。亢，咽喉，比喻要害。捣，攻击。虚，空虚。
14　形格势禁，则自为解耳：受形势的阻碍或限制，自然就分开了。格，阻碍，限制。禁，制止。
15　梁：战国七雄之一，即魏。魏惠王于公元前362年迁都大梁，故称梁。
16　轻兵锐卒：轻兵，行动迅疾的士兵。锐卒，精锐的士卒。
17　疾走：急速奔向。

举解赵之围而收弊于魏¹也。"忌从之。十月，邯郸降魏。魏师还，与齐战于桂陵²，魏师大败。

韩伐东周，取陵观、廪丘³。

己巳十七年（公元前 352 年）

秦伐魏。

诸侯围魏襄陵⁴。

庚午十八年（公元前 351 年）

秦伐魏。

韩以申不害为相申不害者，郑之贱臣⁵也，学黄老⁶刑名，以干⁷韩昭侯。昭侯用以为相，内修政教⁸，外应诸侯。十五年，终申子之身，国治兵强。申子尝请仕其从兄⁹，昭侯不许，申子有怨色。昭侯曰："所为学于子者，欲以治国也。今将听子之谒¹⁰，而废子之术乎？抑其行子之术，而废子之请乎？子尝教寡人修功劳，视次第¹¹，今有所私请，将奚¹²听乎？"申子乃辟舍¹³请罪曰："君真其

1　收弊于魏：使魏国陷入麻烦。弊，弊病，麻烦。
2　桂陵：古地名，位置有争议，一说位于今山东省菏泽市东北，一说位于今河南省新乡市辖长垣县西北。
3　伐东周，取陵观、廪丘：东周，战国诸侯国，西周国惠公姬朝将其幼子姬班封至巩（位于今河南省郑州市辖巩义市东北），因位于洛阳之东，故称其为东周国。陵观、廪丘，应为东周国内地名，具体位置不详。
4　襄陵：古地名，即今河南省商丘市睢县，因春秋时宋襄公葬于此而得名。
5　贱臣：地位低下的臣子。
6　黄老：代指道家学派。本为黄帝和老子的并称，后世道家将二人奉为始祖，因此也用作道家学派的代称。
7　干：求，求取。
8　政教：政治与教化。
9　从兄：同祖伯、叔之子年长于己者，即堂兄。
10　谒：请求。
11　次第：等第，等级。
12　奚：如何，怎样。
13　辟舍：避开正房。

人也！"昭侯有弊裤[1]，命藏之。侍者[2]曰："君亦不仁者矣，不赐左右而藏之。"
昭侯曰："吾闻明主爱一颦[3]一笑，颦有为颦，笑有为笑。今裤岂特颦、笑哉？
吾必待有功者。"

　　康熙御批：韩昭侯此事从来以为美谈。不知国家之待有功，自当郑重其
事，如"彤弓弨兮，受言藏之[4]"，可也。弊裤之微，毋乃近于鄙陋[5]乎？径以
不僭赏[6]目[7]之，似非确论[8]。

辛未十九年（公元前 350 年）

　　秦徙都咸阳[9]，始废井田[10]卫鞅筑冀阙、宫庭[11]于咸阳，徙都之。令民父子、
兄弟同室内息[12]者为禁。并诸小乡，聚集为一县，县置令、丞，凡三十一县。
废井田，开阡陌[13]，平斗、桶、权、衡、丈、尺[14]。

壬申二十年（公元前 349 年）

　　赵肃侯元年。

1　弊裤：破旧之裤。
2　侍者：随侍左右听候使唤的人。
3　颦：皱眉。
4　彤弓弨兮，受言藏之：语出《诗经·小雅》。漆成红色的弓弓弦松弛了，赐予功臣置于
　　庙中收藏。彤弓，红色的弓。弨，弓弦松弛貌。
5　鄙陋：见识浅薄。
6　僭赏：无功受赏，或赏过其功。
7　目：看待。
8　确论：精当确切的言论。
9　咸阳：古地名，位于今陕西省咸阳市东北。
10　井田：古代的一种土地制度。以方九百亩为一里，划为九区，形如"井"字，故名。中
　　区为公田，外八区为私田。八家均私百亩，同养公田。公事毕，然后治私事。
11　冀阙、宫庭：冀阙，即魏阙，古时宫庭外的门阙。宫庭，帝王居住和勤政的处所。
12　内息：在里面休息。
13　阡陌：田界。
14　平斗、桶、权、衡、丈、尺：平，使均平，使齐一。斗，量粮食体积的器具，口大底小，
　　方形或鼓形。桶，量粮食体积的器具，方形斛。权，测定物体重量的器具，秤锤。衡，
　　测定物体重量的器具，秤杆。丈、尺，均为古代长度单位，十尺为一丈。

癸酉二十一年（公元前 348 年）

秦更 [1] 赋税法。

甲戌二十二年（公元前 347 年）

乙亥二十三年（公元前 346 年）

卫贬号曰侯，服属 [2] 三晋初，子思言苟变于卫侯曰："其材可将 [3] 五百乘。"公曰："吾知其可将。然变尝为吏，赋 [4] 于民而食人二鸡子 [5]，故弗用也。"子思曰："夫圣人之官人 [6]，犹匠之用木也。取其所长，弃其所短，故杞梓连抱 [7]，而有数尺之朽，良工 [8] 不弃。今君处战国之世，选爪牙之士 [9]，而以二卵弃干城之将 [10]，此不可使闻 [11] 于邻国也。"卫侯言计非是 [12]，而群臣和者，如出一口。子思曰："以吾观卫，所谓君不君、臣不臣者也。"公丘懿子曰："何乃 [13] 若是？"子思曰："人主自臧 [14]，则众谋不进。事是而臧之，犹却 [15] 众谋，况和非以长恶 [16] 乎？夫不察事之是非，而悦人赞己，暗 [17] 莫甚焉。不度 [18] 理之所在，而阿谀求

1　更：改变。
2　服属：顺从归属。
3　将：统率，指挥。
4　赋：征收赋税。
5　鸡子：鸡蛋。
6　官人：选取人才给以适当官职。
7　杞梓连抱：杞、梓，两种优良的木材。连抱，连臂合抱，比喻树木粗大，手臂连接起来才能抱住树干。
8　良工：泛称技艺高超的人。
9　爪牙之士：勇敢的卫士，或得力的助手。
10　干城之将：保卫国家的大将。干城，盾牌和城墙，比喻捍卫者。
11　闻：听说，知道。
12　非是：以非为是，不当。
13　何乃：何故，为何。
14　自臧：自以为是。臧，认为好，满意。
15　却：拒绝。
16　和非以长恶：和非，应和错误。长恶，助长恶行。
17　暗：愚昧，糊涂。
18　度：揣摩。

容¹，谄²莫甚焉。君暗臣谄，以居百姓之上，民不与³也。若此不已，国无类⁴矣。"子思言于卫侯曰："君之国事，将日非⁵矣。"公曰："何故？"子思曰："有由然⁶焉。君出言自以为是，而卿、大夫莫敢矫⁷其非；卿、大夫出言亦自以为是，而士、庶人莫敢矫其非。君臣既自贤矣，而群下同声贤之。贤之则顺而有福，矫之则逆而有祸。如此，则善安从生？《诗》曰：具曰予圣，谁知乌之雌雄⁸？抑亦似君之君臣乎？"

丙子二十四年（公元前 345 年）

丁丑二十五年（公元前 344 年）

　　诸侯会于京师。

戊寅二十六年（公元前 343 年）

　　致伯于秦，诸侯贺之。秦使公子少官率师会诸侯来朝。

己卯二十七年（公元前 342 年）

　　案《史记》，是年齐宣王元年。《通鉴》与《史记》不同，而《考异》⁹不载其说，未详所据。后闵王元年仿此。

1　阿谀求容：曲意奉承，取悦于人。容，容色，好的脸色。
2　谄：谄媚，曲意迎合。
3　不与：不赞成。
4　无类：无遗类，无幸存者。
5　日非：一天天败坏。
6　由然：原委，来由。
7　矫：纠正。
8　具曰予圣，谁知乌之雌雄：都自夸高明，谁又能分辨出乌鸦的雌雄。予圣，自以为圣人，谓自夸高明。
9　《考异》：即司马光所编《资治通鉴考异》，也称《通鉴考异》。

庚辰二十八年（公元前 341 年）

魏伐韩。齐伐魏以救韩，杀其将庞涓，虏¹太子申魏使庞涓伐韩，韩请救于齐。齐威王召大臣而谋之。成侯邹忌曰："不如勿救。"田忌曰："不救，则韩且折²而入于魏矣。不如早救之。"孙膑曰："夫韩、魏之兵未弊³而救之，是吾代韩受魏之兵，顾⁴反听命于韩也。且魏有破国之志，韩见亡⁵，必东面而诉⁶于齐。吾因深结韩之亲，而晚承魏之弊，则可以受重利而得尊名也。"王曰："善。"乃阴许韩使而遣之。韩因恃⁷齐，五战不胜，而东委国⁸于齐。齐因起兵，使田忌将，孙子为师，以救韩，直走魏都。庞涓闻之，去韩而归。魏人亦大发兵，使太子申将，以御⁹齐师。孙子曰："彼三晋之兵，素悍勇¹⁰而轻齐，齐号为怯¹¹。善战者因其势而利导之¹²。兵法：百里而趣利¹³者，蹶¹⁴上将；五十里而趣利者，军半至。"乃使齐军入魏地为十万灶，明日为五万灶，又明日为二万灶。庞涓行三日，大喜曰："我固知齐军怯，入吾地三日，士卒亡者过半矣。"乃弃其步军，率轻锐¹⁵倍日并行¹⁶逐之。孙子度其暮¹⁷当至马陵¹⁸。马陵道狭，而旁多

1　虏：俘获。
2　折：屈服。
3　弊：疲惫，衰落。
4　顾：反而。
5　见亡：被灭亡。见，表示被动，相当于"被"。
6　诉：告诉，申诉。
7　恃：倚赖，仗着。
8　委国：把国家的统治权交给别人。
9　御：抵挡，防御。
10　悍勇：强悍勇敢。
11　齐号为怯：齐国对外宣称很胆怯。号，宣称，扬言。
12　因其势而利导之：顺着当时的形势而引导它向对自己有利的方向发展。因，顺着。利导，引导。
13　趣利：求胜，取胜。
14　蹶：折损。
15　轻锐：轻装精锐的部队。
16　倍日并行：日夜赶路。倍日，一日行两日之程，兼程。并行，兼程。
17　暮：傍晚，太阳落山的时候。
18　马陵：古地名，位于今山东省菏泽市鄄城县北。一说位于今河北省邯郸市大名县东南。

阻隘¹，可伏兵。乃斫²大树，白而书之³曰："庞涓死此树下。"令万弩夹道而伏，期⁴日暮，见火举而俱发。涓果夜至，见白书，以火烛⁵之。读未毕，万弩俱发，魏师大乱。涓乃自刭，曰："遂成竖子⁶之名。"齐因乘胜⁷大败魏师，虏太子申。

辛巳二十九年（公元前 340 年）

秦卫鞅伐魏，诱执其将公子卬而败之。魏献河西地于秦，徙都大梁⁸。秦封鞅为商君卫鞅言于孝公曰："秦之与魏，譬若人有腹心之疾⁹，非魏并秦，即秦并魏。何者¹⁰？魏居岭厄¹¹之西，都安邑¹²，与秦界河¹³，而独擅¹⁴山东¹⁵之利。利则西侵秦，病¹⁶则东收地。今以君之贤圣¹⁷，国赖以盛。而魏往年大破于齐，诸侯叛之，可因此时伐魏。魏不支¹⁸秦，必东徙。然后秦据河山之固，东乡以制诸侯，此帝王之业也。"公从之，使鞅将兵伐魏。魏使公子卬将而御之。军既相距¹⁹，鞅遗²⁰卬书曰："吾始与公子欢，今俱为两国将，不忍相攻，欲与公子面相见盟²¹，乐饮²²而罢兵，以安秦、魏之民。"卬以为然，乃与会盟而饮。鞅伏

1　阻隘：险要之处。
2　斫：用刀、斧等砍。
3　白而书之：削去树皮，在白色树干上写字。
4　期：约定。
5　烛：照亮，照见。
6　竖子：对人的鄙称，好比今天的"小子"。
7　乘胜：趁着胜利的形势。
8　大梁：古地名，位于今河南省开封市西北。
9　腹心之疾：要害处的祸患。腹心，比喻要害处。疾，疾患。
10　何者：为什么，用于设问。
11　岭厄：险要的山岭。
12　都安邑：建都于安邑城。
13　界河：以黄河为国界。
14　独擅：独自据有，独揽。
15　山东：通称华山或崤山以东为山东，与汉代"关东"含义相同。战国时也泛指秦以外的六国领土。
16　病：困难，不利。
17　贤圣：道德才智极高。
18　支：处理，应付。
19　相距：对峙。距，通"拒"。
20　遗：送交，交付。
21　面相见盟：见面互相起誓结盟。
22　乐饮：畅饮。

甲[1]袭印，虏之，因大破魏师。魏惠王恐，献河西地于秦以和。因去安邑，徙大梁，乃叹曰："吾恨不用公叔之言。"秦封鞅商於[2]十五邑，号曰商君。

胡氏曰：使鞅而可杀，杀鞅而魏长无患，未害为[3]。杀无罪以利己，仁者不为也。况天下不止一鞅，可胜[4]杀乎？惠王不恨不用孟子之言，而以不用公叔之言为恨，其亦可谓愚矣。

齐、赵伐魏。

壬午三十年（公元前 339 年）

楚威王商元年。

癸未三十一年（公元前 338 年）

秦伯卒。秦人诛卫鞅，灭其家孝公薨，太子立，是为惠文王。公子虔之徒[5]告商君欲反，发[6]吏捕之。商君出亡[7]，欲止客舍。舍人[8]曰："商君之法，舍人无验者坐之[9]。"商君叹曰："为法之弊，一至此哉！"去之魏。魏人不受。内之秦[10]，秦人攻杀之，车裂以徇[11]，尽灭其家。初，商君用法严酷[12]，步过六尺者

1　伏甲：埋伏武士或军队。
2　商於：古代秦、楚边境地名，位于今陕西商洛到河南淅川一带。
3　为：用于句尾，表示感叹。
4　胜：尽，完。
5　徒：徒党，同一类或同一派别的人。
6　发：征发，征调。
7　出亡：逃亡，出走。
8　舍人：旅店的主人。
9　舍人无验者坐之：住店的人没有凭证店主要连带判罪。验，凭证，证据。
10　内之秦：接纳他回到秦国。内，接纳，后作"纳"。
11　车裂以徇：车裂，将受刑人的头与四肢分别系于五辆车上，然后以五马驾车，同时分驰，将肢体撕裂。徇，巡行示众。
12　严酷：严厉残酷。

有罚[1]，弃灰于道者被刑[2]。尝临渭论囚，渭水尽赤[3]。为相十年，人多怨之。尝问赵良曰："我治秦，孰与五羖大夫[4]贤？"良曰："千人之诺诺[5]，不如一士之谔谔[6]。仆[7]请终日正言[8]而无诛，可乎？"商君曰："诺。"良曰："五羖大夫，荆之鄙人[9]也。穆公举之牛口之下[10]，而加之百姓之上，秦国莫敢望[11]焉。相秦六七年，而东伐郑，三置[12]晋君，一救荆祸。巴人致贡，犬戎[13]来服。其为相也，劳不坐乘，暑不张盖[14]。行于国中，不从车乘，不操干戈[15]。及其死也，男女流涕，童子不歌谣，舂者不相杵[16]。今君之见也，因景监以为主；其从政也，陵轹公族[17]，残伤百姓。公子虔杜门[18]不出已八年矣。《诗》曰：'得人者兴，失人者崩。'此数者，非所以得人也。君之出也，后车载甲，多力而骈胁[19]者为骖乘，持矛而操阖戟[20]者旁车[21]而趋。《书》曰：'恃德者昌，恃力者亡。'此数者，非恃德也。君之危若朝露[22]，而尚贪商於之富，宠[23]秦国之政，畜百姓之怨，而无变计[24]。

1　步过六尺者有罚：秦国丈量田地时，以六尺为一步，二百四十步为一亩。如果丈量时一步超过了六尺，那一亩的实际大小就超过了国家的标准，会造成国家赋税的流失，因此会惩罚相关的人。
2　被刑：施加刑罚。被，施加。
3　临渭论囚，渭水尽赤：到渭水边论定囚犯应该受到的刑罚，因为杀人过多，渭水都被染红了。渭水，即渭河，黄河最大支流，位于今陕西省中部。
4　五羖大夫：春秋时秦国著名的贤大夫百里奚。
5　诺诺：连声应诺。表示顺从，不加违逆。
6　谔谔：直言争辩，正言批评。
7　仆：古时男子谦称自己。
8　正言：直言，说实话。
9　荆之鄙人：楚地的乡野之人。荆，代指楚国。鄙人，居住在郊野的人。
10　牛口之下：借指卑贱的地位。
11　望：接近。
12　置：释放。
13　犬戎：古族名，又叫猃狁，活跃于今陕西、甘肃一带，猃、岐之间。
14　劳不坐乘，暑不张盖：乘车再辛苦也不坐着，酷暑时节再热也不打开遮阳的伞盖。
15　不从车乘，不操干戈：没有车马随从，不用士兵护卫。
16　舂者不相杵：正在舂米的人也因悲哀而不发出号子声。相杵，舂谷时发出的号子声。
17　陵轹公族：陵轹，欺压，压倒。公族，诸侯或君王的同族。
18　杜门：闭门。
19　骈胁：肌肉健壮，不显肋骨。
20　阖戟：古兵器名，长戟。
21　旁车：靠近车子。
22　危若朝露：非常危险，像清早的露水一样随时会消失。比喻面临死亡。
23　宠：尊崇。
24　变计：应变之计。

秦王一旦捐宾客而不立朝[1]，秦国之所以收[2]君者，岂其微哉？"商君不听。居五月而难作。

胡氏曰：鞅至是虽有变计，亦无所施矣。何则？百姓者，其仇也；六国者，其敌也。惠文王之憾不可平，公子虔之刑不可补，商於蕞尔[3]之地，不足以自蔽[4]也。欲图善后之策，亦无所为而可矣。呜呼！刑名之学，刻薄之徒，亦可以少戒哉！

甲申三十二年（公元前 337 年）

秦惠文王元年。

韩申不害卒。

乙酉三十三年（公元前 336 年）

宋太丘社亡[5]。

孟轲至魏孟子，邹[6]人，名轲，受业于孔子之孙子思。是岁，魏惠王卑词[7]厚礼以招贤者。于是孟子至梁，见惠王。王曰："叟[8]，不远千里而来，亦有以利吾国乎？"孟子曰："君何必曰利，亦有仁义而已矣。君曰何以利吾国，大夫曰何以利吾家，士庶人[9]曰何以利吾身，上下交征利[10]，而国危矣。未有仁而

1　捐宾客而不立朝：舍弃他的客卿而不再当政。委婉地称去世。
2　收：逮捕，拘押。
3　蕞尔：形容小。
4　自蔽：庇护自己。
5　太丘社亡：太丘社，宋国的社坛，祭祀重地，位于今河南省商丘市辖永城市西北。亡，丢失，丧失。
6　邹：古国名，本作邾，亦称邾娄，辖今山东省费县、滕州、济宁、金乡等县市地。
7　卑词：言辞谦恭。
8　叟：老年男子的尊称。
9　士庶人：士人和普通百姓。亦泛指人民、百姓。
10　征利：取利。

遗[1]其亲者也，未有义而后其君者也。"惠王以为迂远[2]而阔[3]于事情，不能用也。

丙戌三十四年（公元前335年）

秦伐韩，拔宜阳。

丁亥三十五年（公元前334年）

魏惠王一年。

司马公曰：《史记·六国表》魏惠王三十六年薨，襄王十六年薨，哀王二十三年薨。《汲冢竹书记年》[4]，惠王三十六年，改元[5]称"一年"，后十六年薨。杜预、和峤皆以为《史记》误分惠王之世为二王之年。盖《世本》[6]，惠王生襄王，而无哀王。且《竹书》、魏史所书，必得其真，故今从之。

齐、魏会于徐州以相王[7]。

楚灭越越王无强伐齐。齐说之，使伐楚。楚人大败之，尽取吴故地，东至浙江[8]。越以此散，诸公族争立，或为王，或为君，滨[9]于海上，而朝服[10]于楚。

戊子三十六年（公元前333年）

楚伐齐。

1　遗：遗弃。
2　迂远：不切合实际。
3　阔：粗疏，不细密。
4　《汲冢竹书记年》：战国时魏国的官修史书，在西晋时期发掘得到，由于是写在竹简上，并且采用的是编年体，所以被称之为《竹书纪年》。
5　改元：皇帝在位期间改换年号，年号以一为元，故称"改元"。新皇帝即位时颁布年号则称为建元。
6　《世本》：一部由先秦时期史官修撰，主要记载上古帝王、诸侯和卿大夫家族世系传承的史籍。
7　相王：互称王。
8　浙江：亦名浙江水、浙水、之江，即今钱塘江，位于今浙江省西北部。
9　滨：靠近，临近。
10　朝服：朝拜归顺。

韩侯卒韩昭侯作高门[1]，屈宜白曰："君必不出此门。何也？不时[2]。吾所谓时者，非时日也。夫人固有利、不利时。往者君尝利矣，不作高门。前年秦拔宜阳，今年旱，君不以此时恤[3]民之急，而顾益奢[4]，此所谓时诎举赢[5]者也。故曰不时。"至是门成，而昭侯薨。

秦大败魏师，擒其将龙贾，取雕阴[6]。

燕、赵、韩、魏、齐、楚合从[7]以摈[8]秦，以苏秦为从约[9]长，并相六国初，洛阳[10]人苏秦说秦王以兼天下[11]之术，不用，乃去。说燕文公曰："燕之所以不被兵[12]者，以赵之为蔽其南也。且秦攻燕，战于千里之外；赵攻燕，战于百里之内。夫不忧百里之内，而重千里之外，计无过[13]于此者。愿王与赵从亲[14]，天下为一，则燕必无患矣。"文公从之，资秦车马[15]。以说赵肃侯，曰："当今之时，山东之国[16]，莫强于赵。秦之所害，亦莫如赵。而秦不敢举兵伐赵者，畏韩、魏之议其后也。秦攻韩、魏，无名山大川之限，稍蚕食[17]之，傅[18]国都而止。韩、魏不能支秦，必入臣于秦。秦无韩、魏之规[19]，则祸必中于赵

1　高门：高大的门。
2　不时：不合时宜。
3　恤：救济。
4　顾益奢：反而更加奢侈挥霍。顾，反而，却。
5　时诎举赢：在困难的时候而做奢侈的事情。
6　雕阴：古地名，战国时魏地，位于今陕西省延安市甘泉县南洛河西岸，因在雕山西南得名。
7　合从：战国时，苏秦游说六国诸侯联合拒秦。秦在西方，六国地处南北，故称合从。后泛指联合。
8　摈：排斥。
9　从约：合纵之约。
10　洛阳：古地名，本名成周，战国时改名洛阳，以在洛水之北得名，故址即今河南省洛阳市东北汉魏故城。
11　兼天下：并吞天下。兼，并吞，兼并。
12　被兵：遭受战祸。被，遭受。
13　过：错，犯错误。
14　从亲：合纵相亲。
15　资秦车马：资助苏秦车马。资，资助。
16　山东之国：崤山以东的国家。
17　蚕食：像蚕吃桑叶一样，比喻一步一步地侵占。
18　傅：靠近，迫近。
19　规：通"窥"，窥察。

矣。臣以天下之图，按诸侯之地五倍于秦，度诸侯之卒十倍于秦。而衡人[1]日夜务以秦权[2]恐喝[3]诸侯，使之割地以事秦。秦成，则其身富荣[4]，国被秦患而不与其忧。故臣窃为大王计，莫如一韩、魏、齐、楚、燕、赵为从亲，以摈秦。令其将相会盟洹水[5]之上，约曰：'秦攻一国，则五国各出锐师[6]以挠[7]秦，或救之。有不如约者，五国共伐之。'则秦甲必不敢出于函谷[8]以害山东矣。"肃侯大悦，厚赐赍[9]之，以约于诸侯。秦乃说韩宣惠王曰："韩，地方九百余里，带甲[10]数十万，天下之强弓、劲弩、利剑，皆从韩出。以韩卒之勇，被[11]坚甲，跖[12]劲弩，带利剑，一人当百，不足言也。大王事秦，秦必求宜阳、成皋[13]。今兹效[14]之，明年又复求割地。与则无地以给之，不与则弃前功，受后祸。且韩地有尽而秦求无已，以有尽之地逆[15]无已之求，此所谓市怨结祸[16]者也，不战而地已削矣。鄙谚[17]曰：'宁为鸡口，无为牛后。'夫以大王之贤，挟[18]强韩之兵，而有牛后之名，臣窃为大王羞之。"韩王从其言。秦说魏惠王曰："大王之地方千里，地名虽小，而人民甚众，武士、苍头、奋击[19]各二十万，厮

1 　衡人：战国时倡导连横之说的人。连横，战国时张仪游说六国共同事奉秦国，称连横，后泛指结盟。
2 　秦权：秦国的威势。
3 　恐喝：恫吓威胁。
4 　富荣：富贵荣耀。
5 　洹水：古水名，又名安阳河，位于今河南省北部。
6 　锐师：精锐部队。
7 　挠：扰乱，阻止。
8 　函谷：即函谷关，古关隘名，位于今河南省三门峡市辖灵宝市东北，因其路在谷中，深险如函，故名。
9 　赐赍：赐予。
10　带甲：披甲的将士。
11　被：身穿。
12　跖：读为"直"，踏，踩。
13　成皋：古地名，又名虎牢，位于今河南省郑州市辖荥阳市西北。
14　效：献出。
15　逆：迎合。
16　市怨结祸：换取怨恨，结下祸根。市，买，换取。祸，灾祸。
17　鄙谚：俗语。
18　挟：拥有，占有。
19　苍头、奋击：苍头，以青巾裹头的军队。奋击，能奋力击敌的士卒，指精兵。

徒[1]十万，车六百乘，骑五千匹，乃听于群臣之说，而欲臣事秦。臣愿大王熟计[2]之也。"魏王听之。秦说齐王曰："齐四塞[3]之国，地方二千余里，带甲数十万，粟如丘山[4]。即有军役[5]，不待发于远县，而临菑[6]之卒已二十一万矣。夫韩、魏之所以重畏[7]秦者，为与秦接境也。兵出而相当，不十日而存亡之机决矣。幸而胜，则兵半折，四境不守。不胜，则国已危亡随其后。此韩、魏所以重与秦战，而轻为之臣也。秦之攻齐则不然，倍[8]韩、魏，过阳晋[9]，经亢父[10]之险，车不得方轨[11]，骑不得比行[12]，百人守险，千人不敢过也。秦欲深入，则狼顾[13]，恐韩、魏之议其后。是故恫疑虚喝[14]，骄矜[15]而不敢进，则秦之不能害齐亦明矣。不深料此，而欲西面事之，是群臣之计过也。愿大王少留意计之。"齐王许之。乃说楚威王曰："楚，天下之强国也。地方六千余里，带甲百万，车千乘，骑万匹，粟支十年[16]，此霸王之资也。故秦之所害莫如楚。楚之与秦，其势不两立。从亲，则诸侯割地以事楚；衡合[17]，则楚割地以事秦。此两策者，相去远矣，大王何居焉？"楚王亦许之。于是苏秦为从约长，并相六国，北报[18]赵，车骑辎重[19]，拟[20]于王者。

1　厮徒：干杂事劳役的奴隶。后也泛指受人驱使的奴仆。
2　熟计：周密地谋划。
3　四塞：四境皆有天险，可作屏障。
4　丘山：山丘，山岳。
5　军役：为战事所服的劳役。
6　临菑：古邑名，故址位于今山东省淄博市东北，战国时齐国的都城，以城临菑水得名。
7　重畏：深畏，十分害怕。
8　倍：背向。
9　阳晋：此指卫国的阳晋，位于今山东省菏泽市郓城县西。
10　亢父：古地名，位于今山东省济宁市西南，战国时为齐国南边的门户。
11　方轨：车辆并行。
12　比行：并排行进。
13　狼顾：像狼一样经常回头看，怕遭到袭击，形容人行事有所顾虑，怕自己受害。
14　恫疑虚喝：虚张声势，恐吓威胁。
15　骄矜：骄傲自负。
16　粟支十年：粮食足够支撑十年的用度。粟，谷子，此处代指粮食。
17　衡合：横向联合。
18　报：报告，回报。
19　辎重：行军时由运输部队携带的军械、粮草、被服等物资。
20　拟：模仿。

己丑三十七年（公元前 332 年）

　　燕易王、韩宣惠王、齐宣王辟疆元年。

　　秦以齐、魏之师伐赵。苏秦去赵适燕[1]，从约皆解秦使公孙衍欺齐、魏以伐赵。赵肃侯让[2]苏秦。秦恐，请使燕，必报齐。乃去赵，而从约皆解。

　　魏以阴晋[3]为和于秦实华阴[4]。

　　齐伐燕。

庚寅三十八年（公元前 331 年）

辛卯三十九年（公元前 330 年）

　　秦伐魏，魏献少梁、河西地于秦。

壬辰四十年（公元前 329 年）

　　秦伐魏，取汾阴、皮氏，拔焦[5]。

　　宋公弟偃逐其君剔成而自立。

癸巳四十一年（公元前 328 年）

　　楚怀王槐元年。

1　去赵适燕：离开赵国到燕国去。适，到，往。
2　让：责备。
3　阴晋：古地名，位于今陕西省渭南市辖华阴市东。
4　华阴：古地名，位于今陕西省渭南市辖华阴市东南。
5　取汾阴、皮氏，拔焦：汾阴，古地名，位于今山西省运城市万荣县西南，因在汾水之南而名。皮氏，古地名，位于今山西省运城市辖河津市西。焦，古地名，也是国名，位于今河南省三门峡市陕县西，因焦水而得名。

秦客卿[1]张仪伐魏，取蒲阳[2]。既而归之，魏尽入[3]上郡以谢。秦以仪为相张仪者，魏人，与苏秦俱事鬼谷先生学纵横之术。游诸侯无所遇[4]，苏秦召而辱之。仪怒入秦，秦王悦之，以为客卿。至是，将兵伐魏，取蒲阳。言于秦王，请复以与魏，而使公子繇质[5]焉。仪因说魏王曰："秦之遇魏甚厚，魏不可以无礼于秦。"魏因尽入上郡十五县以谢秦。仪归而相秦。

甲午四十二年（公元前327年）

秦县义渠[6]。

秦归焦、曲沃[7]于魏。

乙未四十三年（公元前326年）

赵侯卒肃侯尝游大陵[8]，大戊午[9]谏曰："耕事方急，一日不作，百日不食。"肃侯下车谢。是岁薨。子武灵王立。置博闻师[10]及左、右司过[11]各三人。先问先君贵臣肥义，加其秩[12]。

丙申四十四年（公元前325年）

赵武灵王元年。

1　客卿：秦国置，请其他诸侯国的人来秦国做官，其位为卿，而以客礼待之，故称。后亦泛指在本国做官的外国人。
2　蒲阳：古地名，位于今山西省临汾市隰县西北，因在蒲水之阳，故名。
3　入：交，交纳。
4　遇：际遇，机会。
5　质：抵押，以……作人质。
6　县义渠：在义渠戎的地盘上设县。义渠，西戎之一，分布于今甘肃庆阳及泾川一带。
7　曲沃：古地名，位于今河南省三门峡市辖灵宝市东北。
8　大陵：古地名，战国时属赵，位于今山西省吕梁市交城县西南。
9　大戊午：人名，时为赵国相。
10　博闻师：古官名，战国时赵国设，为学术顾问，与其他国家的博士同。
11　司过：古官名，掌纠察群臣过失。
12　先问先君贵臣肥义，加其秩：赵武灵王即位后先问候先王的股肱之臣肥义，增加了老臣的俸禄。秩，官吏的俸禄或品级。

夏，四月，秦初称王。

丁酉四十五年（公元前 324 年）

秦张仪伐魏，取陕[1]。

苏秦自燕奔齐 苏秦通于燕文公之夫人[2]，恐得罪，说易王曰："臣居燕，不能使燕重[3]。而在齐，则燕重。"王许之。乃伪得罪于燕而奔齐，齐王以为客卿。秦说齐王高宫室、大苑囿[4]，以明得意[5]。欲以敝[6]齐而为燕。

戊戌四十六年（公元前 323 年）

案《史记》，是年齐闵王元年。

秦、齐、楚会于啮桑[7]。

秦相张仪免，出相魏。

韩、燕称"王" 时诸侯皆称"王"，赵武灵王独不肯，曰："无其实，敢处其名乎？"令国人谓己曰"君"。

己亥四十七年（公元前 322 年）

秦伐魏，取曲沃、平周[8] 仪相魏，欲令魏事秦而诸侯效之。魏王不听。秦伐魏，取二邑，而阴厚[9]仪益甚。

---

1 陕：古地名，位于今河南省三门峡市陕县老城东。
2 通于燕文公之夫人：通，通奸。燕文公之夫人，即燕易王之母。
3 重：贵重，尊贵。
4 苑囿：古代畜养禽兽供帝王玩乐的园林。
5 得意：得志。
6 敝：损害。
7 啮桑：古地名，位于今江苏省徐州市沛县西南。
8 平周：古地名，位于今山西省晋中市辖介休市西。
9 阴厚：偷偷地优待。厚，优待，推崇。

庚子**四十八年**（公元前 321 年）

王崩，子定立是为慎靓王。

齐号[1]**薛公田文为孟尝君**初，齐王封田婴于薛[2]，号曰靖郭君。婴言于齐王曰："五官[3]之计，不可不日听而数览也。"王从之。已而厌之，悉以委[4]婴。婴由是得专齐权。婴有子四十余人，其贱妾[5]之子曰文，通傥饶智略[6]，说靖郭君以散财养士。靖郭君使文主家，待宾客。宾客争誉其美，请以文为嗣。婴卒，文嗣立[7]，号孟尝君。招致诸侯游士[8]及有罪亡人[9]，食客常数千人，名重天下。

司马公曰：君子之养士以为民也。今田文盗君之禄以立私党，张虚誉[10]，上侮其君，下蠹[11]其民，是奸人之雄耳。《书》所谓"逋逃主，萃渊薮[12]"，此之谓也。

孟尝君聘[13]于楚，楚王遗之象床[14]。登徒直[15]送之，不欲行，谓公孙戌曰："足下能使仆无行者，有先人之宝剑，愿献之。"戌许诺，入见，曰："小国所以皆致相印于君者，悦君之义，慕君之廉也。今始至楚而受象床，则未至之国何以待君哉？"孟尝君曰："善。"遂不受。戌趋出，未至中闱[16]，孟尝君召而反之，

1　号：宣称，称号。
2　薛：古地名，位于今山东省枣庄市辖滕州市南。
3　五官：原指分掌政事的五个高级官职，后泛指百官。《礼记·曲礼下》："天子之五官，曰司徒、司马、司空、司士、司寇，典司五众。"
4　委：把事情交给别人办。
5　贱妾：位次低下的姬妾。
6　通傥饶智略：通达倜傥，富于聪明才智。
7　嗣立：继承君位。
8　游士：战国时的说客。
9　亡人：流亡者，逃亡者。
10　虚誉：虚假的名声。
11　蠹：本义为蛀蚀，也引申为损害。
12　逋逃主，萃渊薮：为逃亡者提供藏身之处，成为他们的主人。逋逃，逃亡者。萃，聚集，聚拢。渊薮，泛指人和事物集聚的地方。
13　聘：访问，探问。
14　象床：象牙装饰的床。
15　登徒直：人名。登徒，复姓。
16　中闱：宫门。

曰："子何足之高、志之扬也？"戌以实对。孟尝君乃书门版[1]曰："有能扬文之名，止文之过，私得宝于外者，疾[2]入谏。"

司马公曰：孟尝君可谓能用谏矣。苟其言之善也，虽怀诈谖[3]之心，犹将用之，况尽忠无私以事其上者乎？《诗》曰："采葑采菲，无以下体[4]。"孟尝君有[5]焉。

辛丑**慎靓王元年**（公元前 320 年）

燕王哙元年。

卫更[6]贬号曰"君"。

壬寅**二年**（公元前 319 年）

魏君罃卒。孟轲去魏适齐魏惠王薨，子襄王立。孟子入见，出，语人曰："望之不似人君，就[7]之而不见所畏焉。卒然[8]问曰：'天下恶乎[9]定？'吾对曰：'定于一[10]。''孰能一之？'对曰：'不嗜杀人者能一之。''孰能与之？'对曰："天下莫不与也。今夫天下之人牧[11]，未有不嗜杀人者也。如有不嗜杀人者，则天下之民皆引领而望[12]之矣。'"至齐。宣王问齐桓、晋文之事。孟子曰：

1　门版：门板。
2　疾：快速，急速。
3　诈谖：欺诈，弄虚作假。
4　采葑采菲，无以下体：采来蔓菁和菲菜，不用根茎。葑，蔓菁，根、茎都可食。菲，菲菜，芜菁类植物，根、茎可食。
5　有：意思是孟尝君能做到用其所长。
6　更：进一步。
7　就：靠近。
8　卒然：形容很短暂的时间。
9　恶乎：疑问代词，相当于"何所"。
10　一：统一。
11　人牧：即人君，统治人民的人。
12　引领而望：伸长脖子远望。形容殷切盼望。引领，伸长脖子。

"仲尼之徒，无道¹桓、文之事者。臣未之闻也，无已，则王乎²？"王曰："德
何如则可以王矣？"曰："保民³而王，莫之能御⁴也。"曰"若寡人者，可以保
民乎哉？"曰："可。"曰："何由知吾可也？"曰："臣闻之胡龁⁵曰，王坐于
堂上，有牵牛而过堂下者，王见之曰：'牛何之？'对曰：'将以衅钟⁶。'王
曰：'舍⁷之。吾不忍其觳觫⁸，若无罪而就死地。'不识有诸⁹？"曰："有之。"
曰："是心足以王矣。《诗》云：'刑于寡妻，至于兄弟，以御于家邦¹⁰。'言举
斯心加诸彼而已。故推恩¹¹，足以保四海；不推恩，无以保妻子。古之人所以大
过人者，无他焉，善推其所为而已矣。五亩之宅，树之以桑，五十者¹²可以衣
帛矣。鸡豚狗彘之畜¹³，无失其时，七十者可以食肉矣。百亩之田，勿夺其时，
八口之家，可以无饥矣。谨庠序¹⁴之教，申之以孝悌之义，颁白¹⁵者不负戴¹⁶于道
路矣。老者衣帛食肉，黎民¹⁷不饥不寒，然而不王者，未之有也。"

癸卯三年（公元前318年）

魏襄王元年。

1　无道：莫道，没有说。
2　无已，则王乎：一定要我说，不得已，那就说说用道德来统一天下的王道吧。无已，不
　　得已。
3　保民：安民，养民。
4　莫之能御：没有什么能阻挡。倒装句型，即"莫能御之"。
5　胡龁：古人名，齐宣王近臣。
6　衅钟：杀牲，以血涂钟，行祭。
7　舍：通"赦"，免罪或免罚，释放。
8　觳觫：恐惧战栗貌。
9　不识有诸：不知道有这件事吗。诸，之乎。
10　刑于寡妻，至于兄弟，以御于家邦：以礼法对待妻子，再及于兄弟手足，最终才能把国
　　家治理好。刑于，以礼法对待。寡妻，嫡妻。
11　推恩：广施恩惠。
12　五十者：五十岁以上的老人。
13　鸡豚狗彘之畜：鸡、狗、猪之类的家养牲畜。豚，小猪。彘，猪。
14　庠序：泛指学校。殷商叫庠，周朝叫序。
15　颁白：须发半白，代指老人。颁，通"斑"。
16　负戴：以背负物，以头顶物。借指劳作。
17　黎民：古代泛指民众。

楚、赵、魏、韩、燕伐秦，攻函谷关。秦出兵逆[1]之，五国皆败走。宋称"王"。

甲辰**四年**（公元前 317 年）

秦大败韩师于修鱼[2]，虏其将鲠、申差斩首八万，诸侯震恐。

齐大夫杀苏秦。

魏请成[3]**于秦。张仪归，复相秦**张仪说魏王曰："梁地方不至千里，卒不过三十万，地四平[4]，无名山大川之限，卒戍[5]四境者不下十万。梁之地势，固战场也。夫诸侯之约从[6]，盟洹水之上，结为兄弟以相坚[7]也。今亲兄弟，同父母，尚有争钱财相杀伤，而欲恃反复[8]苏秦之余谋[9]，其不可成亦明矣。大王不事秦，秦下兵攻河外[10]，据卷、衍、酸枣[11]，劫卫取阳晋，则赵不南，梁不北，而从道[12]绝矣。大王之国，虽欲无危，不可得也。"魏王乃倍从约[13]，而因仪以请成于秦。仪归，复相秦。

乙巳**五年**（公元前 316 年）

秦伐蜀，取之巴、蜀相攻，俱告急于秦。秦惠王欲伐蜀，韩又来侵。司马错请伐蜀。张仪曰："不如伐韩。"王曰："请闻其说。"仪曰："亲魏，善

1　逆：迎击，迎战。
2　修鱼：古地名，位于今河南省新乡市原阳县西南。
3　请成：请和，求和。成，平定，讲和。
4　四平：四处平坦而无险阻。
5　戍：防守边疆。
6　约从：邀约合纵。
7　相坚：使彼此守信不渝。
8　反复：变化无常。
9　余谋：小谋略。
10　河外：战国魏人以河南、河西为河外。
11　卷、衍、酸枣：卷，古地名，位于今河南省新乡市原阳县西。衍，古地名，又称衍氏，位于今河南省郑州市北。酸枣，古地名，位于今河南省新乡市延津县西南。
12　从道：合纵之路。
13　倍从约：倍，背弃，背叛。从约，合纵的盟约。

楚，下兵三川[1]，攻新城[2]、宜阳，以临二周[3]之郊，据九鼎[4]，按图籍[5]，挟天子以令天下，天下莫敢不听，此王业[6]也。臣闻争名者于朝，争利者于市。今三川、周室，天下之朝、市也，而王不争焉，顾争于戎翟，去王业远矣。"错曰："不然。臣闻之，欲富国者，务广其地；欲强兵者，务富其民；欲王者，务博[7]其德。三资者备，而王随之矣。今王地小民贫，故臣愿先从事于易。夫蜀，西僻之国[8]，而戎翟之长也，有桀、纣之乱，以秦攻之，譬如使豺狼逐群羊。得其地，足以广国；取其财，足以富民缮兵[9]。不伤众，而彼已服焉。拔一国，而天下不以为暴；利尽四海，而天下不以为贪。而又有禁暴止乱之名，是我一举而名实[10]附也。今攻韩，劫天子，恶名也。而攻天下之所不欲，又未必利也。不如伐蜀。"惠王从之，起兵伐蜀。十月，取之。秦以益[11]强，富厚[12]，轻诸侯。

　　燕君哙以国让其相子之燕相子之与苏秦之弟代昏[13]，欲得燕权。苏代使齐而归，燕王问曰："齐王其霸[14]乎？"对曰："不能。"王曰："何故？"对曰："不信其臣。"于是燕王专任[15]子之。鹿毛寿谓燕王曰："人谓尧贤者，以其能让天下也。今王以国让子之，是王与尧同名[16]也。"燕王因属国于子之。或曰："禹荐益，而以启人为吏[17]，及老，传天下于益，而启与其党攻益，夺之。天下谓禹名传天下于益，而实令启自取之。今王言属国于子之，而吏无非太子人者，是

1　三川：河、洛、伊三条河流的合称。
2　新城：古地名，战国时韩邑，位于今河南省洛阳市伊川县西南。
3　二周：战国末期周朝分裂成西周与东周两个小诸侯国。
4　九鼎：相传夏禹铸九鼎，象征九州，夏、商、周三代奉为象征国家政权的传国之宝。
5　按图籍：掌握国家的地图和户籍。象征控制国家的疆土和人民。
6　王业：帝王之事业。谓统一天下，建立王朝。
7　博：宽广。
8　西僻之国：西边偏僻的小国。
9　缮兵：缮，修整，修补。兵，武器。
10　名实：名誉与事功。
11　益：更加。
12　富厚：物质财富雄厚。
13　昏：通婚，结为亲家。
14　霸：称霸。
15　专任：一心信任。
16　同名：名声相同。
17　以启人为吏：安排启的手下担任益的官吏。

名属子之，而实太子用事[1]也。"王因收印绶[2]，自三百石吏[3]以上而效之子之[4]。子之南面行王事，而哙老不听政[5]，顾为臣[6]。

丙午**六年**（公元前 315 年）

王崩，子延立是为**赧王**。

丁未**赧王元年**（公元前 314 年）

秦侵义渠，得二十五城。

秦伐魏，取曲沃。又败韩师于岸门[7]，质其太子仓以和。

齐伐燕，取之，醢[8]子之，杀故燕君哙燕子之为王三年，国内大乱。将军市被与太子平谋攻子之。齐王使人诱之，且许为助。平使市被攻子之，不克。被反攻平。国中连战数月，死者数万人。齐王使章子伐燕。燕士卒不战，城门不闭。齐人取子之，醢之，遂杀王哙。于是齐王问于孟子曰："或谓寡人勿取，或谓寡人取之，何如？"孟子对曰："取之而燕民悦，则取之；取之而燕民不悦，则勿取也。"诸侯将谋救燕。王又问于孟子，孟子对曰："臣闻七十里为政于天下者，汤是也。未闻以千里畏人者也。天下固畏齐之强也，今又倍地[9]，而不行仁政，是动天下之兵也。王速出令，反其旄倪[10]，止其重器[11]，谋于燕众，

1　用事：掌权。
2　印绶：古代官吏的印和系印的丝带。
3　三百石吏：俸禄为三百石粮食的官吏。
4　效之子之：把三百石吏以上的官员印绶交给子之，意即把臣子的控制权交给子之。效，献出。
5　听政：坐朝处理政务，执政。
6　顾为臣：本为君王，反过来成为臣子。顾，反。
7　岸门：古地名，位于今河南省许昌市西北。
8　醢：古代一种酷刑，把人杀死后剁成肉酱。
9　倍地：土地增加一倍。
10　旄倪：老少。
11　重器：指国家的宝器。

置君而后去之，则犹可及止[1]也。"王不能用。既而燕人畔[2]。王曰："吾甚惭[3]于孟子。"陈贾曰："王无患焉。"乃见孟子，问曰："周公使管叔监[4]商，管叔以商畔。圣人亦有过乎？"孟子曰："周公，弟也。管叔，兄也。周公之过，不亦宜乎？且古之君子，过则改之。今之君子，过则顺之，又从而为之辞[5]。"

孟轲去齐是时天下方务[6]于合从、连衡[7]，以攻伐为贤，而处士[8]杨朱、墨翟之言盈[9]天下。孟子乃述唐虞三代[10]之德，推明[11]孔子之道，以正人心、息邪说为己任。是以所如[12]者不合，遂致为臣于齐而归，喟然[13]叹曰："夫天未欲平治天下[14]也。如欲平治天下，当今之世，舍我其谁哉？"及卒，门人公孙丑、万章之徒，相与[15]记其所言，为书七篇。

韩愈曰：斯道也，尧以是传之舜，舜以是传之禹，禹以是传之汤，汤以是传之文、武、周公，周公传之孔子，孔子传之孟轲。轲之没[16]，不得其传焉。荀与杨[17]也，择焉而不精，语焉而不详。又曰：孟轲师子思，子思之学出于曾子。自孔子没，独孟轲氏之传得其宗。故求观圣人之道者，必自孟子始。又曰：孟子之功，不在禹下。

1　及止：来得及阻止各国出兵。
2　畔：通"叛"，背叛，叛变。
3　惭：羞愧。
4　监：监督，察看督促。
5　从而为之辞：进而为错误找借口。
6　务：致力，从事。
7　连衡：张仪游说六国共同事奉秦国称"连衡"，与苏秦说六国联合抗秦叫"合从"相对。
8　处士：本指有才德而隐居不仕的人，后亦泛指未做过官的士人。
9　盈：满。
10　唐虞三代：唐，尧。虞，舜。三代，夏、商、周。
11　推明：阐明。
12　如：遭遇，际遇。
13　喟然：感叹，叹息貌。
14　平治天下：平定、治理全天下。平，平定。
15　相与：共同，一道。
16　没：通"殁"，死。
17　荀与杨：荀子和扬雄。

戊申二年（公元前313年）

齐湣王地元年。

秦伐赵。

楚屈匄伐秦秦欲伐齐，患其与楚从亲，乃使张仪说楚王曰："大王诚能闭关绝约于齐，臣请献商於之地六百里，使秦女得为大王箕帚之妾[1]。"楚王悦而许之。群臣皆贺，陈轸独吊[2]。王怒曰："何吊也？"对曰："夫秦之所以重楚，以其有齐也。今绝齐，则楚孤。秦奚[3]贪夫孤国[4]，与之商於之地六百里哉？仪至秦，必负王。是王北绝齐交，而西生患于秦也。两国之兵，必俱至矣。"王曰："愿子闭口毋复言，以待寡人得地。"乃厚赐张仪，而闭关绝约于齐，使一将军随张仪至秦。仪佯[5]堕车，不朝三月。楚王闻之，曰："仪以寡人绝齐未甚耶？"乃使勇士宋遗借宋之符[6]，北骂齐王。齐王大怒，折节[7]而事秦，齐、秦之交合。仪乃朝，见楚使者曰："子[8]何不受地？自某至某，广袤[9]六里。"使者还报，楚王大怒，欲发兵攻秦。陈轸曰："轸可发口[10]言乎？攻之，不如赂以一名都[11]，与之并兵而攻齐。是我亡地于秦，而取偿于齐也。今已绝齐，而又责欺于秦，是我合齐、秦之交，而来天下之兵也，国必大伤矣。"王不听，使屈匄率师伐秦。秦亦发兵，使庶长章[12]击之。

1　箕帚之妾：持箕帚的奴婢，借作妻妾之谦称。箕帚，畚箕和扫帚，皆扫除之具。
2　吊：慰问。
3　奚：为什么，怎么。
4　孤国：孤立无援的国家。
5　佯：假装。
6　宋之符：符节为两国使者通关的信物，楚国与齐国已经绝交，就没法持楚国的符节通关，所以只能借与齐国结交的弱国宋的符节到齐国去，骂齐王。
7　折节：屈己下人。
8　子：你。尊称对方，通常为男性。
9　广袤：土地面积。从东到西的长度叫广，从南到北的长度叫袤。
10　发口：开口。
11　名都：著名的城市。
12　庶长章：即魏章，本为魏国人，后投奔秦国，与张仪一同侍奉秦惠文王，担任庶长。

己酉三年（公元前 312 年）

秦大败楚师于丹阳[1]，虏屈匄，遂取汉中。楚复袭秦，又大败于蓝田[2]。韩、魏袭楚。楚割两城以和于秦丹阳之战，斩首八万。

燕人立太子平为君昭王即位于破燕之后，吊死问孤，与百姓同甘苦，卑身厚币[3]以招贤者。问郭隗曰："齐因孤[4]之国乱而袭破燕，孤极知燕小，不足以报。然诚得贤士，与之共国[5]，以雪先王之耻，孤之愿也。先生视可者，得身事之。"隗曰："古之人君，有以千金使涓人[6]求千里马者。马已死，买其骨五百金而返。君怒，涓人曰：'死马且买之，况生者乎？马今至矣。'不期年，而千里马至者三。今王必欲致士[7]，先从隗始。况贤于隗者，岂远千里哉？"于是昭王为隗改筑宫而师事[8]之。于是士争趋[9]燕，乐毅自魏往，王以为亚卿[10]，任以国政。

韩君卒韩宣惠王尝欲两用[11]公仲、公叔为政，缪留曰："不可。晋用六卿而国分，齐简公用陈恒、阚止而见杀，魏用犀首、张仪而西河之外亡。今君两用之，其多力者内树党，其寡力者借外权。群臣有内树党以骄主[12]，有外为交以削地，君之国危矣。"

胡氏曰：缪留之论，似是而非，不可遂以为法也。使所用而贤，则一人而足，不虞其专擅[13]；左右参副[14]，不虞其比党[15]。使其不贤，则一人足以丧国，又况二三其众

1　丹阳：古地名，位于今河南省南阳市淅川县东南，因在丹水之北，故名。
2　蓝田：古县名，治所位于今陕西省西安市蓝田县西。
3　卑身厚币：放下身段，准备好丰厚的礼物。
4　孤：古代王侯的自称。
5　共国：同治国事。
6　涓人：古代宫中担任洒扫清洁的人。亦泛指亲近的内侍。
7　致士：招引贤士。
8　师事：拜某人为师，或对某人以师傅的礼节相待。
9　趋：奔向。
10　亚卿：周制，卿分上、中、下三级，次者为中卿，又称亚卿。
11　两用：并用，同时起用。
12　骄主：在君主面前骄傲自矜。
13　专擅：独揽。
14　参副：参谋副手。
15　比党：拉帮结派。

乎？意者¹缪留于仲、叔阴有所附，欲国柄²归一而不分，故危言以动其君耳。

庚戌**四年**（公元前 311 年）

燕昭王平、韩襄王仓元年。

蜀相杀蜀侯。

秦使张仪说楚、韩、齐、赵、燕连衡以事秦。秦君卒，诸侯复合从

秦惠王使告楚怀王，请以武关³之外易黔中地。楚王曰："不愿，愿得张仪而献黔中。"仪请行。秦王曰："楚将甘心⁴于子，奈何？"仪曰："秦强而楚弱，大王在，楚不宜敢取臣。且臣善其嬖臣靳尚，尚得事幸姬⁵郑袖。袖言，王无不听者。"遂往。楚王囚，将杀之。尚谓袖曰："秦王甚爱张仪，将以六县及美女赎之。王重地尊秦，秦女必贵，而夫人斥⁶矣。"于是袖日夜泣于王曰："臣各为其主耳。今杀张仪，秦必大怒。妾请子母⁷俱迁江南，毋为秦所鱼肉也。"王乃赦仪而厚礼之。仪因说曰："夫为从者，无异于驱群羊而攻猛虎，不格⁸明矣。今王不事秦，秦劫韩、驱梁而攻楚，则楚危矣。又自巴、蜀治船积粟⁹，浮岷江¹⁰而下，一日行三百余里，不十日而距扞关¹¹。扞关惊，则黔中、巫郡¹²非王之有。又举甲而出武关，则北地绝。夫秦之攻楚，危难在三月之内，而楚待诸侯之救在半岁之外，此臣所为大王患也。大王诚听臣，请令秦、楚长为兄弟之

1　意者：表示测度，大概，或许，恐怕。
2　国柄：国家大权。
3　武关：古关隘名，位于今陕西省商洛市丹凤县东武关河的北岸，与函谷关、萧关、大散关并称秦"四塞"。
4　甘心：快意杀戮。
5　幸姬：得到帝王宠爱的姬妾。
6　斥：驱逐。
7　子母：即母子，亦指母女。
8　格：正确，吉祥。
9　积粟：储存谷物。
10　岷江：古水名，又称江水、大江、武阳江等，位于今四川省中部，为长江水量最大的支流。
11　距扞关：距，至，到达。扞关，古关隘名，又名楚关，位于今湖北省宜昌市长阳土家族自治县西。
12　巫郡：古郡名，楚怀王时期设，因巫山得名，辖有今湖北清江中、上游和重庆地区。

国。"楚王已得仪而重出地[1]，乃许之。仪遂说韩王曰："韩地险恶，山居[2]，国无二岁之食，见卒[3]不过二十万。而秦兵百余万。山东之士，被甲蒙胄[4]而会战，秦人捐甲徒裼以趋敌[5]，此无异垂千钧于鸟卵之上[6]，必无幸矣。大王不事秦，秦下甲据宜阳，塞成皋，则王之国分矣。为大王计，莫如事秦而攻楚，以转祸而悦秦。"韩王许之。仪归报秦，封以六邑，号武信君。复使东说齐王，曰："从人[7]说大王者，必曰：'齐蔽于三晋，地广民众，兵强士勇，虽有百秦，将无奈齐何。'大王贤其说而不计其实。今秦、楚嫁娶，韩献宜阳，梁效河外，赵割河间[8]。大王不事秦，秦驱韩、梁攻南地，悉赵兵指博关[9]，临菑、即墨，非王有也。"齐王许之。仪西说赵王，曰："大王收率[10]天下以摈秦，秦兵不敢出函谷关者十五年。唯大王有意督过[11]之也。今以大王之力，举巴蜀，并汉中，包两周，守白马之津[12]。秦虽僻远[13]，然而心含忿怒之日久矣。今有敝甲凋兵[14]军于渑池[15]，愿渡河逾漳[16]，据番吾[17]，会邯郸之下，愿以甲子合战，正殷纣之事[18]。谨使使

1　出地：被侵夺的土地。
2　山居：居住于山中。
3　见卒：现有的兵卒。
4　蒙胄：戴上头盔。蒙，遮蔽，覆盖。胄，头盔，古代作战时戴的保护头部的帽子。
5　捐甲徒裼以趋敌：脱下铠甲，赤脚露体上阵迎敌。捐甲，脱去铠甲。徒裼，赤脚露体。
6　垂千钧于鸟卵之上：在鸟蛋上压下千钧重石。千钧，形容器物之重。钧，重量单位，相当于三十斤。
7　从人：主张合纵的人。
8　河间：古地区名，相当于今天河北省献县、河间市、青县及泊头市一带，以在两河之间，故名。
9　博关：古地名，一名博陵，位于今山东聊城市茌平县西北。
10　收率：统率。
11　督过：监督责罚。
12　白马之津：即白马津，古黄河渡口，位于今河南省滑县东北古黄河东岸，与西岸黎阳津相望。
13　僻远：偏僻而遥远。
14　敝甲凋兵：谦称自己的部队。敝甲，破旧的甲。凋兵，疲惫衰败的部队。
15　渑池：古地名，位于今河南省三门峡市渑池县西，因南有渑池得名。
16　漳：古水名，有清漳水、浊漳水二源，均出今山西省东南部，在河北省南部边境汇合后称漳河。
17　番吾：古地名，位于今河北省邯郸市磁县境内。
18　以甲子合战，正殷纣之事：希望仿效甲子年武王伐纣的旧事，与赵国一决雌雄。

臣先闻左右。今楚与秦为昆弟[1]，韩、梁称藩臣[2]，齐献鱼盐之地[3]，此断赵之右肩也。夫断右肩而与人斗，失其党而孤居，求欲毋危，得乎？今秦发三将军，塞午道[4]，军成皋、渑池，约四国为一以攻赵。赵服，必四分其地。臣窃为大王计，莫若与秦约为兄弟之国也。"赵王许之。仪北说燕王，曰："赵已事秦。大王不事秦，秦下甲云中、九原[5]，驱赵攻燕，则易水[6]、长城，非王之有矣。"燕王请献常山之尾[7]五城以和。仪归报未至，而惠王薨，子武王立。武王自为太子时不悦仪，诸侯闻之，皆畔衡[8]，复合从。

辛亥五年（公元前 310 年）

秦武王元年。

秦张仪复出相魏张仪诡说[9]秦武王而相魏，一岁卒。仪与苏秦皆以从横[10]之术游诸侯，致位[11]富贵，天下争慕效[12]之。又有魏人公孙衍者，号犀首，及秦弟代、厉，又周最、楼缓之徒，纷纭[13]遍于天下，务以辩诈[14]相高，不可胜载[15]，而仪、秦、衍最著。景春[16]曰："公孙衍、张仪，岂不诚大丈夫哉？一怒而诸

1　昆弟：兄弟。
2　藩臣：拱卫王室之臣。
3　鱼盐之地：代指海滨。鱼盐，鱼和盐，都是滨海的出产。
4　午道：纵横交贯的要道。
5　云中、九原：云中，古地名，战国赵武灵王筑，位于今内蒙古呼和浩特市托克托县东北。九原，古地名，位于今内蒙古巴彦淖尔市乌拉特前旗东南，一说位于今内蒙古包头市西。
6　易水：古水名，大清河上源支流，位于今河北省西部，有北、中、南三支，均源出易县境，汇合后在定兴县入南拒马河。
7　尾：山脚。
8　畔衡：背叛连衡的约定。
9　诡说：谎骗，假说。
10　从横：合纵连横。
11　致位：达到某种职位。
12　慕效：仰慕仿效。
13　纷纭：繁多，兴盛。
14　辩诈：言巧伪而多诈。
15　不可胜载：无法一一记载下来。
16　景春：战国时人，和张仪同时代，孟子弟子。

侯惧，安居¹而天下熄。"孟子曰："是妾妇之道而已，恶得为大丈夫乎？居天下之广居，立天下之正位，行天下之大道。得志，与民由之；不得志，独行其道。富贵不能淫²，贫贱不能移，威武不能屈，此之谓大丈夫。"

秦诛蜀相庄。

秦、魏会于临晋³。

壬子**六年**（公元前 309 年）

秦初置丞相。

癸丑**七年**（公元前 308 年）

秦、魏会于应⁴。

秦甘茂伐韩宜阳秦王使甘茂约魏以伐韩。茂至魏，使人还谓王曰："魏听臣矣，然愿王勿伐。"王迎茂息壤⁵而问其故。对曰："宜阳大县，其实郡也。今倍数险⁶，行千里，攻之难。鲁人有与曾参同姓名者杀人，人告其母，母织自若⁷也。及三人告之，则其母投杼⁸下机，逾墙而走。臣之贤不若曾参，王之信臣不如其母，疑臣者非特三人，臣恐大王之投杼也。魏文侯令乐羊攻中山，三年拔⁹之。返而论功，文侯示之谤书¹⁰一筐。乐羊再拜稽首¹¹曰：'此非臣之功，

1　安居：安静、安定地生活。
2　淫：迷惑。
3　临晋：古地名，位于今陕西省渭南市大荔县东。
4　应：古地名，位于今河南省平顶山市西，白龟山水库内，一说位于今河南省平顶山市鲁山县东。
5　息壤：古地名，位于今湖南省永州市西南。
6　倍数险：离开自己所凭据的几处险要关隘。倍，通"背"，离开。数险，许多险要的地方，此处指秦国的函谷关、崤关等。
7　自若：一如既往，依然如故。
8　投杼：扔下织布的梭子。杼，织布机的梭子。
9　拔：攻取。
10　谤书：诽谤和攻讦他人的书函。
11　稽首：古时一种跪拜礼，叩头至地，九拜中最恭敬者。

君之力也。'今臣，羁旅[1]之臣也。樗里子、公孙奭挟韩而议之，王必听之，是王欺魏王，而臣受公仲侈[2]之怨也。故臣愿王之勿伐也。"王曰："寡人勿听也，请与子盟。"乃盟于息壤。

甲寅八年（公元前 307 年）

秦拔宜阳甘茂攻宜阳，五月而不拔。樗里子、公孙奭果争之。秦王欲罢兵，茂曰："息壤在彼。"王乃悉起兵佐茂，斩首六万，遂拔宜阳。

秦君卒，弟稷立。母芈氏治国事，以舅魏冉为将军秦武王好以力戏，力士多至大官。与孟说[3]举鼎，绝脉[4]而薨。无子，诸弟争立。异母弟稷质于燕，其母芈八子之异父弟魏冉，自惠王、武王时任职用事，与国人迎而立之。稷年少，太后治事，以冉为将军，卫咸阳。

赵始胡服[5]，招骑射[6]赵武灵王北略[7]中山之地，至房子[8]，遂之代[9]，北至无穷[10]，西至河，登黄华[11]之上。与肥义谋胡服、骑射以教百姓，曰："愚者所笑，贤者察焉。虽驱世[12]以笑我，胡地、中山，吾必有之。"遂胡服。国人皆不欲，公子成称疾不朝。王使人请之曰："家听于亲，国听于君。今寡人作教易服[13]，而公叔不服，吾恐天下议之也。制国[14]有常，利民为本；从政有经[15]，令行为上。

1　羁旅：寄居异乡。
2　公仲侈：古人名，时为韩国相国。
3　孟说：战国时秦国力士名，又名孟贲。与秦武王比试举鼎，武王死，孟说被灭族。
4　绝脉：脉息停止。
5　胡服：古代中原汉人对西方和北方各族胡人所穿的服装的总称，与当时中原地区宽大博带式的汉族服饰有较大差异。胡服一般多穿贴身短衣，长裤和革靴。衣身紧窄，活动便利。
6　骑射：骑马和射箭。
7　略：抢劫，夺取。
8　房子：古地名，位于今河北省石家庄市高邑县西南，战国时属于中山国。
9　代：东周诸侯国之一，位于今山西省大同市与河北省张家口市蔚县一带。
10　无穷：古地名，位于今河北省张家口市张北县南。
11　黄华：古山名，即隆虑山，位于今河南省安阳市辖林州市西北。
12　驱世：举世。
13　作教易服：发布改穿胡服的命令。
14　制国：执掌国政。
15　经：常道。

明德[1]先论于贱，而从政先信于贵，故愿慕[2]公叔之义，以成胡服之功也。"公子成再拜稽首曰："中国者，圣贤之所教，礼乐之所用，远方之所观赴[3]，蛮夷之所则效[4]也。今王舍此而袭远方之服，变古道，逆人心，臣愿王熟图之也。"使者以报。王自往请之，曰："吾国东有齐、中山，北有燕、东胡，西有楼烦、秦、韩之边。无骑射之备，则何以守之哉？先时，中山负[5]齐之强，侵暴[6]吾地，引水围鄗[7]，微[8]社稷之神灵，则鄗几于不守也。先君丑之。故寡人变服骑射，欲以备四境之难，报中山之怨。而叔顺中国之俗，恶变服之名，以忘鄗事之丑，非寡人之所望也。"公子成听命。乃赐胡服以朝，而始出令焉。

乙卯**九年**（公元前306年）

秦昭襄王稷元年。

赵君略中山及胡地。遣使约秦、韩、楚、魏、齐，并致[9]胡兵。

楚、齐、韩合从。

丙辰**十年**（公元前305年）

彗星见。

赵伐中山，取数邑。中山复献四邑以和。

秦魏冉弑其君之嫡母，出其故君[10]之妃归于魏秦庶长壮及大臣、诸公

---

1 明德：彰明德行。
2 慕：向往。
3 观赴：仔细看并奔向。
4 则效：效法，效仿。
5 负：仗恃，依靠。
6 侵暴：侵犯暴掠。
7 鄗：古地名，位于今河北省邢台市柏乡县北。
8 微：不是，非。
9 致：招引，招致。
10 故君：先王，先君。

子作乱，魏冉诛之，及惠文后[1]皆不得良死[2]，而悼武后[3]出归于魏，王兄弟不善者，皆灭之。冉遂为政[4]，威震秦国。

丁巳十一年（公元前 304 年）

秦、楚盟于黄棘[5]。秦复与楚上庸[6]。

戊午十二年（公元前 303 年）

彗星见。

秦取魏蒲阪[7]、晋阳、封陵[8]，取韩武遂[9]。

齐、韩、魏伐楚。楚使太子横质于秦，秦救之初，楚与齐、韩合从，至是齐、韩、魏以楚负约，合兵伐之。楚王使其太子横为质，以请救于秦。秦人救之，三国引去[10]。

己未十三年（公元前 302 年）

秦、魏、韩会于临晋，秦复与魏蒲阪。

楚太子横杀秦大夫，亡归[11]。

---

1 惠文后：秦武王嬴荡之母，本为魏国人。
2 良死：善终。
3 悼武后：秦武王嬴荡的王后，本为魏国人。
4 为政：治理国家，执掌国政。
5 黄棘：古地名，位于今河南省南阳市新野县东北。
6 上庸：古地名，位于今湖北省十堰市竹山县西南。
7 蒲阪：古地名，位于今山西省运城市永济县西南。
8 封陵：古地名，又作风陵或封谷，因有津渡，也称封陵渡或风陵津，位于今山西省运城市芮城县西南。
9 武遂：古地名，位于今山西省临汾市西南。
10 引去：引兵退去。
11 亡归：逃归。

庚申**十四年**（公元前 301 年）

日食，昼晦。

秦取韩穰[1]。

蜀守[2]叛秦，秦诛之。

秦、韩、魏、齐伐楚，杀其将唐昧，取重丘[3]。

赵伐中山，中山君奔齐。

辛酉**十五年**（公元前 300 年）

秦公子悝质于齐。

秦芈戎大败楚师，杀其将景缺，取襄城[4]。楚使太子横质于齐，以请平[5]。

壬戌**十六年**（公元前 299 年）

赵君废其太子章，而传国于少子何，自号主父初，武灵王以长子章为太子。后纳吴广之女孟姚，有宠。生子何，爱之，欲及其生而立之，乃废章而传国焉。使肥义为相国傅[6]王，而自号主父。将士大夫西北略胡地，将自云中、九原南袭咸阳。于是诈为使者入秦，欲以观秦地形及秦王之为人。秦王不知，已而怪其状甚伟，非人臣之度，使人逐之，主父行已脱关矣[7]。秦人大惊。

齐、魏会于韩。

秦伐楚，取八城。遂诱楚君槐于武关，执之以归。楚人立太子横秦伐楚，取八城。秦王乃遗楚王书曰："始寡人与王约为弟兄，盟于黄棘，太子

1　穰：古地名，位于今河南省南阳市辖邓州市境内。
2　蜀守：秦国于蜀地所置郡守，名嬴辉。
3　重丘：古地名，位于今河南省驻马店市泌阳县东北。
4　襄城：古地名，即今河南省许昌市襄城县。
5　请平：请和，求和。平，和好。
6　傅：辅佐，教导。
7　主父行已脱关矣：赵武灵王一行已经出了边关。

入质¹，至欢也。太子陵杀寡人之重臣，不谢而亡去。寡人诚不胜怒，使兵侵君王之边。今闻君王乃令太子质于齐以求平。寡人与楚接境，婚姻相亲，而今不欢，则无以令诸侯。寡人愿与君王会武关，面相约结盟而去，寡人之愿也。"楚王欲往，恐见欺。欲不往，恐秦怒。昭睢、屈平²曰："毋行，而发兵自守耳。秦，虎狼也，有并诸侯之心，不可信也。"王稚子³子兰劝王行，王乃入秦。秦王令一将军诈为王，伏兵武关，劫之与西，至咸阳，朝章台⁴，如藩臣礼，要⁵以割巫、黔中郡。楚王怒，不许。遂留之。时，楚太子横方质于齐。楚大臣相与谋曰："吾王不得还，而太子在齐，齐、秦合谋则楚无国矣。"欲立王子之在国者。昭睢曰："王与太子俱困于诸侯，今又倍王命而立其庶子⁶，不宜。"乃诈赴于齐。齐人或欲留太子，以求楚之淮北⁷。其相曰："不可。郢中⁸立王，是吾抱空质⁹而行不义于天下也。"其人曰："郢中立王，吾因与其新王市¹⁰曰：'予我下东国¹¹，吾为王杀太子。不然，将与三国共立之。'"齐王卒用其相计，归楚太子。楚人立之。初，屈平为怀王左徒¹²，志洁行廉¹³，明于治体¹⁴，王甚任之。后以谗见疏¹⁵，而眷顾¹⁶不忘，作《离骚》之辞以自怨，尚冀¹⁷王之一寤¹⁸。而王终

1　入质：诸侯、属国或藩部送其子弟于中央朝廷或他国，以为人质，表示臣服。
2　屈平：即屈原。
3　稚子：幼子，小孩。
4　章台：战国时秦宫殿名，殿内有台，亦名章台。
5　要：强迫，威胁。
6　庶子：嫡子以外的众子。
7　淮北：古地区名，淮河以北地区，即今安徽省凤台县至亳州市东南一带。
8　郢中：即楚国郢都，也代指楚地。
9　空质：没有作用的人质。
10　市：交易。
11　下东国：又作东国、东地，战国楚地，即今淮河以北的安徽省东部和江苏省西部地区。
12　左徒：战国时楚国特有官名，屈原、春申君等曾任此职。
13　志洁行廉：志向高洁，行为廉洁。
14　治体：治国的纲领、要旨。
15　见疏：被疏远。
16　眷顾：垂爱，关心照顾。
17　冀：希望。
18　寤：通"悟"，觉悟，认识到。

不痛也。其后子兰又谮之于顷襄王。王怒，迁之于江南[1]。原遂怀石自投汨罗[2]以死。

秦以齐田文为丞相秦王闻文贤，使请于齐，以为相。

癸亥十七年（公元前 298 年）

楚顷襄王横、赵惠文王何元年。

田文自秦逃归或谓秦王曰："文相秦，必先齐而后秦，秦其危哉！"王囚文，欲杀之。使人求解于王之幸姬。姬欲得其狐白裘[3]，而文先以献于秦王矣。文客有善为狗盗[4]者，盗裘以献。姬言于王而遣之。王后悔，使追之。文至关。关法[5]，鸡鸣乃出客。时尚早，追者将至，客有善为鸡鸣者，野鸡皆应之。文乃得脱归[6]。

秦伐楚，取十六城楚人告于秦曰："赖社稷神灵，国有王矣！"秦王怒，伐之，取十六城。

齐、韩、魏伐秦，败其军于函谷关。河、渭绝[7]一日。秦割河东[8]三城以和，三国乃退孟尝君怨秦，与韩、魏攻之，入函谷关。秦昭王谓丞相楼缓、公子池曰："三国之兵深矣，寡人欲割河东而讲[9]。"对曰："讲亦悔，不讲亦悔。"王曰："何也？"对曰："王割河东而讲，三国虽去，王必曰：'惜矣。三国且去，吾特[10]以三城从之。'此讲之悔也。王不讲，三国入函谷，咸阳必危。

1　江南：古地区名，泛指长江以南地区。但各时代的含义有所不同，秦、汉以前一般指今湖北长江以南部分和湖南、江西一带，近代专指苏南与浙江地区。
2　汨罗：古水名，湘江支流，位于湖南省岳阳市辖汨罗市境内。
3　狐白裘：用狐狸腋下的白毛皮做成的衣服。
4　狗盗：伪装成狗进行偷盗，后泛指窃贼。
5　关法：关卡的管理制度。
6　脱归：脱身逃归。
7　绝：停止流淌。
8　河东：古地区名，战国、秦、汉时指今山西省西南部，唐以后泛指今山西全省。因黄河自北而南流经本区西界，故有河东之称。
9　讲：和解。
10　特：单独，特地。

王又曰：'惜矣。吾爱三城而不讲。'此不讲之悔也。"王曰："钧¹吾悔也，宁亡三城而悔，无危咸阳而悔也。"乃使公子池以三城讲于三国。初，孟尝君欲借兵食²于西周³。苏代为西周谓孟尝君曰："君攻楚九年，取宛、叶⁴以北，以强韩、魏，今复攻秦以益⁵之。韩、魏南无楚忧，西无秦患，则齐危矣。君不如令敝邑深合⁶于秦，而君无攻，又无借兵食。君临函谷而无攻，令敝邑以君之情谓秦王曰：'薛公必不破秦以强韩、魏。其攻秦也，欲王之令楚王割东国⁷以与齐，而秦出⁸楚王以为和。'秦得无破，而以东国自免也，秦必欲之。楚王得出，必德⁹齐。齐得东国益强，而薛世世无患矣。"孟尝君从其计。会公子池求讲解¹⁰，遂罢兵，而秦卒不出楚怀王。

　　苏氏¹¹曰：战国以诈力¹²相侵伐二百余年，兵出未尝有名。秦昭王欺楚怀王而囚之，要之割地，诸侯熟视¹³，无敢以一言问秦者。唯田文免相于秦，几不得脱，归而怨之，借楚为名，兵至函谷。秦人震恐，割地讲解，仅乃得免。自山东难¹⁴秦，未有若此其壮者也。夫兵直为壮，曲为老。有名之兵，谁能御之？使田文能奋其威，则是役也，齐可以霸。惜其听苏代之计，临函谷而无攻，以求楚东国，而出师之名索然¹⁵以尽。东国既不可得，而怀王卒死于秦。由此观之，秦唯不遇桓、文，是以横行而莫之制耳。世岂有大义而屈于不义哉？

1　钧：通"均"，相同，相等。
2　兵食：军饷。
3　西周：战国初，周考王都成周，封其弟于今河南省洛阳市西、涧水东，因在成周之西，故称西周。
4　宛、叶：宛，古地名，即今河南省南阳市。叶，古地名，位于今河南省平顶山市叶县南。
5　益：助，增加。
6　合：和睦，和谐。
7　东国：指楚国东部的钟离、巢、州来等地。
8　出：释放。
9　德：感激。
10　讲解：讲和，调解。
11　苏氏：即北宋著名学者苏辙，与父亲苏洵、兄长苏轼齐名，合称"三苏"。下同。
12　诈力：欺诈与暴力。
13　熟视：注目细看。
14　难：诘问，责难。
15　索然：离散零落貌。

赵君封弟胜为平原君平原君好士[1]，食客常数千人。有公孙龙者，善为坚白同异[2]之辩，平原君客之。孔子之玄孙穿，自鲁适赵，与龙论臧三耳[3]，龙甚辩析。穿弗应，平原君问之，穿曰："几能令臧三耳矣。然谓三耳甚难，而实非也；谓两耳甚易，而实是也。不知君将从易而是者乎，其亦从难而非者乎？"平原君谓龙曰："公无复与孔子高[4]辩事也。其人理胜于辞，公辞胜于理。辞胜于理，终必受诎[5]。"

甲子十八年（公元前 297 年）

楚君槐自秦走赵，不纳。秦追及之，以归。

乙丑十九年（公元前 296 年）

楚君槐卒于秦怀王发病，薨于秦。秦人归其丧。楚人怜之，如悲亲戚。诸侯由是不直秦[6]。

丙寅二十年（公元前 295 年）

魏昭王、韩厘王咎元年。

赵主父以燕、齐之师灭中山，归，大赦，酺[7]五日。

赵故太子章作乱，公子成、李兑诛之，遂弑主父于沙丘[8]赵主父封长

1　好士：重视人才。
2　坚白同异：公孙龙认为"坚""白"是脱离"石"而独立存在的实体，从而夸大了事物之间的差别性而抹杀了其统一性。
3　臧三耳：臧是守门人专有的姓氏，负责传达主人与客人之间的信息。常人有两耳，从伺听角度看，"臧"似乎比常人多出一耳，称"臧三耳"——不仅有左耳和右耳，还有一只看不见的耳朵。
4　孔子高：古人名，即孔穿，字子高。
5　受诎：被屈服。诎，通"屈"，屈服。
6　不直秦：不以秦为正当。直，正当，有理。
7　酺：欢聚饮酒。
8　沙丘：古地名，位于今河北省邢台市广宗县西北，相传殷纣筑台于此，蓄养禽兽。

子章于代，使田不礼相之。李兑谓肥义曰："章党众而欲大，不礼忍[1]杀而骄，二人相得[2]，必有阴谋。子任重而势大，乱之所始，而祸之所集也。子何不称疾不出，毋为祸梯[3]，不亦可乎？"义曰："昔主父以王属义也，曰：'毋变而度，毋易而虑[4]，坚守一心，以没而世[5]。'义再拜受而籍[6]之。今畏不礼之难，而忘吾籍，变孰大焉？谚曰：'死者复生，生者不愧。'吾欲全吾言，安得全吾身乎？"李兑涕泣而出。肥义谓信期曰："公子章、田不礼，声善而实恶，内得主而外为暴，矫令以擅一旦之命，不难为也[7]。自今有召王者，必见吾面，我将以身先之，无故而后，王可入也。"时吴娃[8]死，王爱弛[9]。尝朝群臣，主父从旁窥之，见故太子傫然[10]也，反北面诎于其弟，心怜之，欲分赵而王章于代。计未决。主父及王游沙丘，异宫[11]。公子章、田不礼作乱，诈以主父令召王。肥义先入，杀之。公子成、李兑起兵距难[12]，章败，走主父。成、兑因围主父宫，杀章及不礼而灭其党。成、兑相与谋曰："以章故，围主父，即解兵[13]，吾属夷矣[14]。"乃遂围之，令："宫中人后出者夷。"主父欲出不得，探雀鷇[15]食之．三月余，饿死。

　　秦以魏冉为丞相。

1　忍：狠心。
2　相得：互相投合，相处得很好。
3　祸梯：祸阶，祸之所由来。
4　毋变而度，毋易而虑：不要变更你的法度，不要动摇你的忠心。而，你。
5　以没而世：至死效忠。没，终，尽。
6　籍：登记，记录。
7　内得主而外为暴，矫令以擅一旦之命，不难为也：在内讨得主父的欢心，在外恣意施暴，他们一旦假借主父的命令来发动政变，是很容易得手的。矫令，假托命令。
8　吴娃：赵武灵王的王后，赵惠文王何的生母。
9　弛：松懈，衰退。
10　傫然：颓丧貌。
11　异宫：不住在同一座宫殿里。
12　距难：抗拒祸患。距，通"拒"。
13　解兵：放下武器。
14　吾属夷矣：我们这些人一定会被消灭。夷，消灭，铲平。
15　雀鷇：幼雀。

丁卯二十一年（公元前 294 年）

秦败魏师于解[1]。

戊辰二十二年（公元前 293 年）

魏、韩伐秦，秦左更[2]白起败之，拔五城韩、魏伐秦。魏冉荐左更白起将兵，败之于伊阙，杀、房其将，斩首二十四万，拔五城。以起为国尉[3]。

己巳二十三年（公元前 292 年）

楚君迎妇于秦秦王遗楚王书曰："楚倍秦，秦且率诸侯伐楚，愿饬[4]士卒，得一乐战[5]。"楚王患之，乃复与秦和亲。

司马公曰：甚哉，秦之无道也！杀其父而劫其子。楚之不竞[6]也，忍其父而婚其仇。呜呼！楚之君诚得其道，臣诚得其人，秦虽强，乌得陵之哉？故荀卿[7]论之曰："夫道，善用之，则百里之地可以独立；不善用之，则楚以六千里而为仇人役[8]。"信哉！

庚午二十四年（公元前 291 年）

秦伐韩，拔宛。

秦君封魏冉为穰侯，公子市为宛侯，公子悝为邓侯。

1　解：古地名，位于今山西省运城市临猗县西南。
2　左更：古爵位名，秦、汉二十等爵的第十二级。更指更卒，即轮流服役的士卒，左更与第十三级中更、第十四级右更，均以更卒之将为爵位名。
3　国尉：古官名，战国时秦国掌全国军政之官，相当汉朝的太尉、大将军。
4　饬：整顿，使整齐。
5　乐战：死战。
6　竞：强劲。
7　荀卿：即荀况，也称荀子，战国时期赵国人，著名思想家。
8　役：使唤。

辛未二十五年（公元前 290 年）

东周君如[1]秦。

秦魏冉伐魏。魏入河东、韩入武遂于秦魏地四百里，韩地二百里。

壬申二十六年（公元前 289 年）

秦大良造[2]白起伐魏，取六十一城。

癸酉二十七年（公元前 288 年）

冬，十月，秦君称西帝，遣使立齐君为东帝。已而皆去之齐王问于苏代："秦使致帝，何如？"对曰："愿王受之而勿称，以收天下之望，所谓以卑为尊也。"齐王从之，称帝二日而复归之。秦亦去帝号。

秦攻赵，拔梗阳[3]。

甲戌二十八年（公元前 287 年）

秦攻魏，拔新垣、曲阳[4]。

乙亥二十九年（公元前 286 年）

秦击魏，魏献安邑以和。秦出其人，募民徙之[5]。

秦败韩师于夏山。

齐灭宋宋有雀生鵏[6]，史占[7]之，曰："吉。小而生巨，必霸天下。"康王喜，

1　如：去，往。
2　大良造：又称大上造，秦孝公时期秦国最高官职，掌握军政大权。秦惠文王之后成为爵名，位列二十等军功爵制第十六位。
3　梗阳：古地名，位于今山西省太原市清徐县境内。
4　曲阳：古地名，位于今河南省济源市西。
5　募民徙之：招募民众迁移到安邑居住。
6　鵏：大鸟名。
7　史占：史，古官名，在王左右，担任祭祀、星历、卜筮、记事等职。占，推测吉凶，即察看甲骨的裂纹或蓍草排列的情况推测吉凶。

起兵灭滕，败齐、楚、魏，取地数百里，乃愈自信其霸。欲霸之亟¹成，射天笞²地，斩社稷³而焚灭之。为长夜之饮于室中，室中人呼万岁，则堂上之人应之，堂下之人应之，门外之人又应之，至于国中无敢不呼者。天下谓之"桀宋"。齐伐之，民散，城不守。王走，死温⁴。

丙子三十年（公元前285年）

秦会楚于宛，会赵于中阳⁵。

秦蒙武击齐，拔九城。

齐杀狐咺、陈举。燕使亚卿乐毅如赵齐湣王灭宋而骄，乃侵楚及三晋，欲并二周为天子。狐咺正议⁶，斫之檀衢⁷。陈举直言，杀之东闾⁸。燕昭王日夜抚循⁹其人，益以富实¹⁰，乃谋伐齐。乐毅曰："齐，霸国之余业¹¹，地大人众，未易独攻也。王必欲伐之，莫若约赵及楚、魏。"于是使乐毅约赵啖¹²秦，连楚及魏。诸侯害齐王之骄暴¹³，皆许之。

丁丑三十一年（公元前284年）

燕上将军乐毅以秦、魏、韩、赵之师伐齐，入临菑。齐君地出走，其相淖齿杀之。毅下齐七十余城。燕封毅为昌国君燕悉起兵，使乐毅为

1　亟：通"急"。
2　笞：用竹板、荆条等击打。
3　社稷：古代帝王、诸侯所祭的土神和谷神。社，土神。稷，谷神。
4　温：古地名，位于今河南省焦作市温县西南。
5　中阳：古地名，位于今山西省吕梁市中阳县境内。
6　正议：坚持正道发表议论。
7　檀衢：齐国集市名。
8　东闾：齐国东门名。
9　抚循：安抚。循，安抚。
10　富实：富裕殷实。
11　余业：留传下来的基业。
12　啖：拿利益引诱人。
13　骄暴：骄横暴戾。

上将军，并将秦、魏、韩、赵之师以伐齐。战于济西[1]，齐师大败。毅还秦、韩之师，分魏师以略宋地，部[2]赵师以收河间，身率燕师，长驱逐北[3]。剧辛曰："齐大燕小，赖诸侯之助以破其军，宜及时收取其边城[4]以自益，此长久之利也。今过而不攻，以深入为名，无损于齐，无益于我，而结深怨，后必悔之。"毅曰："齐王伐功矜能[5]，谋不逮下[6]，废黜贤良，信任谄谀[7]，政令戾虐[8]，百姓怨怼[9]。今因其军破而乘[10]之，则其民必叛，而齐可图也。若不遂乘之，待彼悔前之非，改过而抚其民，则难虑[11]矣。"遂进军。齐果大乱，湣王出走。毅入临菑，取宝物、祭器，输[12]之于燕。燕王亲至济上[13]，劳军行赏，封毅为昌国君，留徇[14]齐城未下者。齐王之卫，卫君辟[15]宫舍之，称臣共具[16]。王不逊，卫人侵之。去奔邹、鲁，又有骄色，邹、鲁不纳。遂走莒。楚使淖齿将兵救齐，因为齐相。齿欲与燕分齐地，乃执湣王而数之曰："千乘、博昌[17]之间，方数百里，雨血[18]沾衣，王知之乎？"曰："知之。""赢博[19]之间，地坼[20]及泉，王知之乎？"曰：

1　济西：济水之西，位于今山东省高唐县、聊城市一带。济水，古水名，古代四渎之一，发源于今河南省济源市王屋山，穿越黄河，流经山东省菏泽、济宁、济南等地，流入渤海，唐末断流。
2　部：安排，布置。
3　逐北：追击败兵。
4　边城：靠近国界的城市。
5　伐功矜能：吹嘘自己的功劳和才能。伐、矜，夸耀。
6　谋不逮下：谋略不及下等水平。逮，及，赶得上。
7　谄谀：谄媚阿谀。
8　戾虐：暴虐。
9　怨怼：怨恨。怼，恨。
10　乘：利用。
11　虑：谋划。
12　输：转运，运送。
13　济上：济水边。
14　徇：巡行。
15　辟：打开。
16　共具：提供酒食用具。共，通"供"。
17　千乘、博昌：千乘，古地名，位于今山东省淄博市高青县东南。博昌，古地名，位于今山东省滨州市博兴县东南。
18　雨血：天上落下鲜血。
19　赢博：二地名。赢，位于今山东省莱芜市西北。博，位于今山东省泰安市东南。
20　地坼：地裂。坼，裂开。

"知之。""有人当阙¹而哭者，求之不得，去则闻其声，王知之乎？"曰："知之。"齿曰："雨血者，天以告也；地坼者，地以告也；当阙而哭者，人以告也。而王不戒焉，何得无诛？"遂擢²王筋，悬之庙梁，宿昔³而死。乐毅闻画邑⁴人王蠋贤，令军中环画三十里，无入。使人请蠋，蠋不往。燕人曰："不来，吾且屠画。"蠋曰："吾闻忠臣不事二君，烈女不更二夫。齐王不用吾谏，吾退耕于野。国破君亡，吾不能存，而又欲劫之以兵。与其不义而生，不若死。"遂自经⁵死。毅整军，禁侵掠，礼逸民⁶，宽赋敛⁷，除暴令，修旧政，齐民喜悦。乃遣左军渡胶东⁸、东莱⁹，前军循太山¹⁰，东至海，略琅邪¹¹。右军循河、济，屯阿鄄，以连魏师。后军傍北海¹²而抚千乘¹³。以中军据临菑，而镇齐都。祀桓公、管仲于郊，封王蠋之墓。六月之间，下齐七十余城，皆为郡县。

荀子曰：国者，天下之利用¹⁴也。人主者，天下之利势¹⁵也。得道以持之，则大安也，大荣也，积美之源也。不得道以持之，则大危也，大累也，有之不如无之。及其綦¹⁶也，索¹⁷为匹夫不可得也。齐湣、宋献是也。

秦、魏、韩会于京师。

1　阙：古代宫殿、祠庙或陵墓前的高台，通常左右各一，中间是道路，台上起楼观。
2　擢：抽引，拉拔。
3　宿昔：旦夕。比喻短时间之内。
4　画邑：古地名，位于今山东省淄博市临淄区西北。
5　自经：上吊自杀。
6　逸民：避世隐居的人。
7　赋敛：田赋，税收。
8　胶东：地区名，位于今山东省东部，泛指胶莱河以东地区，包括烟台市、威海市及青岛市大部分地区。
9　东莱：地区名，指今山东半岛的龙口、莱阳等市以东地区。
10　太山：即泰山。
11　琅邪：古地名，位于今山东省青岛市琅邪台西北。
12　北海：今渤海。
13　千乘：小诸侯国。战国时期诸侯国，小者称千乘，大者称万乘。
14　利用：利器，有效的工具。
15　利势：利益和权势。
16　綦：顶点，终了。
17　索：寻求。

戊寅三十二年（公元前 283 年）

齐襄王法章元年。

秦、赵会于穰。

秦拔魏安城[1]，兵至大梁而还。

齐人讨杀[2]淖齿，而立其君之子法章，保莒城[3]淖齿之乱，湣王子法章变名姓为莒太史敫家佣。敫女奇法章状貌[4]，怜而窃衣食之，因与私通。湣王从者[5]王孙贾失王处而归，其母曰：“汝朝出而晚来，则吾倚门而望；汝暮出而不还，则吾倚闾[6]而望。汝今事王，王走，汝不知其处，汝尚何归焉？”贾乃入市呼曰：“淖齿乱齐国，杀湣王，欲与我诛之者袒右[7]。”市人[8]从者四百人，与攻淖齿，杀之。于是齐亡臣相与求湣王子，欲立之。法章疑惧，久之乃敢自言。遂立以为齐王，保莒城以拒燕。布告国中曰：“王已立，在莒矣。”

赵使蔺相如献璧[9]于秦赵得楚和氏璧，秦王请以十五城易之。赵欲勿与，畏秦强；欲与之，恐见欺。蔺相如曰：“以城求璧而不与，曲[10]在我矣。与之璧而不与我城，则曲在秦。臣愿奉璧而往，城不入，则臣请完璧而归。”王遣之。相如至秦，既献璧，视秦王无意偿城，乃绐[11]取璧。遣从者怀之，间行[12]归赵，而以身待命于秦。秦王贤而归之。赵王以为上大夫。

卫君卒嗣君好察微隐。县令有发褥而席弊[13]者，嗣君闻之，乃赐之席。令

1　安城：古地名，位于今河南省新乡市原阳县西南。
2　讨杀：诛杀。
3　莒城：古地名，位于今山东省日照市莒县。
4　状貌：相貌，容貌。
5　从者：仆从。
6　闾：里巷的大门。
7　袒右：脱去右袖，露出右臂。袒，脱去上衣，露出身体的一部分。
8　市人：集市或城中街道上的人。
9　璧：平而圆、中心有孔的玉，古代在典礼时用作礼器，亦可作饰物。
10　曲：理亏，理屈。
11　绐：欺诈，哄骗。
12　间行：偷偷地走。
13　发褥而席弊：掀开褥子，露出下面的破席子。

大惊，以为神。又使人过关市[1]，赂之以金。既而召关市，问有客过，与汝金，汝回遣[2]之，关市大恐。又爱泄姬，重如耳[3]，而恐其因爱、重以壅己[4]也，乃贵薄疑[5]以敌如耳，尊魏妃以偶[6]泄姬，曰："以是相参[7]也。"卫有胥靡[8]亡之魏，嗣君使以五十金买之，不得，乃以左氏[9]易之。左右曰："以一都买一胥靡，可乎？"嗣君曰："治无小，乱无大，法不立，诛不必[10]，虽有十左氏无益也。法立诛必，虽失十左氏，无害也。"

荀子曰：嗣君，聚敛计数[11]之君也，未及取民[12]也。子产，取民者也，未及为政也。管仲，为政者也，未及修礼也。故修礼者王，为政者强，取民者安，聚敛者亡。

己卯三十三年（公元前282年）

秦伐赵，拔两城。

庚辰三十四年（公元前281年）

秦伐赵，拔石城[13]。

楚谋入寇[14]，王使东周公喻[15]止之楚欲图周，王使东周武公谓楚令尹[16]昭

1　关市：关隘与市场，古代指设在交通要道的集市。后来专指设在边境同外族或外国通商的市场。
2　回遣：退回打发。
3　重如耳：器重如耳。如耳，人名。
4　壅己：欺瞒自己。
5　贵薄疑：提拔薄疑。薄疑，人名。
6　偶：匹敌。
7　相参：相互参错。
8　胥靡：古代服劳役的奴隶或刑徒。亦为刑罚名。
9　左氏：古地名，位于今山东菏泽市定陶区西，吴起的故乡。
10　诛不必：下令诛杀却不一定杀。
11　聚敛计数：搜刮民财，精于谋略权术。计数，谋略权术。
12　取民：得民心。
13　石城：古地名，位于今河南省安阳市辖林州市南。
14　入寇：入侵进犯。
15　喻：说明，告知。
16　令尹：古官名，战国时楚国执政官名，相当于宰相。

子曰："西周之地，不过百里，而名为天下共主[1]。裂其地，不足以肥国；得其众，不足以劲兵。而攻之者名为弑君。然而犹有欲攻之者，见祭器[2]在焉故也。夫虎肉臊[3]而兵利身，人犹攻之，若使泽中之麋[4]蒙虎之皮，人之攻之，必万倍矣。裂楚之地，足以肥国；诎楚之名，足以尊主。今子欲诛残[5]天下之共主，居三代之传器[6]，器南，则兵至矣。"于是楚计不行。

辛巳三十五年（公元前 280 年）

秦白起伐赵，取代光狼城[7]。司马错因蜀伐楚，拔黔中。楚献汉北[8]、上庸于秦。

壬午三十六年（公元前 279 年）

秦白起伐楚，取鄢、邓、西陵[9]。

秦、赵会于渑池秦王告赵王，愿为好会[10]于河外渑池。廉颇、蔺相如曰："王不行，示赵弱且怯也。"赵王乃行，相如从。颇送至境，与王诀[11]曰："王行，度道里、会遇[12]之礼毕，不过三十日。过此不还，则请立太子，以绝秦望。"王许之。及会，饮酒，秦王请赵王鼓瑟[13]，赵王鼓之。相如请秦王击缶[14]，秦

1　共主：共同尊奉的宗主。亦指天子、帝王。
2　祭器：祭祀时所陈设的各种器具。古时为国家政权的象征。
3　臊：腥臊。
4　麋：麋鹿，哺乳动物，比牛大，雄的有角，角像鹿，尾像驴，蹄像牛，颈像骆驼，俗称四不像。
5　诛残：诛灭。
6　传器：相传的礼器。
7　光狼城：古地名，战国时属于代国，位于今山西省晋城市辖高平市西南。
8　汉北：地区名，指今湖北省汉水下游北侧汉川市北部和应城市南部地区。
9　鄢、邓、西陵：鄢，古地名，楚国的别都，位于今湖北省襄阳市辖宜城市东南。邓，古地名，位于今湖北省襄阳市樊城区邓城。西陵，古地名，位于今湖北省宜昌市西北。
10　好会：诸侯间友好的会盟。
11　诀：辞别，告别。
12　道里、会遇：道里，道路，路途。会遇，会见，聚会。
13　鼓瑟：弹瑟。鼓，弹奏，敲击。瑟，古代拨弦乐器的一种，形似古琴。
14　击缶：敲击瓦缶。古人以缶为乐器，用以打拍子。缶，瓦盆。

王不肯。相如曰："五步之内，臣请得以颈血溅大王矣。"左右欲刃[1]相如，相如张目[2]叱之，左右皆靡[3]。秦王乃一击缶。罢酒，秦终不能有加[4]于赵，赵人亦盛为之备，秦不敢动。赵王归，以相如为上卿[5]，位在廉颇右[6]。颇曰："我为将，有攻城野战[7]之功。相如素贱，徒以口舌而位加我上，我见必辱之。"相如闻之，不肯与会。每朝常称病，出而望见，辄引车避匿[8]。其舍人[9]皆以为耻。相如曰："子视廉将军孰与秦王？"曰："不若[10]。"相如曰："夫以秦王之威，而相如廷叱[11]之。相如虽驽[12]，独畏廉将军哉？顾吾念之，秦所以不敢加兵于赵，徒以吾两人在也。今两虎共斗，其势不俱生。吾所以为此者，先国家之急，而后私仇也。"颇闻之，肉袒负荆[13]，至门谢罪，遂为刎颈交[14]。

　　杨氏[15]曰：古之智者，以小事大，有以皮币[16]、犬马、珠玉而不得免者，至乃弃国而逃之，况一璧乎？虽与之，可也。相如计不出此，而欲以身死之，可谓失义而伤勇矣。及其完璧而归，于赵亦何益哉？至于渑池之会，则其危又甚矣，虽勿往，可也。相如为国卿相，挟万乘之君以蹈危事，其智、勇又不足重赵，使秦不敢惮[17]焉，乃欲以颈血溅之，岂孔子所谓"暴虎冯河[18]，死而无悔"

1　刃：杀死，弄死。
2　张目：瞪大眼睛，愤怒貌。
3　靡：散乱。
4　有加：侵凌。
5　上卿：古官名。周制，天子及诸侯皆有卿，分上中下三等，最尊贵者谓上卿。
6　右：古代崇右，故以右为上，为贵，为高。
7　野战：交战于旷野。
8　避匿：躲避。
9　舍人：古代豪门贵族家里的门客。
10　不若：不如，比不上。
11　廷叱：在朝堂之上呵斥。
12　驽：才能低劣。
13　肉袒负荆：赤裸上身，背着荆条请罪，表示愿受责罚。肉袒，光着身子。
14　刎颈交：友谊深挚，可以共生死的朋友。
15　杨氏：即杨时，下同。杨时，字中立，号龟山，先后学于程颢、程颐，同游酢、吕大临、谢良佐并称程门四大弟子，又与罗从彦、李侗并称为"南剑三先生"。晚年隐居龟山，学者称龟山先生。
16　皮币：毛皮和缯帛，古代用作聘享的贵重礼物。
17　惮：忧愁恐惧。
18　暴虎冯河：空手搏虎，徒步过河。比喻有勇无谋，鲁莽冒险。

者欤？而或者谓相如非战国之士，使居平世¹，可谓大臣，则吾不知其说也。

　　燕君平卒，乐毅奔赵。齐田单袭破²燕军，尽复齐地。齐君入临菑，封单为安平君。赵封乐毅为望诸君初，燕人攻安平³，临菑市掾⁴田单使其宗人⁵以铁笼傅⁶车辖⁷。及城溃，人争门出，皆以轴折被擒，独单宗人得免，遂奔即墨。时齐地皆已属燕，独莒、即墨未下。乐毅并军围之，即墨大夫战死。即墨人曰："安平之战，田单宗人以铁笼得全，是多智习兵⁸。"立以为将。乐毅围二邑，期年不克，乃令解围，去城九里而为垒。令曰："城中民出者勿获，困者赈⁹之，使即旧业。"三年而犹未下。或谗之于昭王曰："乐毅智谋过人，呼吸之间，克七十余城。今不下者两城耳，非其力不能拔。所以三年不攻者，欲久仗兵威以服齐人，遂南面而王耳。"昭王于是置酒大会，引言者¹⁰，让之曰："先王不贪土地，而举国以礼贤者。遭所传德薄，不能堪命¹¹，国人不顺。齐为无道，以害先王。寡人统位¹²，痛之入骨，故延群臣，招宾客，以求报仇。有成功者，尚欲与共燕国。今乐君亲为寡人破齐，夷其宗庙，报塞¹³先仇，齐固乐君之有，非燕所得也。汝何敢言若此？"乃斩之。遣国相立毅为齐王。毅惶恐不受，拜书以死自誓¹⁴。由是齐人服其义，诸侯畏其信，莫敢复有谋者。顷之¹⁵，昭王薨，惠王自为太子时，不快于乐毅。田单乃纵反间¹⁶曰："乐毅与燕新王

1　平世：太平之世，与"乱世"相对。
2　袭破：用突袭手段击败敌方。
3　安平：古地名，位于今山东省淄博市东北。
4　市掾：管理市场的官员。
5　宗人：同族之人。
6　傅：通"附"，附着。
7　辖：古代套在车轴头的铜制圆筒。
8　习兵：熟悉军事。
9　赈：救济。
10　言者：进言的人。
11　遭所传德薄，不能堪命：不幸遇到继承人缺少德行，不能担当大任。
12　统位：即位。
13　报塞：报答，报效。
14　自誓：自己发誓，表示决心。
15　顷之：不久。
16　反间：诱使敌方的间谍或其他人反为我用，制造其内讧而伺机取胜。

有隙，畏诛，欲连兵[1]王齐。齐人未附，故且缓攻即墨，以待其事。齐人所惧，唯恐他将之来，即墨残矣。"惠王闻之，即使骑劫代将，毅遂奔赵。将士由是愤惋[2]不和。田单乃令城中人食必祭先祖于庭，飞鸟皆翔舞[3]而下。燕人怪之，单因宣言[4]曰："当有神师下教我。"有一卒曰："臣可以为师乎？"单遂师之。每有约束[5]，必称神师。又宣言曰："吾唯惧燕人劓[6]所得齐卒，置之前行[7]，即墨败矣。"燕人如其言。城中皆怒，坚守，唯恐见得[8]。单又言："吾惧燕人掘吾城外冢墓[9]，可为寒心。"燕军掘烧之。齐人望见，皆涕泣，共欲出战，怒自十倍。单知其可用，乃身操版锸[10]，与士卒分功[11]。妻妾编于行伍之间，尽散饮食飨[12]士。令甲卒皆伏，使老弱女子乘城[13]，遣使约降。燕军益懈。单收城中，得牛千余，为绛缯衣[14]，画以五采龙文[15]，束兵刃于其角，灌脂束苇[16]于其尾，凿城数十穴。夜纵牛，烧苇端，壮士五千人随之。牛热，怒奔燕军，所触尽死伤。燕军大惊，而城中鼓噪[17]从之。燕军败走。齐人杀骑劫，追亡逐北，至河上，七十余城皆复为齐。乃迎王自莒入临淄。王以太史敫之女为后，是为君王后，生太子建。以单为相，封安平君。太史敫曰："女不取媒，因自嫁，污吾世[18]。"终身不见君王后。君王后亦不以不见故失人子之礼。田单尝出，见老人涉淄[19]而寒，不

1　连兵：联合兵力。
2　愤惋：愤恨。
3　翔舞：飞舞。
4　宣言：扬言，故意散布某种言论。
5　约束：规章，法令。
6　劓：割鼻的刑罚，古代五刑之一。
7　前行：前锋。
8　见得：被抓。
9　冢墓：坟墓。
10　版锸：古代筑土墙的工具和挖土的工具。
11　分功：分工。
12　飨：用酒食慰劳。
13　乘城：登城，守城。
14　为绛缯衣：给它们披上深红色缯帛制成的被服。绛缯，深红色缯帛。
15　五采龙文：五种颜色龙的图案。五采，青、赤、白、黑、黄五种颜色。
16　灌脂束苇：沾满油脂捆扎起来的芦苇。束苇，捆扎的芦苇。
17　鼓噪：出战时擂鼓呐喊，以壮声势。也泛指喧嚷。
18　女不取媒，因自嫁，污吾世：我的女儿不经过媒人，自定婚事，败坏了我的家风。
19　淄：古水名，即今山东省中北部淄河。

能行，解裘衣之。襄王恶之，曰："单将欲以是取吾国乎？"岩下有贯珠者[1]闻之，言于王曰："王不如因以为己善。下令曰：'寡人忧民之饥也，单收而食之；寡人忧民之寒也，单收而衣之；寡人忧劳百姓，而单亦忧之。称寡人之意。'单有是善，而王嘉之，单之善亦王之善也。"王曰："善。"乃赐单牛酒[2]。后数日，贯珠者复见王曰："王朝日[3]，宣召田单，而揖[4]之于庭，口劳[5]之。乃布令，求百姓之饥寒者，收谷[6]之。"乃使人听于闾里[7]，闻丈夫[8]之相与言曰："田单之爱人，嗟[9]，乃王之教也。"王有所幸臣九人，语王曰："安平君与王君臣无异，而内抚百姓，外怀[10]戎翟，礼天下之贤士，其志欲有为也。"异日，王曰："召相单来。"单所任貂勃[11]闻之，稽首于王曰："周文王得吕尚以为太公，齐桓公得管夷吾以为仲父，今王得安平君，而独曰'单'，安得此亡国之言乎？夫安平君以惴惴[12]即墨三里之城，五里之郭，而反千里之齐。当是时而自王，天下莫之能止。然计之于道，归之于义，以为不可。故栈道木阁[13]，而迎王于城阳[14]。今国已定，民已安矣，王乃曰'单'，婴儿之计，不为此也。"王乃杀九人，而益封安平君万户。田单将攻狄，往见鲁仲连。仲连曰："将军攻狄，不能下也。"单曰："单以即墨余卒，破燕复齐，今攻狄而不下，何也？"弗谢而去。遂攻狄，三月不克。单乃惧，问仲连。仲连曰："将军在即墨，织蒉仗

1　贯珠者：穿珠子的工人。
2　牛酒：牛和酒，古代用作馈赠、犒劳、祭祀的物品。
3　朝日：古时君主听朝会见群臣的日子。
4　揖：古代的拱手礼。
5　口劳：口头上慰问。
6　收谷：收留抚养。
7　闾里：里巷，平民聚居之处。
8　丈夫：成年男子。
9　嗟：感叹声。
10　怀：安抚。
11　貂勃：古人名，著名齐国贤者，中大夫。
12　惴惴：形容发愁害怕的样子。
13　木阁：即栈道，又称栈阁、阁道。
14　城阳：古地区名，位于今山东省临沂市沂南县、日照市莒县等地，地处齐长城之南，故名。

锸[1]，为士卒倡[2]，曰：'无可往矣，宗庙亡矣。今日尚矣，归于何党矣[3]！'当此之时，将军有死之心，士卒无生之气，莫不挥泣奋臂而欲战，此所以破燕也。今将军东有夜邑[4]之奉，西有淄上之娱，黄金横带[5]，骋乎淄渑[6]之间。有生之乐，无死之心，所以不胜也。"单明日厉气[7]循城，立于矢石之所，援枹[8]鼓之，狄人乃下。赵王欲与乐毅谋伐燕。毅泣曰："臣畴昔[9]之事昭王，犹今日之事大王也。若复得罪在他国，终身不敢谋赵之奴隶，况子孙乎？"赵王乃止，而封毅于观津[10]，号望诸君，尊宠之，以警动[11]于燕、齐。燕惠王恐赵用之以乘其敝，乃使人让毅，且谢之曰："将军捐燕归赵，自为计则可矣，而何以报先王所以遇将军之意乎？"毅报书[12]曰："免身[13]立功，以明先王之迹，臣之上计也。罹[14]毁辱之谤，堕先王之名，臣之所大恐也。临不测之罪[15]，以幸为利，义之所不敢出也[16]。古之君子，交绝不出恶声。忠臣去国，不洁其名。臣虽不佞[17]，数奉教[18]于君子矣。"燕乃复以毅子间为昌国君，而毅往来[19]复通燕，竟卒于赵。

薛公田文卒初，齐湣王既灭宋，欲去[20]孟尝君。孟尝君奔魏，魏以为相，

1　织蒉仗锸：亲自织筐，带头拿着铁锹上阵。蒉，草编的筐子。仗锸，拄着铁锹。
2　倡：倡导，带头。
3　今日尚矣，归于何党矣：今天差不多就可以见分晓，我们到底是胜是负。言战有胜负，结果将决定我们归于何类。尚，庶几，差不多。党，类。
4　夜邑：古地名，与下文"淄上"均为田单的封地，即今山东省烟台市辖莱州市。
5　横带：系于腰上。
6　淄渑：淄水和渑水的并称，皆在今山东省。相传二水味各不同，混合之则难以辨别。
7　厉气：鼓舞斗志。
8　援枹：手持鼓槌。古时以击鼓指挥军队进击。
9　畴昔：往昔，从前。
10　观津：古地名，位于今河北省衡水市武邑县东。
11　警动：惊动，震动。警，通"惊"。
12　报书：回信。
13　免身：脱身免祸。
14　罹：遭受。
15　不测之罪：死罪，大罪。
16　以幸为利，义之所不敢出也：帮助赵国攻打燕国，即便能侥幸获益，如果遵从大义，我是不敢去做的。
17　不佞：谦辞，不才。
18　奉教：接受教导。
19　往来：交往，交际。
20　去：除掉。

与诸侯共伐破齐。襄王复国，而孟尝君中立[1]为诸侯，无所属。襄王畏之，与连和[2]。至是卒，诸子争立，齐、魏共灭之。

癸未三十七年（公元前 278 年）

燕惠王元年。

秦白起伐楚，拔郢[3]，烧夷陵[4]。楚徙都陈[5]。秦置南郡[6]，封起为武安君。

甲申三十八年（公元前 277 年）

秦置黔中郡。

乙酉三十九年（公元前 276 年）

魏安厘王元年。

秦白起伐魏，拔两城。

楚复取江南十五邑楚王收东地兵，复取秦所拔江南十五邑，为郡，以拒秦。

魏封公子无忌为信陵君。

丙戌四十年（公元前 275 年）

秦魏冉伐魏。韩救之，大败。魏纳八城于秦。秦复伐魏，围大梁。魏又割温以和秦败韩救兵，斩首四万。

1　中立：在对立的各方之间，不倾向于任何一方。
2　连和：联合，交好。
3　郢：古地名，楚国都城，位于今湖北省荆州市荆州区西北。
4　夷陵：古地名，楚先王坟墓所在，位于今湖北省宜昌市东南。
5　陈：古国名，都城位于今河南省周口市淮阳区，有今河南东部和安徽北部一部分。
6　南郡：古郡名，辖今湖北省襄樊市、南漳县以南，松滋县、公安县以北，洪湖市以西，利川县及重庆市巫山县以东地。

丁亥**四十一年**（公元前 274 年）

魏复与齐合从。秦魏冉伐魏，拔四城斩首四万。

戊子**四十二年**（公元前 273 年）

赵、魏伐韩，秦救之，大破其军。魏割南阳[1]以和秦救韩，败赵、魏之师，斩首、沉卒十五万。魏段干子请割南阳予秦以和。苏代谓魏王曰："欲玺[2]者，段干子也。欲地者，秦也。今王使欲玺者制地，欲地者制玺，魏地尽矣。夫以地事秦，犹抱薪救火[3]。薪不尽，火不灭。"王曰："是则然矣。然事始已行，不可更矣。"对曰："夫博之所以贵枭者[4]，便则食，不便则止。今何王之用智，不如用枭也？"王不听。卒以南阳为和。实修武[5]。

己丑**四十三年**（公元前 272 年）

韩桓惠王元年。

楚太子完质于秦秦王将使武安君与韩、魏伐楚。楚使者黄歇至秦，闻之，恐其一举而灭楚也，乃上书曰："臣闻物至则反[6]，冬、夏是也；致至[7]则危，累棋[8]是也。今大国之地，遍天下有其二垂[9]，此从生民以来，万乘之地，未尝有也。王又兼韩，服魏，割濮磨[10]之北，注[11]秦、齐之要[12]，绝楚、赵之脊，天下五

1　南阳：古地名，即今河南省济源市至获嘉县一带，因在太行山南、淮河之北而得名。
2　欲玺：想要升官。玺，印，代表权力。
3　抱薪救火：抱着柴草去救火。比喻用错误的方法去消除灾祸，结果使灾祸反而扩大。薪，柴草。
4　博之所以贵枭者：玩博戏的人之所以特别看重枭子。博，博戏，古代一种下棋的游戏。枭，博戏时掷骰子得上采为枭。或云骰子上刻有枭形。博戏的方法已失传，大约是用五个骰子和若干棋子，掷一次骰子，走一棋子，掷得枭采就可以吃对方的棋子。
5　修武：古地名，位于今河南省新乡市获嘉县境内。
6　物至则反：事物发展到极致就会向相反的方向转化。
7　致至：达到极致。
8　累棋：堆迭的棋子，高则易倒。比喻形势危险。
9　二垂：天与地的交接处。指极远地区。
10　濮磨：濮水旁地名。濮，古水名，《说文解字》记载："濮水出东郡濮阳，南入钜野。"
11　注：投，击。
12　要：通"腰"。

合六聚[1]而不敢救，王之威亦单[2]矣。王若能保功守威，绌[3]攻取之心，而肥仁义之地，使无后患，则三王不足四，五伯不足六[4]也。王若负人徒[5]之众，仗兵革之强，而欲以力臣天下之主，臣恐其有后患也。《易》曰：'狐涉水，濡[6]其尾。'此言始之易，终之难也。且楚国，援也；邻国，敌也。今王妒楚之不毁，而忘毁楚之强韩、魏也，臣为王虑而不取也。夫韩、魏，父子兄弟接踵[7]而死于秦者，将十世矣。故韩、魏之不亡，秦社稷之忧也。今王信韩、魏之善[8]王，而欲资之与攻楚，此正吴之信越也。臣为王虑，莫若善楚，秦、楚合而为一，则韩、魏必为关内之侯[9]。注地于齐，则齐右壤[10]可拱手而取也。王之地，一经两海，要约天下[11]，是燕、赵无齐、楚，齐、楚无燕、赵也。然后危动燕、赵，直摇齐、楚，此四国者，不待痛而服矣。"王从之，使歇归，约亲于楚。楚复使歇侍太子完为质于秦。

秦置南阳[12]郡。

秦、魏、楚伐燕。

庚寅**四十四年**（公元前 271 年）

燕武成王元年。

赵伐齐。

1　五合六聚：比喻屡次聚合到一起。
2　单：大。
3　绌：通"黜"，废除，贬退。
4　三王不足四，五伯不足六：不难成为三代圣王之后的第四个，五位霸主之后的第六个。不足，不难。
5　人徒：民众，庶民。
6　濡：沾湿。
7　接踵：接触到前面人的足跟。意谓相继，连续不断。
8　善：喜爱，认为好。
9　关内之侯：意指无法跨越函谷关进攻秦国。
10　右壤：齐国西南部地区，西为黄河，东为南阳、泗上，南至荷水，北为济西。
11　一经两海，要约天下：大王的土地贯通东海西海，可以阻断南北各国的联系，借此控制天下。一经，贯通。要约，约束，控制。
12　南阳：古郡名，辖今河南省桐柏县以西，湖北省丹江口市以东，河南省鲁山县以南，河南省邓州市及湖北省广水市以北地。

辛卯**四十五年**（公元前 270 年）

　　秦伐赵，围阏与[1]，赵奢击却之。赵封奢为马服君初，赵奢为田部吏[2]，收租税，平原君家不肯出，奢以法杀其用事者九人。平原君怒，将杀之。奢曰："君于赵为贵公子，今纵君家而不奉公[3]，则法削，法削则国弱，国弱则诸侯加兵[4]，是无赵也，君安得有此富乎？以君之贵，奉公如法则上下平，上下平则国强，国强则赵固，而君为贵戚，岂轻于天下邪？"平原君贤之，言于王。使治国赋[5]，国赋大平，民富而府库实。及秦围阏与，王召群臣问之，廉颇、乐乘皆曰："道远险狭，难救。"奢曰："道远险狭，如两鼠斗于穴中，将勇者胜。"王乃令奢将兵救之。去邯郸三十里而止，令军中曰："有以军事谏者死。"秦师军武安[6]西，鼓噪勒兵[7]，武安屋瓦尽震。有言急救武安者，奢立斩之。坚壁[8]二十八日不行，复益增垒。秦间[9]入赵军，奢善食而遣之。间还报，秦将大喜。奢既遣间，卷甲[10]而趋，一日一夜，距阏与五十里而军。军垒成，秦师闻之，悉甲而往。赵军士许历请谏，奢进之。历曰："秦不意[11]赵至此，其来气盛，将军必厚集其陈[12]以待之，不然必败。"奢曰："请受教。"历请刑[13]，不许。历复请曰："先据北山者胜。"奢即发万人趋之。秦师后至，争山，不得上。奢纵兵击之，秦师大败，解阏与而还。赵封奢为马服君，以许历为国尉。

　　秦伐齐，取刚、寿[14]穰侯言于秦王，使客卿灶伐齐，取刚、寿，以广其

1　阏与：古地名，战国时本为韩邑，后属赵，位于今山西省晋中市和顺县西北。
2　田部吏：古时征收田赋的官吏。
3　奉公：奉行公事，不徇私。
4　加兵：发动战争，以武力进攻。
5　国赋：国家规定的赋税。
6　武安：古地名，位于今河北省邯郸市辖武安市西南。
7　勒兵：治军，操练或指挥军队。
8　坚壁：加固壁垒。
9　间：间谍。
10　卷甲：卷起铠甲。形容轻装疾进。
11　不意：没有想到。
12　陈：通"阵"，战阵，行列。
13　刑：惩罚。
14　刚、寿：刚，古地名，位于今山东省泰安市宁阳县东北。寿，古地名，位于今山东省泰安市东平县西南。

陶邑[1]。

秦灭义渠 义渠戎王与秦太后乱，有二子。太后诈杀[2]戎王于甘泉[3]，遂起兵灭义渠。

秦以范雎为客卿 初，魏人范雎从中大夫[4]须贾使于齐。齐王闻其辩口[5]，私赐之金。贾以为雎以国阴事[6]告齐也，归告其相魏齐。齐怒，笞击[7]雎，折胁折齿[8]，置厕中。雎佯死得出。魏人郑安平持雎亡匿[9]，更姓名曰张禄。秦谒者[10]王稽使魏，载与俱归，荐之王。王见之离宫[11]，雎佯为不知永巷[12]而入其中。王来而宦者[13]怒，逐之，曰："王至！"雎谬[14]曰："秦安得王？独有太后、穰侯耳。"王微闻其言，乃屏左右，跽[15]而请曰："先生何以幸教[16]寡人？"对曰："唯唯[17]。"如是者三。王曰："先生卒不幸教寡人邪？"雎曰："非敢然也。臣，羁旅之臣也，交疏[18]于王，而所愿陈者皆匡君之事，处人骨肉之间，愿效愚忠，而未知王之心也。此所以王三问而不敢对也。臣知今日言之于前，明日伏诛于后，然苟可以少有补于秦而死，臣不敢避也。独恐臣死之后，天下杜口裹足[19]，莫肯向秦耳。"王跽曰："是何言也！寡人得见先生，是天以寡人溷[20]先生，而存先

---

1 陶邑：古地名，位于今山东省菏泽市定陶县西北。相传尧初居唐，后居此，故称陶唐。
2 诈杀：用欺诈的手段杀死。
3 甘泉：古地名，位于今陕西省咸阳市淳化县西北。
4 中大夫：古官名，周王室及诸侯各国卿以下有上大夫、中大夫、下大夫。
5 辩口：善于辞令，能言善辩。
6 阴事：隐秘的事情，不可告人的事情。
7 笞击：拷打。
8 折胁折齿：把肋骨和牙齿都打折了。谓伤势很重。
9 持雎亡匿：搀扶范雎一起逃跑了，隐藏起来。持，搀扶，支撑。
10 谒者：古官名，国君身边掌传达等事的近侍。
11 离宫：古代帝王在都城之外的宫殿。
12 永巷：宫内一条狭长的小巷，是供宫女、嫔妃居住的地方。
13 宦者：宦官。
14 谬：错误的，不合情理的。
15 跽：长跪，挺直上身，两膝着地。
16 幸教：赐教。
17 唯唯：答应但不置可否的样子。
18 交疏：交往不深。
19 杜口裹足：闭着嘴不敢说，停住脚不敢走。比喻有顾虑而不敢接近。杜口，闭住嘴。裹足，止步不前。
20 溷：扰乱，打扰。

王之宗庙也。事无大小，上及太后，下至大臣，愿先生悉以教寡人，无疑寡人也。"雎见左右多窃听者，未敢言内，先言外事，以观秦王之俯仰[1]。因进曰："穰侯越韩、魏而攻齐刚、寿，非计[2]也。齐湣王攻楚，再辟地[3]千里，而尺寸无得焉者，岂不欲得地哉？形势不能有也。诸侯见其罢敝[4]而伐之，齐几于亡。今王不如远交而近攻，得寸则王之寸也，得尺亦王之尺也。今夫韩、魏，中国[5]之处，而天下之枢[6]也。王若欲霸，必亲中国以为天下枢，而威楚、赵，则齐附，而韩、魏因可虏矣。"王曰："善。"乃以雎为客卿，与谋兵事。

壬辰四十六年（公元前269年）

秦攻赵阏与，不拔。

癸巳四十七年（公元前268年）

秦伐魏，拔怀始用范雎之谋也。

甲午四十八年（公元前267年）

秦太子质于魏而卒。

乙未四十九年（公元前266年）

秦拔魏邢丘[7]。

秦君废其母不治事，逐魏冉、芈戎、公子市、公子悝，以范雎为

1　俯仰：举动，举止。
2　非计：失策。
3　辟地：开拓疆土。
4　罢敝：疲劳困顿。罢，通"疲"。
5　中国：上古时代，华夏族建国于黄河流域一带，以为居天下之中，故称中国，而把周围其他地区称为四方。后泛指中原地区。
6　枢：枢纽，中心。
7　邢丘：古地名，位于今河南省焦作市温县东。

丞相，封应侯范睢日益亲用事，因私说王曰："臣居山东时，闻齐之有孟尝君，不闻有王。闻秦有太后、穰侯，不闻有王。夫擅国[1]之谓王，能利害[2]之谓王，制杀生之谓王。今太后擅行不顾[3]，穰侯出使不报，华阳、泾阳[4]击断[5]无讳，高陵进退不请。四贵备而国不危，未之有也。为此四贵者下，乃所谓无王也。穰侯使者操王之重，决制[6]于诸侯，剖符[7]于天下，征敌伐国，莫敢不听。战胜攻取，则利归于相，战败则怨结于百姓，而祸归于社稷。臣又闻之，木实[8]繁者披[9]其枝，披其枝者伤其心；大其都者危其国，尊其臣者卑其主。淖齿管[10]齐，而弑湣王；李兑管赵，而囚主父。今臣观四贵之用事，此亦齿、兑之类也。且三代之所以亡国者，君专授政于臣，纵酒弋猎[11]。其所授者，妒贤疾能，御下蔽上，以成其私，不为主计，而主不觉悟，故失其国。今自有秩[12]以上至诸大吏[13]，下及王左右，无非相国之人者。臣见王独立于朝，窃恐万世之后，有秦国者，非王子孙也。"王以为然。于是废太后，逐穰侯、华阳君芈戎、高陵君市、泾阳君悝于关外。以睢为丞相，封应侯。魏须贾聘于秦，睢因辱之，使归告魏王曰："速斩魏齐头来！不然，且屠大梁。"齐走赵，匿平原君家。

　　赵以公子胜为相。

1　擅国：独揽国政。
2　利害：兴利除害。
3　擅行不顾：形容独断专行，不顾一切。
4　华阳、泾阳：华阳，即华阳君，秦国太后的弟弟。泾阳，即泾阳君，与下文"高陵"均为秦王的同胞弟弟。
5　击断：专断，决断。
6　决制：专断，控制。
7　剖符：古代帝王分封诸侯、功臣时，以竹符为凭证，剖分为二，君臣各执其一，后因以"剖符""剖竹"为分封、授官之称。
8　木实：树木的果实。
9　披：分开，裂开。
10　管：管理，看管。
11　弋猎：射猎，狩猎。
12　有秩：古乡官名，掌听讼收税等事，相当于后世乡长。
13　大吏：大官。

丙申五十年（公元前 265 年）

赵孝成王丹元年。

秦君母芈氏以忧卒。

司马公曰：穰侯援立[1]昭王，除其灾害，荐用白起，南取鄢郢，东广地于齐，功亦大矣。虽其专恣骄贪[2]，足以贾祸[3]，亦未至如雎之言也。雎亦非能为秦忠谋[4]，直欲得穰侯之处耳。遂使秦王绝母子之义，失甥舅之恩，雎真倾危之士[5]哉！

秦伐赵，取三城。齐救，却之。遂以赵师伐燕，取中阳。伐韩，取注人[6]**秦攻赵。**赵王新立，太后用事，求救于齐。齐人曰："必以长安君为质。"太后不可。齐师不出。大臣强谏[7]，太后明谓左右曰："有复言者，老妇必唾[8]其面。"左师[9]触龙请见，太后盛气而胥[10]之。入，左师公徐趋[11]而坐，谢曰："老臣病足，不得见久矣，而恐太后体之有所苦也，故愿望见[12]太后。"太后曰："老妇恃辇而行[13]。"曰："食得毋衰[14]乎？"曰："恃粥耳。"太后不和之色稍解。左师曰："贱息[15]舒祺，最少，不肖，而臣衰，窃爱之，愿得补黑衣[16]之缺，以卫王宫。"太后曰："诺[17]。年几何矣？"对曰："十五岁矣。虽少，愿及臣未填沟壑[18]而托之。"

---

1 援立：扶立。
2 专恣骄贪：专恣，专横放肆。骄贪，骄横贪婪。
3 贾祸：招致灾祸。
4 忠谋：忠诚地谋划。
5 倾危之士：比喻对国家和人民有很大危险的人。
6 注人：古地名，位于今河南省汝州市西。
7 强谏：下对上极力谏诤。
8 唾：用力吐唾沫。
9 左师：古官名，战国时宋、赵等国的执政官。
10 胥：通"须"，等待。
11 徐趋：徐行，徐步。趋，小步而行，表示恭敬。
12 望见：谒见，进见。
13 恃辇而行：靠辇车行动。恃，依赖，依靠。辇，古时用人拉或推的车。
14 衰：减少。
15 贱息：谦称自己的子女，与"犬子"相同。
16 黑衣：战国赵王宫宿卫常穿黑衣，故用以代指宫廷侍卫。
17 诺：答应的声音，表示同意。
18 填沟壑：死的自谦说法。人死埋于地下，故称填沟壑。

太后曰："丈夫[1]亦爱少子乎？"对曰："甚于妇人。"太后笑曰："妇人异甚。"
对曰："老臣窃以为媪[2]之爱燕后[3]贤于长安君。"太后曰："君过矣！不如长安君
之甚。"左师曰："父母爱其子，则为之计深远。媪之送燕后也，持其踵而哭，
念其远也，亦哀之矣。已行，非不思也，祭祀则祝[4]之曰：'必勿使反！'岂非
为之计长久，为子孙相继为王也哉？"太后曰："然。"左师曰："今三世以前，
至于赵主之子孙为侯者，其继有在者乎？"曰："无有。"曰："此其近者，祸
及身；远者，及其子孙。岂人主之子，侯则不善哉？位尊而无功，奉厚而无劳，
而挟重器多也。今媪尊长安君之位，封以膏腴之地[5]，多与之重器，而不及今令
有功于赵。一旦山陵崩[6]，长安君何以自托于赵哉？"太后曰："诺，恣[7]君之所使
之。"于是为长安君约车[8]百乘质于齐。齐师乃出，秦师退。

　　齐君法章卒，子建立，国事皆决于其母太史氏建年少，国事皆决于君
王后。

丁酉五十一年（公元前264年）

　　齐王建元年。

　　秦白起伐韩，拔九城斩首五万。

戊戌五十二年（公元前263年）

　　秦白起伐韩，取南阳，攻绝太行道[9]。

　　楚太子完自秦逃归。楚君横卒，完立，以黄歇为相，封春申君楚顷

1　丈夫：男子。
2　媪：对老年妇女的敬称。
3　燕后：赵太后之女，为燕国王后。
4　祝：祷告，向鬼神求福。
5　膏腴之地：肥美的土地，肥沃富饶的地区。膏腴，肥沃。
6　山陵崩：诸侯帝王或当权者死亡的委婉语。
7　恣：听任，任凭。
8　约车：备车。约，置办，配备。
9　太行道：古代重要的道路名，南起河南省焦作市辖沁阳市，北接山西省晋城市泽州县。

襄王疾病。黄歇侍太子于秦，闻之，言于应侯曰：“楚王疾，恐不起[1]。秦若归
其太子，则是亲与国[2]，而得储万乘[3]也；不归，则咸阳布衣[4]耳。楚更立君，必
不事秦。”应侯以告王。王曰：“令太子傅[5]先往问疾，反而后图之。”歇与太子
谋曰：“王疾病，而阳文君之子二人在中。王若卒大命[6]，阳文君之子必立为后，
太子不得奉宗庙矣。”乃教太子变服[7]为楚使者御[8]以出关，而自为守舍[9]谢病。
度已远，乃自言请死。王怒，欲听之。应侯曰：“歇出身以徇其主[10]，太子立，
必用歇。不如归之以亲楚。”王从之。歇至三月，而楚王薨。太子即位，以歇
为相，封之淮北。

己亥五十三年（公元前 262 年）

楚考烈王完元年。

楚纳州[11]于秦。

秦白起伐韩，拔野王[12]。上党[13]降赵秦武安君伐韩，拔野王。上党路绝。
上党守冯亭与其民谋曰：“郑道已绝，不如归赵。赵受我，秦必攻之。赵被秦
兵，必亲韩。韩、赵为一，则可以当[14]秦矣。”乃告于赵曰：“韩不能守上党，
入之秦。其吏民皆安为赵，不乐为秦。有城、市邑[15]十七，愿再拜，献之大王。”

1　不起：病不能愈。
2　与国：盟国，友邦。
3　储万乘：万乘之国的储君。储，太子，储君。
4　布衣：平民百姓。
5　太子傅：又称太傅，太子的老师。
6　大命：天年，寿命。
7　变服：改变服饰，化装。
8　御：驾驶车马的人。
9　守舍：看守门户，看家。
10　出身以徇其主：献身为他的主人牺牲生命。出身，献身。徇，通“殉”，为某种目的而
　　牺牲生命。
11　州：古地名，位于今湖北省荆州市辖洪湖市东北。
12　野王：古地名，位于今河南省焦作市辖沁阳市境内。
13　上党：古郡名，辖今山西省长治、晋城、和顺、左权、榆社、武乡、沁县、沁源、沁水、
　　襄垣、黎城、安泽、屯留、潞城、长子、壶关、平顺、高平、陵川、阳城等县市地。
14　当：用武力抵敌。
15　市邑：市镇，城镇。

赵王以问平阳君豹。对曰："圣人甚祸¹无故之利。"王曰："人乐吾德，何谓无故？"豹曰："秦蚕食韩地，中绝²，不令相通，固自以为坐而受上党也。韩氏所以不入之秦者，欲嫁其祸于赵也。秦服³其劳而赵受其利，虽强大不能得之于弱小，弱小顾能得之于强大乎？岂得谓之非无故哉？不如勿受。"平原君请受之。王乃使平原君往受地，封冯亭为华阳君。亭垂涕⁴不见使者，曰："吾不忍卖主之地而食之也。"

庚子五十四年（公元前 261 年）

辛丑五十五年（公元前 260 年）

秦王龁攻赵上党，拔之。白起代将，大破赵军，杀其将赵括，坑⁵降卒四十万秦王龁攻上党，拔之。上党民走赵。赵廉颇军长平⁶以按据⁷之。龁遂攻赵。赵军数败，楼昌请发重使为媾⁸。虞卿曰："今制媾者在秦，秦必欲破王之军矣。虽往请，将不听。不如以重宝附楚、魏，则秦疑天下之合从，媾乃可成也。"王不听，使郑朱媾于秦。虞卿曰："天下之贺战胜者，皆在秦矣。郑朱，贵人也，秦必显重⁹之以视天下。天下见王之媾于秦，必不救王。秦知天下之不救王，则媾不可成矣。"既而果然¹⁰。廉颇坚壁不出，又失亡¹¹多，赵王怒，数让之。应侯又使人行¹²千金为反间，曰："秦独畏马服君之子括为将耳。

1　祸：以之为灾祸。
2　中绝：隔断。
3　服：担任，承当。
4　垂涕：落泪。
5　坑：把人活埋。
6　军长平：军，驻扎。长平，古地名，位于今山西省晋城市辖高平市西北。
7　按据：屯兵支援。
8　发重使为媾：派遣全权大使讲和。重使，负有全权重任的使臣。媾，恢复亲善友好的关系，讲和。
9　显重：重视，尊重。
10　果然：果真如此。
11　失亡：丧失。
12　行：授予，赏赐。

廉颇易与[1]，且[2]降矣。"赵王遂以括代颇将。蔺相如曰："括徒能读其父书传[3]，不知合变[4]也。"王不听。括自少时学兵法，以天下莫能当。与奢言之，奢不能难，然不谓善也。括母问其故，奢曰："兵，死地[5]也，而括易言之。使赵将之，破赵军者，必括也。"及括将行，母上书言括不可使。王问之，对曰："括父为将，身所奉饭而进食者以十数，所友者以百数，得赏赐尽以与军吏、士大夫。受命之日，不问家事。今括一旦为将，东乡而朝，军吏无敢仰视之者。王所赐金帛，归藏于家，而日视利便[6]田宅可买者买之。父子异心，愿王勿遣。"王曰："母置[7]之，吾已决矣。"母因曰："即如有不称，妾请无随坐[8]。"王许之。秦王闻括已将，乃阴使武安君为上将军，而龁为裨将[9]，令军中敢泄者斩。括至军，悉更约束，易置[10]军吏，出击秦军。武安君佯败走，张[11]二奇兵以劫之。括乘胜追造秦壁[12]。壁坚拒，不得入，而秦奇兵绝其后，军分为二，粮道绝。武安君出轻兵击之。赵战不利，因筑壁坚守，以待救至。秦王闻之，自如河内[13]，发民十五以上悉诣[14]长平，遮绝[15]赵救兵及粮食。赵请粟[16]于齐，齐王弗许。周子曰："夫赵之于齐、楚，犹齿之有唇也，唇亡则齿寒。今日亡赵，则明日患及齐、楚矣。救赵之务，宜若奉漏瓮沃焦釜[17]然。且救赵，高义[18]也；却秦，显名

---

1 易与：容易对付。含有轻蔑之意。
2 且：将要。
3 书传：著作，典籍。
4 合变：随机应变。
5 死地：绝境，死亡之地。
6 利便：便利，便当。
7 置：搁置，放在一边。
8 随坐：一人犯法而株连他人入罪。
9 裨将：副将。
10 易置：更换。
11 张：部署，设置。
12 追造秦壁：追到秦国的营垒前。造，到，去。壁，军营的围墙，营垒。
13 河内：黄河以北地区。
14 诣：前往，去到。
15 遮绝：阻断。
16 请粟：请求资助粮食。粟，粮食的统称。
17 奉漏瓮沃焦釜：用漏瓮里剩下的水倒在烧焦的锅里。比喻情势危急，亟待挽救。焦釜，烧干水的铁锅。
18 高义：行为高尚，合于正义。

也。不务此而爱粟，为国计者过矣。"弗听。赵军食绝四十六日，人相食。急攻秦垒，欲出不得。括自出搏战[1]，秦射杀之。卒四十万人皆降。武安君曰："秦已拔上党，其民不乐为秦而归赵。赵卒反复[2]，恐为乱。"乃挟诈[3]尽坑之，遗[4]其小者二百余人归赵。前后斩首虏[5]凡四十五万人，赵人大震。

壬寅五十六年（公元前259年）

秦攻赵，拔武安、皮牢[6]，定太原[7]、上党。韩、赵又割地以和武安君分军为三：王龁攻赵，拔武安、皮牢；司马梗北定太原，尽有上党地。韩、魏恐，使苏代说应侯曰："赵亡，则秦王王[8]，而武安君为三公矣，君能为之下乎？不如因而割之，毋以为武安君功也。"应侯言："秦兵劳[9]，请许韩、赵割地以和。"王听之，割韩垣雍[10]、赵六城而罢兵。武安君由是与应侯有隙。赵王之约割地也，虞卿曰："秦之攻王也，倦而归乎？其力尚能进，爱王而弗攻乎？"王曰："秦不遗余力矣，必以倦而归也。"虞卿曰："秦以其力攻其所不能取，倦而归，王又以其力之所不能取以送之，是助秦自攻也。来年秦攻王，王无救矣。"楼缓曰："卿得其一，不得其二。秦、赵构难[11]而天下悦，今不割地求和以疑天下，慰秦之心，则天下将因秦之怒，乘赵之弊，而瓜分之矣。"虞卿曰："危哉，楼子之计！是愈疑天下，而何慰秦之心哉？且臣言勿与者，非固[12]勿与而已。秦索六城于王，而王以六城赂齐，则是王失之于齐，取偿于

1　搏战：拼搏战斗。
2　反复：变化无常。
3　挟诈：用计谋骗。
4　遗：残存，留下。
5　首虏：偏指首级。
6　皮牢：古地名，位于今山西省临汾市翼城县东北。
7　太原：又作大卤、大原，即今山西省太原市一带。
8　王：称王。
9　劳：劳累，疲劳。
10　垣雍：古地名，位于今河南省新乡市原阳县西。
11　构难：结成怨仇。
12　固：一定。

秦也。以此发声[1]，臣见秦之重赂[2]至赵，而反媾于王矣。"赵王曰："善。"使卿如齐，未返，而秦使者已在赵矣。

　　魏以孔斌为相，寻[3]以病免初，魏王闻子顺贤，聘以为相。子顺谓使者曰："若王能信用[4]吾道，吾道固为治世[5]也。虽疏食饮水[6]，吾犹为之。若徒欲制服[7]吾身，委以重禄，吾犹一夫[8]耳。魏王奚少于一夫？"使者固请，子顺乃之魏。改嬖宠[9]之官，以事贤才；夺无任[10]之禄，以赐有功。诸丧职秩[11]者咸不悦。陈大计又不用，乃以病致仕[12]。人谓之曰："子其行乎？"答曰："行将安之？山东之国，将并于秦。秦为不义，义所不入。"遂寝于家，喟然[13]叹曰："死病无良医。不出二十年，天下其尽为秦乎！"秦之始伐赵也，魏王问于诸大夫，皆曰："秦若不胜，则可承敝[14]而击之，胜则因而服焉，于我何损？"斌曰："不然。秦，贪暴之国也。胜赵，必复他求，吾恐于时魏受其师也。先人有言：燕雀[15]处屋，子母相哺[16]，呴呴[17]相乐，自以为安矣。灶突炎上[18]，栋宇[19]将焚，燕雀颜不变，不知祸之将及己也。今子不悟赵破而患将及己，可以人而同于燕雀乎？"斌，穿之子也。

1　发声：透露风声。
2　重赂：赠人或行贿所用的丰厚财物。
3　寻：顷刻，不久。
4　信用：相信并采用。
5　治世：治天下，治国。
6　疏食饮水：粗饭淡汤，饮食简单。疏食，粗粮。
7　制服：用强力使之驯服。
8　一夫：一人。
9　嬖宠：受君王宠爱的人。
10　无任：不能胜任，无能。
11　职秩：职位与官俸。
12　致仕：交还官职，即辞官。
13　喟然：叹气的样子。
14　承敝：趁它困乏的时候。
15　燕雀：燕和雀。泛指小鸟。
16　哺：喂食物。
17　呴呴：鸟鸣声。
18　灶突炎上：屋子里炉灶的烟囱里冒出了火焰。灶突，灶上烟囱。炎上，火燃烧向上的样子。
19　栋宇：泛指房屋。

秦诱执赵公子胜，既而归之秦王欲为应侯必报其仇，乃诱平原君，至而执之。使谓赵王曰："不得齐首[1]，吾不出王弟于关。"齐穷，抵[2]虞卿。卿弃相印，与偕亡。走魏，信陵君意[3]难见之，齐怒，自杀。赵王取其首与秦，秦乃归平原君。雎言王稽，王以为河东守。又任郑安平，王以为将军。雎散家财物，以报所尝困厄[4]者。一饭之德[5]必偿，睚眦[6]之仇必报云。

癸卯**五十七年**（公元前 258 年）

秦伐赵，围邯郸秦武安君病，使王陵伐赵，攻邯郸，少利[7]。武安君病愈，王欲使代之。武安君曰："邯郸实未易攻也。且诸侯之救日至[8]。秦虽胜于长平，然士卒死者过半，国内空。远绝河山[9]而争人国都，赵应其内，诸侯攻其外，破秦军必矣。"王又使应侯请之，终辞，不行。乃以王龁代陵。

赵公子胜如楚乞师[10]。楚黄歇率师救赵赵王使平原君求救于楚，约其门下文武备具者二十人与俱[11]，得十九人，余无可取者。毛遂自荐，平原君曰："夫贤士之处世，如锥处囊中，其末[12]立见。今先生处胜门下三年于此矣，胜未有所闻，是先生无所有也。"遂曰："臣乃今日请处囊中耳。使臣得早处囊中，乃脱颖而出[13]，非特其末见而已。"平原君乃与之俱。至楚，与楚王言合从之利，久而不决。毛遂按剑历阶而上[14]，曰："从之利害，两言而决耳。今日出而言，

---

1 齐首：魏齐的脑袋。
2 抵：抵达。
3 意：意料，猜测。
4 困厄：困苦危难。
5 一饭之德：一顿饭的恩情，比喻微小的恩德。
6 睚眦：瞋目怒视，瞪眼看人。借指怨恨之微小。
7 少利：没占到多少便宜。
8 日至：天天来到。
9 远绝河山：远离自己的国家。绝，距离远。
10 乞师：请求出兵援助。
11 俱：一起前往。
12 末：尖端，梢。
13 脱颖而出：锥尖透过布囊显露出来。颖，尖子。
14 历阶而上：经过台阶上来。历，经过。

日中不决，何也？"王怒，叱之。遂按剑而前曰："王之所以叱遂者，以楚国
之众也。今十步之内，王不得恃楚国之众也。王之命悬于遂手。吾君在前，叱
者何也？且遂闻汤以七十里而王天下，文王以百里而臣诸侯。今楚地方五千
里，持戟[1]百万，此霸王之资也。白起，小竖子[2]耳。率数万之众，一战而举鄢
郢，再战而烧夷陵，三战而辱王之先人。此百世之怨，赵之所羞，而王不知恶
焉。合从者，为楚，非为赵也。"王曰："唯唯。"乃与楚王歃血[3]定从而归。平
原君曰："胜不敢复相[4]天下士矣。"因以毛遂为上客。而楚使春申君将兵救赵。

　　魏晋鄙率师救赵，次[5]于邺。公子无忌袭杀[6]鄙，夺其军以进魏王使晋
鄙救赵。秦王使谓魏曰："吾攻赵，旦暮[7]且下。诸侯敢救者，必移兵先击之。"
魏王恐，止晋鄙，壁[8]邺。又使新垣衍入邯郸说赵，欲共尊秦为帝，以却其兵。
鲁仲连闻之，往见衍曰："彼秦者，弃礼义而上首功[9]之国也。彼即肆然[10]而为
帝于天下，则连有蹈[11]东海而死耳，不愿为之民也。且梁未睹秦称帝之害故耳。
昔者九侯、鄂侯、文王，纣之三公也。纣醢九侯，鄂侯争之强[12]，故脯[13]鄂侯。
文王闻之，喟然而叹，故拘之牖里之库[14]，欲令之死。今秦、梁俱据万乘之国，
各有称王之名，奈何睹其一战之胜，欲从而帝之，卒就脯、醢之地乎？且秦无
已[15]而帝，则将行其天子之礼，以号令天下，变易诸侯之大臣，夺其所憎，而

1　持戟：手拿长戟，代指战士。
2　竖子：对人的鄙称，犹今言"小子"。
3　歃血：古人盟会时，微饮牲血，或含于口中，或涂于口旁，以示信守誓言的诚意。
4　相：看相。
5　次：驻扎。
6　袭杀：乘人不备而杀害。
7　旦暮：早晚。喻短时间内。
8　壁：驻扎。
9　上首功：崇尚战功。上，通"尚"。
10　肆然：无所顾忌。
11　蹈：朝某方向走。此处指跳进。
12　争之强：极力为九侯辩护。
13　脯：制成肉干。
14　牖里之库：牖里的监狱。牖里，古地名，又称羑都，位于今河南省安阳市汤阴县北。库，
　　监狱。
15　无已：未被制止。

与其所爱，又使子女谗妾[1]为诸侯妃、姬，梁王安得晏然[2]而已乎？而将军又何以得故宠乎？"衍起再拜，曰："吾今乃知先生天下士[3]也。吾请出，不敢复言帝秦矣。"初，魏公子无忌爱人下士[4]，致食客三千人。有隐士侯嬴，家贫，为夷门监者[5]。公子置酒，大会宾客。坐定，从车骑虚左[6]自迎侯生。生直上载[7]不让，公子执辔[8]愈恭。生又谓公子曰："臣有客在市屠[9]中，愿枉[10]车骑过之。"公子引车入市，生下见其客朱亥，睥睨[11]，故久立，与其客语，微察公子。公子色愈和。乃谢客就车，至公子家。公子引侯生坐上坐，宾客皆惊。及秦围赵，赵平原君夫人，无忌姊也。使者冠盖相属[12]于魏，让[13]公子，公子患之。数请魏王敕[14]晋鄙救赵，及宾客、辩士[15]游说万端[16]，王终不听。公子乃属[17]宾客，约车骑百余乘，欲赴斗以死于赵。过见侯生。生曰："公子无他端而欲赴秦军，如以肉投馁虎[18]，何功之有？"公子再拜，问计。生曰："吾闻晋鄙兵符在王卧内，而如姬最幸，力能窃之。且公子尝为报其父仇，如姬欲为公子死，无所辞。诚一开口，则得虎符，夺鄙兵，北救赵，西却秦，此五伯[19]之功也。"公子如其言，得兵符。侯生曰："将在外，君命有所不受。有如[20]鄙疑而复请之，则事危矣。

1　谗妾：好谗害人的姬妾。
2　晏然：安适，安然。
3　天下士：才德非凡之士。
4　下士：屈身交接贤士。
5　夷门监者：夷门的看守。夷门，魏国都城的东门。
6　虚左：空着左边的位置。乘车以左为尊，虚左表示对宾客的尊敬。
7　上载：上车。
8　执辔：手持马缰绳驾车。辔，驾驭牲口的嚼子和缰绳。
9　市屠：市场中屠宰牲畜的摊位。
10　枉：谦词，谓使对方受屈。
11　睥睨：眼睛斜着看，形容高傲的样子。
12　冠盖相属：形容政府的使节或官员往来不绝。冠盖，古代官吏的冠服和车盖，代指官吏。属，接连。
13　让：指责。
14　敕：告诫，嘱咐。
15　辩士：能言善辩的人。
16　万端：形容方法、头绪、形态等极多而纷繁。
17　属：集合，使聚集在一起。
18　馁虎：饿虎。馁，饥饿。
19　五伯：指春秋五霸。
20　有如：如果，假如。

臣客朱亥，力士，可与俱。鄙不听，使击之。"公子至邺，晋鄙合符[1]，果疑之，举手视公子曰："吾举十万之众屯于境上，国之重任，今单车来代之，何如[2]哉？"亥袖[3]四十斤铁椎[4]，椎杀鄙。公子勒兵下令曰："父子俱在军中者，父归；兄弟俱在军中者，兄归；独子无兄弟者，归养[5]。"得选兵[6]八万人，将之而进。

甲辰**五十八年**（公元前 257 年）

燕孝王元年。

秦杀白起王龁战不利，武安君曰："不听吾计，今何如矣？"王闻之，怒，强起[7]之。武安君称病笃[8]，乃免为士伍[9]，迁之阴密[10]。行至杜邮[11]。应侯曰："起之迁，意尚怏怏[12]，有余言[13]。"王乃使赐之剑，武安君遂自杀。秦人怜之。应侯乃任郑安平，使将击赵。

魏公子无忌大破秦军邯郸下信陵君大破秦军于邯郸下，王龁解围走，郑安平以二万人降赵。信陵君不敢归魏，使将将其军以还。赵王欲以五城封公子。公子闻之，有自功[14]之色。客有说公子曰："物有不可忘，有不可不忘。人有德于公子，公子不可忘也。公予有德于人，愿公子忘之也。且矫令[15]夺兵以救赵，于赵则有功矣，于魏则未为忠臣也。公子乃自骄而功之，窃为公子

1　合符：合验符信。古代以竹木或金石为符，上书文字，剖而为二，各执其一，合之为证。
2　何如：何故，为什么。
3　袖：藏物于袖中。
4　铁椎：铁锤。
5　归养：回家奉养父母。
6　选兵：挑选出来的兵卒，精兵。
7　强起：强行起用。
8　病笃：病势沉重。
9　士伍：士卒。
10　阴密：地名，位于今甘肃省平凉市灵台县西。
11　杜邮：古地名，位于今陕西省咸阳市东。
12　怏怏：不服气，闷闷不乐的神情。
13　余言：未尽的话语。
14　自功：自以为有功绩。
15　矫令：假托命令。

不取[1]也。"于是公子立自责，若无所容[2]。赵王自迎，执主人之礼，引公子就西阶[3]。公子侧行辞让，从东阶上，自言罪过，以负于魏，无功于赵。赵王与公子饮，至暮，以公子退让，竟不忍言献五城。平原君欲封鲁仲连，仲连亦不受。乃以千金为寿，连笑曰："所贵于天下之士者，为人排患难、解纷乱而无取也。即有取者，是商贾之事，连不忍为也。"遂辞去，终身不复见。

秦太子之子异人自赵逃归秦太子妃曰华阳夫人，无子。夏姬生子异人，质于赵。秦数伐赵，赵不礼之，困，不得意。阳翟大贾[4]吕不韦适邯郸，见之，曰："此奇货可居[5]。"乃说之曰："秦王老矣，太子爱华阳夫人，而无子。子之兄弟二十余人，子居中，不甚见幸[6]。太子即位，子不得争为嗣矣。"异人曰："奈何？"不韦曰："能立适嗣[7]者，独华阳夫人耳。不韦虽贫，请以千金为子西游[8]，立子为嗣。"异人曰："必如君策，秦国与子共之。"不韦乃与五百金，令结宾客。复以五百金买奇物玩好[9]，自奉而西。见夫人姊，而以献于夫人。因誉异人之贤，宾客遍天下，日夜泣思太子及夫人，曰："异人也，以夫人为天。"夫人喜。不韦因使其姊说曰："夫人爱[10]而无子，不以繁华[11]时早自结于诸子中贤、孝者，举以为适，即色衰爱弛，虽欲开[12]一言，尚可得乎？今异人贤，而自知中子[13]，不得为适，诚以此时拔之，是异人无国而有国，夫人无子而有子也，则终身有宠于秦矣。"夫人以为然，乘间[14]言之。太子与夫人又刻玉符，约

1　不取：不赞成，不采取。
2　若无所容：好像无地自容。
3　西阶：堂西台阶，示尊礼之位。
4　大贾：大商人。
5　奇货可居：把稀有的货物储存起来，等待高价卖出去。奇货，稀少的货物。居，储存。
6　见幸：被宠幸。
7　适嗣：嫡嗣，正妻所生的长子。适，嫡。
8　西游：去西边的秦国。
9　玩好：供玩赏的奇珍异宝。
10　爱：受宠爱。
11　**繁华**：比喻青春年华。
12　开：教导。
13　中子：排行居中的儿子。
14　乘间：趁机会。

以为嗣，因请不韦傅之。不韦娶邯郸姬绝美者与居，知其有娠[1]。异人见而请之，不韦佯怒。既而献之，期年而生子政。异人遂以为夫人。邯郸之围，赵人欲杀之。不韦赂守者，得脱，亡赴秦军，遂归。异人楚服[2]而见夫人，夫人曰："吾楚人也，当自子[3]之。"更名曰楚。

乙巳五十九年（公元前 256 年）

秦伐韩、赵，王命诸侯讨之。秦遂入寇，王入秦，尽献其地，归而卒秦伐韩，取阳城、负黍[4]，斩首四万。伐赵，取二十余县，斩首九万。赧王恐，倍秦，与诸侯约从，欲伐秦。秦使将军樛攻西周。赧王入秦，顿首受罪[5]，尽献其邑三十六，口[6]三万。秦受其献，而归赧王于周。是岁卒。

---

1 娠：怀孕。
2 楚服：穿着楚国的服装。
3 子：收养为子。
4 阳城、负黍：阳城，古地名，位于今河南省郑州市辖登封市东南。负黍，古地名，位于今河南省郑州市辖登封市西南。
5 顿首受罪：顿首，古代跪拜礼之一，以头叩地即举而不停留。受罪，承受罪责。
6 口：人口。

卷

二

起丙午，尽戊戌¹西楚霸王四年、汉王四年**凡五十三年**。

丙午（公元前255年）

秦昭襄王五十二、楚考烈王八、燕孝王三、魏安厘王二十二、赵孝成王十一、韩桓惠王十八、齐王建十年。〇凡七国。

秦丞相范雎免秦河东²守王稽坐与诸侯通，弃市³。王临朝而叹，应侯请其故，王曰："武安君死，而郑安平、王稽等皆叛，内无良将，外多敌国，吾是以忧。"应侯惧，不知所出。燕客蔡泽闻之，西入秦。先使人宣言⁴于应侯曰："蔡泽见王，必夺君位。"应侯召泽让之，泽曰："吁，君何见之晚也？夫四时之序，成功者去⁵。商君、吴起、大夫种，何足愿与⁶？"应侯谬曰："何为不可？君子有杀身以成名，死无所恨。"泽曰："身名俱全者，上也；名可法而身死者，次也。三子之可愿，孰与闳夭⁷、周公哉？语曰：'日中则移，月满则亏。'进退嬴缩⁸，与时变化。今君怨已雠⁹而德已报，意欲¹⁰至矣而无变计，窃为君危之！"应侯曰："善。"遂荐泽于王，因谢病¹¹免。王悦泽计，以为相，数月免。

楚以荀况为兰陵¹²令荀卿，赵人，春申君以为兰陵令。卿尝与临武君论

1　戊戌：即公元前203年。
2　河东：古郡名，辖今山西省沁水以西、霍山以南地区。
3　坐与诸侯通，弃市：因为与诸侯私下接触获罪，被判斩首，尸体被抛弃在集市上。坐，由……而获罪。
4　宣言：故意散布某种言论。
5　四时之序，成功者去：四时按照春生、夏长、秋实、冬藏的次序，每一个完成了自己的功能就转换成下一个。
6　何足愿与：有什么值得仰慕的呢。愿，仰慕。
7　闳夭：周朝开国功臣，西伯侯姬昌"四友"之一。
8　嬴缩：盈亏。引申为进退、行止、长短、得失等。
9　雠：应答。
10　意欲：欲望。
11　谢病：托病引退或谢绝会客。
12　兰陵：古县名，治所位于今山东省临沂市苍山县西南。兰为圣王之香，陵为高地，有圣地寓意。

兵于赵孝成王前。王曰："请问兵要[1]。"卿对曰："要在附民[2]。夫仁人之兵，上下一心，三军同力；臣之于君也，下之于上也，若子弟之事父兄，若手臂之捍[3]头目而覆[4]胸腹也。故兵要在于附民而已。齐人隆[5]技击，得一首者赐赎锱金[6]，无本赏[7]矣。事小敌毳[8]，则偷[9]可用也；事大敌坚，则涣然[10]离耳，是亡国之兵也。其去赁市佣而战之几矣[11]。魏氏之武卒，以度[12]取之。衣三属之甲[13]，操十二石之弩[14]，负矢五十，置戈其上，冠胄[15]带剑，赢[16]三日粮，日中而趋百里。中试则复其户，利其田宅[17]。气力数年而衰，而复、利未可夺也，改造则不易周也[18]。故地虽大，其税必寡，是危国之兵也。秦人，其生民[19]也狭隘[20]，其使民也酷烈[21]，忸之以庆赏，䲝之以刑罚[22]，使民所以要利[23]于上者，非斗无由也。使以功赏[24]相

————————

1　兵要：用兵的要术。
2　附民：使百姓亲附。
3　捍：保卫，保护。
4　覆：覆盖，遮蔽。
5　隆：尊崇。
6　得一首者赐赎锱金：取得一个敌人的首级，就赐给他八两黄金来赎买。锱，重量单位。
7　无本赏：不是本应得到的赏赐。本赏，本应得到的赏赐。
8　毳：脆弱。
9　偷：苟且。
10　涣然：离散貌。
11　其去赁市佣而战之几矣：这和到市场上雇佣人去作战也没什么区别了。
12　度：标准。
13　三属之甲：古代战士上身、髀部、胫部的铠甲相连，以掩蔽全身。
14　操十二石之弩：拿着拉力为十二石的弩弓。石，重量单位，一百二十市斤为一石。
15　冠胄：冠，戴。胄，头盔。
16　赢：担。
17　中试则复其户，利其田宅：考试合格就免除他家的徭役，使他的田地住宅都处于便利的地方。
18　气力数年而衰，复、利未可夺也，改造则不易周也：免除赋税、给他更好的田地住宅这些待遇，即使几年以后他体力衰弱了也不可以剥夺，重新选取了武士也不会取消对他的周济。
19　生民：养民。
20　狭隘：心胸、气量、见识等不宏大宽广。
21　酷烈：残酷。
22　忸之以庆赏，䲝之以刑罚：用奖赏使他们习惯于作战，用刑罚强迫他们去作战。忸，通"狃"，习惯。庆赏，赏赐。䲝，逼迫。
23　要利：取得利益。
24　功赏：立功的奖赏。

长，五甲首而隶五家¹，是最为众强²长久之道。然皆干赏蹈利³之兵，未有安制、
綦节⁴之理也。故齐之技击不可以遇魏之武卒，魏之武卒不可以遇秦之锐士，
秦之锐士不可以当桓、文之节制⁵，桓、文之节制不可以敌汤、武之仁义。故招
延募选，隆势诈，尚功利，是渐之也。礼义教化，是齐之也⁶。故兵大齐⁷则制
天下，小齐则治邻敌。若夫招延选募，隆势诈，尚功利之兵，则胜不胜无常，
相为雌雄⁸耳。夫是之谓盗兵，君子不由也。"王曰："善。请问为将。"卿曰：
"号令欲严以威；赏罚欲必以信；处舍⁹欲周以固；徙举¹⁰、进退欲安以重，欲
疾以速；窥敌观变，欲潜以深¹¹，欲伍以参¹²；遇敌决战，必行吾所明，无行吾所
疑。夫是之为六术。无欲将而恶废，无急胜而忘败，无威内而轻外¹³，无见利而
不顾其害，凡虑事欲熟而用财欲泰，夫是之谓五权。可杀而不可使处不完¹⁴，可
杀而不可使击不胜，可杀而不可使欺百姓，夫是之谓三至。凡百事之成也必在
敬之，其败也必在慢之。故敬胜怠则吉，怠胜敬则灭；计胜欲则从，欲胜计则
凶。战如守，行如战，有功如幸。慎行此六术、五权、三至，而处之以恭敬、
无旷¹⁵，夫是之谓天下之将。"临武君曰："善。请问王者之军制¹⁶。"卿曰："将

1　五甲首而隶五家：得到五个敌人的首级就可以役使本乡的五户人家。
2　众强：人多势盛。
3　干赏蹈利：求取赏赐和利益。干、蹈，求取。
4　安制、綦节：安制，遵守国家法度。綦节，以气节为最高追求。綦，通"极"，顶点。
5　节制：节度法制。
6　招延募选，隆势诈，上功利，是渐之也。礼义教化，是齐之也：招揽、募求、挑选，注
　　重权谋诡诈，崇尚功利，这是在欺骗士兵。讲求礼制道义教育感化，这才能使士兵齐心
　　合力。上，崇尚。渐，欺诈。
7　大齐：大同，使完全齐同。
8　雌雄：雌性和雄性。此处比喻胜负、强弱、高下。
9　处舍：营垒。
10　徙举：军队行动。
11　潜以深：幽深隐蔽。
12　伍以参：多方比较，从而反复检验。
13　无欲将而恶废，无急胜而忘败，无威内而轻外：不要热衷于当将军而怕罢免，不要急于
　　求胜而忘记了有可能失败，不要以为自己有威力而轻视外敌。
14　不完：守备不完善的地方。
15　无旷：不懈怠。
16　军制：军队的法令制度。

死鼓，御死辔，百吏死职，士大夫死行列[1]。闻鼓声而进，金[2]声而退。顺命为上，有功次之。不杀老弱，不猎田稼[3]，服者不擒，格者不赦，奔命者不获[4]。凡诛，非诛百姓也，诛其乱百姓者也。百姓有捍其贼者，是亦贼也。故顺刃者生，傃刃者死，奔命者贡[5]。有诛而无战，不屠城，不潜军，不留众，师不越时[6]，故乱者乐其政，不安其上者欲其至也。"临武君曰："善。"陈嚣问曰："先生议兵，常以仁义为本，然则又何以兵为哉？"卿曰："仁者爱人，故恶人之害之也；义者循理[7]，故恶人之乱之也。故兵者所以禁暴除害也，非争夺也。"

周民东亡[8]，秦取其宝器，迁西周公于𢠣狐之聚[9]。

楚人迁鲁于莒，而取其地。

丁未（公元前 254 年）

秦五十三、楚九、燕王喜元、魏二十三、赵十二、韩十九、齐十一年。

秦伐魏，取吴城[10]。

韩王入朝于秦。

魏举国听令于秦。

1　士大夫死行列：将士死于战阵之中。士大夫，此处指将佐，将士。死，为……而死。
2　金：古代军队中用以指挥停止或撤退的锣或其他金属制品。
3　不猎田稼：不践踏庄稼。猎，通"躐"，踩，践踏。
4　格者不赦，奔命者不获：对抵抗的敌人不放过，对前来归顺的不抓起来当俘虏。格，击打，格斗。奔命，杨倞注："奔命，谓奔走来归其命者。"
5　顺刃者生，傃刃者死，奔命者贡：顺着我们的刀锋转身逃跑的就让他活命，对着我们的刀锋进行抵抗的就把他杀死，前来投降的就赦免其罪。傃，向着。贡，刘师培认为是"赉"字之误，赦免，今从其说。
6　不潜军，不留众，师不越时：不秘密出兵搞偷袭，不留兵防守占领的地方，军队出征不超过预先约定的时限。潜军，偷袭敌军。
7　循理：依照道理，遵循规律。
8　周民东亡：周朝的子民向东逃走。亡，逃。
9　迁西周公于𢠣狐之聚：西周公，即战国时西周文公姬咎，西周最后一任君主。𢠣狐之聚，古代村落名，位于今河南省汝州市夏店乡境内。聚，村落。
10　吴城：古地名，位于今山西省吕梁市离石区东南，因吴起曾在此修筑城墙抵御侵略而得名。

戊申（公元前 253 年）

　　秦五十四、楚十、燕二、魏二十四、赵十三、韩二十、齐十二年。

　　秦王郊见上帝于雍[1]。

　　楚迁于钜阳[2]。

己酉（公元前 252 年）

　　秦五十五、楚十一、燕三、魏二十五、赵十四、韩二十一、齐十三年。

　　魏人杀卫君而立其弟弟，魏婿也。

庚戌（公元前 251 年）

　　秦五十六、楚十二、燕四、魏二十六、赵十五、韩二十二、齐十四年。

　　秋，秦王稷薨，太子柱立。韩王衰绖入吊祠[3]。

　　燕伐赵，赵败之，遂围燕燕王使栗腹约欢[4]于赵，反而言曰："赵壮者死长平，其孤[5]未壮，可伐也。"王使腹将而攻鄗。将渠曰："与人通关约交[6]，使者报而攻之，不祥。师必无功。"王不听，自将偏军[7]随之。将渠引王之绶，王以足蹴之[8]。将渠泣曰："臣非自为，为王也。"王终不听，遂行。赵使廉颇击之，败其两军，逐北五百里，遂围燕。燕人请和，赵人曰："必令将渠处和[9]。"燕王以将渠为相而处和，赵师乃解。

1　郊见上帝于雍：郊见，古代天子祀上帝诸神于郊外，是天子之礼。雍，古县名，秦国早期的都城，治所位于今陕西省宝鸡市凤翔县西南。
2　钜阳：古地名，位于今安徽省阜阳市境内。
3　衰绖入吊祠：衰绖，穿丧服。丧服胸前当心处缀有长六寸、广四寸的麻布，名衰，因名此衣为衰；围在头上的散麻绳为首绖，缠在腰间的为腰绖。吊祠，吊祭，吊唁。
4　约欢：缔结友好盟约。
5　孤：孤儿，后代。
6　通关约交：交往联系并缔交。
7　偏军：主力以外的部分军队。
8　引王之绶，王以足蹴之：拉住燕王腰间结系印纽的丝带，燕王气得向他猛踢一脚。绶，丝带，古代用以系佩玉、官印等。蹴，踢。
9　处和：讲和，调解。

赵公子胜卒。

辛亥（公元前250年）

秦孝文王柱元、楚十三、燕五、魏二十七、赵十六、韩二十三、齐十五年。

冬，十月，秦王薨，子楚立孝文王即位，三日而薨。子楚立，尊华阳夫人为华阳太后，夏姬为夏太后。

燕伐齐，拔聊城[1]。齐伐取[2]之燕将攻齐聊城，拔之。或谮之燕王。燕将保聊城，不敢归。齐田单攻之，岁余不下。鲁仲连乃为书，约之矢[3]以射城中，遗[4]燕将，曰："为公计者，不归燕则归齐。今独守孤城，齐兵日益[5]而燕救不至，将何为乎？"燕将见书，泣三日，犹豫不能决，遂自杀。聊城乱，田单克之。归，言仲连于齐王，欲爵之。仲连逃之海上，曰："吾与富贵而诎于人，宁贫贱而轻世肆志[6]焉！"魏王问天下之高士[7]于子顺，子顺曰："世无其人也，抑可以为次，其鲁仲连乎？"

壬子（公元前249年）

秦庄襄王楚元、楚十四、燕六、魏二十八、赵十七、韩二十四、齐十六年。

秦以吕不韦为相国，封文信侯。

秦灭东周，迁其君于阳人聚[8]东周君与诸侯谋伐秦，王使相国率师灭之。

1　聊城：古县名，治所位于今山东省聊城市西北。
2　伐取：攻占。
3　约之矢：缠在箭上。约，缠束，环束。
4　遗：送交，交付。
5　日益：天天增加。
6　轻世肆志：藐视世俗，放纵心志。
7　高士：志趣、品行高尚的人。
8　阳人聚：古村落名，位于今河南省汝州市庙下乡境内。

迁东周君于阳人聚，周遂不祀[1]。周比亡，凡有七邑[2]。

秦伐韩，取荥阳[3]、成皋，置三川郡[4]。

楚灭鲁，迁其君于卞[5]，为家人是为顷公。

癸丑（公元前 248 年）

秦二、楚十五、燕七、魏二十九、赵十八、韩二十五、齐十七年。

日食。

秦伐赵，定太原，取三十七城。

楚黄歇徙封于吴春申君言于楚王曰："淮北边于齐，其事急，请以为郡，而封于江东[6]。"许之。春申君因城故吴墟[7]而居之，宫室极盛。

甲寅（公元前 247 年）

秦三、楚十六、燕八、魏三十、赵十九、韩二十六、齐十八年。

秦悉拔上党诸城，置太原郡[8]。

秦伐魏。魏公子无忌率五国之师败之，追至函谷而还蒙骜伐魏，取高都、汲[9]。魏王患之，使人请信陵君。信陵君不肯还，其客毛公、薛公见曰："公子所以重于诸侯者，徒以魏也。今魏急而公子不恤[10]，一旦秦克大梁，夷先王之宗庙，公子当何面目立天下乎？"语未卒，信陵君色变，趣驾还魏。魏王

1　不祀：无人奉祀，比喻亡国或绝后。
2　周比亡，凡有七邑：周朝至灭亡时，一共还有七座城邑。比，及，等到。
3　荥阳：古县名，治所位于今河南省郑州市辖荥阳市东北。
4　三川郡：古郡名，辖今河南省黄河以南，灵宝市以东的伊、洛、河流域和北汝河上游地区。
5　卞：古地名，位于今山东省济宁市泗水县东。
6　江东：古地区名，长江在今芜湖、南京间作西南、东北流向，秦、汉以后，是南北往来主要渡口所在，习惯上称自此而下的长江南岸地区为江东。
7　故吴墟：古地名，春秋时吴国故城，位于今江苏省无锡市辖宜兴市境内。
8　太原郡：古郡名，辖今山西省五台山和管涔山以南、霍山以北地区。
9　高都、汲：高都，古地名，曾用名垂、垂棘、垂都，位于今山西省晋城市境内。汲，古地名，位于今河南省新乡市辖卫辉市境内。
10　不恤：不顾及，不忧虑。

持信陵君而泣，以为上将军。求援于诸侯，诸侯闻之，皆遣兵救魏。信陵君遂率五国之师败蒙骜于河外，追至函谷关而还。安陵[1]人缩高之子仕于秦，守管[2]。信陵君攻之不下，使人召高，将以为五大夫[3]、执节尉[4]，而使攻管。高对曰："父攻子守，人之笑也；见臣而下[5]，是倍主也。父教子倍，亦非君之所喜，敢辞。"信陵君怒，使谓安陵君："生束缩高而致之[6]，不然，无忌将率十万之师以造城下。"安陵君曰："吾先君成侯受诏襄王以守此城也，手受太府之宪[7]，其上篇曰：'子弑父，臣弑君，有常不赦[8]。国虽大赦，降城亡子[9]不得与焉。'今缩高辞大位以全父子之义，而君曰'必生致之'，是使我负襄王之诏而废太府之宪也。"缩高闻之，曰："信陵君为人，悍猛而自用[10]，此辞反必为国祸。吾已全己，无违人臣之义矣，岂可使吾君有魏患乎？"乃之使者舍，刎颈而死。信陵君闻之，缟素[11]辟舍，而遣使谢[12]安陵君。

五月，秦王楚薨，子政立政生十三年矣，国事皆委于文信侯，号仲父。

胡氏曰：孝文、庄襄二王之死，盖皆不韦之所为也。

乙卯（公元前 246 年）

秦王政元、楚十七、燕九、魏三十一、赵二十、韩二十七、齐十九年。

秦凿泾水[13]为渠韩欲疲秦，使无东伐，乃使水工[14]郑国为间于秦，凿泾水

1　安陵：魏的附属小国，位于今河南省许昌市辖鄢陵县西北。
2　管：古地名，位于今河南省郑州市境内。
3　五大夫：爵位名，二十等爵第九级，赐邑三百户。
4　执节尉：古官名，持符节的使臣。
5　见臣而下：儿子见到我就放弃了自己的职守。臣，自称。
6　生束缩高而致之：将缩高活着捆送到我这里。束，捆绑。
7　太府之宪：太府中所藏的国法。太府，掌府藏会计的官署。宪，法令。
8　有常不赦：有规定的刑罚不能免罪。
9　降城亡子：降城，投降归附的地方。亡子，逃亡的人。
10　悍猛而自用：悍猛，凶悍勇猛。自用，自以为是，不接受别人的意见。
11　缟素：白色丧服。
12　谢：向人认错道歉。
13　泾水：古水名，渭河的支流，位于今陕西省中部。
14　水工：管理治水工程的官员，治水工程人员。

自仲山¹为渠，并北山²，东注洛。中作³而觉，欲杀之。国曰："臣为韩延数年之命，然渠成，亦秦万世之利也。"乃使卒为之。注填阏⁴之水溉舄卤⁵之地四万余顷，收皆亩一钟⁶，由是秦益富饶。

丙辰（公元前 245 年）

秦二、楚十八、燕十、魏三十二、赵二十一、韩二十八、齐二十年。

赵王薨，廉颇奔魏赵使廉颇伐魏，取繁阳⁷。孝成王薨，悼襄王立，使乐乘代颇。颇怒，攻之，遂出奔魏，魏不能用。赵师数困，王复思之，使视颇尚可用否。颇之仇郭开多与使者金，令毁之。颇见使者，一饭斗米，肉十斤，被甲上马，以示可用。使者还，报曰："廉将军老，尚善饭。然与臣坐，顷之三遗矢⁸矣。"王遂不召。楚人迎之。颇一为楚将，无功，曰："我思用赵人！"遂卒于楚。

丁巳（公元前 244 年）

秦三、楚十九、燕十一、魏三十三、赵悼襄王偃元、韩二十九、齐二十一年。

秦大饥。

秦伐韩，取十二城。

赵李牧伐燕，取武遂、方城⁹李牧者，赵北边¹⁰之良将也。尝居代、雁

---

1 仲山：古山名，位于今陕西省咸阳市泾阳县西北。
2 北山：山名，即北邙山，位于今河南省洛阳市东北。
3 中作：工程在进行中。
4 填阏：淤泥。亦指沉积，淤塞。
5 舄卤：含有过多盐碱成分不适于耕种的土地。
6 钟：古容量单位，春秋时齐国公室的公量，合六斛四斗，之后亦有合八斛及十斛之制。
7 繁阳：古地名，位于今河南省安阳市内黄县西北。
8 遗矢：拉屎。
9 武遂、方城：武遂，古地名，此为燕武遂，位于今河北省保定市徐水区西北。方城，古地名，位于今河北省廊坊市固安县境内。
10 北边：北方边境地区。

门¹备匈奴，以便宜²置吏，市租皆输莫府³，为士卒费，日击数牛飨士。习骑射，谨⁴烽火，多间谍，为约曰："匈奴入盗，则急收保⁵。有敢捕房⁶者斩。"如是数岁，无所亡失。匈奴皆以为怯，虽赵边兵亦以为吾将怯也。赵王使人让之，牧如故。王怒，使人代之。屡出战，不利，边不得田畜⁷。王复请李牧，牧称病不出。王强起之，牧曰："必用臣，臣如前，乃敢奉令。"王许之。牧至边，如约。匈奴数岁无所得，终以为怯。士日得赏赐而不用，皆愿一战。乃选车骑⁸习战，大纵畜牧⁹，人民满野。匈奴小入，佯北，以数十人委¹⁰之。单于闻之，大率众入。牧乃多为奇阵，张左右翼击之，大破，杀匈奴十余万骑。灭襜褴¹¹，破东胡¹²，降林胡¹³。单于奔走，十余岁不敢近赵边。先是时，天下冠带之国¹⁴七，而秦、赵、燕近于边塞，诸戎¹⁵亦各分散，自有君长，莫能相一。其后义渠筑城郭以自守，而秦灭之，始于陇西、北地¹⁶、上郡筑长城以拒胡。赵破林胡、楼

1　雁门：古郡名，辖今山西河曲、五寨、宁武等县以北，恒山以西，内蒙古黄旗海、岱海以南地。
2　便宜：斟酌事宜，不拘陈规，自行决断处理。
3　莫府：即幕府，将帅在外的营帐，后亦泛指军政大吏的府署。莫，通"幕"。
4　谨：严守，谨守。
5　收保：古代边境上设置的兼有储藏物资和防卫作用的小城堡。保，通"堡"。
6　捕房：俘获。
7　田畜：耕种与畜牧。
8　车骑：战车战马，相当于骑兵。
9　畜牧：饲养的禽兽。
10　委：交给。
11　襜褴：战国时分布于今天山西省朔县北至内蒙古自治区的民族，从事畜牧，精骑射。
12　东胡：古族名，因居于匈奴之东，故名。春秋、战国时，南邻燕国，后为燕所破，迁于今西辽河上游一带。秦末东胡强盛，后为匈奴冒顿单于击败。余众退居乌桓山和鲜卑山，分别称乌桓、鲜卑。
13　林胡：古族名，又称林人、儋林，为林中胡人的简称，生活于森林中。林胡活动于今鄂尔多斯高原东部，包括今伊金霍洛旗、东胜区和准格尔旗及东越黄河到晋北山地森林区。
14　冠带之国：讲礼仪的国家和习于礼教的人民。
15　诸戎：古代称众少数民族。
16　陇西、北地：陇西，古郡名，以在陇山之西而得名，辖今甘肃陇山以西、黄河以东、西汉水和白龙江上游以北、祖厉河和六盘山以南之地。北地，古郡名，辖今宁夏贺兰山、山水河以东及甘肃环江、马莲河流域。

烦[1]，筑长城，自代并阴山[2]下，至高阙[3]为塞，而置云中[4]、雁门、代郡[5]。燕破东胡，却地[6]千里，亦筑长城，自造阳至襄平[7]，置上谷、渔阳、右北平、辽东郡[8]。及战国之末，而匈奴始大。

魏公子无忌卒秦既败于河外，使人行万金以间信陵君，求得晋鄙客，令说魏王曰："公子亡在外十年矣，今复为将，诸侯皆属[9]。天下徒闻信陵君，不闻魏王矣。"秦王又数使人贺信陵君："得为魏王未也？"魏王信之，使人代将。于是信陵君谢病不朝，日夜以酒色自娱，四岁而卒。韩王往吊，其子荣之[10]，以告子顺。子顺曰："礼，邻国君吊，君为之主。今君不命子，则子无所受韩王矣。"其子辞之。

戊午（公元前243年）

秦四、楚二十、燕十二、魏三十四、赵二、韩三十、齐二十二年。

春，秦伐魏，取畼、有诡[11]。

秋，七月，秦蝗[12]，疫。令民纳粟拜爵[13]。

---

1 楼烦：古族名，精于骑射，分布于今山西省西北部的保德、岢岚、宁武一带。
2 阴山：即今内蒙古河套西北之阴山山脉。
3 高阙：古地名，为古阴山山脉在内蒙古巴彦淖尔市杭锦后旗西北的缺口，状如门阙，故有此名。
4 云中：古郡名，辖今内蒙古土默特右旗以东，大青山以南，卓资县以西，黄河南岸及长城以北。
5 代郡：古郡名，辖今山西阳高、浑源县以东，河北怀安、涞源县以西的内外长城间地及内蒙古兴和县等地。
6 却地：开拓疆土。
7 自造阳至襄平：造阳，古地名，位于今河北省张家口市赤城县北。襄平，古县名，治今辽宁省辽阳市。
8 上谷、渔阳、右北平、辽东郡：上谷，古郡名，辖今河北张家口市、小五台山以东，赤城县、北京市延庆区以西，内长城和昌平区以北地。渔阳，古郡名，辖今河北滦河上游以南，蓟运河以西，天津市海河以北，北京市怀柔、通州区以东地。右北平，古郡名，辖今内蒙古宁城、河北省承德、天津市蓟县以东大部，辽宁省大凌河上游地。辽东郡，古郡名，辖今辽宁大凌河以东、开原市以南，朝鲜清川江下游以北地。
9 属：通"瞩"，关注。
10 荣之：以之为荣耀，以之为光荣。
11 畼、有诡：两个地名，都是魏国的城邑，具体地点失考。
12 蝗：蝗灾，蝗虫造成的灾荒。
13 纳粟拜爵：古代富人捐粟以取得官爵或赎罪。

己未（公元前 242 年）

秦五、楚二十一、燕十三、魏景闵王增元、赵三、韩三十一、齐二十三年。

秦伐魏，取二十城，置东郡[1]。

庚申（公元前 241 年）

秦六、楚二十二、燕十四、魏二、赵四、韩三十二、齐二十四年。

楚、赵、魏、韩、卫合从以伐秦，至函谷，皆败走诸侯患秦攻伐无已时，故五国合从以伐之，楚王为从长，春申君用事，取寿陵[2]。至函谷，秦师出，五国兵皆败走。

楚迁于寿春[3]朱英谓春申君曰："先君时，秦善楚，二十年不攻者，逾黾阨[4]而攻楚，不便；假道两周，背韩、魏而攻楚，不可。今则不然，魏旦暮亡，不能爱许、鄢陵[5]，割以与秦，秦兵去陈百六十里。臣见秦、楚之日斗也。"楚于是去陈，徙寿春，命曰郢。春申君就封于吴，行相事[6]。

秦拔魏朝歌[7]及卫濮阳。卫徙居野王。

辛酉（公元前 240 年）

秦七、楚二十三、燕十五、魏三、赵五、韩三十三、齐二十五年。

秦伐魏，取汲。

1　东郡：古郡名，辖今山东东阿、梁山以西，山东郓城、河南范县以北，山东茌平、莘县、河南南乐、清丰、濮阳以南地。
2　寿陵：古地名，位于今河南省洛阳市洛宁县境内。
3　寿春：古县名，治所位于今安徽省淮南市寿县西南。
4　黾阨：战国时要塞，位于今河南省信阳市西。其地有大小石门，凿山通道，地势险厄。
5　许、鄢陵：许，古县名，治所位于今河南省许昌市东。鄢陵，古地名，位于今河南省许昌市鄢陵县西北。
6　相事：宰相的职务。
7　朝歌：古县名，治所位于今河南省鹤壁市淇县。

壬戌（公元前 239 年）

秦八、楚二十四、燕十六、魏四、赵六、韩三十四、齐二十六年。

魏与赵邺。

癸亥（公元前 238 年）

秦九、楚二十五、燕十七、魏五、赵七、韩王安元、齐二十七年。

秦伐魏，取垣、蒲[1]。

夏，四月，秦大寒，民有冻死者。

秦王冠[2]，带剑。

秦伐魏，取衍氏[3]。

秋，九月，秦嫪毐作乱，伏诛，夷三族。秦王迁其太后于雍。初，秦王即位，年少，太后时时与文信侯[4]私通。王益壮，文信侯恐事觉及祸，乃以舍人嫪毐诈为宦者进之。生二子，封毐为长信侯，政事皆决于毐。至是，有告毐实非宦者，王下吏[5]治毐。毐惧，矫王御玺，发兵为乱。王使相国昌平君、昌文君攻之，毐战败，走，获之，夷三族。迁太后于雍萯阳宫，杀其二子。下令："敢谏者死。"谏而死者二十七人，断其四肢，积之阙下[6]。齐客茅焦请谏，王大怒，按剑而坐，口正沫出[7]，趣召镬[8]，欲烹之。焦徐行至前，再拜谒，起称曰："臣闻有生者不讳死，有国者不讳亡。讳死者不可以得生，讳亡者不可以得存。死生存亡，圣主所欲急闻也，陛下欲闻之乎？"王曰："何谓也？"焦曰："陛下有狂悖[9]之

1　垣、蒲：垣，古地名，位于今山西省运城市垣曲县东南。蒲，古地名，位于今河南省新乡市长垣县境内。
2　冠：古代男子到成年则举行加冠礼，称"冠"，一般在二十岁。
3　衍氏：古地名，位于今河南省郑州市北。
4　文信侯：即吕不韦。
5　下吏：交付执法官吏审讯。
6　阙下：宫阙之下。借指帝王所居的宫廷。
7　口正沫出：口中正讲话。
8　趣召镬：催促人拿来大锅。趣，古同"促"，催促。镬，大锅。
9　狂悖：狂妄悖逆。

行，不自知邪？车裂假父[1]，囊扑[2]二弟，迁母于雍，残戮[3]谏士，桀、纣之行不至于是矣。令天下闻之，尽瓦解[4]，无向秦者，臣窃为陛下危之。臣言已矣。"乃解衣伏质[5]。王下殿，手接之，爵以上卿。自驾，虚左方，迎太后归，复为母子如初。

楚王完薨，盗杀黄歇楚考烈王无子。春申君求妇人宜子者，进之甚众，卒无子。赵人李园进其妹于春申君。既有娠，园使妹说春申君曰："楚王无子，即百岁后将更立兄弟，彼亦各贵其故所亲，君又安得常保此宠乎？且君贵，用事久，多失礼于王之兄弟。兄弟立，祸且及身矣。今妾有娠而人莫知，诚以君之重，进妾于王，赖天而有男，则是君之子为王也。楚国可尽得，孰与[6]身临不测之祸哉？"春申君乃出之，谨舍[7]而言诸王。王召，幸之，遂生男，立为太子。园妹为后，园亦贵，用事。恐春申君泄其语，阴养死士，欲杀春申君以灭口，国人颇有知之者。王病，朱英谓春申君曰："李园，君之仇也。不为兵而养死士之日久矣，王薨，必先入据权[8]，杀君以灭口。君若置臣郎中[9]，王薨，园入，臣为君杀之。"春申君曰："园，弱人[10]也，仆又善之，且何至此？"英知言不用，惧而亡去。后十七日，王薨，园果先入，伏死士于棘门[11]之内，刺杀春申君，灭其家。太子立，是为幽王。

甲子（公元前 237 年）

秦十、楚幽王悍元、燕十八、魏六、赵八、韩二、齐二十八年。

---

1 假父：义父。
2 囊扑：把人装入袋中打死。
3 残戮：残杀，杀害。
4 瓦解：瓦片碎裂。比喻崩溃或分裂、分离。
5 伏质：古代腰斩时，罪犯裸身俯伏在垫座上。亦泛指被处死。质，通"锧"，腰斩所用铡刀座。
6 孰与：比对方怎么样，表示疑问语气，用于比照。
7 谨舍：另立馆舍安排居住，并谨慎地侍候、保卫。
8 必先入据权：必定抢先入宫夺权。
9 郎中：古官名，帝王侍从官的通称，职责为护卫、陪从，随时建议，备顾问及差遣。
10 弱人：势弱之人。
11 棘门：古代帝王外出，在止宿处插戟为门，称"棘门"。棘，通"戟"。

冬，十月，秦相国吕不韦以罪免，出就国[1]秦王以不韦奉先王功大，不忍诛，免，就国。

秦大索，逐客[2]。客卿李斯上书。召，复故官[3]，遂除其令秦宗室大臣议曰：“诸侯人来仕者，皆为其主游间[4]耳，请一切逐之。”于是大索，逐客。客卿楚人李斯亦在逐中。行，且上书曰：“昔穆公取由余于戎，得百里奚于宛，迎蹇叔于宋，求丕豹、公孙支于晋，并国二十，遂霸西戎[5]。孝公用商鞅，诸侯亲服[6]，至今治强[7]；惠王用张仪，散六国从，使之事秦；昭王得范雎，强公室，杜私门[8]。由此观之，客何负于秦哉？今乃不问可否，不论曲直，非秦者去，为客者逐。弃黔首[9]以资敌国，却宾客以业[10]诸侯，此所谓藉寇兵而赍盗粮[11]者也。臣闻泰山不让[12]土壤，故能成其大；河海不择细流，故能就其深；王者不却众庶[13]，故能明其德，此五帝、三王之所以无敌也。惟大王图之。”王乃召李斯，复其官，除逐客之令。卒用斯谋，阴遣辩士赍[14]金玉游说诸侯，厚遗[15]结其名士。不可下者刺之，离其君臣之计，然后使良将将兵随其后，数年之中，卒兼天下。

齐、赵入秦置酒[16]。

1　就国：当一个人得到君主的分封而获得领地后，这个人就必须前往该地定居并进行管理，称之为就国。
2　大索，逐客：大肆搜索，驱逐居留在秦国的客卿。大索，大肆搜索。
3　故官：以前担任的官职。
4　游间：以游说进行离间。
5　西戎：古代对西北少数民族的总称。
6　亲服：亲附，归服。
7　治强：安定强盛。
8　私门：行私请托的门路。
9　黔首：古代称平民，老百姓。
10　业：使成业，使乐业。
11　藉寇兵而赍盗粮：把兵器借给敌寇，把粮食送给强盗。赍，送给。
12　让：谦让，拒绝。
13　众庶：众民，百姓。
14　赍：带着。
15　厚遗：丰厚的馈赠。
16　置酒：摆下酒宴。此处用以讥讽两国给敌人献媚。

乙丑（公元前 236 年）

秦十一、楚二、燕十九、魏七、赵九、韩三、齐二十九年。

赵伐燕，取狸阳[1]。秦伐赵，取九城。

赵王偃薨子迁立，其母倡[2]也，嬖于悼襄王，王废嫡子嘉而立之。迁素以无行[3]闻于国。

丙寅（公元前 235 年）

秦十二、楚三、燕二十、魏八、赵幽缪王迁元、韩四、齐三十年。

秦吕不韦徙蜀，自杀不韦就国岁余，诸侯使者请[4]之，相望于道。王恐其为变，赐不韦书曰：“君何功于秦？封河南十万户。何亲于秦？号称仲父。其徙处蜀。”不韦恐诛，饮酖[5]死。

自六月不雨，至于八月。

秦助魏伐楚。

丁卯（公元前 234 年）

秦十三、楚四、燕二十一、魏九、赵二、韩五、齐三十一年。

秦伐赵，杀其将扈辄。赵以李牧为大将军，复战宜安[6]，秦师败绩。

戊辰（公元前 233 年）

秦十四、楚五、燕二十二、魏十、赵三、韩六、齐三十二年。

1　狸阳：据《史记正义》，燕国无狸阳，疑误，应为“渔阳”。
2　倡：表演歌舞的人。
3　无行：行为恶劣，品行不好。
4　请：问候。
5　饮酖：喝用鸩鸟羽毛泡制的毒酒。酖，用鸩鸟羽毛泡制的毒酒。
6　宜安：古地名，位于今河北省石家庄市辖藁城区西南。

秦伐赵，取宜安、平阳[1]、武城[2]。

韩遣使称藩[3]于秦初，韩诸公子[4]非善刑名、法术[5]之学，见韩削弱，数以书干[6]韩王，王不能用。非疾[7]治国不务求人任贤，反举浮淫之蠹[8]加之功实[9]之上，宽则宠名誉之人，急则用介胄[10]之士，所养非所用，所用非所养。作《孤愤》《五蠹》《说难》等篇，十余万言。至是，王使纳地效玺[11]于秦，请为藩臣。非因说秦王曰："大王诚听臣说，一举而天下之从不破，赵不举，韩不亡，荆、魏不臣，齐、燕不亲，则斩臣徇国[12]，以戒为王谋不忠者。"王悦之，未用。李斯谮之，下吏，自杀。

扬子[13]曰："韩非作《说难》而卒死乎说难[14]，何也？"曰："说难，盖其所以死也。君子以礼动，以义止，合则进，否则退，确乎不忧其不合也。夫说人而忧其不合，则亦无所不至矣。"

司马公曰：君子亲其亲以及人之亲，爱其国以及人之国，非为秦谋，而首欲覆其宗国，罪固不容于死矣，乌足愍[15]哉？

己巳（公元前232年）

秦十五、楚六、燕二十三、魏十一、赵四、韩七、齐三十三年。

1　平阳：古地名，位于今河北省邯郸市临漳县西。
2　武城：古地名，位于今河北省邯郸市磁县西南。
3　称藩：自称藩属，向大国或宗主国承认自己的附庸地位。
4　诸公子：诸侯庶出的子孙。
5　法术：法与术的合称，韩非认为商鞅言"法"，申不害言"术"，两人所言皆有所偏，因而主张两者兼用。后用以代指法家之学。
6　干：求，求取。
7　疾：厌恶，憎恨。
8　浮淫之蠹：轻薄淫佚的蛀虫。
9　功实：切实有功的人。
10　介胄：披甲戴盔。代指武将。
11　效玺：献上玉玺。效，献出。
12　徇国：为国家利益而献出生命。徇，通"殉"。
13　扬子：即扬雄，西汉思想家，著有《法言》《太玄》等。
14　说难：游说进言的困难。
15　愍：怜悯。

秦伐赵，取狼孟[1]、番吾，遇李牧而还。

燕太子丹自秦亡归初，丹尝质于赵，与秦王善。及秦王即位，丹质于秦，秦王不礼焉。丹怒，亡归。

庚午（公元前231年）

秦十六、楚七、燕二十四、魏十二、赵五、韩八、齐三十四年。

秋，九月，韩献南阳地于秦。

代地震，坼东西百三十步。

辛未（公元前230年）

秦十七、楚八、燕二十五、魏十三、赵六、韩九、齐三十五年。○是岁韩亡，凡六国。

秦内史胜灭韩，虏王安，置颍川郡[2]。

赵大饥。

壬申（公元前229年）

秦十八、楚九、燕二十六、魏十四、赵七、齐三十六年。

秦王翦伐赵，下井陉[3]。赵杀其大将军李牧秦王翦伐赵，赵使李牧御之。秦多与赵嬖臣郭开金，使言牧欲反。赵王使赵葱、颜聚代之，牧不受命，遂杀之。

癸酉（公元前228年）

秦十九、楚十、燕二十七、魏十五、赵八、齐三十七年。○是岁赵亡，凡

1　狼孟：古地名，位于今山西省太原市阳曲县境内。
2　颍川郡：古郡名，辖今河南登封、宝丰以东，尉氏、鄢城以西，新密以南，叶县、舞阳以北地。
3　井陉：太行八陉之一，后世也称土门关，今山西省阳泉市平定县东北旧关为陉道西口，河北省石家庄市鹿泉区西南东土门为陉道东口，因四面高而中央低如井得名。

五国。

秦灭赵，虏王迁。秦王如邯郸故与母家有仇者皆杀之。

秦军屯中山以临燕。

赵公子嘉自立为代王，与燕合兵，军上谷。

楚王蒇，弟郝立。三月，郝庶兄[1]负刍弑之，自立。

甲戌（公元前227年）

秦二十、楚王负刍元、燕二十八、魏王假元、齐三十八年。○代王嘉元年。○旧国五，新国一，凡六。

燕太子丹使盗劫[2]秦王，不克。秦遂击破燕、代兵，进围蓟[3]初，丹既亡归，怨秦王，欲报之，以问其傅鞠武。武请约三晋，连齐、楚，媾匈奴以图之。太子曰："太傅之计，旷日弥久，令人心惛然[4]，恐不能须[5]也。"顷之，秦将军樊於期得罪，亡之燕，太子受而舍之。鞠武谏，不听。太子闻卫人荆轲贤，卑辞厚礼而请见之。谓曰："秦已虏韩临赵，祸且至燕。燕小，不足以当秦，诸侯又皆服秦，莫敢合从，丹以为诚得天下之勇士使于秦，劫秦王，使悉反诸侯侵地，若曹沫[6]之与齐桓公盟，则善矣。不可，则因而刺杀之。彼大将擅兵[7]于外而内有乱，则君臣相疑，以其间[8]，诸侯得合从，破秦必矣。唯荆卿留意焉！"轲许之。乃舍轲上舍[9]，丹日造门[10]，所以奉养轲无不至。会秦灭赵，

1　庶兄：庶出之兄。
2　劫：威逼，胁制。
3　蓟：古县名，治所位于今北京市西南。
4　惛然：哀怜貌。
5　须：等待。
6　曹沫：春秋时鲁国人。鲁庄公十年，鲁国因败于齐国，因此与齐桓公于柯地会盟。会盟中，曹沫以匕首挟持齐桓公，要求齐国归还侵占的鲁国土地，齐桓公被迫答应。
7　擅兵：掌握兵权。
8　间：空隙。
9　上舍：上等的馆舍。
10　造门：上门，到别人家去。

丹惧，欲遣轲。轲曰："行而无信[1]，则秦未可亲也。愿得樊将军首及燕督亢[2]地图以献秦王，秦王必悦见臣，臣乃有以报。"丹曰："樊将军穷困来归丹，丹不忍也。"轲乃私见於期曰："秦之遇将军，可谓深矣，父母宗族皆为戮没[3]。今闻购将军首，金千斤，邑万户，将奈何？"於期太息[4]流涕曰："计将安出？"轲曰："愿得将军之首以献秦王，秦王必喜而见臣，臣左手把其袖，右手揕[5]其胸，则将军之仇报，而燕见陵[6]之愧除矣。"於期曰："此臣之日夜切齿腐心[7]者也。"遂自刎。丹奔往，伏哭，然已无可奈何，乃函盛[8]其首。又尝豫[9]求天下之利匕首，以药淬之，以试人，血濡缕[10]，无不立死者。乃装，遣轲。至咸阳，见秦王，奉图以进，图穷而匕首见，把王袖而揕之，未至身，王惊起。轲逐，王环柱而走。秦法，群臣侍殿上者不得操尺寸之兵[11]，左右以手共搏之，且曰："王负剑！"王遂拔以击轲，断其左股[12]。柯引匕首擿[13]王，不中。自知事不就，骂曰："事所以不成者，欲生劫之，必得约契[14]以报太子也。"遂体解以徇[15]。王大怒，益发兵就王翦于中山，与燕、代战易水西，大破之，遂围蓟。

乙亥（公元前 226 年）

秦二十一、楚二、燕二十九、魏二、齐三十九、代二年。

---

1 信：信物，凭证。
2 督亢：古地区名，位于今河北省涿州市东，跨涿州、固安、新城等市县地，中有泽陂，支渠四通，富灌溉之利，战国时为燕膏腴之地。
3 戮没：杀戮和没收。重要的杀，较轻的没收入官为奴婢。
4 太息：大声长叹，深深地叹息。
5 揕：用刀剑等刺。
6 见陵：被欺负。
7 腐心：痛心。
8 函盛：用匣子或封套盛。函，盛物的匣子、套子。
9 豫：通"预"，预先，事先。
10 濡缕：沾湿一缕，形容沾湿范围极小，也引申指力量微弱。
11 尺寸之兵：很短小的兵器。尺寸，比喻短小。
12 股：大腿。
13 擿：投掷。
14 约契：盟约，契约。
15 体解以徇：把荆轲大卸八块示众。体解，分解人的肢体，古代酷刑之一。

冬，十月，秦拔蓟。燕王走辽东，斩其太子丹，以献于秦。

秦李信伐楚秦王问于李信曰："吾欲取荆，度用几何¹人？"对曰："不过二十万。"问王翦，翦曰："非六十万人不可。"王曰："将军老矣，何怯也？"乃使信及蒙恬将二十万人伐楚，翦谢病，归频阳²。

丙子（公元前 225 年）

秦二十二、楚三、燕三十、魏三、齐四十、代三年。○是岁魏亡，凡五国。

秦王贲伐魏，引河沟³以灌其城。魏王假降，杀之，遂灭魏。

楚人大败秦军，李信奔还，秦王翦代之李信大败楚军，引兵西，与蒙恬会城父⁴。楚人因随之，三日不顿舍⁵，大败之，入两壁⁶，杀七都尉⁷。信奔还，王怒，自至频阳谢王翦，强起之。翦曰："老臣罢病悖乱⁸，大王必不得已用臣，非六十万人不可。"王许之。于是翦将六十万人伐楚。王自送至霸上⁹，翦请美田宅¹⁰甚众。王曰："将军行矣，何忧贫？"翦曰："为大王将，有功，终不得封侯，故及大王之向¹¹臣，请田宅为子孙业耳。"王大笑。既行，又数使使者归请之。或曰："将军之乞贷¹²亦已甚矣。"翦曰："王怚中¹³而不信人，今空国¹⁴而委我，不有以自坚，顾令王坐而疑我矣。"

---

1 几何：若干，多少。
2 频阳：古县名，治所位于今陕西省渭南市富平县东北，因位于频山之南而得名。
3 河沟：古水名，又称鸿沟，位于今河南省开封市西北，绕市南而东南流。
4 城父：古地名，位于今安徽省亳州市东南。
5 顿舍：停留止息。
6 壁：军营。
7 都尉：古官名，比将军略低的武官。
8 罢病悖乱：罢病，疲困，贫病交加。悖乱，违反正道，犯上作乱。
9 霸上：古地名，也写作"灞上"，位于今陕西省西安市东，因地处霸水西高原上，故名。
10 美田宅：良田大宅。
11 向：亲近，偏袒。
12 乞贷：求讨，求借。
13 怚中：内心骄傲。怚，骄傲。
14 空国：举国。

丁丑（公元前 224 年）

秦二十三、楚四、燕三十一、齐四十一、代四年。

秦王翦大败楚军，杀其将项燕王翦取陈以南至平舆[1]，楚人悉国中兵以御之。翦坚壁不战，日休士洗沐[2]，而善饮食，抚循之，亲与士卒同食。久之，问："军中戏[3]乎？"对曰："方投石、超距[4]。"翦曰："可矣。"楚既不得战，引而东。翦追击，大破之。至蕲[5]南，杀其将军项燕，楚师遂败走。翦乘胜略定[6]城邑。

戊寅（公元前 223 年）

秦二十四、楚五、燕三十二、齐四十二、代五年。是岁楚亡，凡四国。

秦灭楚，虏王负刍，置楚郡[7]。

己卯（公元前 222 年）

秦二十五、燕三十三、齐四十三、代六年。○是岁燕、代亡，凡二国。

秦王贲灭燕，虏王喜。还，灭代，虏王嘉。

秦王翦遂定江南，降百越[8]，置会稽郡[9]。

五月，天下大酺[10]。

1　平舆：古县名，治所位于今河南省驻马店市平舆县西北。
2　休士洗沐：让士兵休息沐浴。
3　戏：角斗，角力。
4　超距：跳跃，古代练习武功的一种活动。
5　蕲：古地名，位于今安徽省宿州市南。
6　略定：攻克平定。
7　楚郡：以"楚"名郡，还是以楚地为郡，有争议。秦王嬴政之父名楚，以之名郡，不避讳，似不妥。该郡辖今江西及安徽、江苏、浙江大部地。
8　百越：古代南方越人的总称，分布于今浙、闽、粤、桂等地，因部落众多，故总称百越。
9　会稽郡：古郡名，辖今江苏长江以南，上海市，浙江天台山、大盘山、仙霞岭以北及皖南一角。
10　大酺：大宴饮。

庚辰**秦始皇帝二十六年**（公元前 221 年）

王贲袭齐，王建降，遂灭齐初，齐君王后事秦谨，与诸侯信[1]，齐亦东边[2]海上。秦日夜攻五国，五国各自救。以故[3]，王建立四十余年不受兵。君王后且死，戒建曰："群臣之可用者某。"王取笔牍[4]受言。后曰："已忘之矣。"君王后死。后胜相齐，与宾客多受秦间金，劝王朝秦，不修战备，不助五国攻秦，秦以故得灭五国。齐王将入秦，雍门司马[5]前曰："所为立王者，为社稷邪？"王曰："为社稷。"司马曰："为社稷而立王，则王何以去社稷而入秦？"王乃还。即墨大夫闻之，见王曰："齐地方数千里，带甲数百万。今三晋大夫不便秦[6]，而在阿、甄之间者百数。王收而与之数万之众，使收晋故地，即临晋之关[7]可入矣。鄢郢[8]大夫不欲为秦，而在城南下者百数。王收而与之数万之众，使收楚故地，即武关可入矣。如此，则齐威可立，秦国可亡，岂特保其国家而已哉？"王不听。至是，王贲自燕南攻齐，猝入临菑，民莫敢格[9]者。建遂降，秦迁之共[10]，处之松柏之间，饿而死。齐人怨建听奸人宾客，不早与诸侯合从，以亡其国，歌之曰："松邪，柏邪，住建共者客邪？"疾建用客之不详[11]也。

司马公曰：从衡[12]之说虽反复百端，然合从者，六国之利也。向使六国能以信义相结，则秦虽强暴，乌得而亡之哉？盖以三晋而攻齐、楚，是自绝其根

---

1 信：讲诚信。
2 边：靠近。
3 以故：因为这个缘故。
4 笔牍：纸笔。
5 雍门司马：雍门，齐国城门。司马，古官名，掌门卫，隶卫尉。
6 三晋大夫不便秦：三晋大夫不愿意为秦国谋利的。三晋，意指由晋国分裂而成的韩、赵、魏三国，此时均已灭国。
7 临晋之关：即临晋关，又名蒲坂关、蒲津关，故址位于今陕西省渭南市大荔县朝邑镇东黄河西岸。
8 鄢郢：代指楚国。
9 格：阻挡，抵御。
10 共：古地名，位于今河南省新乡市辖辉县市境内。
11 不详：不公平。
12 从衡：合纵连衡。

柢[1]也；以齐、楚而攻三晋，是自撤其藩蔽[2]也。乌有撤其藩蔽以媚盗，曰"盗将爱我而不攻"，岂不悖哉？

王初并天下，更号皇帝王初并天下，自以为德兼三皇，功过五帝，乃更号曰"皇帝"，命为"制"，令为"诏"，自称曰"朕"。追尊庄襄王为太上皇。

胡氏曰：古之圣人，应时称号，非帝贬于皇，王贬于帝也。后世不知此义，遂以皇帝自居，而以王封其臣子，失之甚矣。王之为名，继天抚世[3]之谓，曾[4]是而可使臣子称之乎？孔子作《春秋》，尊周立号，系"王"于"天"，其礼隆矣。有天下者以是为法，而列爵[5]自公以降，则名正言顺，百世以俟而不惑矣。

除谥法[6]制曰："死而以行为谥，则是子议父、臣议君也，甚无谓。自今以后，除谥法。朕为始皇帝，后世以计数，二世、三世至于万世，传之无穷。"

胡氏曰：子议父，臣议君，而非其礼，罪不容诛矣。考德行之实，而称天以诔[7]之，臣子亦安得而私之哉？然后世谥法虽存，而公道[8]不畅，为臣子者，往往加美谥于君亲，使死者受所不当得，取世讪笑[9]，则又不若不谥之为愈[10]矣。

定为水德[11]，**以十月为岁首**[12]初，齐人邹衍论著终始五德之运[13]，始皇采用其

1　根柢：草木的根，比喻事物的根基，基础。柢，根。
2　藩蔽：原指用施漆的苇席制成的车蔽，后泛指屏障。
3　继天抚世：秉承天意治理天下。
4　曾：竟，乃。
5　列爵：分颁爵位。
6　除谥法：废除皇帝死后，大臣对上代皇帝议定谥号的做法。
7　诔：叙述死者生前事迹，表示哀悼，亦即为谥法所本。
8　公道：公正，公平。
9　讪笑：讥笑。
10　愈：较好，胜过。
11　水德：古代阴阳家称帝王受命的五德之一。
12　岁首：一年开始的时候，一般指第一个月。
13　论著终始五德之运：研究并创立了金、木、水、火、土终而复始的"五德相运"学说。

说，以为周得火德，秦代周，从所不胜[1]，为水德。始改年，朝贺[2]皆自十月朔[3]。衣服、旌旄[4]、节旗[5]皆尚黑，数以六为纪[6]。以为水德之始，刚毅戾深[7]，事皆决于法，刻削，毋仁恩和义[8]，然后合五德之数。于是急于法，久不赦[9]。

分天下为三十六郡，销[10]兵器，一法度，徙豪杰于咸阳丞相绾等言："燕、齐、荆地远，请立诸子为王以镇之。"始皇下其议[11]。廷尉[12]斯曰："周封子弟、同姓甚众，然后属疏远[13]，相攻击如仇雠[14]，天子弗能禁。今海内赖陛下神灵[15]一统，皆为郡县，诸子、功臣以公税赋[16]重赏，赐之甚足，易制，天下无异意，则安宁之术也。置诸侯，不便。"始皇曰："天下共苦战斗不休，以有侯王[17]。赖宗庙，天下初定，又复立国，是树兵[18]也，而求其宁息[19]，岂不难哉？廷尉议是。"分天下为三十六郡，郡置守、尉、监[20]。收天下兵，销以为钟镰[21]、金人[22]，置官廷中。一法度、衡、石、丈尺[23]。徙天下豪杰于咸阳十二万户。

胡氏曰：圣人理天下，以万物各得其所为极致。封建[24]也者，帝王所以顺

---

1 从所不胜：按照五行相生相克的道理，周为火德，火不胜水，因此秦为水德。
2 朝贺：朝觐庆贺。
3 朔：农历每月初一。
4 旌旄：军中用以指挥的旗子。
5 节旗：古代使臣所持的符节和旗帜。
6 纪：极，终。数字一般起于一，终于十，秦改为终于六。
7 戾深：暴戾严酷。
8 刻削，毋仁恩和义：刻削，刻薄。毋，不。仁恩，仁爱恩德。和义，德义。
9 于是急于法，久不赦：于是把法令搞得极为严酷，犯了法长时间得不到赦免。
10 销：熔化。
11 下其议：把这一提议交给下面讨论。
12 廷尉：古官名，九卿之一，掌刑狱。
13 后属疏远：后代子孙的亲属关系变得疏远。
14 仇雠：仇人。
15 神灵：威灵，圣明。
16 公税赋：官家所收的赋税。
17 侯王：泛指诸侯。
18 树兵：引起战乱。
19 宁息：安宁平静。
20 守、尉、监：郡守、郡尉、郡监。郡守，郡的行政长官，治理民政。郡尉，郡守佐官，掌军事。郡监，古官名，掌监察一郡政务。
21 钟镰：即钟虡，一种悬钟的格架，上有猛兽为饰。
22 金人：铜铸的人像。
23 衡、石、丈尺：代指重量、容量、长度。
24 封建：封邦建国。古代帝王把爵位、土地分赐亲戚或功臣，使之在该区域内建立邦国。

天理、承天心、公天下之大端大本[1]也。郡县也者，霸世暴主之所以纵人欲、悖天道、私一身之大蠹大贼也。分天下有德有功者以地，而不敢以天下自私。于是有百里、七十里、五十里、不能[2]五十里邦国之制焉。于是有君朝、卿大聘、大夫小聘[3]、王巡狩、侯述职之礼乐法度焉。于是有千雉[4]、百雉、三之一、五之一高城深池焉。于是有井、邑、丘、甸、县、都之夫[5]数焉。于是有十乘、百乘、千乘、万乘之车数焉。于是有伍、两、卒、旅、师、军之制焉。于是有乡大夫、司徒、乐正取士之法焉。邦国之制废，而郡县之制作矣。郡县之制作，而世袭之制亡矣。世袭之制亡，而数易[6]之弊生矣。数易之弊生，而民无定志矣。巡狩、述职之礼废，则上下之情不通。考文案[7]而不究事实，信文案而不任仁贤[8]，其弊有不可胜言者矣。城池之制废，而禁御暴客[9]、威服四夷[10]之法亡矣。夫家[11]之法废，则民数不可详矣。民数不可详，而车乘不可出矣。车乘不可出，而军师[12]不隐于农矣。军师不隐于农，坐食者[13]众，而公私困穷[14]矣。世儒[15]不知王政之本，反以亡秦为可法。所谓明君良臣者，亦未免以天下自私，无意于裁成辅相[16]，使万物各得其所。所以历千五百余岁，未有能复之者也。圣人制四海之命，法天而不私，尽制[17]而不曲防[18]，分天下之地以为万国，而举英

1　大端大本：大端，事情的主要方面。大本，根本，事物的基础。
2　不能：不够。
3　卿大聘、大夫小聘：卿大聘，诸侯每隔三年使卿聘问于天子。大夫小聘，诸侯每年派大夫聘问于天子。
4　雉：古代计算城墙面积的单位，长三丈、高一丈为一雉。
5　夫：服劳役的人。
6　数易：频繁变更。
7　文案：公文案卷。
8　仁贤：仁人与贤人。
9　禁御暴客：禁御，禁止，制止。暴客，强盗，盗贼。
10　四夷：古代华夏族对四方少数民族的统称，含有轻蔑之意。
11　夫家：男女。丁男无妻者谓夫，有妻者谓家。
12　军师：军队。
13　坐食者：不劳而食的人。
14　困穷：艰难窘迫。
15　世儒：俗儒。
16　裁成辅相：栽培辅助。
17　尽制：完全依靠制度。
18　曲防：遍设堤防。

才共焉，非后世擅[1]天下者以大制小、以强制弱之谋也。诚尽制而已矣。是以虞、夏、商、周传于长久，皆千余载。论兴废，则均有焉；语绝灭，则至暴秦郡县天下然后极也。自秦灭先王之制，海内荡然[2]，无有根本之固，有今世王天下，而继世无置锥之地[3]者；有今年贵为天子，而明年欲为匹夫不可得者。天子尚然，况其下者乎？物有其根，则常而静，安而久。常静安久，则理得其终，物遂其性。封建者，政之有根者也。故上下辨，民志定，教化行，风俗美。理之易治，乱之难亡；扶之易兴，亡之难灭。郡县反是。

　　筑宫咸阳北阪[4]上初，诸庙及章台、上林[5]皆在渭南。及破诸侯，写放[6]其宫室，作之于咸阳北阪上。南临渭，自雍门以东，殿屋、复道[7]、周阁[8]相属，所得诸侯美人、钟鼓以充入之。

辛巳二十七年（公元前 220 年）

　　帝巡陇西、北地，至鸡头山[9]，过回中[10]。

　　作信宫及甘泉前殿，治驰道[11]于天下。

壬午二十八年（公元前 219 年）

　　帝东巡，上邹峄山[12]，立石颂功业，封泰山，立石，下禅梁父[13]。遂登

1　擅：独揽，占有。
2　荡然：毁坏，消失。
3　置锥之地：插锥尖的一点地方。形容极小的一块地方。
4　阪：山坡。
5　上林：古宫苑名，故址位于今陕西省西安市西及周至、户县界。
6　写放：模仿。
7　复道：又称阁道，楼阁间架空的通道。
8　周阁：回环的楼阁。
9　鸡头山：即今宁夏南部、甘肃东南之六盘山。
10　回中：古道路名，南起汧水河谷，北出萧关，为关中平原与陇东高原间的交通要道。
11　驰道：古代供君王行驶车马的道路。
12　邹峄山：古山名，又名峄山、东山、邹山，位于今山东省济宁市辖邹城市东南。
13　禅梁父：禅，古代帝王祭地礼，报地之功。梁父，古山名，又称"梁甫"，位于今山东省泰安市辖新泰市徂徕山东麓，今名映佛山。

琅邪，立石，遣徐市入海求神仙。渡淮，浮江，至南郡而还始皇东行郡
县，上邹峄山，立石颂功德。鲁儒生议封禅[1]，或曰："古者封禅，为蒲车[2]，恶
伤山之土石、草木；埽地[3]而祭，席因菹秸[4]。"议各乖异[5]。始皇以其难施用，遂
绌儒生。而除[6]车道，上自山阳至颠[7]，立石颂德。从阴道[8]下，禅于梁父。封、
藏皆秘之，世不得而记也。遂东游海上，祠山川、八神[9]。南登琅邪，作台刻
石。初，燕人宋毋忌、羡门子高之徒称有仙道形解、销化[10]之术，自齐威、宣、
燕昭王皆信之，使人入海求蓬莱、方丈、瀛洲，云此三神山在渤海中，去人不
远。患且至，则风引船去[11]。尝有至者，诸仙人、不死药皆在焉。至是，方士[12]
徐市等上书言之，请得[13]斋戒与童男女求之。于是遣市，发童男女数千人求之。
船交海中，皆以风为解，曰："未能至，望见之焉。"始皇还，过彭城[14]，斋戒祷
祠[15]，欲出周鼎泗水[16]，使千人没水[17]求之，弗得。乃西南渡淮，浮江至湘山祠[18]，逢
大风，几不能渡。上问："湘君何神？"博士[19]对曰："尧女，舜妻，葬此。"始
皇大怒，伐赭其山[20]，遂自南郡由武关归。

1　封禅：古代帝王在太平盛世或天降祥瑞之时祭祀天地的大型典礼。封，祭天，多指天子
　　登上泰山筑坛祭天。禅，祭地，多指在泰山下的小丘除地祭地。
2　蒲车：用蒲草裹着车轮的车子。
3　埽地：古代郊祀的仪制，于坛下扫地设祭。
4　菹秸：用农作物的茎秆编成的铺垫物，草席。
5　乖异：不一致，背离。
6　除：修治，修整。
7　自山阳至颠：从山南登上山顶。山阳，山坡向阳的一面，山的南侧。颠，顶部。
8　阴道：山北的道路。
9　八神：按《封禅书》记载，一曰天主，二曰地主，三曰兵主，四曰阴主，五曰阳主，六
　　曰月主，七曰日主，八曰四时主。
10　形解、销化：形解，又称尸解，古代方士谓修道成仙，魂魄离体，留下形骸。销化，道
　　家谓遗其形骸而仙去。
11　患且至，则风引船去：一旦凡人将要靠近，风就把船吹走。
12　方士：古代自称能访仙、炼丹以求长生不老的人。
13　请得：请求准许。
14　彭城：古地名，又称涿鹿，位于今江苏徐州境内。
15　祷祠：泛指祭祀。
16　欲出周鼎泗水：想要打捞沉没在泗水中的周鼎。
17　没水：潜水。
18　湘山祠：供奉湘水神的庙宇，位于今洞庭湖君山上。
19　博士：古官名，充当皇帝顾问，参与议政、制礼，典守书籍。
20　伐赭其山：砍伐湘山上的树木，使山岭赤裸呈赭色。

癸未二十九年（公元前218年）

帝东游至阳武[1]，韩人张良狙击[2]，误中副车[3]。令天下大索十日，不得。遂登之罘[4]，刻石而还初，韩人张良五世相韩，及韩亡，良散千金之产，弟死不葬，欲为韩报仇。始皇东游，至阳武博浪沙中，良令力士操铁椎狙击始皇，误中副车。始皇惊，求，弗得。令天下大索十日。

或曰：张良之计不亦疏乎？程子曰："欲报君仇之急，何暇自为谋耶？"

甲申三十年（公元前217年）

乙酉三十一年（公元前216年）

使黔首自实田[5]。

丙戌三十二年（公元前215年）

帝东巡，刻碣石门[6]。坏城郭，决堤防。巡北边，遣将军蒙恬伐匈奴初，始皇之碣石，使卢生求羡门子高。还，奏得录图书[7]，曰："亡秦者胡也。"始皇乃巡北边，遣将军蒙恬发兵三十万人，北伐匈奴。

1　阳武：古县名，治所位于今河南省新乡市原阳县东南。
2　狙击：暗中埋伏，伺机袭击。
3　副车：皇帝的从车。
4　之罘：古山名，也作芝罘，位于今山东省烟台市北芝罘岛上。三面临海，地位重要。
5　实田：据实申报田亩数。
6　刻碣石门：秦始皇令丞相李斯撰写并镌刻《碣石门辞》于碣石门之上。碣石门遗址位于今辽宁省葫芦岛市绥中县万家镇的止锚湾海滨。
7　图书：即图谶，古代方士或儒生编造的关于帝王受命征验一类的书，多为隐语、预言。

丁亥三十三年（公元前 214 年）

略取南越[1]地，置桂林、南海、象郡[2]，以谪徙[3]民五十万戍之发诸尝逋亡[4]人及赘婿[5]、贾人[6]为兵，略取南越陆梁[7]地，置三郡，以谪徙民五十万戍五岭[8]。

蒙恬收河南地，筑长城蒙恬斥逐匈奴，收河南地，为四十四县。筑长城，起临洮[9]，至辽东，延袤[10]万余里。暴师[11]于外十余年，恬常居上郡统治之。

彗星见。

戊子三十四年（公元前 213 年）

烧《诗》《书》、百家语[12]始皇置酒咸阳宫，仆射[13]周青臣进颂[14]曰："陛下神圣，平定海内，以诸侯为郡县，无战争之患，上古所不及。"始皇悦。博士淳于越曰："殷、周之王千余岁，封子弟功臣，自为枝辅[15]。今陛下有四海，而子弟为匹夫，卒有田恒、六卿之臣，何以相救？事不师古[16]而能长久，非所闻也。今青臣又面谀[17]以重陛下之过，非忠臣也。"始皇下其议。丞相李斯言：

1　南越：古族名，南方越人的一支，居住于今广东、广西、海南等地区。
2　桂林、南海、象郡：桂林，古郡名，辖今广西都阳山、大明山以东，九万大山、越城岭以南地区及广东肇庆市至茂名市一带。南海，古郡名，辖今广东湞江、大罗山以南，珠江三角洲及绥江流域以东。象郡，古郡名，辖今广西西部、广东西南部及贵州南部。
3　谪徙：因罪而被罚迁徙。
4　逋亡：逃亡。
5　赘婿：就婚于女家并改为女家姓的男子。
6　贾人：商人。
7　陆梁：秦时称五岭以南之地为陆梁。张守节《史记正义》："岭南之人，多处山陆，其性强梁，故曰陆梁"。
8　五岭：越城、都庞、萌渚、骑田、大庾五岭的总称，位于今湘、赣和粤、桂等省区边境。
9　临洮：古县名，属陇西郡，治所即今甘肃省定西市岷县，以临洮水得名。
10　延袤：绵亘，绵延伸展。
11　暴师：谓军队在外，蒙受风雨霜露。
12　百家语：指先秦诸子百家的著作。
13　仆射：古官名，始于秦，凡侍中、尚书、博士、郎皆有，根据所领职事作称号，即其中的首长。古代重武，主射者掌事，故诸官之长称仆射。仆，主管。
14　进颂：为帝王歌功颂德。
15　枝辅：辅佐，辅弼。
16　师古：效法古代。
17　面谀：当面恭维。

"五帝不相复，三代不相袭。今陛下创大业，建万世之功，固非愚儒所知。且越言，乃三代之事，何足法也？异时诸侯并争，厚招游学[1]。今天下已定，法令出一，百姓当家则力农工[2]，士则习法令。今诸生不师今而学古，以非当世，惑乱黔首。人闻令下，则各以其学议之，入则心非[3]，出则巷议[4]，夸主以为名，异趣[5]以为高，率群下[6]以造谤[7]。如此弗禁，则主势降乎上，党与[8]成乎下。禁之便。臣请史官非秦记皆烧之。非博士官所职，天下有藏《诗》《书》、百家语者，皆诣守、尉杂烧之。偶语《诗》《书》者弃市[10]。以古非今者族[11]。吏见知[12]不举，与同罪。令下三十日不烧，黥为城旦[13]。所不去者，医药、卜筮、种树之书。欲学法令者，以吏为师。"制曰："可。"

己丑三十五年（公元前 212 年）

除直道[14] 使蒙恬除直道，通九原，抵云阳[15]，堑山堙谷[16]，千八百里，数年不就[17]。

营朝宫，作前殿阿房 始皇以咸阳人多，先王宫廷小，乃营朝宫渭南上林苑中。先作前殿阿房，东西五百步，南北五十丈，上可以坐万人，下可以建五

1　厚招游学：广泛招揽游学之士。
2　农工：农业和手工业。
3　心非：心里不满。
4　巷议：于里巷中议论是非，私下议论。
5　异趣：特立独行的意趣。
6　群下：泛指僚属或群臣。
7　造谤：诽谤，无中生有。
8　党与：同党之人。
9　偶语：相聚议论，窃窃私语。
10　弃市：死刑的一种，于闹市中执行，并将尸体弃置街头示众。
11　族：灭族，把家族成员全部处死。
12　见知：见而知之。
13　城旦：古代刑罚名，一种筑城四年的劳役。
14　除直道：除，修治，修整。直道，古道路名，北起九原，南至云阳，是联结关中平原与河套地区的主要通道。
15　云阳：古县名，治所位于今陕西省咸阳市淳化县西北。
16　堑山堙谷：挖山填谷。
17　就：完成，成功。

丈旗[1]，周驰[2]为阁道，自殿下直抵南山，表山巅以为阙[3]。为复道，渡渭，属之咸阳。隐宫、徒刑者[4]七十余万人，分作阿房、骊山。关中计宫三百，关外四百余。因徙三万家骊邑[5]，五万家云阳。卢生说始皇为微行[6]以辟恶鬼，所居宫毋令人知，然后不死之药殆[7]可得也。始皇乃令咸阳旁三百里内宫观[8]复道相连，帷帐、钟鼓、美人充之，各按署，不移徙[9]。所行幸[10]，有言其处者，死。尝从梁山宫[11]望见丞相车骑[12]众，弗善[13]也。或告丞相，丞相损之。始皇怒曰："此中人泄吾语。"捕时在旁者，尽杀之。是后，莫知行之所在。群臣受决事[14]者，悉于咸阳宫。

坑诸生[15]四百六十余人，使长子扶苏监蒙恬军侯生、卢生相与讥议[16]始皇，因亡去。始皇闻之大怒，曰："诸生或为妖言以乱黔首。"使御史按问[17]之。诸生传相告引[18]，乃自除犯禁者四百六十余人，皆坑之咸阳。长子扶苏谏曰："诸生皆诵法[19]孔子，今以重法绳[20]之，臣恐天下不安。"始皇怒，使北监蒙恬军于上郡。

1　五丈旗：杆高五丈的旗。
2　周驰：曲折绵延。
3　表山巅以为阙：在南山的顶峰建高台作为标志。表，设立标记，标明。阙，古代宫殿、祠庙或陵墓前的高台，通常左右各一，台上起楼观。
4　隐宫、徒刑者：隐宫，宫刑，古代一种破坏人生殖机能的酷刑。徒刑，刑罚名，将罪犯拘禁于一定场所，剥夺其自由，并强制劳动。
5　骊邑：古地名，位于今陕西省西安市临潼区东北，是秦始皇为宫殿修造者、管理者、设计者、运料者等人专门建立的一座城市。
6　微行：帝王或官吏隐藏自己身分改装出行。
7　殆：大概，几乎。
8　宫观：供帝王游憩的宫馆。
9　各按署，不移徙：各自按布署登记，不作迁移。
10　行幸：皇帝出行。
11　梁山宫：秦始皇离宫之一，位于今陕西省咸阳市乾县西北。
12　车骑：车马。
13　弗善：不赞同。
14　决事：处理公务，决断事情。
15　诸生：众儒生。
16　讥议：嘲笑，议论。
17　按问：查究审问。
18　传相告引：互相检举揭发。
19　诵法：称颂并效法。
20　绳：约束，制裁。

庚寅三十六年（公元前 211 年）

陨[1]石东郡 有陨石于东郡。或刻之曰："始皇死而地分。"使御史逐问，莫服[2]，尽诛石旁居人，燔[3]其石。

辛卯三十七年（公元前 210 年）

冬，十月，帝东巡。至云梦[4]，祀虞舜；上会稽[5]，祭大禹，立石颂德。秋，七月，至沙丘，崩。丞相李斯、宦者赵高矫[6]遗诏，立少子胡亥为太子，杀扶苏、蒙恬。还至咸阳，胡亥袭位。九月，葬骊山[7] 十月，始皇东巡，少子胡亥、丞相李斯从。至云梦，望祀[8]虞舜于九嶷山[9]。浮江下，渡海渚[10]，过丹阳[11]，至钱塘[12]，渡浙江，上会稽，祭大禹，望于南海[13]，立石颂德。北至琅邪、之罘。西至平原津[14]而病。始皇恶言死，群臣莫敢言死事。病益甚，乃令中车府令[15]、行符玺[16]事赵高为书赐扶苏曰："与丧，会咸阳而葬。"未付使者。七月，始皇崩于沙丘。秘不发丧，棺载辒凉车[17]中，所至，上食、奏事如故，独胡亥、赵高与幸宦者五六人知之。初，始皇尊宠蒙氏，恬任外将，毅常居中

1　陨：从高处落下，坠落。
2　莫服：没人承认是自己做的。
3　燔：焚烧。
4　云梦：古地区名，为春秋战国时楚王游猎区的泛称，大致包括整个江汉平原及东、西、北三面一部分丘陵山峦。
5　会稽：古山名，位于今浙江省绍兴市南。
6　矫：违背，拂逆。
7　骊山：亦名丽山、丽戎之山，位于今陕西省西安市临潼区骊山镇南，渭河南岸。
8　望祀：古代祭名，遥祭山川地祇之礼。
9　九嶷山：即九疑山，又名苍梧山，位于今湖南省永州市宁远县南。
10　海渚：湖泊中的岛屿。
11　丹阳：古地域名，丹阳湖区及其附近包括今皖、苏、浙三省间湖河丘陵地带的统称。
12　钱塘：即防海大塘，位于今浙江省杭州市城区。
13　南海：即今东海。
14　平原津：古黄河的重要渡口，位于今山东省德州市平原县西南。
15　中车府令：古官名，即车府令，因其居内廷，又由宦者担任，故称中车府令，掌乘舆诸车，属太仆。
16　符玺：印信。
17　辒凉车：古代的卧车，有窗户，闭之则温，开之则凉，亦用做丧车。

参谋议，名为忠信。赵高者，生而隐宫[1]，始皇闻其强力，通狱法，以为中车府令，使教胡亥决狱[2]。尝有罪，使蒙毅治之，当死，始皇赦之。高既雅[3]得幸于胡亥，又怨蒙氏，乃与胡亥谋，诈以始皇命诛扶苏，而立胡亥为太子。胡亥然[4]之。高曰："不与丞相谋，恐事不成。"乃见李斯，曰："上赐长子书及符玺，皆在胡亥所。定太子，在君侯[5]与高之口耳。事将何如？"斯曰："安得亡国之言？此非人臣所当议也。"高曰："君侯材能、谋虑、功高、无怨、长子信之，孰与蒙恬？"斯曰："皆不及也。"高曰："长子即位，必用恬为丞相，君侯终不怀通侯[6]之印归乡里明矣。胡亥慈仁笃厚[7]，可以为嗣。愿君审计[8]而定之。"斯以为然，乃相与矫诏，立胡亥为太子。更为书赐扶苏，数以不能立功，数上书诽谤怨望[9]，而恬不矫正，皆赐死。扶苏发书[10]，泣，欲自杀。恬曰："陛下使臣将三十万众守边，公子为监，此天下重任也。今一使者来，安知其非诈？复请而死，未暮[11]也。"扶苏曰："父赐子死，尚安复请？"即自杀。恬不肯死，系诸阳周[12]，更置李斯舍人为护军[13]。还报，胡亥欲释恬，会蒙毅出祷[14]山川还，高曰："先帝欲立太子久矣，而毅以为不可。"乃系诸代。遂从井陉、九原直道至咸阳，发丧。胡亥袭位，是为二世皇帝。九月，葬始皇帝于骊山，下锢三泉[15]，奇

1　隐宫：天阉，天生性器萎缩，不能勃起。
2　决狱：断案。
3　雅：很，极，表示程度很高。
4　然：同意。
5　君侯：秦汉时称列侯而为丞相者。
6　通侯：秦汉时侯爵的最高一等，又称彻侯、列侯。
7　慈仁笃厚：慈仁，慈善仁爱。笃厚，忠实厚道。
8　审计：周密谋算。
9　怨望：心怀不满，怨恨。
10　发书：打开诏书。
11　未暮：不晚。
12　系诸阳周：把他囚禁在阳周。系，囚禁。阳周，古县名，治所位于今陕西省延安市子长县西北。
13　护军：临时设置的护军都尉或中尉，以调节各将领间的关系。
14　祷：祈神求福。
15　下锢三泉：墓地禁锢了三重泉，形容始皇墓稳固。三泉指三重泉，即地下深处，多指人死后的葬处。

器珍怪，徙藏满之[1]。令匠作机弩[2]，有穿近者[3]辄射之。上具天文，下具地理[4]。后宫无子者，皆令从死。工匠为机[5]者，皆闭之墓中。二世欲遂杀蒙恬兄弟。兄子[6]子婴谏曰："蒙氏，秦之大臣、谋士也，一旦弃之，而立无节行[7]之人，是使群臣不相信[8]，而斗士之意离[9]也。"弗听。恬曰："吾积功信[10]于秦三世矣。今将兵三十余万，其势足以倍畔[11]。然自知必死而守义者，不敢辱先人之教，以不忘先帝也。"乃吞药自杀。

司马公曰：秦始皇方毒[12]天下，而蒙恬为之使，其不仁可知矣。然明于为人臣之义，虽无罪见诛，能守死不贰[13]，斯亦足称[14]也。

壬辰二世皇帝元年（公元前 209 年）

楚隐王陈胜元、赵王武臣元、齐王田儋元、燕王韩广元、魏王咎元年。〇是岁建国凡五。

冬，十月，大赦。

春，帝东行到碣石，并海[15]，南至会稽而还。

夏，四月，杀诸公子、公主二世谓赵高曰："吾已临[16]天下矣，欲悉[17]耳

1　奇器珍怪，徙藏满之：各种奇珍异宝，运来藏满墓穴。
2　机弩：装机械的弓。
3　穿近者：穿过、靠近的人。
4　上具天文，下具地理：墓穴顶部布有天文图象，底部设置地理模型。
5　为机：做机弩。
6　兄子：兄长之子，侄子。
7　节行：节操品行。
8　相信：互相信赖，信任。
9　离：涣散。
10　功信：功业和信义。
11　倍畔：背叛。
12　毒：害，伤害。
13　守死不贰：立誓至死不生二心，形容忠贞不渝，意志坚定专一。
14　足称：值得称道。
15　并海：沿着海路前行。
16　临：治理，统治。
17　悉：尽其所有。

目之所好，穷心志之所乐，以终吾年寿[1]，可乎？"高曰："此贤主之所能行，而昏乱主之所禁也。然沙丘之谋，诸公子及大臣皆疑焉。今陛下初立，此其属意怏怏，皆不服，恐为变，陛下安得为此乐乎？"二世曰："为之奈何？"高曰："严法刻刑[2]，诛灭大臣宗室，收举遗民[3]，贫者富之，贱者贵之。尽除故臣，更置所亲信，陛下则高枕[4]，肆志宠乐[5]矣。"二世乃更为法律，益务刻深[6]，大臣、诸公子有罪，辄下高，鞫治之[7]。公子十二人僇死[8]咸阳市，十公主矺死于杜[9]。囚公子将闾于内宫，将杀之。将闾仰而呼天，拔剑自杀。宗室震恐，公子高欲奔，不敢，乃上书请从死先帝，得葬骊山之足。二世大悦，以示赵高。高曰："人臣当忧死而不暇，何变之得谋？"二世可之，赐钱以葬。

复作阿房宫复作阿房宫。征材士[10]五万人为卫。狗、马、禽兽当食者多，调郡县转输菽粟、刍稿[11]，皆令自赍粮食。咸阳三百里内不得食其谷。

秋，七月，楚人陈胜、吴广起兵于蕲。胜自立为楚王，以广为假王[12]，击荥阳是时，发闾左[13]戍渔阳者九百人屯大泽乡[14]，阳城[15]人陈胜、阳夏[16]人吴广为屯长。会天大雨，道不通，度已失期，法皆斩[17]。胜、广因天下之愁怨[18]，乃

---

1 年寿：寿命。
2 刻刑：严苛的刑罚。
3 收举遗民：荐举任用亡国之民。收举，荐举任用。遗民，亡国之民，指六国之后。
4 高枕：垫高枕头安心睡觉，形容无所忧虑。
5 宠乐：尊荣安乐。
6 刻深：苛刻，严酷。
7 辄下高，鞫治之：总是交给赵高，让他审讯定罪。辄，总是。鞫治，审问定罪。
8 僇死：受戮而死。僇，通"戮"。
9 矺死于杜：在杜县被分裂肢体而死。矺，古通"磔"，分裂肢体的酷刑。杜，古县名，治所位于今陕西省西安市西南杜城。
10 材士：勇武之士。
11 转输菽粟、刍稿：转输，周转运输。菽粟，豆和小米，也泛指粮食。刍稿，干草。
12 假王：暂署的、非正式受命的王。
13 闾左：居于里门左侧的平民百姓。里门左侧是古代贫苦人民居住的地方。
14 大泽乡：古地名，位于今安徽省宿州市东南。
15 阳城：古县名，治所位于今河南省南阳市方城县东。
16 阳夏：古县名，治所即今河南省周口市太康县。
17 度已失期，法皆斩：估计已经耽误了约定的日期，按照法律，应该被斩首。失期，超过了限定的日期。
18 愁怨：忧愁怨恨。

杀将尉[1]。令徒属[2]曰："公等皆失期当斩，假令毋斩，而戍死者[3]固什六七[4]。且壮士不死则已，死则举大名耳。王侯将相，宁有种乎？"众皆从之。乃诈称公子扶苏、项燕，为坛而盟，称大楚。攻大泽乡，拔之。攻蕲，蕲下。徇蕲以东，行收兵[5]，比[6]至陈，卒数万人，入据之。大梁张耳、陈余诣门上谒[7]。胜素闻其贤，大喜。豪杰父老请立胜为楚王，胜以问耳、余。耳、余对曰："秦为无道，灭人社稷，暴虐百姓，将军出万死[8]之计，为天下除残[9]也。今始至陈而王之，示天下私。愿将军毋王，急引兵而西，遣人立六国后，自为树党[10]，为秦益敌[11]。敌多则力分，与众则兵强。如此，野无交兵[12]，县无守城，诛暴秦，据咸阳，以令诸侯，则帝业成矣。"不听。遂自立为王，号张楚。郡县苦秦法，争杀长吏[13]以应之。使从东方来，以反者闻。二世怒，下之吏。后至者[14]曰："群盗鼠窃狗偷，郡守、尉方捕逐[15]，今尽得，不足忧也。"乃悦。胜以广为假王，监诸将击荥阳。

楚遣诸将徇[16]赵、魏，以周文为将军，将兵伐秦。至戏[17]，秦遣少府[18]章邯拒之，楚军败走张耳、陈余复请奇兵略赵地，胜以所善陈人武臣为将军，耳、余为校尉，予卒三千人，徇赵。又令魏人周市徇魏。闻周文陈之贤

---

1 将尉：古代统领屯戍士卒的武官。
2 徒属：门徒部属。
3 戍死者：因为戍边而战死的人。
4 什六七：十分之六七。什，十分，十分之几。
5 行收兵：一路招收士兵。收兵，招收士兵。
6 比：等到。
7 诣门上谒：到大门口来拜见。诣，到。上谒，通名进见尊长。
8 万死：死一万次，形容受严厉惩罚或冒生命危险。
9 除残：除去凶残的人。
10 树党：建立私党。
11 益敌：增加敌人。
12 交兵：兵刃相接，交战。
13 长吏：州县长官的辅佐，也泛指地位较高的官员。
14 后至者：后面回来的使者。
15 捕逐：追捕。
16 徇：谋求。
17 戏：古地名，位于今陕西省西安市临潼区东北戏水西岸。
18 少府：古官名，九卿之一，掌山海地泽收入和皇室手工业制造，为皇帝的私府。

人，习兵，使西击秦。武臣等从白马渡河，收兵，得数万人，号武信君。下赵十余城，余皆城守[1]，乃引兵击范阳[2]。范阳蒯彻说曰："范阳令徐公畏死，欲降，君毋以为秦所置吏诛杀，而以侯印授之，则燕、赵诸城可毋战而降矣。"从之。不战而下者三十余城。涉[3]既遣周文，有轻秦之意，不复设备[4]。博士孔鲋曰："臣闻兵法，不恃敌之不我攻，恃吾之不可攻。今王恃敌而不自恃，若跌而不振，悔无及也。"不听。文行收兵，车千乘，卒数十万，至戏，军[5]焉。二世乃大惊，少府章邯请赦骊山徒，悉发以击楚军，大败之。文走。鲋，子顺之子也。

八月，**楚将武臣至赵，自立为赵王**张耳、陈余闻诸将为陈王徇地[6]者多以谗毁诛，乃说武信君自立为赵王。胜大怒，欲族其家。柱国[7]房君谏曰："秦未亡而诛武信君等家，此生一秦也。不如因而贺之，使急引兵西击秦。"胜从其计。耳、余曰："楚特以计贺王，已灭秦，必加兵于赵。愿王毋西兵，而北徇燕、代，南收河内以自广。楚虽胜秦，必不敢制赵；不胜秦，必重赵。赵乘秦、楚之弊，可以得志于天下。"赵王从之，因不西兵，而使韩广略燕，李良略常山，张餍略上党。

九月，**楚人刘邦起兵于沛**[8]，**自立为沛公**沛人刘邦，字季，隆准[9]，龙颜[10]，爱人喜施，意豁如[11]也。有大度，不事家人生产作业[12]。初为泗上亭长[13]。单父[14]人

1　城守：据城而守。
2　范阳：古县名，治所位于今河北省保定市定兴县西南。
3　涉：即陈胜，陈胜字涉。
4　设备：设防。
5　军：驻扎。
6　徇地：掠取土地。
7　柱国：古官名，原为保卫国都之官，后为楚的最高武官，位令尹、相国下，甚尊。
8　沛：古县名，又名沛泽县，治所位于今江苏省徐州市沛县。
9　隆准：高鼻梁。
10　龙颜：眉骨圆起。
11　豁如：开阔，旷达。
12　生产作业：生产，生计产业。作业，劳动。
13　泗上亭长：泗上，泗水边。亭长，秦汉时在乡村每十里设一亭，置亭长，掌治安，捕盗贼，理民事，兼管停留旅客。
14　单父：古县名，治所位于今山东省菏泽市单县南。

吕公，奇其状貌，以女妻之。为县送徒[1]骊山，徒多道亡，自度比至皆亡之。到丰西止，饮[2]。夜乃解纵[3]所送徒曰："公等皆去，吾亦从此逝[4]矣！"徒中壮士愿从者十余人。季被酒[5]，夜径泽中，有大蛇当径[6]，季拔剑斩之。有老姬[7]哭曰："吾子，白帝子也，今为赤帝子所杀。"因忽不见。季亡匿芒砀山[8]中。沛令欲应陈涉，主吏[9]萧何、曹参曰："君为秦吏，今背之，恐子弟不听。愿召诸亡在外者，以劫众。"乃召刘季。季之众已数十百人矣。令悔，闭城，季乃书帛射城上，遗沛父老，为陈利害。父老乃率子弟杀令，迎季，立以为沛公。萧、曹为收子弟，得二三千人，以应诸侯，旗帜皆赤。

楚人项梁起兵于吴项梁者，下相[10]人，楚将项燕子也。尝杀人，与兄子籍避仇吴中[11]。吴中贤士、大夫皆出其下。籍字羽，少时学书不成，去；学剑，又不成。梁怒，籍曰："书，足以记名姓而已。剑，一人敌，不足学。学万人敌。"于是梁乃教籍兵法。籍大喜，略知其意，又不肯竟学[12]。长八尺余，力能扛鼎，才器[13]过人。会稽守殷通欲应陈涉，使梁将。梁使籍斩通，乃召故所知豪吏[14]，喻以所为起大事，举吴中兵，收下县[15]，得精兵八千人。梁自为会稽守，以籍为裨将。籍时年二十四。

1　徒：服徭役的人。
2　到丰西止，饮：走到丰邑西边时，停下来饮酒。丰，古县名，治所即今江苏省徐州市丰县。
3　解纵：释放。
4　逝：去，往。
5　被酒：喝醉了，为酒所醉。
6　夜径泽中，有大蛇当径：夜里经过水泽中，有一条大蛇挡在小路上。径，经过。第二个"径"，小路。
7　老姬：老妇人。
8　芒砀山：古山名，芒为水草，砀为文石，因出文石得名芒砀山，简称芒山，位于今河南省商丘市永城市北。
9　主吏：郡县地方官的属吏。
10　下相：古县名，治所位于今江苏省宿迁市西南，因地处相县、相水下游得名。
11　吴中：泛指春秋时吴地。
12　竟学：完整地学习。竟，全部，整个。
13　才器：才能和器局。
14　豪吏：依仗权势的官吏。
15　下县：一郡之中非郡守行政机构所在的属县。

　　齐人田儋自立为齐王儋，故齐王族也。与从弟[1]荣、横皆豪健[2]，宗强[3]，能得人。周市徇地至狄[4]，狄城守。儋详缚奴[5]，从少年至廷，欲谒杀[6]之。因杀狄令，而召豪吏子弟曰："诸侯皆反秦自立。齐，古之建国[7]也。儋，田氏，当王。"遂自立，击市，走之，东略定齐地。

　　赵将韩广略燕地，自立为燕王韩广至燕，燕豪杰欲立以为王。广曰："广母在赵，不可。"燕人曰："赵方西忧秦，南忧楚，其力不能禁我。且以楚之强，不敢害赵王将相之家，赵又安敢害将军家乎？"广乃立。居数月，赵奉其母归之。

　　燕军获赵王，既而归之赵王与张耳、陈余略地，王间[8]出，为燕军所得。囚之，以求割地。使者往请燕辄[9]杀之。有厮养卒[10]往见燕将，曰："君知张耳、陈余何如人也？"曰："贤人也。"曰："知其志何欲？"曰："欲得其王耳。"养卒笑曰："君未知此两人所欲也。夫武臣、张耳、陈余，杖马棰[11]下赵数十城，此亦各欲南面而王。顾其势初定，且以少长先立武臣。今赵地已服，此两人亦欲分赵而王。今君乃囚赵王，此两人名为求之，实欲燕杀之，而分赵自立。夫以一赵尚易[12]燕，况以两贤王左提右挈[13]而责杀王之罪，灭燕易矣。"燕将乃归赵王，养卒为御而归。

　　楚将周市立魏公子咎为魏王而相之周市定魏地，诸侯欲立之。市曰："天下昏乱，忠臣乃见。必立魏王后乃可。"诸侯固请，市终辞。乃迎魏公子、

1　从弟：堂弟。
2　豪健：势力强大，声望显赫。
3　宗强：家族强大。
4　狄：古县名，又作翟，治所位于今山东省淄博市高青县东南。
5　详缚奴：假意将他的奴仆捆绑起来。详，通"佯"，假装。
6　谒杀：父母或主人由于子女不孝、奴婢悍主而谒官请求将其处死。
7　建国：所封之国。
8　间：秘密，暗中。
9　辄：立即，就。
10　厮养卒：担任仆役的士兵。
11　杖马棰：执马鞭。马棰，马鞭。
12　易：轻视。
13　左提右挈：互相扶持。挈，带领。

甯陵君鈃于陈，五反[1]，而后楚王遣之，乃立以为王而相之。

秦废卫君角为庶人初，秦并天下而卫独存。至是，二世废之，卫遂绝祀[2]。

癸巳二年（公元前208年）

楚怀王心元、赵王歇元、齐王田市元、燕王韩广二、魏王豹元、韩王成元年。○是岁，楚王胜、赵王武臣、齐王儋、魏王咎皆亡。旧国一，新国五，凡六。

冬，十月，秦兵围沛公于丰，沛公出战，破之沛公既破秦军，令雍齿守丰而之薛。齿降魏。

十一月，章邯追败楚军于渑池，周文走，死。

楚田臧杀其假王吴广，进与秦战，败死吴广围荥阳，三川守李由拒之，广不能下。裨将田臧等矫王令诛之，献其首于王。王以臧为上将，西迎秦军，战死。

赵将李良弑其君武臣李良已定常山，还报。复使略太原。良还，请益兵[3]。道逢赵王姊，良以为王，伏谒道旁。王姊醉，不知其将，使骑谢之。良惭怒[4]，杀王姊，遂袭邯郸，杀赵王。赵人多为张耳、陈余耳目者，故二人独得脱。

秦嘉起兵于郯[5]。

秦益遣兵击楚。腊月，楚庄贾弑其君胜，以降于秦。吕臣讨贾，杀之。复以陈为楚二世益遣长史[6]司马欣、董翳佐章邯，击楚柱国房君，杀之。又进击张贺，贺死。腊月，楚王至下城父[7]，其御庄贾杀之，以降。胜故涓人吕

1　五反：往返五次。
2　绝祀：断绝祭祀。谓亡国。
3　益兵：增加兵力，增援。
4　惭怒：羞惭愤怒。
5　郯：古县名，治所位于今山东省临沂市郯城县北。
6　长史：古官名，最早设于秦代，当时丞相和将军幕府皆设有长史官，相当于现在的秘书长或幕僚长，将军下的长史亦可领军作战，称作将兵长史。
7　下城父：古地名，位于今安徽省亳州市涡阳县西北。

臣为苍头军，起攻陈，杀贾。复以陈为楚，葬胜于砀[1]，谥曰隐王。初，胜既称王，故人皆往依之，妻之父亦往焉。胜以众宾[2]待之，长揖不拜。妻之父怒而去。客出入愈益发舒[3]，言胜故情。或曰："客愚无知，颛妄言，轻威[4]。"胜斩之。诸故人皆引去。胜以朱防为中正[5]，胡武为司过，主司群臣。以苛察[6]为忠，诸将不亲附，以及于败。

春，正月，赵将张耳、陈余立赵歇为王张耳、陈余收散兵，得数万人。击李良，良败走。客有说之者曰："两君羁旅，难可独立。立赵后，辅以谊[7]，可就功。"乃求，得歇，立之，居信都[8]。

秦嘉立景驹为楚王。

秦攻陈，下之。吕臣走，得英布军。还，复取陈布，六[9]人也，尝坐法[10]黥，论输[11]骊山。骊山之徒数十万人，布皆与其徒长[12]豪杰交通[13]，乃亡之江中为群盗。番阳[14]令吴芮甚得江湖间心，号曰番君。布往见之，其众已数千人。番君以女妻之，使将其兵击秦。

沛公得张良，以为厩将[15]楚王景驹在留[16]，沛公往从之。张良亦聚少年百余人，欲从驹，道遇沛公，遂属焉。公以良为厩将，良数以《太公兵法》[17]说沛

1　砀：古县名，治所位于今河南省商丘市辖永城市东北。
2　众宾：古代乡饮酒礼中一般的宾客。
3　发舒：放纵，任意妄为。
4　颛妄言，轻威：专门胡说八道，有损威仪。颛，通"专"。妄言，胡说八道。轻威，有损威仪。
5　中正：古官名，陈胜自立为楚王时置，掌纠察群臣的过失。
6　苛察：以烦琐苛刻为明察。
7　谊：通"义"，合宜的道德、行为或道理。
8　信都：古地名，治今河北省邢台市。
9　六：古县名，治所位于今安徽省六安市东北。
10　坐法：因犯法而获罪。
11　论输：定罪而罚作劳役。
12　徒长：服劳役之人的首领。
13　交通：勾结，串通。
14　番阳：古县名，治所位于今江西省上饶市鄱阳县东北。
15　厩将：古官名，负责车马后勤方面的工作。
16　留：古县名，治所位于今江苏省徐州市沛县东南，明万历年间没入微山湖中，不存。
17　《太公兵法》：又称《六韬》，先秦道家典籍《太公》的兵法部分，姜太公吕望所著。

公。公善之，常用其策。良与他人言，辄不省¹。良曰："沛公殆天授。"遂从，不去。驹使沛公与秦交战，不利。攻砀，拔之，得其兵六千人，与故合九千人。击丰，不下。

　　项梁击楚王驹，杀之。夏，六月，立楚怀王孙心为楚怀王，韩公子成为韩王广陵²人召平为楚徇广陵，未下。闻陈王败，乃渡江，矫王令，拜项梁为上柱国，曰："江东已定，急引兵西击秦。"梁乃以八千人渡江而西。东阳³少年杀令，相聚得二万人，以故令史⁴陈婴素谨信⁵，长者⁶，欲立以为王。婴母曰："暴得大名，不祥。不如有所属。事成，犹得封侯；事败，易以亡，非世所指名⁷也。"婴乃谓军吏⁸曰："项氏世世将家⁹，有名于楚，今欲举大事，将非其人不可。我倚名族¹⁰，亡秦必矣。"众从之。于是婴及英布、蒲将军皆以兵属梁，众遂六七万。梁曰："陈王首事¹¹，战不利，未闻所在。今秦嘉立景驹，大逆无道。"乃进击，杀嘉，驹走死¹²。至薛，沛公往见之。梁予兵，还，拔丰。使项羽攻襄城，不下。已拔，皆坑之。居鄛¹³人范增，年七十，好奇计，往说梁曰："陈胜败，固当。夫秦灭六国，楚最无罪。自怀王入秦不反，楚人怜之至今。故楚南公曰：'楚虽三户¹⁴，亡秦必楚。'今胜首事，不立楚后而自立，其势不长。今君起江东，楚蜂起¹⁵之将皆争附君者，以君世世楚将，为能复立楚

1　不省：不明白。省，明白，醒悟。
2　广陵：古县名，治所位于今江苏省扬州市西北。
3　东阳：古县名，治所位于今江苏省淮安市盱眙县东南。
4　令史：古官名，县府属吏，一般低级官吏亦称令史。
5　谨信：恭谨诚信。
6　长者：德高望重的人。
7　指名：知名，著名，其人之名受人注意。
8　军吏：泛指军中的将帅官佐。
9　将家：将军之家。
10　名族：名门望族。
11　首事：首先发难，首先倡导。
12　走死：逃亡他乡而死。
13　居鄛：古县名，治所位于今安徽省巢湖市东北亚父乡，一说位于今安徽省桐城市练潭境内。
14　三户：三户人家，极言人数之少。
15　蜂起：像蜂群飞那样纷纷而起，含有数量多、范围广的意思。

之后也。"梁然其言，乃求得怀王孙心于民间，为人牧羊。六月，立以为楚怀王，从民望也。都盱眙[1]，以陈婴为上柱国，梁自号武信君。张良说梁曰："君已立楚后，韩诸公子横阳君成最贤，可立为王，益[2]树党。"梁从之，立为韩王。以良为司徒，西略韩地，往来为游兵颍川。

　　章邯击魏，齐、楚救之。齐王儋、魏相市败，死。魏王咎自杀章邯击魏王于临济[3]。魏使周市求救于齐、楚。齐王及楚将项它皆将兵随市救魏。章邯夜衔枚[4]击，大破之，杀齐王及周市。魏王为其民约降[5]。约定，自烧杀[6]。其弟豹亡走楚，楚予兵，复徇魏地。

　　齐人立田假为王假，王建弟也，齐人立以为王，而以田角、田间为将、相。

　　秋，七月，大霖[7]雨。

　　齐王儋弟荣逐王假，立儋子市为王而相之。

　　秦下右丞相冯去疾、左丞相李斯吏[8]。去疾自杀，要斩斯，夷三族。以赵高为中丞相二世数诮让[9]左丞相李斯，居三公位，如何令盗如此。斯恐惧，重爵禄，乃阿二世意，以书对曰："夫贤主者，必能行督责之术者也。故申子[10]曰：'有天下而不恣睢[11]，命之曰以天下为桎梏[12]。'夫不能行督责之术，专

1　盱眙：古地名，位于今江苏省淮安市盱眙县东北。
2　益：扩大，加大。
3　临济：古地名，位于今河南省新乡市封丘县东。
4　衔枚：横衔枚于口中，以防喧哗或叫喊。枚，形如筷子，两端有带，可系于颈上。
5　约降：约请投降。
6　自烧杀：自焚而死。
7　霖：久雨不止。
8　秦下右丞相冯去疾、左丞相李斯吏：秦将右丞相冯去疾、左丞相李斯交付执法官员审讯。下吏，交付执法官员审讯。秦以右为尊，右丞相位居左丞相之上。
9　诮让：责问。
10　申子：即申不害，战国时法家代表人物。
11　恣睢：放纵、骄横的样子。
12　桎梏：中国古代的刑具，在足曰桎，在手曰梏，类似于现代的手铐、脚镣。也引申为束缚、压制之意。

以天下自适[1]，而徒劳形苦神，以身徇[2]百姓，若尧、禹然，则是黔首之役[3]，非畜[4]天下者也，故谓之桎梏也。唯明主能行督责以独断于上，则权不在臣下，然后能灭仁义之途，绝谏说之辩，荦然[5]行恣睢之心，而莫之敢逆。如此，群臣百姓救过不给[6]，何变之敢图？"二世悦。于是行督责益严，税民深[7]者为明吏[8]，杀人众者为忠臣。刑者相半[9]于道，而死人日成积于市。秦民益骇惧[10]思乱。郎中令[11]赵高恃恩专恣，多以私怨杀人，恐大臣言之，乃说二世曰："天子所以贵者，但以闻声，群臣莫得见其面也。今坐朝廷，谴举[12]有不当，则见短于大臣，非所以示神明于天下也。不如深拱[13]禁中，与臣及侍中[14]习法者待事，事来有以揆[15]之。则大臣不敢奏疑事[16]，天下称圣主矣。"二世乃不坐朝廷，事皆决于高。李斯以为言，高乃见斯曰："关东[17]群盗多，而上益发繇[18]治阿房宫。臣欲谏，为位贱。此真君侯之事，君何不谏？"斯曰："上居深宫，欲见无间[19]。"高曰："请候上闲语君。"于是待二世方燕乐[20]，妇女居前，使人告斯可奏事矣。斯至，上谒，如此者三。二世怒，高因曰："沙丘之谋，丞相与焉。今陛下为

1　自适：悠然闲适而自得其乐。
2　徇：曲从，顺从。
3　役：奴仆。
4　畜：养育。
5　荦然：卓绝貌，明显貌。
6　救过不给：补救过失都来不及。不给，不暇，来不及。
7　税民深：征收赋税过度。税，征收或交纳赋税。
8　明吏：好官。
9　相半：各半，相等。
10　骇惧：惊惶恐惧。
11　郎中令：古官名，九卿之一，为郎中长官，掌宫廷戍卫，侍从皇帝左右，参与谋议，职甚亲重。
12　谴举：责罚或荐举，赏罚之事。
13　深拱：拱手深居，不理政事。
14　侍中：古官名，即原丞相史，往来殿中奏事，故名。后为加官，加此即可入侍宫禁，亲近皇帝。
15　揆：大致估量现实状况。
16　疑事：复杂难断的案件。
17　关东：函谷关或潼关以东地区，又称关外。
18　发繇：征派徭役。繇，通"徭"。
19　无间：没有机会。
20　燕乐：饮宴欢乐。

帝，而丞相贵不益，其意亦望裂地而王矣。且其长男由守三川，楚盗皆其傍县子[1]，以故，公行[2]过三川。闻其文书相往来，未得其审[3]，故未敢以闻。且丞相居外，权重于陛下。"二世乃使人按验[4]三川守与盗通状。斯闻之，乃上书言高罪。二世曰："赵君为人，精廉强力[5]，下知人情，上能适朕，朕实贤之，而君疑之，何也？且朕非属赵君，当谁任哉？"斯又与右丞相冯去疾、将军冯劫进谏曰："群盗并起，皆以戍漕转作[6]事苦，赋税大也。请且止阿房宫作者，减四边戍转[7]。"二世曰："君不能禁盗，又欲罢先帝所为，是上无以报先帝，次不为朕尽忠力，何以在位？"下吏按罪[8]。去疾、劫自杀，斯自负其辩[9]，有功，无反心，乃就狱。二世属高治之，责与由反状，收捕宗族、宾客。榜掠[10]千余，斯自诬服[11]，而从狱中上书自陈前功，幸二世寤而赦之。高使弃去不奏，又使其客十余辈诈为御史、谒者、侍中，更往来覆讯[12]斯。斯更以实对，辄复榜[13]之。后二世使人验斯，斯以为如前，终不敢更言。所使按三川守由者至，则楚兵已击杀之矣。高皆妄为反辞以相傅[14]，遂具斯五刑[15]，论要斩咸阳市。斯顾谓其中子曰："吾欲与若[16]复牵黄犬，俱出上蔡[17]东门逐狡兔，岂可得乎？"遂父子相哭，而夷三族。二世乃以高为中丞相，事皆决焉。

1　傍县子：邻县的人。
2　公行：公然行动，公然进行。
3　审：确切情形。
4　按验：查验。
5　精廉强力：精廉，清廉。强力，坚忍有毅力。
6　戍漕转作：戍，戍边。漕，水路运输。转，陆路运输。作，劳作。
7　戍转：军事运输。
8　按罪：问罪，治罪。
9　辩：有口才，善言辞。
10　榜掠：古代一种刑罚，捶击，拷打。
11　诬服：无辜而服罪。
12　覆讯：审讯。
13　榜：古代刑罚之一，杖击或鞭打。
14　傅：附会，强加。
15　五刑：五种刑罚，通常指墨、劓、剕、宫、大辟。
16　若：你。
17　上蔡：古县名，李斯的故里，治所位于今河南省驻马店市上蔡县西南。

章邯击破楚军于定陶[1]，项梁死项梁再破秦军，益轻秦，有骄色。宋义谏曰："战胜而将骄卒惰者败。今卒少惰矣，秦兵日益，臣为君畏之。"弗听。二世悉起兵益章邯击楚军，大破之定陶，梁死。怀王徙都彭城，并项羽、吕臣军自将之，号羽为鲁公。

楚立魏豹为魏王。

章邯击赵，围赵王于钜鹿[2]。楚以宋义为上将军，救之章邯以楚地兵不足忧，乃北击赵，破邯郸。张耳以赵王走钜鹿，王离围之。陈余北收兵，得数万人，军其北，章邯军其南。赵数请救于楚。楚王闻宋义先策[3]武信君必败，召与计事，大悦之，因以为上将军，项羽为次将[4]，范增为末将，以救赵。义号"卿子冠军"，诸别将[5]皆属焉。

楚遣沛公伐秦初，楚怀王与诸将约："先入定关中[6]者王之。"是时秦兵尚强，诸将莫利[7]先入关，独项羽怨秦，奋势[8]，愿与沛公西。诸老将曰："羽慓悍猾贼[9]，尝攻襄城，襄城无遗类[10]，所过无不残灭[11]。且楚数进取，皆败，不如更遣长者，扶义[12]而西，告喻秦父兄[13]。秦父兄苦其主久矣，今诚得长者往，无侵暴，宜可下。羽不可遣，独沛公素宽大长者，可遣。"王乃遣沛公收陈王、项梁散卒[14]以伐秦。

1　定陶：古县名，治所位于今山东省菏泽市定陶县西北。
2　钜鹿：古县名，治所位于今河北省邢台市平乡县西南。
3　先策：预知。
4　次将：古武官名，次于大将的武官。
5　别将：军中别部的统领官，配合主力军作战的部队将领。
6　关中：古地区名，指函谷关以西秦国故地，包括今河南省灵宝市以西及陕西、甘肃东部和四川地区。
7　利：认为有利。
8　奋势：愤激。
9　慓悍猾贼：轻捷勇猛，奸诈狡猾。慓悍，轻捷勇猛。
10　遗类：残存者。
11　残灭：残杀毁灭。
12　扶义：以大义为名。
13　父兄：父老。
14　散卒：被击溃的士兵。

甲午三年（公元前 207 年）

楚二、赵二、齐二、燕三、魏二、韩二年。

冬，十一月，楚次将项籍矫杀[1]宋义而代之，大破秦军，虏其将王离宋义至安阳[2]，留四十六日不进。项羽曰：“秦围赵急，宜疾引兵渡河。楚击其外，赵应其内，破秦军必矣。”宋义曰：“今秦攻赵，战胜则兵罢，我承其敝；不胜，则我鼓行[3]而西，必举秦矣。”因下令曰：“有猛如虎、狠如羊、贪如狼、强不可使者，皆斩之。”遣其子襄相齐，送之无盐[4]，饮酒高会[5]。天寒大雨，士卒冻饥。项羽曰：“今岁饥民贫，卒食半菽[6]，而饮酒高会，不引兵渡河因[7]赵食，并力攻秦，乃曰‘承其敝’。夫以秦之强，攻新造之赵，其势必举，何敝之承？且国兵新破，王坐不安席，扫境内而属将军，国家安危，在此一举。今不恤士卒而徇其私，非社稷之臣也。”十一月，羽晨朝[8]义，即其帐中斩之。出令军中曰：“宋义与齐谋反，王阴令籍诛之。”诸将莫敢枝梧[9]，共立羽为假[10]上将军。遣使报命于王。王因以羽为上将军。钜鹿兵少食尽，张耳数召陈余，余不敢前。耳又使张黡、陈泽让之，要与俱死。余使二人将五千人先尝[11]秦军，皆没。齐师、燕师及耳子敖来救，亦未敢击秦。羽乃使蒲将军将二万人渡河，绝秦饷道。余复请兵，羽乃悉引兵渡河，已渡，皆沉船破甑[12]，烧庐舍[13]，持[14]三日粮，以示士卒必死，无还心。与秦军遇，九战皆破之。章邯引却，遂

---

1 矫杀：假托君命以杀人。
2 安阳：古地名，位于今山东省菏泽市曹县东。
3 鼓行：击鼓行军。
4 无盐：古县名，治所位于今山东省泰安市东平县东南。
5 高会：盛大宴会。
6 半菽：半菜半粮，指粗劣的饭食。
7 因：依靠，凭借。
8 朝：朝见，拜见。
9 枝梧：斜而相抵的支柱。引申为对抗，抵挡。
10 假：代理，非正式的。
11 尝：试探。
12 甑：古代蒸饭的一种瓦器，底部有许多透蒸气的孔格，置于鬲上蒸煮，如同现代的蒸锅。
13 庐舍：房屋，住宅。
14 持：带着。

虏王离。时诸侯军救钜鹿者十余壁[1]，莫敢纵兵[2]。及楚击秦，皆从壁上观。楚战士无不一当十，呼声动天地，观者人人惴恐[3]。既破秦军，诸侯将入辕门[4]，膝行而前[5]，莫敢仰视。羽由是始为诸侯上将军，诸侯兵皆属焉。赵王既得出，张耳责让[6]陈余，问厮、泽所在，疑余杀之。余怒，解印绶予耳，耳不受。余起如厕，客有说耳者曰："天予不取，反受其咎。君急取之。"耳乃佩其印绶，收其麾下。余遂与数百人去之河上、泽中渔猎[7]。

春，二月，沛公击昌邑[8]，彭越以兵从越，昌邑人，常渔巨野泽中[9]，为群盗。楚兵起，泽间少年相聚百余人，请越为长。越谢曰："臣不愿也。"强请，乃许之。与期旦日[10]日出会，后期者斩。至期多后，或至日中。于是越谢曰："臣老，诸君强以为长。今期多后，不可尽诛，诛最后者一人。"皆笑曰："何至是？请后不敢[11]。"越竟斩之，徒属皆惊，莫敢仰视。乃略地，收散卒，得千余人。至是，以其兵归沛公。

沛公使郦食其说陈留[12]，下之沛公过高阳[13]，高阳人郦食其家贫落魄，为里监门[14]。其里人有为沛公骑士者，食其谓曰："诸侯将过此者，吾问之，皆握龊[15]自用，不能听大度[16]之言。今闻沛公慢而易人[17]，多大略，此真吾所愿从游。若

1　壁：军营。
2　纵兵：发兵，出兵。
3　惴恐：恐惧。
4　辕门：古时军营的门，或官署的外门。
5　膝行而前：跪着用膝盖向前移动。形容敬畏恭谨之极。
6　责让：斥责，谴责。
7　渔猎：捕鱼打猎。
8　昌邑：古县名，治所位于今山东省菏泽市巨野县东南。
9　常渔巨野泽中：常常到巨野泽中打渔。渔，打渔。巨野泽，即大野泽，位于今山东省菏泽市巨野县北。
10　旦日：明天，第二天。
11　请后不敢：意指以后再不敢如此。
12　陈留：古县名，治所位于今河南省开封市祥符区东南。
13　高阳：古地名，位于今河南省开封市杞县西南。
14　监门：守门小吏。
15　握龊：通"龌龊"，气量狭隘，拘于小节。
16　大度：胸怀开阔，气量宽宏。
17　慢而易人：傲慢并且轻视人。易人，轻视人。

见沛公，谓曰：'臣里中有郦生，年六十余，长八尺，人皆谓之狂生。生自谓非狂。'"骑士曰："公不好儒，客冠儒冠来者，辄解而溺¹其中，与人言，常大骂，未可以儒生说也。"郦生曰："第²言之。"骑士从容言之，沛公至传舍³，则使人召郦生。生至，入谒。沛公方踞床⁴，使两女子洗足而见生。生长揖不拜，曰："足下欲助秦攻诸侯乎，且欲率诸侯破秦也？"沛公骂曰："竖儒⁵！天下同苦秦久矣，故诸侯相率⁶而攻秦，何谓助秦攻诸侯乎？"生曰："必聚徒、合义兵，诛无道秦，不宜踞见长者。"公乃辍⁷洗而起，延⁸生上坐，问计。生曰："足下兵不满万，欲以径⁹入强秦，此所谓探虎口者也。夫陈留，天下之冲¹⁰，又多积粟¹¹。臣善¹²其令，请得使之令下。"于是遣生行，而引兵随之，遂下陈留。号生为广野君，为说客，使诸侯，其弟商亦聚众四千人来属沛公。

　　夏，四月，沛公攻颍川，略南阳。秋，七月，南阳守齮降四月，沛公攻颍川，因张良略韩地。闻赵将司马卬欲渡河入关，公乃攻平阴¹³，绝河津¹⁴，南出辕辕¹⁵。六月，略南阳，郡守齮战败，走，保宛。沛公引兵过之，张良曰："今不下宛，宛从后击，强秦在前，此危道也。"公乃夜从他道还，围宛。七月，齮降，封殷侯。引兵而西，无不下者。所过亡得卤掠¹⁶，秦民皆喜。

1　溺：排泄小便。
2　第：只管，尽管。
3　传舍：古时供行人休息住宿的处所。
4　踞床：伸开腿坐在床上。踞，伸开腿坐。
5　竖儒：对儒生的鄙称。
6　相率：相继，一个接一个。
7　辍：停下。
8　延：邀请。
9　径：直接。
10　冲：交通要道。
11　积粟：储存起来的谷物。
12　善：友好。
13　平阴：古县名，治所位于今河南省洛阳市孟津县东北，黄河南岸。
14　河津：黄河的渡口。
15　辕辕：古关名，位于今河南省洛阳市辖偃师市东南辕辕山上。
16　亡得卤掠：不允许掳掠。卤掠，掳掠。卤，通"虏"。

章邯以军降楚章邯军棘原[1]，项羽军漳南[2]，相持未战。秦军数却，二世使人让邯。邯恐，使长史欣请事[3]。留司马门三日，赵高不见。欣恐，走，还报曰："赵高用事于中，下无可为者。今战胜，高嫉吾功；不胜，不免于死。愿熟计之。"陈余亦遗邯书曰："将军居外久，多内郤[4]，有功亦诛，无功亦诛。且天之亡秦，无愚智皆知之。将军何不与诸侯为从约，分王其地，孰与身伏铁质[5]，妻子为戮乎？"邯狐疑，阴使羽[6]，约未成。羽引兵连战，大破之。邯复请降，乃与盟于洹水上，立以为雍王，置楚军中，而使欣将其军，为前行。

八月，沛公入武关。赵高弑帝于望夷宫，立子婴为王。九月，子婴讨杀高，夷三族初，中丞相赵高欲专秦权，恐群臣不听，乃持鹿献于二世曰："马也。"二世笑曰："丞相误邪，谓鹿为马。"问左右，或默，或言鹿。高因阴中[7]诸言鹿者以法，后群臣皆畏之，莫敢言其过。八月，沛公攻屠[8]武关。高前数言关东盗无能为，至是，二世使责让高。高惧，乃与其婿咸阳令阎乐谋，诈为有大贼，召吏发卒，使乐将。至望夷宫殿门，缚卫，令仆射曰："贼入此，何不止？"遂杀之。射、郎、宦者[9]或走或格[10]，格者辄死。入，射上幄坐帏[11]。二世怒，召左右，皆惶扰[12]不斗。旁有宦者一人，侍不去，二世谓曰："公何不早告我，乃至于此？"对曰："使臣早言，皆已诛，安得至今？"乐前数二世曰："足下骄恣[13]，诛杀无道，天下皆畔，其自为计。"二世曰："吾愿

1　棘原：古地名，位于今河北省邢台市平乡县西南。
2　漳南：漳水之南。
3　请事：请示，述职。
4　内郤：内部的仇怨。郤，通"隙"。
5　铁质：古代腰斩时所用刑具。铁，如今铡刀。质，通"锧"，腰斩时所用铡刀座。
6　使羽：出使到项羽军中。
7　阴中：暗害，中伤。
8　攻屠：攻击屠杀。
9　射、郎、宦者：仆射、郎中和宦官。均是帝王身边的近臣。
10　格：抗拒，抵御。
11　上幄坐帏：秦二世端坐的帷帐。
12　惶扰：惊慌混乱。
13　足下骄恣：足下，古代下称上或同辈相称的敬词。骄恣，骄纵。

得一郡为王。"弗许。"愿为万户侯。"又弗许。"愿与妻子[1]为黔首。"乐曰:"臣受命丞相,为天下诛足下,足下虽多言,臣不敢报。"麾[2]其兵进。二世自杀。赵高曰:"秦故王国,始皇君天下,故称帝。今六国复立,宜为王如故,便。"乃立子婴为秦王。以黔首葬二世苑中。九月,高令子婴庙见[3],受玺。子婴称疾不行,高自往请。子婴遂刺杀高,三族[4]其家以徇[5]。

沛公击峣关[6],破之秦遣兵拒峣关,沛公欲击之,张良曰:"未可,愿益张旗帜,为疑兵,而使郦生、陆贾往说秦将,啖以利。"秦将果欲连和。沛公欲许之,良又曰:"不如因其怠[7]而击之。"沛公遂引兵击秦军,大破之。

乙未(公元前206年)

楚义帝心元、西楚霸王项籍元、汉王刘邦元、韩三年。〇雍王章邯、塞王司马欣、翟王董翳、西魏王豹、河南王申阳、殷王司马印、代王赵歇、常山王张耳、九江王英布、衡山王吴芮、临江王共敖、辽东王韩广、燕王臧荼、胶东王田市、齐王田都、济北王田安元年。〇是岁秦亡。新、旧大国三,小国十七,为二十国。而韩、塞、翟、辽东、胶东、齐、济北七国皆亡。〇又韩王郑昌、齐王田荣元年,定十五国。

冬,十月,沛公至霸上,秦王子婴奉玺、符节[8]以降沛公至霸上,秦王子婴素车白马,系颈以组[9],封皇帝玺、符节,降轵道[10]旁。诸将请诛之。沛

1　妻子:妻子儿女。
2　麾:指挥。
3　庙见:古代嗣君即位或诸侯王拜谒祖庙。
4　三族:一人犯罪而诛其三族。
5　徇:巡行示众。
6　峣关:古关隘名,位于今陕西省西安市辖商洛市西北,为关中平原通往南阳盆地的交通要隘。
7　怠:懈怠。
8　符节:古代朝廷传达命令、征调兵将以及用于各项事务的一种凭证,用金、铜、玉、角、竹、木、铅等不同原料制成,用时双方各执一半,合之以验真假。
9　组:具有文采的宽丝带,古代多用作佩印或佩玉。
10　轵道:古亭名,位于今陕西省西安市东北。

公曰："始怀王遣我，固以能宽容。且人已降，杀之不祥。"乃以属吏[1]。

贾谊[2]曰：秦以区区之地致万乘之权，招八州而朝同列[3]，百有余年，然后以六合[4]为家，崤、函[5]为宫。一夫作难而七庙[6]堕，身死人手，为天下笑者，何也？仁义不施，而攻守之势异也。

胡氏曰：攻守无异势。秦以诈力[7]得之，岂有能施仁义之理邪？

沛公入咸阳，还军霸上，除秦苛法沛公西入咸阳，诸将皆争取金帛财物，萧何独先入，收丞相府图籍藏之，以此得具知天下厄塞[8]、户口多少、强弱之处。沛公见秦宫室、帷帐、宝货、妇女，欲留居之。樊哙谏曰："凡此奢丽[9]之物，皆秦所以亡也，公何用焉？愿急还霸上，无留宫中。"不听。张良曰："秦为无道，故公得至此。夫为天下除残贼[10]，宜缟素[11]为资。今始入秦即安其乐，此所谓'助桀为虐'。且忠言逆耳利于行，毒药苦口利于病，愿听哙言。"公乃还军霸上。悉召父老豪杰，谓曰："父老苦秦苛法久矣。诸侯约先入关者王之，吾当王关中，与父老约法三章耳：杀人者死，伤人及盗抵罪[12]。余悉除去。凡吾所以来，为父老除害，非有所侵暴，毋恐。"乃使人与秦吏行乡、县、邑告喻[13]之。秦民大喜，争持牛羊、酒食献享[14]军士。公让，不受，曰："仓粟[15]多，不欲费民。"民又益喜，唯恐沛公不为秦王。

1　属吏：交给执法官吏处理。
2　贾谊：西汉文学家、政论家，著有《过秦论》。
3　同列：地位相同者。
4　六合：天地四方，代指天下。
5　崤、函：崤山、函谷关。崤山，山名，位于今陕西省渭南市潼关县以东至河南省洛阳市新安县间。
6　七庙：历代帝王设七庙供奉七代祖先，分别为四亲（高祖、曾祖、祖、父）庙、二祧（高祖的父和祖父）庙和始祖庙。
7　诈力：欺诈与暴力。
8　厄塞：险要之地，险阻要塞。
9　奢丽：奢侈华丽。
10　残贼：残忍暴虐，凶残暴虐的人。
11　缟素：喻朴素。
12　抵罪：抵偿罪责，接受应有的惩处。
13　告喻：晓喻，告诉。
14　献享：奉献酒食等以示犒劳。
15　仓粟：仓库中储藏的米谷。

项籍诈坑秦降卒二十余万于新安¹项羽率诸侯兵欲西入关。先是，诸侯吏卒、繇戍²过秦中，秦人遇之多无状³。及秦军降楚，诸侯吏卒乘胜折辱，奴虏⁴使之，秦吏卒多怨，窃言⁵。羽计众心不服，至关必危，于是夜击，坑二十余万人新安城南，而独与章邯及长史欣、都尉翳入秦。

沛公遣兵守函谷关，项籍攻破之。遂屠咸阳，杀子婴，掘始皇帝冢，大掠而东或说沛公急遣兵守函谷关，无内⁶诸侯军，沛公从之。项羽至，大怒，攻破之。进至戏，飨士卒，欲击沛公。时羽兵四十万在鸿门⁷，沛公兵十万在霸上。范增曰："沛公居山东时，贪财好色，今入关，财物无所取，妇女无所幸，此其志不在小，急击勿失。"羽季父⁸项伯素善张良，夜驰告之，欲与俱去。良曰："良为韩王送沛公，今有急，亡去不义。"因固要⁹伯入见沛公。公奉卮酒¹⁰为寿，约为婚姻，曰："吾入关，秋毫不敢有所近，籍¹¹吏民，封府库，而待将军。所以守关者，备他盗耳，日夜望将军至，岂敢反乎？愿伯具言臣之不敢倍德¹²。"项伯许诺曰："旦日不可不早自来谢。"去，具以告羽，且曰："人有大功而击之，不义，不如因善遇之。"羽曰："诺。"沛公旦日从百余骑来见羽谢，羽因留饮。范增数目¹³羽，举所佩玉玦¹⁴示之者三，羽不应。增出，使项庄入前为寿，请以剑舞，欲击沛公杀之。庄入为寿毕，拔剑起舞，

1 新安：古县名，治所位于今河南省三门峡市辖义马市西。
2 吏卒、繇戍：吏卒，胥吏与衙役。繇戍，戍边之役。繇，通"徭"。
3 无状：行为失检，没有礼貌。
4 奴虏：视作俘虏、奴隶。
5 窃言：私下谈论。
6 内：接纳。
7 鸿门：古地名，位于今陕西省西安市临潼区东。
8 季父：古时，称弟兄的排行为伯、仲、叔、季，年龄最小的叔父称季父。
9 要：通"邀"，约请。
10 卮酒：一杯酒。卮，古代盛酒的器皿。
11 籍：登记。
12 倍德：背弃恩德。倍，通"背"。
13 目：递眼色。
14 玉玦：佩玉的一种，形如环而有缺口。玦、决同音，故古人每用"玉玦"表示决断或决绝之意。

项伯亦拔剑起舞，常以身翼蔽[1]沛公，庄不得击。于是张良出见樊哙，告以事急。哙带剑拥盾直入，嗔目[2]视羽，头发上指[3]，目眦尽裂[4]。羽曰："壮士！"赐斗卮[5]酒，一生彘肩[6]。哙立饮，啖[7]之。羽曰："能复饮乎？"哙曰："臣死且不避，卮酒安足辞？夫秦有虎狼之心，天下皆叛。怀王与诸将约曰：'先入咸阳者王之。'今沛公先破秦，入咸阳，劳苦功高，未有封爵之赏，而将军听细人[8]之说，欲诛有功之人，此亡秦之续耳，窃为将军不取也。"羽无以应，命之坐。沛公遂起如厕[9]，脱身独骑，哙等步从，趋霸上。留张良，使谢羽。羽问沛公安在，良曰："闻将军有意督过[10]之，脱身独去，已至军矣。"因以白璧[11]一双献羽，玉斗[12]一双与增。羽受璧，增拔剑撞破玉斗，曰："唉，竖子不足与谋！夺将军天下者，必沛公也。吾属今为之虏矣！"居数日，羽引兵西，屠咸阳，杀秦降王子婴，烧宫室，火三月不灭。掘始皇帝冢，收货宝、妇女而东。秦民大失望。韩生说羽曰："关中阻山带河[13]，四塞之地，肥饶，可都以霸[14]。"羽见秦残破，又思东归，曰："富贵不归故乡，如衣绣夜行[15]耳。"韩生退曰："人言楚人沐猴而冠[16]，果然。"羽闻之，烹韩生。

　　春，正月，项籍尊楚怀王为义帝项羽既入关，使人致命[17]怀王。王曰：

1　翼蔽：障蔽，遮护。
2　嗔目：瞪大眼睛，以示不满。
3　上指：向上竖起。
4　目眦尽裂：眼眶都瞪裂了，形容愤怒到了极点。眦，眼眶。
5　斗卮：斗、卮均为大酒器名，极言容量之多。
6　彘肩：肘子。作为食物的猪腿最上部分。
7　啖：吃。
8　细人：见识短浅之人，小人。
9　如厕：上厕所。
10　督过：责备，监督责罚。
11　白璧：平圆形而中有孔的白玉。
12　玉斗：玉制的酒器。
13　阻山带河：靠山环河。指形势险要。
14　都以霸：在此地定都以称霸。
15　衣绣夜行：穿着精美鲜艳的锦绣衣服夜间上街行走。比喻人富贵以后不为人知。
16　沐猴而冠：猴子穿衣戴帽，究竟不是真人。比喻虚有其表，形同傀儡。沐猴，猕猴。冠，戴帽子。
17　致命：传达言辞、使命。

"如约。"羽怒曰:"怀王者,吾家所立耳,非有功伐[1],何以得专主约[2]?天下初发难时,假立诸侯后以伐秦。然被坚执锐[3],暴露[4]三年,灭秦定天下者,皆将、相诸君与籍力也。怀王虽无功,固当分地而王之。"乃阳尊[5]怀王为义帝。又曰:"古之帝者,地方千里,必居上游。"乃徙义帝于江南,都郴[6]。

二月,项籍自立为西楚霸王王梁、楚地九郡,都彭城。

立沛公为汉王项羽与范增疑沛公,而业已[7]讲解,又恶[8]负约,以巴、蜀道险,秦之迁人[9]居之。乃曰:"巴、蜀亦关中也。"立沛公为汉王,王巴、蜀、汉中,都南郑。而三分关中,王秦降将以距塞[10]汉路。章邯为雍王王咸阳以西,都废丘[11],司马欣为塞王王咸阳以东,都栎阳[12],以故尝有德于项梁也,董翳为翟王王上郡,都高奴[13],以劝章邯降楚也。徙魏王豹为西魏王王河东,都平阳。项籍自欲取梁地也。立申阳为河南王都洛阳,以先下河南迎楚也,司马卬为殷王王河内,都朝歌,以定河内有功也。徙赵王歇为代王居代。立张耳为常山王王赵地,治襄国[14],以从入关也,英布为九江王都六,以为楚将,常冠军[15]也,吴芮为衡山王都邾[16],以率百粤[17]从入关也,共敖为临江王都

---

1 功伐:功劳,功勋。
2 专主约:一个人作主定约。
3 被坚执锐:穿坚固甲胄,握锐利武器。比喻上阵战斗。
4 暴露:露在外面,无所遮蔽。
5 阳尊:假意推举。阳,通"佯"。
6 郴:古地名,治所即今湖南省郴州市。
7 业已:已经。
8 恶:讨厌,憎恨。
9 迁人:迁徙到外地落户的人。
10 距塞:阻塞。距,通"拒"。
11 废丘:古县名,治所位于今陕西省咸阳市辖兴平市东南。
12 栎阳:古县名,治所位于今陕西省西安市临潼区北,渭河北岸的石川河东流折向南的转弯处。
13 高奴:古县名,治所位于今陕西省延安市东北延河北岸。
14 襄国:古县名,治所即今河北省邢台市。
15 冠军:列于诸军之首。
16 邾:古县名,治所位于今湖北省黄冈市黄州区西北。
17 百粤:即百越。古代越族居住在江、浙、闽、粤各地,各部落各有名称,而统称百越,也叫百粤。

江陵[1]，以击南郡功多也。徙燕王广为辽东王都无终[2]。立燕将臧荼为燕王都蓟，以从楚救赵、入关也。徙齐王市为胶东王都即墨。立齐将田都为齐王都临菑，以从楚救赵、入关也。田安为济北王都博阳[3]，以下济北[4]、引兵降楚是也。

夏，四月，诸侯罢兵就国。

汉以萧何为丞相，遣张良归韩初，汉王以项羽负约，怒，欲攻之。萧何曰："虽王汉中之恶，不犹愈于死乎？"王曰："何也？"何曰："今众不如，百战百败，不死何为？夫能诎于一人之下而信于万乘之上者，汤、武是也。臣愿大王王汉中，养其民以致贤人，收用巴、蜀，还定三秦[5]，天下可图也。"王曰："善。"乃就国，以何为丞相。项王使卒三万人从汉王之国。楚与诸侯之慕从[6]者数万人。张良送至褒中[7]，王遣良归韩。良因说王烧绝所过栈道[8]，以备盗兵[9]，且示羽无东意。

胡氏曰：人有常言，皆曰：用贤所以养民也。萧相国乃谓养民以致贤人，何也？曰：此无所因袭，独见之言也。夫天之立君，以为民也。君之求臣，以行保民之政也。臣之事君，以行安民之术也。故世主无养民之心，则天下之贤人、君子不为用。而上之所得者，莫非残民害物之人。是以民心日离，君势日孤，亡秦之辙，可以鉴矣。萧何有见乎此，而高祖闻言即悟，汉业之兴，不亦宜哉！

五月，齐田荣击走齐王都，遂弑胶东王市，自立为齐王。秋，七

---

1 江陵：古县名，治所位于今湖北省荆州市。
2 无终：古县名，治今天津市蓟县。
3 博阳：古县名，治所位于今山东省泰安市东南。
4 济北：古郡名，辖今山东省德州、茌平以东，东平、泰安、莱芜以北，邹平、信阳以西及河北省沧州、海兴以南地。
5 三秦：指关中地区。项羽破秦入关，把关中之地分给秦降将章邯、司马欣、董翳，因称关中为三秦。
6 慕从：仰慕而随从。
7 褒中：古地名，位于今陕西省汉中市西北。
8 栈道：也叫阁道、栈阁，在山的悬崖陡壁上凿孔，支架木桩，铺上木板而修成的窄道。
9 盗兵：叛乱之兵。

月，使彭越击杀济北王安，又击破西楚军田荣闻项羽徙田市而立田都为齐王，大怒，拒击都，走之。因留市，不令之胶东。市畏羽，窃亡之国¹。荣怒，追击，杀之。是时彭越在巨野，有众万余人，无所属。荣与越将军印，使击田安，杀之，遂并王三齐²。又使越击楚，大破其军。

西楚杀韩王成，张良复归汉项王以张良从汉王，废韩王成而杀之。良遂间行归汉。良多病，未尝特将³，尝为画策⁴臣，时时从汉王。

汉王以韩信为大将，留萧何给军食⁵。八月，还定三秦。雍王邯迎战，败走废丘。塞王欣、翟王翳降初，淮阴⁶人韩信家贫，无行，不得推择为吏⁷，又不能治生⁸商贾。钓于城下，有漂母⁹见其饥而饭¹⁰之，信喜曰："吾必有以重报母。"母怒曰："大丈夫不能自食，吾哀王孙¹¹而进食，岂望报乎？"淮阴少年或众辱之曰："若虽长大，好带刀剑，中情¹²怯耳。能死，刺我；不能死，出我袴¹³下。"于是信熟视之，俯出袴下，一市皆笑。及项梁渡淮，信仗剑从之。后又数以策干羽，不用，亡归汉。未知名，坐法当斩。其辈皆已斩，次至信，信仰视，适见滕公，曰："上不欲就天下¹⁴乎？何为斩壮士？"滕公奇其言，壮其貌，释，不斩。与语，悦之，言于王。王亦未之奇¹⁵也。信数与萧何语，何奇之。王至南郑，将士皆歌讴¹⁶思归，多道亡¹⁷者。信度何等已数言，王

1　窃亡之国：偷偷地逃向他的封国胶东。
2　三齐：项羽在今山东地区封齐王、胶东王、济北王，并称三齐。
3　特将：独自统率、指挥军队。
4　画策：出主意，筹划计谋。
5　给军食：负责筹办军需粮饷等后勤事宜。
6　淮阴：古县名，治所位于今江苏省淮安市淮阴县西南。
7　推择为吏：推举选拔人才做官。
8　治生：经营家业，谋生计。
9　漂母：漂洗衣物的老妇。
10　饭：给人喂饭。
11　王孙：旧时对人的尊称。
12　中情：内心的思想感情。
13　袴：通"胯"，臀下两大腿之间。
14　就天下：完成统一天下的重任。就，完成，成功。
15　未之奇：没有觉得有什么过人之处。此为倒装句，正常语序应为"未奇之"。
16　歌讴：歌唱。
17　道亡：在途中逃跑。

不我用，即亡去。何不及以闻[1]，自追之。人言于王曰："丞相何亡。"王怒，如失左右手。居一二日，何来谒，王骂曰："若亡，何也？"曰："臣不敢亡，追亡者耳。"王曰："所追者谁？"曰："韩信也。"王复骂曰："诸将亡者以十数，公无所追。追信，诈也。"何曰："诸将易得，如信，国士无双[2]。王必欲长王汉中，无所事信[3]。必欲争天下，非信，无足与计事[4]者。顾王策安决耳[5]。"王曰："吾亦欲东耳，安能郁郁[6]久居此乎？"何曰："计必东，能用信，信即留，不然，信终亡耳。"王曰："吾为公以为将。"何曰："信不留也。"王曰："与为大将。"何曰："幸甚[7]。"于是王欲召信拜之，何曰："王素慢，无礼。今拜大将，如呼小儿，此信之所以去也。必欲拜之，择日斋戒，设坛具礼[8]，乃可耳。"王许之。诸将皆喜，人人自以为得大将。至拜，乃韩信也，一军皆惊。礼毕，上坐。王曰："丞相数言将军，将军何以教寡人乎？"信辞谢，因曰："大王自料勇悍仁强[9]孰与项王？"王默然良久，曰："不如也。"信再拜贺曰："唯信亦以为大王不如也。然臣尝事项王，请言项王之为人也。项王喑恶叱咤[10]，千人皆废，然不能任属[11]贤将，此匹夫之勇耳。见人慈爱，言语呕呕[12]，至人有功当封爵者，印刓敝，忍不能予[13]，此妇人之仁也。虽霸天下，不居关中而都彭城。背约而以亲爱王诸侯，不平[14]。逐义帝置江南，所过残灭，民不亲附。名

1　以闻：禀告。
2　国士无双：一国独一无二的人才。国士，国中杰出的人物。
3　无所事信：没有用得着韩信的地方。
4　计事：计议大事，谋事画策。
5　顾王策安决耳：只看大王打算如何定计了。顾，只是，但是。安，怎么。
6　郁郁：忧伤苦闷貌。
7　幸甚：非常荣幸。
8　具礼：备礼，准备仪式。
9　勇悍仁强：勇猛强悍，仁爱强毅。
10　喑恶叱咤：怒吼，也引申为使人震慑。
11　任属：信任托付。
12　呕呕：温和的样子。
13　印刓敝，忍不能予：把应该赐给受封之人的印信拿在手中，已经把棱角磨去了，都不舍得给人。
14　不平：不公正，不公平。

虽为霸，实失天下心，故其强易弱。今大王诚能反其道，任天下武勇[1]，何所不诛？以天下城邑封功臣，何所不服？以义兵从思东归之士，何所不散？且三秦王将秦子弟数岁，所杀亡不可胜计，又欺其众降诸侯，及项王坑秦卒，唯此三人得脱，秦父兄怨之，痛入骨髓，而楚强以威王之。大王入关，秋毫无所害，除秦苛法。于诸侯之约，又当王关中。而失职[2]入汉中，秦民无不恨者。今举而东，三秦可传檄而定[3]也。"王大喜，自以为得信晚。遂部署诸将，留萧何收巴、蜀租，给军粮食。八月，从故道[4]出，章邯迎战，败走废丘。王至咸阳，欣、翳皆降。张良遗项王书曰："汉王失职，欲得关中，如约即止，不敢东。"又以齐、梁反书遗之。羽以故无西意，而北击齐。

西楚立郑昌为韩王。

燕王荼弑辽东王广。

王陵以兵属汉陵，沛人，聚党居南阳，至是始以兵属汉。楚执其母，欲以招之。其母因使者语陵曰："汉王长者，终得天下，无以我故持二心。"遂伏剑而死。

丙申（公元前205年）

西楚二年、汉二年。○是岁楚、常山、河南、韩、殷、雍、魏七国皆亡。凡二大国，及代、九江、衡山、临江、燕、齐六小国，为八国。又赵王歇后元，代王陈余、韩王信皆元年，而齐王假，王广代立，定十二国。

冬，十月，西楚霸王项籍弑义帝于江中项籍使人趣[5]义帝行，其大臣稍稍叛之。籍乃密使吴芮、黥布、共敖击杀之江中。

陈余以齐兵袭常山，王耳走汉。代王歇复为赵王，立余为代王初，

1　武勇：威武勇猛之人。
2　失职：失去职权。
3　传檄而定：不待出兵，只用一纸文书就可以降服敌方，安定局势。檄，讨敌文书。
4　故道：旧道，原路。
5　趣：催促。

田荣数负项梁，又不从楚击秦，以故不封。陈余不从入关，亦不封。客或说羽曰："张耳、陈余一体，今耳王，余不可不封。"羽不得已，封之三县。余怒，使人说齐王荣曰："项羽为天下宰[1]，不平，尽王诸将善地，徙故王于丑地[2]。愿大王资余兵击常山，复赵王。"齐王许之。共袭常山，耳亡走汉。余迎代王歇，复王赵。歇立余为代王。余留傅赵王，而使夏说守代。

汉王如陕，镇抚关外父老。

河南王阳、韩王昌降汉。

十一月，汉立韩王孙信为韩王。

汉王还都栎阳。

春，正月，楚击齐王荣。败走，死。楚复立田假为齐王项羽所过，烧夷[3]城郭、室屋，坑其降卒，系虏[4]老弱妇女，多所残灭，齐民相聚叛之。

三月，汉王渡河，魏王豹降，虏殷王印。以陈平为护军中尉[5]阳武人陈平家贫，好读书。里中社[6]，平为宰[7]，分肉食甚均，父老曰："善，陈孺子之为宰！"平曰："嗟乎！使平得宰天下，亦如是肉矣。"事魏王咎为太仆[8]，不用，去事项羽。殷王反，羽使平击，降之，还拜都尉，赐金二十镒[9]。及汉下殷，羽怒，将诛定殷将吏。平惧，乃封其金与印，使使归羽，乃挺身仗剑，间行归汉。因魏无知求见王，与语说之，问居楚何官，曰："为都尉。"即拜都尉，使参乘[10]，典[11]护军。诸将尽欢，王闻之，益厚平。周勃等言于王曰："陈平

1　宰：古官名，辅佐国君执政的百官之长。
2　丑地：苦恶之地。常指边远偏僻的地方。
3　烧夷：烧毁使成为平地。
4　系虏：俘获。
5　护军中尉：古官名，高级军事长官，掌管禁军，主持选拔武官，监督管制诸武将。
6　社：祭祀土地神。
7　宰：屠宰者，厨工。
8　太仆：古官名，九卿之一，掌供天子舆马，传达王命。
9　镒：古代重量单位，二十两（一说二十四两）。
10　参乘：古代乘车，尊者在左，御者在中，一人在右陪坐，负责护卫。
11　典：主持，主管。

虽美如冠玉¹，其中未必有也。居家时尝盗²其嫂，今为护军，多受诸将金。平，反复乱臣也，愿王察之。"王召让魏无知。无知曰："臣所言者，能也；王所问者，行也。今有尾生、孝己³之行而无益胜负之数，王何暇用之乎？"王召让平曰："先生事魏不中⁴，事楚而去，今又从吾游，信者固多心乎⁵？"平曰："魏王不能用臣，故去。项王不能信人，所任爱⁶非诸项，即妻之兄弟。臣闻汉王能用人，故来归。然裸身来，不受金，无以为资。诚臣画计有可采者，愿大王用之；使无可用者，金具在，请封输官⁷，得乞骸骨⁸。"王乃谢平，厚赐之，拜护军中尉，尽护⁹诸将。诸将乃不敢复言。

汉王至洛阳，为义帝发丧，告诸侯讨项籍汉王至洛阳新城，三老¹⁰董公遮说曰："顺德者昌，逆德者亡。兵出无名，事故不成。故曰：'明其为贼，敌乃可服。'项羽无道，放杀¹¹其主，天下之贼也。夫仁不以勇，义不以力，大王宜率三军为之素服¹²，以告诸侯而伐之，则四海之内莫不仰德，此三王之举也。"于是汉王发丧，哀临¹³三日，告诸侯曰："天下共立义帝，北面事之。今项羽弑之，大逆无道。寡人悉发关中兵，收三河¹⁴士，愿从诸侯王击楚之弑义帝者。"

胡氏曰：天下苦秦，诸侯并起，名其师者，曰"诛无道秦"可矣。今秦

---

1 冠玉：形容男子的美貌。
2 盗：私通。
3 尾生、孝己：尾生，《庄子》中记载的人物，他和心爱的姑娘约在桥下，心上人迟迟没来赴约，不幸的是大水却涨上来了，尾生为了信守诺言不肯离去，最后抱桥柱溺亡。孝己，商高宗武丁之子，以孝行著称，因遭后母谗言，被放逐而死，常被后世用作孝子的典范。
4 中：通"忠"，忠诚。
5 信者固多心乎：守信义的人原本都是这样三心二意的吗。
6 任爱：任用喜爱。
7 输官：向官府缴纳。
8 乞骸骨：古代官吏请求退职的一种说法，使骸骨得以归葬故乡。
9 护：监护，监督。
10 三老：古代掌教化之官，乡、县、郡均曾先后设置。
11 放杀：放逐杀戮。
12 素服：本色或白色的衣服，居丧或遭遇凶事时所穿。
13 哀临：帝、后死，集众举哀。
14 三河：即河内、河东、河南三郡。

已灭，诸侯各有分地，而汉又起兵，虽曰项羽为政不平，顾亦伸己私忿耳，非义兵也。及董公献言，汉王大临[1]，然后项羽弑君之罪，无所容于天地之间，而天下归于汉王，可坐而策[2]矣。故随何陈此义而下九江[3]，郦生陈此义而下全齐。于是楚人背无所倚，右断其臂，虽欲不亡，不可得矣。

夏，四月，齐王荣弟横立荣子广为王，击王假，走之。

汉王率五诸侯兵伐楚，入彭城。项籍还，破汉军，以汉太公、吕后归项羽虽闻汉东，欲遂破齐而后击汉，以故汉王得率五诸侯兵凡五十六万人伐楚。彭越收魏地，得十余城，至是将其兵三万人归汉，请立魏后。汉王曰："西魏王豹，真魏后。"乃以彭越为魏相国，将其兵略梁地。遂入彭城，收其货宝、美人，日置酒高会。羽闻之，自以精兵三万还，击破汉军。汉军入谷、泗及睢水[4]，死者二十余万人，水为不流。围汉王三匝[5]。会大风，昼晦，王乃得与数十骑遁去。欲归沛收家室，道逢子盈及女，载以行，而太公、吕后为楚军所获。诸侯复背汉与楚。王间[6]往从吕后兄周吕侯于下邑[7]，收其兵。

胡氏曰：盘水[8]可奉而志难持，六马[9]可调而气难御。使汉王于是时兢兢业业，如初入关中，见羽鸿门，则亦何至于败哉？今志不持而气为帅，狃于小胜而逸欲生焉，是以至于此耳。且是行也，直欲破羽之国都软，则宜亟还荥阳，以主待客可也。若欲致羽而与战软，则宜分部[10]诸将，据险邀击[11]可也。今

1　大临：聚哭告哀。
2　策：谋划。
3　九江：古地区名，相当于今天安徽省淮河以南大部与江西省全境。
4　谷、泗及睢水：谷水、泗水及睢水。谷水，又名砀水，位于今江苏省徐州市南。睢水，古水名，故道自今河南省开封县东鸿沟分出，东流经河南、安徽、江苏，至江苏省宿迁市西注入古泗水。
5　三匝：三周。
6　间：秘密，暗中。
7　下邑：古县名，治所即今安徽省宿州市砀山县。
8　盘水：盘中之水，指静止的水。
9　六马：谓驾车之马众多。
10　分部：部署，分派。
11　邀击：拦击，截击。

乃淹留引日¹，肆志宠乐²，而群臣亦寂³，无谏者，岂良、平诸公不在行⁴欤？呜呼危哉！

　　汉王遣随何使九江初，项羽击齐，征兵九江。黥布称疾，遣将将数千人往。及汉入彭城，布又不佐⁵楚。羽由此怨之。至是，汉王西过梁地，问群臣曰："吾欲捐关以东等弃之，谁可与共功者⁶？"张良曰："九江与楚有隙，彭越与齐反梁地，此两人可急使。而汉将独韩信可属大事，当一面。捐之此三人，则楚可破也。"王谓左右曰："孰能为我使九江，令倍楚，留项王数月，我取天下可以百全⁷。"谒者随何请使，王遣之。

　　五月，汉王至荥阳王至荥阳，诸败军皆会。萧何发关中老弱未傅⁸者悉诣荥阳，汉军复大振。楚以故不能过荥阳而西。汉遂筑甬道⁹，属之河¹⁰，以取敖仓¹¹粟。

　　魏王豹叛汉。

　　汉王还栎阳，立子盈为太子。

　　汉兵围废丘，雍王邯自杀，尽定雍地。

　　关中饥，人相食。

　　秋，八月，汉王如荥阳，命萧何守关中，立宗庙、社稷王如荥阳，命萧何侍太子守关中，为法令约束，立宗庙社稷。事有不及奏决¹²者，辄以便

1　淹留引日：淹留，长期逗留。引日，拖延时日。
2　肆志宠乐：肆志，纵情，快意。宠乐，尊荣安乐。
3　寂：没有声音。
4　在行：在行伍之间。
5　佐：辅助，帮助。
6　吾欲捐关以东等弃之，谁可与共功者：我打算把函谷关以东等一些地方拿出来作为悬赏，谁能够同我一起建功立业。捐，捐献，贡献。
7　百全：万全，万无一失。
8　未傅：没有载入徭役簿籍。
9　甬道：两旁有墙或其他障蔽物的驰道或通道。
10　属之河：和黄河连接起来。属，连接。
11　敖仓：古代重要粮仓，位于今河南省郑州市辖荥阳市东北敖山，地当黄河和济水分流处。
12　奏决：奏请帝王裁决。

宜施行。上来[1]，以闻。计关中户口，转漕[2]调兵以给军，未尝乏绝[3]。

汉韩信击魏，虏王豹，遂北击赵、代汉使郦生说魏王豹，且召之。豹不听，曰："汉王慢而侮人，骂诸侯群臣如骂奴耳，吾不忍复见也。"于是汉王以韩信为左丞相，与灌婴、曹参俱击魏。王问食其："魏大将谁也？"对曰："柏直。"王曰："是口尚乳臭[4]，安能当韩信？""骑将[5]谁也？"曰："冯敬。"曰："虽贤，不能当灌婴。""步卒将谁也？"曰："项它。"曰："不能当曹参，吾无患矣。"信亦问："魏得无用[6]周叔为大将乎？"曰："柏直也。"信曰："竖子耳。"遂击，虏豹，定魏地。信请兵三万人，愿以北举燕、赵，东击齐，南绝楚粮道。王遣张耳与俱。九月，破代兵，擒夏说。

丁酉（公元前204年）

西楚三年，汉三年。〇是岁赵、代、九江三国亡，二大国并衡山、临江、燕、齐、韩五小国，凡七国。

冬，十月，韩信大破赵军，擒王歇，斩代王余，遣使下燕韩信、张耳击赵。赵聚兵井陉口[7]，号二十万。广武君李左车谓陈余曰："信、耳乘胜远斗，其锋不可当。今井陉之道，车不得方轨，骑不得成列，其势粮食必在后。愿假臣奇兵三万，从间道[8]绝其辎重，足下深沟高垒，勿与战。彼前不得斗，退不得还，野无所掠，不十日，而两将之头可致麾下[9]。否则，必为二子所擒矣。"余尝自称义兵，不用诈谋奇计，不用左车策。信间视[10]，知之，大喜，乃

1　上来：汉王回来。
2　转漕：转运粮饷。古时陆运称转，水运称漕。
3　乏绝：食用缺乏、断绝。多指暂时供应不继。
4　口尚乳臭：形容年少无知。
5　骑将：骑兵将领。
6　无用：不需要，不用。
7　井陉口：又称井陉关，古九塞之一，故址位于今河北省石家庄市井陉县北井陉山上。
8　间道：偏僻的或抄近的小路。
9　麾下：将旗之下。
10　间视：暗中打探消息。

敢遂下。未至井陉口，止舍[1]。夜半传发[2]，选轻骑二千人，人持一赤帜[3]，从间道草山而望赵军。戒曰："赵空壁[4]逐我，即疾入赵壁，拔其帜而易之。"令裨将传餐，曰："今日破赵会食[5]。"乃使万人先行，出，背水陈[6]。赵望见，皆大笑。平旦[7]，信建大将旗鼓，鼓行出井陉口。赵开壁击之，大战良久。于是信、耳佯弃鼓、旗，走水上军[8]。赵果空壁逐之，信所遣骑驰入赵壁，拔赵帜，立汉帜。水上军皆殊死战。赵军已失信等，欲归壁，见帜大惊，遂乱，遁走。汉兵夹击，大破之，斩陈余，擒赵王歇。诸将毕贺，因问曰："兵法，右、背山陵，前、左水泽。今背水而胜，何也？"信曰："兵法不曰'陷之死地而后生，置之亡地而后存'乎？且信非得素拊循[9]士大夫也，所谓驱市人[10]而战之，非置死地，使人自为战，彼将皆走，尚可得而用之乎？"诸将皆服。信以千金募生得李左车者，解其缚，东乡[11]坐，师事之。问曰："仆欲北攻燕，东伐齐，何若[12]而有功？"左车谢曰："臣，败亡之虏，何足以权[13]大事？"信曰："诚令成安君听足下计，信亦已擒矣。今愿委心归计[14]，足下勿辞。"左车曰："将军虏魏王，擒夏说，不终朝[15]而破赵二十万众，威震天下，此将军之所长也。然众劳卒罢[16]，其实难用。燕若不服，齐必自强，此将军之所短也。善用兵者，不以短击长，

---

1 止舍：驻扎宿营，安顿休息。
2 传发：传令出发。
3 赤帜：红旗。帜，旗帜。
4 空壁：守兵尽出营垒。壁，军营。
5 会食：相聚进食。
6 背水陈：即背水阵，背靠水摆下阵势，不给自己留逃跑的路。
7 平旦：清晨，天亮的时候。
8 水上军：水边的军营。
9 拊循：训练，调度。
10 市人：平民，普通百姓。
11 东乡：同"东向"，面向东。古代以东为上方、尊位。
12 何若：如何，怎样。
13 权：衡量。
14 委心归计：委心，倾心。归计，听从计策。
15 终朝：一整天。
16 罢：古通"疲"，累。

而以长击短。为将军计，莫若按甲休兵[1]，北首[2]燕路，而遣辩士奉书于燕，暴其所长，燕必不敢不听从。燕已从，而东临齐，虽有智者，亦不知为齐计矣。兵固有先声而后实者，此之谓也。"信从其策，燕从风而靡[3]，遣使报汉，请以张耳王赵，汉王许之。

是月晦[4]，日食。

十一月晦，日食。

十二月，**随何以九江王布归汉**随何至九江，说黥布曰："汉王使臣敬进书大王御者[5]，窃怪大王与楚何亲也？"布曰："寡人北向而臣事之。"何曰："大王与楚俱为诸侯，而北向臣事之者，必以楚为强，可托国也。项王伐齐，身负版筑[6]，为士卒先。大王宜悉众自将，为楚前锋，乃发四千人以助楚。汉入彭城，项王未出齐也，大王宜悉兵渡淮，日夜会战彭城下，乃无一人渡淮者，垂拱[7]而观其孰胜。夫托国于人者，固若是乎？大王提空名以向楚而欲厚自托，臣窃为大王不取也。然大王不倍楚者，以汉为弱也。夫楚虽强，天下负之以不义之名，以其背盟约而杀义帝也。今汉王收诸侯，守荥阳，下蜀、汉之粟，坚守而不动。楚人深入敌国，老弱转粮，进不得攻，退不能解，楚不如汉，其势亦易见矣。大王不与万全之汉而自托于危亡之楚，臣窃为大王不取也。"布阴许之，未敢泄。楚使者在传舍，方急责布发兵。何直入，曰："九江王已归汉，楚何以得发兵？"因说布杀楚使而攻楚。楚击破之，布乃间行与何归汉。十二月，至汉，汉王方踞床洗足，召布入见。布悔怒，欲自杀。及出就舍，帐御[8]、食饮、从官皆如汉王居，布又大喜过望。汉益其兵，与俱屯成皋。

1　按甲休兵：收拾起铠甲武器。比喻停止军事行动。
2　北首：北向。
3　靡：顺风倒下。
4　晦：农历每月的最后一天，朔日的前一天。
5　御者：侍从。
6　版筑：两种筑土墙的工具。版，筑墙用的夹板。筑，杵。
7　垂拱：垂衣拱手，表示什么事都不做。
8　帐御：泛指室内陈设及诸日用品。

汉遣郦食其立六国后，未行而罢楚数侵夺汉甬道，汉军乏食。郦食其曰："昔汤放桀，武王伐纣，皆封其后。秦伐诸侯，灭其社稷。今诚能立六国后，其君臣百姓必皆戴德慕义[1]，愿为臣妾[2]。大王南向称霸，楚必敛衽[3]而朝。"王曰："善。趣刻印，先生因行佩[4]之矣。"未行，张良来谒。王方食，具以告良。良曰："臣请借前箸[5]为大王筹之。昔汤、武封桀、纣之后者，度能制其死生之命也，今大王能制项籍之死命乎？武王入殷，发粟散钱，偃革为轩[6]，休马放牛，示不复用，今大王能之乎？且天下游士[7]，离亲戚，弃坟墓，从大王游者，徒欲望咫尺[8]之地。今复立六国后，游士各归事其主，大王谁与取天下乎？且夫楚唯无强[9]，六国复挠[10]而从之，大王焉得而臣之？诚用客谋，大事去矣。"汉王辍食吐哺[11]，骂曰："竖儒几败而[12]公事。"令趣销印。

荀悦[13]曰：夫立策决胜之术有三：一曰形，二曰势，三曰情。形者，言其大体得失之数也；势者，言其临时进退之宜也；情者，言其心志可否之实也。策同、事等而功殊者，三术不同而已矣。故立六国，于陈涉，所谓多己之党而益秦之敌，取非其有而予人，行虚惠而获实福也。立六国，于汉王，所谓割己之有以资敌，设虚名而受实祸也。故耳、余、食其所说同而得失异，此同事而异形者也。战国相持[14]，无临时之急，一战胜败，未必存亡。故累力待时，承敌之弊，此卞庄刺虎之说也。楚、赵与秦，势不并立，安危之机，呼吸成变，而

---

1 戴德慕义：戴德，感戴恩德。慕义，倾慕仁义。
2 臣妾：古时对奴隶的称谓，男曰臣，女曰妾，后亦泛指统治者所役使的民众和藩属。
3 敛衽：整理衣襟，表示恭敬。
4 佩：携带，随身带着。
5 前箸：进餐时座前的筷子。
6 偃革为轩：停息武备，修治文教。革，用革装饰的战车。轩，古代一种前顶较高而有帷幕的车子，供大夫以上乘坐。
7 游士：从事游说活动的人。
8 咫尺：形容微小，不足道。
9 夫楚唯无强：当今只有楚国强大，没有能超过它的。
10 挠：屈服。
11 辍食吐哺：停止用饭，吐出口中含的食物。
12 而：你，你的。
13 荀悦：东汉史学家，著有《汉纪》。
14 相持：互相牵制。

宋义欲待秦、赵之弊，此同事而异势者也。伐赵之役，韩信泜上[1]孤军，必死无二，而赵以内顾[2]之士攻之。彭城之难，项羽丧其国都，士卒愤激，而汉以怠惰[3]之卒应之，故俱在水上而胜败不同，此同事而异情者也。故曰：权不可预议，变不可先图[4]。与时迁移，应物变化，此设策之机也。

　　夏，四月，楚围汉王于荥阳。亚父[5]范增死汉王谓陈平曰："天下纷纷，何时定乎？"平曰："项王骨鲠之臣[6]，亚父、钟离昧之属，不过数人耳。项王为人，意忌[7]信谗，诚能捐金行间[8]，以疑其心，破楚必矣。"王乃与平黄金四万斤，不问其出入。平多纵反间，言昧等功多，不得裂地，欲与汉灭楚而分其地。羽果疑昧等。及楚围荥阳急，汉王请和，羽使至汉，陈平为太牢具[9]，举进而佯惊曰："吾以为亚父使也。"乃持去，而更以恶草具[10]进。使归以报，羽大疑亚父。亚父欲急攻下荥阳，羽不听。亚父怒曰："天下事大定矣，君王自为之，愿请骸骨[11]归。"未至彭城，疽发背[12]，死。

　　五月，汉王走入关。彭越击楚，楚还兵击之。汉王复军成皋楚围荥阳益急，汉将军纪信曰："事急矣。臣请诳[13]楚。"乃乘王车出东门，曰："食尽，汉王降楚。"楚皆之城东观。王乃令周苛守荥阳，而与数十骑出西门去。羽烧杀信。王入关，收兵，欲复东。辕生曰："愿君王出武关，羽必南走。王

1　泜上：泜水之上。泜水，即今泜河，位于今河北省南部，源出邢台市内丘县西北，东流入滏阳河。
2　内顾：指对家事、国事或其他内部事务的顾念。
3　怠惰：懈怠。
4　权不可预议，变不可先图：应事的权变是不能够预先讨论，事态的变化无法事先应对。
5　亚父：仅次于父。表示尊敬的称呼。
6　骨鲠之臣：刚正忠直的臣子。
7　意忌：疑忌。
8　行间：进行离间。
9　太牢具：牛、羊、豕三牲皆备的饭食。
10　恶草具：粗劣的饮食。
11　请骸骨：古代官吏请求退休，言使骸骨得以归葬故乡。
12　疽发背：背部发生肌肤之间急性、化脓性疾患。
13　诳：欺骗、瞒哄。

深壁[1]勿战，令荥阳、成皋间且得休息，而韩信等亦得安辑[2]赵地，连燕、齐，王乃复还荥阳，则楚备多而力分，复与之战，破之必矣。"王从之。羽果南，王不与战。会彭越破楚军，杀薛公。羽东击越，汉王复军成皋。

六月，**楚破彭越，还，拔荥阳及成皋。汉王走，渡河，夺韩信军，遣信击齐**项羽既破彭越，还，拔荥阳，烹周苛，遂围成皋。汉王逃去，北渡河，宿小修武[3]。晨，自称汉使驰入赵壁。张耳、韩信未起，即[4]卧内夺其印符，以麾召[5]诸将易置之。令耳守赵，信收赵兵未发者击齐。楚遂拔成皋，欲西。王欲捐[6]成皋以东，而屯巩洛[7]以距楚。郦生曰："王者以民为天，而民以食为天。夫敖仓，天下转输久矣，闻其下藏粟甚多。楚拔荥阳，不坚守敖仓，乃引而东，此天所以资汉也。愿急进兵收取荥阳，据敖仓之粟，塞成皋之险，杜太行之道，距蜚狐之口[8]，守白马之津，以示诸侯形制之势[9]，则天下知所归矣。"王乃复谋取敖仓。

杨氏曰：韩信之军，禁防疏阔[10]如此，使敌人投间窃发[11]，则信可得而虏矣，岂古所谓节制之兵？信亦有所未逮[12]与？

秋，七月，**有星孛于大角**[13]。

八月，**汉王军小修武，遣人烧楚积聚**[14]汉王得韩信军，复大振。引兵临

1　深壁：筑高墙。谓构筑牢固的工事以自守。
2　安辑：安定，使安定。
3　小修武：古地名，位于今河南省新乡市获嘉县东。
4　即：走向，靠近。
5　麾召：命令，召集。
6　捐：放弃。
7　巩洛：二地名的并称，位于今河南省洛阳市一带。
8　蜚狐之口：古要隘名，位于今河北省保定市涞源县北，蔚县南，为河北平原与北方边郡间的交通咽喉。
9　形制之势：依靠有利的地形条件去制服对方。
10　禁防疏阔：禁防，禁止防范。疏阔，粗略，不周密。
11　投间窃发：乘机暗中发动。投间，乘隙，趁机。窃发，暗中发动。
12　未逮：不及，没有达到。
13　有星孛于大角：星孛，彗星。大角，古星名，北天的橙色亮星，属亢宿，在摄提间，即牧夫座第一星。
14　积聚：积累聚集起来的物资或钱财。

河，南向，欲复与楚战。郑忠说止。王乃使刘贾、卢绾渡白马津，入楚地，佐彭越，烧楚积聚，以破其业。

彭越下梁十七城，楚复击取之彭越下梁地十七城。项羽闻之，使曹咎守成皋，戒曰："即汉欲战，慎勿与战。"而自引兵东击越所下城。围外黄[1]，数日乃降。羽欲尽坑之。外黄令舍人儿，年十三，说羽曰："彭越强劫外黄，外黄恐，故且降以待大王。今又坑之，百姓安所归心哉？且如此，则从此以东十余城，皆莫可下矣。"羽从之。梁复为楚。

汉王遣郦食其说齐，下之郦食其说汉王曰："今燕、赵已定，唯齐未下。诸田宗强，近楚，多诈，虽遣数万之师，未可以岁月[2]破也。臣请得奉明诏[3]说齐王，使为东藩[4]。"王曰："善。"郦生乃说齐王曰："王知天下之所归乎？"王曰："不知也，请问之。"生曰："归汉王。"曰："何也？"生曰："汉王先入咸阳，收天下兵，以责义帝之处[5]。立诸侯之后，与天下同其利，天下贤才乐为之用。项王有倍约之名，有杀义帝之负，记人之罪，忘人之功，贤才怨之，莫为之用。故天下之事归于汉王，可坐而策也。今又已据敖仓，塞成皋，守白马，距蜚狐，天下后服者先亡矣。"齐王纳之，遂与汉平[6]而罢守备，日与生纵酒为乐。韩信欲东兵[7]，闻之而止。蒯彻说曰："将军受诏击齐，而汉独发间[8]，使下之，宁有诏止将军乎？且郦生一士，伏轼[9]掉[10]三寸舌，下齐七十余城。将军以数万众，岁余乃下赵五十城耳。为将数岁，反不如一竖儒之功乎？"信遂渡河。

1　外黄：古县名，治所位于今河南省商丘市民权县西北。
2　岁月：指短时间。
3　明诏：英明的诏令。
4　东藩：东方的藩国。
5　责义帝之处：指项羽迁徙并杀害了义帝，汉王闻讯至函谷关，责问义帝的下落。
6　平：讲和。
7　东兵：领兵东进。
8　发间：派遣密使。
9　伏轼：俯身靠在车前的横木上。后多用以指乘车。
10　掉：摆动。

戊戌（公元前 203 年）

西楚四年，汉四年。

冬，十月，汉韩信袭破齐。齐王烹郦食其，走高密[1]。

汉王复取成皋，与楚皆军广武[2]汉数挑楚战，曹咎不出。使人辱之，咎怒，渡兵汜水[3]。半渡，汉击破之，咎自刭[4]。汉王乃引兵渡河，复取成皋，军广武，就敖仓食。羽闻之，亦还军广武相守。楚食少，乃为高俎[5]，置太公[6]其上，告汉王曰："今不急下，吾烹太公。"王曰："吾与若俱北面受命怀王，约为兄弟，吾翁即若翁。必欲烹而翁，幸分我一杯羹。"羽怒，欲杀之。项伯曰："为天下者不顾家，杀之无益，只益祸耳。"羽谓汉王曰："天下匈匈[7]数岁，徒以吾两人。愿与王挑战，决雌雄，毋徒苦天下父子为也。"王笑，谢曰："吾宁斗智，不能斗力。"因数之曰："羽负约，王我于汉，罪一；矫杀卿子冠军[8]，罪二；救赵不报，而擅劫诸侯入关，罪三；烧秦官室，掘始皇帝冢，私其财，罪四；杀秦降王子婴，罪五；诈坑秦子弟新安二十万，罪六；王诸将善地而徙逐故主，罪七；出逐义帝，自都彭城，夺韩、梁地，罪八；使人阴杀义帝江南，罪九；为政不平，主约不信，天下所不容，大逆无道，罪十也。吾以义兵从诸侯诛残贼，使刑余罪人[9]击公，何苦乃与公挑战？"羽大怒，伏弩射汉王，伤胸，王乃扪足[10]曰："虏[11]中吾指。"因病创[12]卧，张良强请起行[13]劳军，以安士卒，

1　高密：古县名，治所位于今山东潍坊市辖高密市西南。
2　广武：古地名，位于今河南省郑州市辖荥阳市东北广武山上，有东西二城，中隔一涧。
3　汜水：古水名，出河南省郑州市辖荥阳市西南浮戏山（今称五指、五枝、五至岭）东麓，北流入河南荥阳市西部，西北流入今巩义市东南部。
4　自刭：刎颈自杀。
5　高俎：放在高桌上的砧板。一说指供瞭望用的车上高台。
6　太公：刘邦之父。
7　匈匈：动乱，纷扰。
8　卿子冠军：即宋义，曾任卿子冠军。
9　刑余罪人：受过刑罚的罪犯。
10　扪足：以手摸足。刘邦胸部中箭，后为了稳定军心，安抚士气，故意以手摸足，言自己脚中箭。
11　虏：敌人。
12　病创：受伤。
13　起行：动身，出动。

王从之。疾甚，因驰入成皋。

楚救齐。十一月，汉韩信击破之，杀其将龙且，虏齐王广。田横自立为齐王，战败，走。信遂定齐地楚使龙且将兵二十万救齐。或曰："汉兵远斗穷战[1]，其锋不可当。齐、楚自居其地，兵易败散。不如深壁，令齐王使其信臣[2]招所亡城。亡城闻王在，楚来救，必反汉。汉兵客居，其势无所得食，可不战而降也。"且曰："吾知韩信为人，易与耳。寄食于漂母，无资身[3]之策；受辱于袴下，无兼人之勇[4]，不足畏也。且救齐，不战而降之，吾何功？今战而胜，齐半可得也。"进与汉军夹潍水[5]而陈。信夜令人囊沙壅水上流[6]，旦[7]渡击且，佯败，还走。且喜曰："吾固知信怯也！"遂追之。信使决壅囊，水大至，且军大半不得渡。信急击，杀且，追至城阳，虏齐王广。田横遂自立为齐王，灌婴击走之，尽定齐地。

汉立张耳为赵王。

汉王还栎阳，留四日，复如广武。

春，二月，汉立韩信为齐王，征其兵击楚韩信使人言于汉王曰："齐伪诈多变，反复之国也。请为假王以镇之。"汉王大怒，骂曰："吾困于此，旦暮望若来，乃自立邪！"张良、陈平蹑[8]王足，附耳语曰："汉方不利，宁能禁信之自王乎？不如因而立之，使自为守。不然，变生。"王悟，复骂曰："大丈夫定诸侯，即为真王，何以假为？"二月，遣良操印立信为齐王，征其兵击楚。项羽闻龙且死，大惧，使武涉说信，欲与连和，三分天下。信谢之曰："臣事项王，官不过郎中，位不过执戟[9]，言不听，画不用，故倍楚而归汉。汉

1　穷战：尽力战斗。
2　信臣：忠诚可靠的臣子。
3　资身：立身。
4　兼人之勇：抵得上几个人的勇气，形容十分勇敢。兼人，一人抵多人。勇，勇敢。
5　潍水：古水名，今称潍河，发源于山东省日照市莒县箕屋山，上游流经莒县、沂水、五莲、潍坊等，在昌邑下营镇入渤海莱州湾。
6　囊沙壅水上流：用袋子装上沙，堵住河水的上游。
7　旦：白天。
8　蹑：踩踏，有意识地踩踏。
9　执戟：宫廷侍卫官。因值勤时手持戟，故名。

王授我上将军印，予我数万众，解衣衣我，推食食我，言听计用，故吾得至于此。夫人深亲信我，我倍之不祥，虽死不易，幸为信谢项王。"武涉已去，蒯彻知天下权在信，乃说之曰："天下初发难也，忧在亡秦而已。今楚、汉分争，使天下之人肝胆涂地，暴骸中野[1]，不可胜数。楚人乘利席卷[2]，威震天下，然迫西山[3]而不得进者三年矣。汉王距巩洛，阻山河，一日数战，无尺寸之功，此所谓智勇俱困者也。今两主之命，悬于足下。莫若两利而俱存之，三分天下，鼎足[4]而居，其势莫敢先动。足下据强齐，从燕、赵，因民之欲，西向为百姓请命，则天下风走[5]而响应矣。盖闻天与不取，反受其咎；时至不行，反受其殃。愿足下熟虑之。"信曰："汉王遇我甚厚，吾岂可以向利而倍义乎？"彻曰："始张耳、陈余相与[6]为刎颈之交，及争张黡、陈泽之事，耳遂杀余泜水之南，头足异处。今足下交于汉王，必不能固于二君之相与也，而事多大于张黡、陈泽者，故臣窃以为足下必汉王之不危己，亦误矣。野兽已尽而猎狗烹，愿足下深虑之。且勇略震主者身危，功盖天下者不赏[7]。今足下戴震主之威，挟不赏之功，欲持是安归[8]乎？"信谢曰："先生休矣，吾方念之[9]。"数日，彻复说曰："夫听者，事之候也；计者，事之机也。听过计失而能久安者，鲜矣。故智者，决之断也；疑者，事之害也。审毫厘之小计，遗天下之大数[10]，智诚知之，决弗敢行者，百事之祸[11]也。夫功者，难成而易败；时者，难得而易失。时乎时乎，不再来！"信犹豫，不忍倍汉，又自以功多，汉终不夺我齐，遂谢彻。彻因去，

1　暴骸中野：暴露尸骸于原野之中。中野，原野之中。
2　席卷：如卷席一般。形容全部占有。
3　西山：成皋西边的山地。
4　鼎足：鼎的三条腿，用以比喻三方面对峙的局势。
5　风走：如风似地疾趋，快走。
6　相与：相处，相交往。
7　不赏：功劳极大，没有什么足以赏赐。
8　安归：归向哪里。
9　先生休矣，吾方念之：您先别说了，我正考虑这件事。
10　大数：大计，大略。
11　百事之祸：为一切事情埋下祸根。

佯狂为巫[1]。

秋，七月，汉立英布为淮南王。

八月，汉初为算赋[2]民年十五以上，至五十六，出赋钱[3]。人百二十为一算，治库兵车马。

北貉[4]、燕人致枭骑[5]助汉。

汉王令，军士死者，吏为棺敛[6]送其家。

汉以周昌为御史大夫[7]。

楚与汉约，中分[8]天下。九月，归太公、吕后于汉，解而东归项羽自知少助，食尽，韩信又进兵击之。汉遣侯公说羽，请太公。羽乃与汉约，中分天下，鸿沟[9]以西为汉，以东为楚。九月，归太公、吕后，解而东归。汉王欲西归，张良、陈平曰："汉有天下大半，楚兵饥疲，今释弗击，此养虎自遗患[10]也。"王从之。

程子[11]曰：张良才识高远，有儒者气象。而亦以此说汉王，则其不义甚矣。

1　巫：能以舞降神的人。
2　算赋：向成年人征收人头税。算，征税计钱多少的单位。
3　赋钱：税钱。
4　北貉：古代东北地区少数民族名。
5　枭骑：健壮勇猛的骑兵。
6　棺敛：以棺木收殓死者。
7　御史大夫：古官名，协调处理天下政务，以监察、执法为主要职掌，为全国最高监察、执法长官，位上卿。
8　中分：均分。
9　鸿沟：古运河名，故道自今河南省郑州市辖荥阳市北引黄河水东流，经中牟县北、开封市东南，南流经通许县东、太康县西，至淮阳县东南入颍水。
10　遗患：留下祸患。
11　程子：即北宋著名学者程颐，下同。

资治通鉴纲目

卷

三

起己亥汉高帝五年，尽甲申[1]汉文帝后七年凡四十六年。

己亥**汉太祖高皇帝五年**（公元前202年）

冬，十月，王追项籍至固陵[2]，齐王信、魏相国越及刘贾诱楚周殷迎英布，皆会[3]。十二月，围籍垓下[4]。籍走，自杀，楚地悉定十月，汉王追项羽至固陵，齐王信、魏相国越期会[5]不至，楚击汉军，大破之。汉王复坚壁[6]自守，谓张良曰："诸侯不从，奈何？"对曰："楚兵且破，二人未有分地，其不至固宜。君王能与共天下，可立致也。信之立，非君王意，不自坚，且其家在楚，欲得故邑。越本定梁地，亦望王，而君王不早定。今能出捐[7]此地以许两人，使各自为战，则楚易破也。"王从之。于是信、越皆引兵来。十一月，刘贾围寿春，诱楚大司马[8]周殷。殷叛楚，举九江兵迎黥布，皆会。十二月，羽至垓下，兵少食尽，信等以大军乘[9]之。羽败入壁，汉及诸侯兵围之数重。羽夜闻汉军四面皆楚歌，乃大惊，曰："汉皆已得楚乎？是何楚人之多也？"起饮帐中，悲歌忼慨[10]，泣数行下，左右皆泣，莫能仰视。于是羽乃乘其骏马，从八百余骑，直夜溃围南出[11]，驰走。渡淮至阴陵[12]，迷失道，问一田父[13]，田父绐曰："左。"左，乃陷大泽中，汉骑将灌婴追及之。至东城，乃有二十八骑。汉追者数千人。羽引骑依四溃山[14]为阵，谓其骑曰："吾起兵八岁，七十余战，

1　甲申：即公元前157年。
2　固陵：古县名，治所位于今河南省周口市太康县南。
3　会：会合。
4　垓下：古地名，位于今安徽省宿州市灵璧县东南。
5　期会：约期聚集。
6　坚壁：加固壁垒。
7　出捐：拿出。
8　大司马：古代武将名号，初授此号者皆为功勋卓著的将帅，后多授显贵外戚，成为执掌中枢政务的中朝领袖的官号。
9　乘：利用，趁着。
10　忼慨：激昂，愤激。
11　直夜溃围南出：当夜突围从南面冲出。溃围，突破包围。
12　阴陵：古地名，位于今安徽省滁州市定远县西北。
13　田父：老农。
14　四溃山：古地名，位于今江苏省南京市浦口区西南，与安徽省马鞍山市和县接界。

未尝败北，遂霸天下。今卒困此，此天亡我，非战之罪也。今日固决死，愿为诸君决战，必溃围，斩将，令诸君知之。"乃分其骑为四队，四向。汉军围之数重。羽令四面骑驰下，期山东为三处[1]。于是大呼驰下，斩汉一将，与其骑会为三处。汉军不知羽所在，乃分军为三，复围之。羽复驰，斩汉一都尉，杀数十百人。复聚其骑，亡其两骑耳。谓其骑曰："何如？"皆曰："如大王言。"于是羽欲东渡乌江[2]，亭长檥船[3]待，曰："江东虽小，地方千里，众数十万，亦足王也。今独臣有船，愿大王急渡。"羽笑曰："籍与江东子弟八千人渡江而西，今无一人还，纵江东父兄怜而王我，我独不愧于心乎？"乃刎[4]而死。楚地悉定，独鲁不下，王欲屠之。至城下，犹闻弦诵[5]之声。为其守礼义之国，为主死节，乃持羽头示之，乃降。以鲁公礼葬羽于谷城[6]，亲为发哀[7]，哭之而去。诸项氏枝属[8]皆不诛。封项伯等四人为列侯[9]，赐姓刘氏，诸民略在楚者皆归之[10]。

太史公曰：羽放逐义帝而自立，怨王侯叛己，难矣。自矜功伐[11]，奋其私智而不师古，欲以力征[12]经营天下，国亡身死，尚不觉寤，乃引"天亡我，非战之罪"，岂不谬哉？

扬子曰：汉屈群策，群策屈群力[13]。楚憨[14]群策，而自屈其力。屈人者克，自屈者负，天曷故焉[15]？

1　期山东为三处：约定在山的东面分三处集合。
2　乌江：古水名，位于今安徽省马鞍山市和县东北乌江镇附近。
3　檥船：停泊船只。
4　刎：抹脖子。
5　弦诵：弦歌诵读。
6　谷城：古县名，治所位于今山东省济南市平阴县西南。
7　发哀：举行哀悼仪式。
8　枝属：旁系亲属。
9　列侯：爵位名，秦置爵位的最高一级，原称彻侯，后因避讳，改称通侯、列侯。
10　诸民略在楚者皆归之：过去被掳掠到楚国的百姓们仍归他们统治。
11　自矜功伐：居功自傲。自矜，自夸，自尊自大。
12　力征：以武力征伐。
13　汉屈群策，群策屈群力：汉能使大家各献良策，这些良策使得大家各尽其力。屈，穷尽。策，谋划。
14　憨：怨恨，憎恶。
15　屈人者克，自屈者负，天曷故焉：善于利用众人智谋和力量的人能取得胜利，只会用个人智谋和力量的人必定失败，这和上天有什么关系。

王还至定陶，驰入齐王信壁，夺其军。

遣刘贾击临江王共尉，虏之。

春，正月，更立齐王信为楚王，魏相国越为梁王韩信至楚，召漂母，赐千金。召辱己少年，以为中尉，曰：“此壮士也。”

赦令曰：“兵不得休八年，万民与苦甚。今天下事毕，其赦天下殊死[1]以下。”

二月，王即皇帝位诸侯王皆请尊汉王为皇帝。二月甲午[2]，即位于汜水之阳。

更王后曰皇后，王太子曰皇太子，追尊先媪[3]曰昭灵夫人。

立故衡山王芮为长沙王，故粤王无诸为闽粤王。

帝西都洛阳[4]。

夏，五月，兵罢归家诏：“民前或相聚保山泽，不书名数[5]者，令各归其县，复故爵田宅，吏以文法教训辨告[6]，勿笞辱[7]。军吏卒爵及士大夫以上，皆令食邑[8]，以下，皆复[9]其身及户，勿事[10]。”

置酒南宫置酒洛阳南宫，上曰：“彻侯[11]、诸将毋敢隐朕，皆言其情。吾所以有天下者何？项氏之所以失天下者何？”高起、王陵对曰：“陛下使人攻城略地，因以与之，与天下同其利。项羽不然，有功者害之，贤者疑之，战胜而不予人功，得地而不予人利，此其所以失天下也。”上曰：“公知其一，未知

1　殊死：法律有明文规定的大逆不道罪，主要包括谋反、谋大逆、谋叛、恶逆等，此类死罪绝不赦免。
2　甲午：干支记日法，此处指初三。
3　先媪：亡母。
4　西都洛阳：向西定都洛阳。
5　名数：户籍。
6　以文法教训辨告：依据法律义理进行教诲，颁布于众。辨告，颁布。
7　笞辱：拷打而使受辱。
8　食邑：靠封邑租税生活。
9　复：免除赋税徭役。
10　勿事：不予征收。
11　彻侯：秦汉爵位名，和上文的“列侯”相同，爵位的最高一级。

其二。夫运筹帷幄之中,决胜千里之外,吾不如子房;填[1]国家,抚百姓,给饷馈[2],不绝粮道,吾不如萧何;连百万之众,战必胜,攻必取,吾不如韩信。三者皆人杰,吾能用之,此吾所以取天下者也。项羽有一范增而不能用,此所以为我擒也。"群臣悦服。

杨氏曰:项籍无道,所过残灭,民不亲附。范增为之谋主[3],曾无一言以救其败,其得计不过数欲害沛公耳。呜呼!籍诚不改其辙,则前日之亡秦是也。借令沛公死,天下其无沛公乎?然则籍虽用增,亦未必有益于败亡也。

召故齐王横,未至,自杀田横与其徒属五百余人入海,居岛中。帝恐其为乱,赦横罪,召之,曰:"横来,大者王,小者乃侯耳。不来,且举兵加诛焉。"横乃与其客二人乘传[4]诣洛阳。至尸乡厩置[5],谓其客曰:"横始与汉王俱南面称孤,今汉王为天子,而横乃为亡虏[6],北面事之,其耻固已甚矣。且吾烹人之兄,与其弟并肩而事主,纵彼不动,我独不愧于心乎?"遂自刭,令客奉其头,从使者驰奏之。帝为流涕,以王礼葬之。二客自刭。余五百人在岛中者闻之,亦皆自杀。

以季布为郎中,斩丁公以徇初,楚人季布为项籍将,数窘辱[7]帝。籍灭,帝购求[8]布千金,敢有舍匿[9],罪三族。布乃髡钳[10]为奴,自卖于鲁朱家。朱家心知其季布也,买置田舍,身之洛阳见滕公,曰:"季布何罪?臣各为其主用,职耳。项氏臣岂可尽诛邪?今上始得天下,而以私怨求一人,何示不广[11]也?且以布之贤,汉求之急,此不北走边、南走越耳?夫忌壮士以资敌国,此伍

---

1 填:通"镇",安定。
2 饷馈:运送军粮。
3 谋主:出谋划策的主要人物。
4 乘传:乘坐驿车。传,驿站的马车。
5 尸乡厩置:尸乡,古地名,位于今河南省洛阳市辖偃师市西南新蔡镇。厩置,驿站。
6 亡虏:逃亡的罪人。
7 窘辱:困迫凌辱。
8 购求:悬赏捕人。
9 舍匿:窝藏。
10 髡钳:古代刑罚名,剃去头发,用铁圈束颈。
11 不广:气度不大。

子胥所以鞭荆平¹之墓也。"滕公言于上，上乃赦布，召拜郎中，朱家遂不复见之。布母弟丁公，亦为项羽将，逐窘²帝彭城西。短兵接，帝急，顾曰："两贤岂相厄³哉？"丁公乃还。至是来谒，帝以徇军中，曰："丁公为臣不忠，使项王失天下者也。"遂斩之，曰："使后为人臣无效丁公也。"

　　司马公曰：高祖网罗豪杰，招亡纳叛，亦已多矣。而丁公独以不忠受戮，何哉？当群雄角逐之际，民无定主，来者受之，固其宜也。及贵为天子，海内为臣，苟不明礼义以示人，使为臣者人怀二心以徼⁴大利，则国家其能久安乎？是故断以大义，使天下晓然⁵皆知为臣不忠者无所自容，而怀私结恩⁶者，虽至于活己，犹不与也⁷。戮一人而千万人惧，其虑事岂不深且远哉？

　　帝西都关中，以娄敬为郎中，赐姓刘氏齐人娄敬戍陇西，过洛阳，求见上曰："陛下都洛阳，岂欲与周室比隆⁸哉？"上曰："然。"敬曰："陛下取天下与周异。周自后稷积德累善，十有余世，至于文、武而诸侯自归之，遂灭殷为天子。及成王即位，周公相焉，乃营洛邑，以为此天下之中也，诸侯四方纳贡职⁹，道里¹⁰均矣。有德则易以王，无德则易以亡。故周之盛时，诸侯四夷莫不宾服¹¹；及其衰也，天下莫朝，周不能制。非唯德薄，形势弱也。今陛下起丰、沛，卷蜀、汉，定三秦，与项羽战荥阳、成皋之间，大战七十，小战四十，使天下之民肝脑涂地¹²，哭声未绝，伤者未起，而欲比隆于成、康¹³之时，

1　荆平：即楚平王。
2　逐窘：追击围困。
3　厄：为难，迫害。
4　徼：通"侥"，贪求不止。
5　晓然：明白貌。
6　怀私结恩：怀有私心结恩义。
7　虽至于活己，犹不与也：尽管他救过自己的命，仍不予宽容。
8　比隆：同等兴盛。
9　贡职：贡赋，贡品。
10　道里：路程。
11　宾服：归顺，服从。
12　肝脑涂地：形容惨死。
13　成、康：周成王、周康王。二王在位时为周朝盛世，都洛阳。

臣窃以为不侔[1]也。夫秦地被山带河[2]，四塞以为固，卒然有急，百万之众可立具也。夫与人斗，不搤其亢，拊其背[3]，未能全其胜也。今陛下按[4]秦之故地，此亦搤天下之亢而拊其背也。"帝问群臣。群臣皆山东人，争言："周王数百年，秦二世即亡。洛阳东有成皋，西有殽、渑，背河向洛，其固亦足恃也。"上问张良，良曰："洛阳虽有此固，其中小不过数百里，田地薄，四面受敌，非用武之国也。关中左殽、函，右陇、蜀，沃野[5]千里，南有巴蜀之饶，北有胡苑[6]之利，阻三面[7]而守，独以一面东制诸侯。诸侯安定，河、渭漕挽[8]天下，西给京师。诸侯有变，顺流而下，足以委输[9]，此所谓金城千里，天府之国。敬说是也。"上即日西都关中，拜敬郎中，号奉春君，赐姓刘氏。

胡氏曰：高帝起兵八年，岁无宁居[10]，至是天下平定，当亦少思安逸之时也。而敏于用言，不自遑暇[11]如此，其成帝业，宜哉！光武下陇，归才六日，颍川盗起而往征之，可谓能绳祖武[12]矣。

张良谢病，辟谷[13]良素多病，入关即杜门道引[14]，不食谷，曰："家世相韩，及韩灭，不爱万金之资，为韩报仇强秦，天下震动。今以三寸舌为帝者师，封万户侯，此布衣之极，于良足矣。愿弃人间事，欲从赤松子[15]游耳。"

司马公曰：夫生之有死，譬犹夜、旦之必然，自古及今，固未尝有超然而

1　不侔：不相等，不等同。
2　被山带河：靠着山，环着河。指形势险要的地方。
3　不搤其亢，拊其背：不卡住它的咽喉，却击打它的脊背。搤，扼。亢，通"吭"，喉咙。拊，击打。
4　按：控制。
5　沃野：肥沃的田野。
6　胡苑：胡人牧养禽兽的苑囿。代指胡人地盘。
7　阻三面：三面道路难行。阻，地形崎岖多阻隔，道路难行。
8　漕挽：水运和陆运。
9　委输：转运。
10　宁居：安居。
11　遑暇：闲空，安闲。
12　能绳祖武：能够踏着祖先的足迹继续前进。绳，继续。武，足迹。
13　辟谷：不食五谷，道教的一种修炼术。辟谷时，仍食药物，并须兼做道引等工夫。
14　杜门道引：关上门做道引工夫。道引，一种传统的养生方法，运用呼吸俯仰、肢体屈伸、意念活动或局部按摩等使体内血气畅通，促进身体健康。
15　赤松子：相传为上古神仙，能入火自焚，随风雨而上下，曾教神农氏祛病延年。

独存者也。以子房之明辨达理[1]，足以知神仙之为虚伪矣。然其欲从赤松子游者，其智可知也。夫功名之际，人臣之所难处。淮阴诛夷[2]，萧何系狱[3]，非以履盛满而不止邪[4]？故子房托于神仙，遗弃外物，所谓明哲保身者与！

　　杨氏曰：子房之志，为韩报仇而已，其事高祖非本心也。盖自博浪之谋不遂，其心固未尝一日而忘秦也。以为奋匹夫之勇，以侥幸于一旦，不若阴求天下之豪杰而徐图之。及得沛公，而知其足以济吾事也。于是委身从之，教以灭秦之计。及事之济[5]，则去汉归韩，而但教以烧绝栈道。至于定三秦、讨项氏之策，则无一言及之，岂其智之不及哉？其心固将辅韩成以驰骋于中原，而不欲汉王之东也。及成为项羽所杀，则韩之子孙无若成之贤者，而子房之志，无所复伸矣。然羽之仇不可以不报，而欲报羽，则非汉又不足资以成功也。于是不得已复西，以再致吾复仇之志。使汉事得成，而吾责亦塞[6]。然后自托于神仙之说，以遂其不欲事汉之本心焉。此子房之智谋节义[7]，所以远过于人。而自汉至今千有余年，未有能窥之者，惟子程子[8]盖尝言之。又以为子房进退从容，有儒者之风，非高祖之能用子房，实子房能用高祖。其可谓知子房矣。抑高祖之任子房，盖亦不足以尽子房之术云。

　　六月，赦。

　　秋，七月，燕王臧荼反。帝自将击，虏之。立卢绾为燕王绾家与上同里闬[9]，绾生又与上同日，故特王之。

　　赵王张耳卒子敖嗣。敖尚[10]帝长女鲁元公主为后。

1　明辨达理：明辨，辨别清楚。达理，通达事理。
2　淮阴诛夷：淮阴，指淮阴侯韩信。诛夷，杀戮，诛杀。
3　系狱：囚禁于牢狱。
4　非以履盛满而不止邪：这不就是因为功名已达到巅峰却还不止步吗。
5　济：成就。
6　塞：使满足。
7　节义：节操与义行。
8　子程子：即程子。前一个"子"字，意为夫子。后一个"子"字，古代男子的尊称。
9　里闬：里门，也代指乡里。
10　尚：娶帝王之女为妻。

故楚将利几反，帝自将击，破之。

后九月，治长乐宫。

庚子**六年**（公元前201年）

冬，十二月，帝会诸侯于陈，执楚王信以归。至洛阳，赦[1]为淮阴侯楚王信初之国，行县邑，陈兵[2]出入。人有上书告信反者。帝以问诸将，皆曰："亟发兵坑竖子耳。"帝默然。又问陈平，平曰："人言信反，信知之乎？"上曰："不知。"平曰："陛下兵精孰与楚？"上曰："不能过。"平曰："诸将用兵有能过信者乎？"上曰："莫及也。"平曰："如此而举兵攻之，是趣之战也，窃为陛下危之。"上曰："为之奈何？"平曰："古者天子有巡狩，会诸侯。陛下第出，伪游云梦，会诸侯于陈。陈，楚之西界。信闻天子以会出游，其势必无事，而郊迎，谒。谒而因擒之，此特一力士之事耳。"帝以为然，乃告诸侯会陈："吾将南游云梦。"因随以行。信闻之，疑惧。时项王故将钟离昧亡归信，汉诏[3]信捕之。或说信斩昧以献。及上至陈，信持昧首谒上，上令武士缚信，载后车。信曰："果若人言：'狡兔死，走狗烹；高鸟尽，良弓藏；敌国破，谋臣亡。'天下已定，我固当烹。"遂械系[4]以归，因赦天下。田肯贺曰："陛下得韩信，又治秦中[5]。秦，形胜[6]之国也，带河阻山，地势便利，其以下兵于诸侯，譬犹于高屋之上建瓴水[7]也。夫齐，东有琅邪、即墨之饶，南有泰山之固，西有浊河[8]之限，北有渤海之利，地方二千里，持戟百万，此东

1　赦：免除或减轻处罚。
2　陈兵：陈列士兵，部署兵力。
3　诏：皇帝下达命令。
4　械系：戴上镣铐，拘禁起来。
5　秦中：古地区名，指今陕西中部平原地区，因春秋、战国时地属秦国而得名，也称"关中"。
6　形胜：地理位置优越，地势险要。
7　建瓴水：把瓶子里的水从屋顶上倾倒，比喻居高临下的有利位置。建，倒水，泼水。瓴，盛水的瓶子。
8　浊河：浑浊的河流，也特指黄河。

西秦[1]也，非亲子弟，莫可使王齐者。"上曰："善。"至洛阳，赦信，封淮阴侯。信知帝畏恶[2]其能，多称病，不朝从[3]，居常鞅鞅[4]，羞与绛灌[5]等列。上尝从容与信言诸将能将兵多少，上问曰："如我能将几何？"信曰："陛下不过能将十万。"上曰："于君何如？"曰："臣多多而益善耳。"上笑曰："多多益善，何为为我擒？"信曰："陛下不能将兵，而善将将，此乃信之所以为陛下擒也。且陛下所谓天授，非人力也。"

　　始剖符封功臣为彻侯始封功臣，酂侯萧何食邑[6]独多，功臣皆曰："臣等身被坚执锐，多者百余战，少者数十合。今萧何未尝有汗马之劳，徒持文墨议论，顾反居臣等上，何也？"帝曰："诸君知猎乎？追杀兽、兔者，狗也；发纵指示[7]者，人也。今诸君徒能得走兽耳，功狗也；至如萧何，发纵指示，功人也。"群臣皆莫敢言。张良亦无战斗功，帝使自择齐三万户。良曰："臣始起下邳[8]，与上会留，此天以臣授陛下。陛下用臣计，幸而时中[9]。臣愿封留足矣，不敢当三万户。"乃封良为留侯。封陈平为户牖侯，平辞曰："此非臣之功也。"上曰："吾用先生谋，战胜克敌，非功而何？"平曰："非魏无知，臣安得进？"上曰："子可谓不背本[10]矣。"乃赏无知。

　　康熙御批：人主立言自有大体。汉高祖论萧何与诸臣之功，乃譬之以猎，谓"发纵指示者，人也；追杀走兔者，狗也"，比拟[11]之辞，未免过甚。

　　春，正月，立从兄贾为荆王，弟交为楚王，兄喜为代王，子肥为齐

1　东西秦：一东一西有两个秦国。
2　畏恶：畏惧。
3　朝从：朝见和侍从。
4　鞅鞅：因不平或不满而郁郁不乐。鞅，通"怏"。
5　绛灌：绛侯周勃与颍阴侯灌婴的并称。
6　食邑：古代君主赐予臣下作为世禄的封地。
7　发纵指示：发现野兽的踪迹，指示猎狗跟踪追捕。比喻暗中操纵指挥。发，发现。纵，通"踪"。
8　下邳：古县名，治所位于今江苏省徐州市睢宁县西北古邳镇东。
9　时中：有时料中。
10　背本：背弃根本。
11　比拟：比方，譬喻。

王帝惩[1]秦孤立而亡，欲大封同姓以镇抚天下。分楚地为二国：以淮东五十三县立从兄将军贾为荆王，以薛郡、东海、彭城[2]三十六县立弟文信君交为楚王，以云中、雁门、代郡五十三县立兄宜信侯喜为代王，以胶东、胶西、临菑、济北、博阳、城阳[3]郡七十三县立微时[4]外妇[5]之子肥为齐王。

胡氏曰：先王经世[6]之法，至秦尽矣。汉祖勃兴[7]，既定四海，则宜命大臣求遗贤[8]，讲王制，首复井田之法。是时距秦未远，经界沟洫[9]，必尚可考。大本一正，于以分土而封国，则远迩[10]大小，各得其宜，而二帝三王公天下之心复传矣。高帝不能稽古[11]，割地无法，封三庶孽[12]，分天下半，苟简[13]一时，流患于后。帝之智既不及此，而良、平诸臣亦无为之谋者，岂王泽当熄，天不启其衷[14]邪？呜呼惜哉！

以曹参为齐相国参之至齐，尽召诸先生问所以安集[15]百姓。而齐故诸儒以百数，言人人殊。参闻胶西有盖公，善治黄老言，使人请之。盖公为言治道贵清静而民自定，参乃避正堂以舍之。用其言，齐国安集，称贤相焉。

1　惩：警戒，鉴戒。
2　薛郡、东海、彭城：薛郡，古郡名，辖今山东省西南部，大汶河下游及其支流小汶河以南，大运河以东，蒙山、抱犊崮以西，枣庄市和鱼台县以北地区。东海，古郡名，辖今山东费县、临沂市和江苏赣榆以南，山东枣庄市、江苏邳县以东和江苏宿迁、灌南以北地区。彭城，古郡名，辖今江苏徐州市、铜山县、沛县东南部、邳县西北部，安徽濉溪县东部及山东微山县地。
3　胶东、胶西、临菑、济北、博阳、城阳：均为古郡名。胶东，辖今山东省胶莱河以东地区。胶西，辖今山东省胶莱河以西，高密市以北地区。临菑，辖今山东省淄博、博兴、高青、利津、广饶、昌乐、寿光、滨县、青州及临朐等地。博阳，辖今山东省泰安、新泰、莱芜、济南、济阳、邹平、章丘等地。城阳，辖今山东省安丘、高密、胶州等市以南，诸城、莒县、莒南等市县以东地。
4　微时：卑贱而未显达的时候。
5　外妇：正妻以外未经结婚而同居的妇人。
6　经世：治理国事。
7　勃兴：蓬勃兴起。
8　遗贤：弃置未用的贤才。
9　经界沟洫：经界，土地、疆域的分界。沟洫，田间水道。
10　迩：近，靠近。
11　稽古：考察古事。
12　庶孽：妃妾所生之子。犹树有孽生，故称。
13　苟简：草率而简略。
14　衷：内心。
15　安集：安定和睦。

更以太原郡为韩国，徙韩王信王之上以信材武[1]，所王皆天下劲兵处，乃以太原郡三十一县为韩国，徙信，王之以备边，都晋阳。信以国被边[2]，晋阳去塞远，请治马邑[3]。许之。

封雍齿为什方侯上已封大功臣二十余人，其余争功不决，未得行封。上从复道望见诸将往往相与坐沙中语，曰："此何语？"留侯曰："陛下不知乎？谋反耳。"上曰："何故？"留侯曰："陛下起布衣，以此属取天下，今所封皆故人所亲爱，所诛皆平生所仇怨。此属畏陛下不能尽封，又恐见疑平生过失及诛，故相聚谋反耳。"上乃忧曰："为之奈何？"留侯曰："陛下平生所憎，群臣所共知，谁最甚者？"上曰："雍齿与我有故怨，数尝窘辱我。"留侯曰："今急先封雍齿，则群臣人人自坚矣。"于是乃封雍齿为什方侯，而急趣丞相、御史定功行封。群臣皆喜曰："雍齿尚为侯，我属无患矣。"

司马公曰：张良为高帝腹心，宜其知无不言，安有闻诸将谋反，待帝自见然后乃言之邪？盖以高帝数用爱憎行诛赏，群臣往往有觖望[4]自危之心。故良因事纳忠，以变移帝意，使上无阿私[5]，下无猜惧[6]，可谓善谏矣。

诏定元功[7]位次。赐丞相何剑履上殿[8]，入朝不趋[9]诏定元功十八人位次。皆曰："曹参功最多，宜第一。"鄂千秋进曰："参虽有野战略地之功，此特一时之事耳。上与楚相距五岁，失军亡众，跳身遁者数矣。萧何常从关中遣军补其处。又军无见粮[10]，何转漕关中，给食不乏。陛下虽数亡山东，何常全关中以待陛下。此万世之功也。今奈何以一旦之功而加万世之功哉？何第一，参次之。"上曰："善。"于是乃赐何带剑履上殿，入朝不趋。上曰："吾闻'进贤

1　材武：有才能而且勇武。
2　被边：靠近边界。
3　马邑：古县名，治所即今山西省朔州市。
4　觖望：因不满意而怨恨。
5　阿私：偏私，不公道。
6　猜惧：疑虑而恐惧。
7　元功：功臣。
8　剑履上殿：经帝王特许，重臣上朝时可不解剑，不脱履，以示殊荣。
9　趋：快步走。
10　见粮：现存的粮食。

受上赏[1]。"封千秋为安平侯。

帝归栎阳。

夏，五月，尊太公为太上皇上五日一朝太公。太公家令[2]说曰："皇帝虽子，人主也；太公虽父，人臣也。奈何令人主拜人臣，而使威重[3]不行乎？"后上朝，太公拥篲迎门，却行[4]，上大惊，下扶太公。太公曰："帝人主，奈何以我乱天下法？"上乃诏尊太公为太上皇，赐家令金五百斤。

秋，匈奴寇边[5]，围马邑。韩王信叛，与连兵初，匈奴畏秦，北徙。及秦灭，复稍南渡河。单于头曼有太子，曰冒顿。后有少子，欲杀冒顿而立之。冒顿遂杀头曼自立。东胡使谓冒顿，欲得头曼时千里马。群臣皆曰："勿与。"冒顿曰："奈何与人邻国而爱一马乎？"遂与之。东胡又欲得单于一阏氏[6]。左右皆怒，请击之。冒顿曰："奈何与人邻国爱一女子乎？"又与之。东胡王愈益骄。两国中间有弃地莫居[7]，千余里，东胡欲有之。群臣或曰："此弃地，与之亦可，勿与亦可。"冒顿大怒，曰："地者，国之本也，奈何与人？"言与者皆斩之。即上马，令："国中后出者斩！"遂袭灭东胡。又走月氏[8]，并楼烦、白羊[9]河南[10]王，遂侵燕、代，悉复蒙恬所夺故地，控弦之士[11]三十余万。至是，围韩王信于马邑。信使使求和解。汉疑信有二心，使人让之。信恐诛，遂以马邑降之。匈奴遂攻太原，至晋阳。

令博士叔孙通起朝仪[12]帝悉去秦苛仪，法为简易。群臣饮酒争功，醉，或妄呼，拔剑击柱，帝益厌之。叔孙通说上曰："夫儒者难与进取，可与守

1　进贤受上赏：能给国家推荐人才的人，应该得到上等的赏赐。
2　家令：古官名，汉代皇家的属官，主管家事，诸侯国亦设此职，后世仅有太子家令。
3　威重：威权，威势。
4　拥篲迎门，却行：拿着扫帚扫道路，在门前迎候，倒退而行。篲，扫帚。
5　寇边：敌人侵犯边境。
6　阏氏：汉代匈奴称君主的正妻。也借指其他少数民族君主之妻妾。
7　莫居：没人住。
8　月氏：古族名，曾于西域建月氏国，游牧于敦煌、祁连间。
9　白羊：古族名，游牧于今内蒙古河套一带。
10　河南：河套以南。
11　控弦之士：借指士兵。控弦，拉弓。
12　朝仪：上朝的礼仪。

成[1]。臣愿征鲁诸生，共起朝仪。"帝曰："得无难乎？"通曰："五帝异乐，三王不同礼。礼者，因时世、人情为之节文[2]者也。臣愿颇采古礼，与秦仪杂就之。"上曰："可试为之，令易知，度吾所能行者为之。"于是通使[3]征鲁诸生，有两生不肯行，曰："公所事者且十王，皆面谀[4]以得亲贵。今死者未葬，伤者未起，又欲起礼乐。礼乐所由起，积德百年而后可兴也。吾不忍为公所为，公去矣，无污我。"通笑曰："若真鄙儒[5]，不知时变。"遂与所征，及上左右，与其弟子百余人，为绵蕞[6]，野外习之。月余，言于上曰："可试观矣。"上使行礼，曰："吾能为此。"乃令群臣习肄[7]。

辛丑七年（公元前 200 年）

冬，十月，长乐宫成，朝贺置酒长乐宫成，诸侯群臣皆朝贺。先平明[8]，谒者治礼，以次引入殿门，陈东西向。卫官侠陛[9]及罗立[10]廷中，皆执兵，张旗帜。于是皇帝传警[11]出房，引诸侯王以下至吏六百石[12]以次奉贺[13]，莫不震恐肃敬。礼毕，置法酒[14]。诸侍坐者皆伏，抑首[15]，以次起上寿[16]。觞九行[17]，谒者奏罢酒，御史执法，举不如仪者[18]，辄引去。竟朝[19]罢酒，无敢喧哗失礼者。于是上

1　守成：保持前人的成就和业绩。
2　节文：礼节，仪式。
3　通使：派使者。
4　面谀：当面恭维。
5　鄙儒：拘执、不通事理的儒生。
6　绵蕞：引绳为"绵"，束茅以表位为"蕞"，后因谓制订整顿朝仪典章为"绵蕞"。
7　习肄：练习。
8　平明：天刚亮的时候。
9　侠陛：在殿阶两侧侍奉，亦指在殿阶左右两侧侍奉的人。侠，通"夹"。
10　罗立：围环耸立。
11　传警：古代礼仪，帝王车驾启行时，左右侍者传声，以示警清道。
12　吏六百石：俸禄为六百石的官吏。
13　奉贺：祝贺。
14　法酒：古代朝廷举行大礼时的酒宴。因进酒有礼，故称。
15　抑首：俯首，低头。
16　上寿：向人敬酒，祝颂长寿。
17　觞九行：斟酒连敬九次。觞，进酒。
18　举不如仪者：举动不遵照仪式的人。
19　竟朝：上朝完毕。

曰："吾乃今日知为皇帝之贵也。"拜通太常[1]。初，秦悉内六国礼仪，择其尊君抑臣者存之。及通制礼，颇有所增损，大抵皆袭秦故。其书后与律令同录，藏于理官[2]。法家又复不传，民臣莫有言者焉。

司马公曰：礼之为用，大矣。用之于身，则动静有法而百行[3]备焉；用之于家，则尊卑有别而九族睦焉；用之于乡，则长幼有伦而俗化[4]美焉；用之于国，则君臣有叙而政治[5]成焉；用之于天下，则诸侯宾服而纪纲正焉，岂只几席[6]之上、户庭之间得之而不乱哉？夫以高祖之明达[7]，诚得大儒而佐之，与之以礼为天下，其功烈[8]岂若是而止哉？惜夫，叔孙生之为器小也。徒窃礼之糠秕[9]，以谐俗[10]取宠，遂使先王之礼沦没[11]不振，以迄于今，岂不痛甚矣哉！是以扬子讥之曰："昔者鲁有大臣，史失其名，曰：'何如其大也[12]？'曰：'叔孙通欲制君臣之仪，召先生于鲁，所不能致者二人。'曰：'若是，则仲尼之开迹[13]诸侯也，非邪？'曰：'仲尼开迹，将以自用[14]也。如委己而从人，虽有规矩准绳，焉得而用之？'"夫大儒者，恶肯毁其规矩准绳，以趋一时之功哉？

帝自将讨韩王信。信及匈奴皆败走，帝追击之，被围平城[15]，七日乃解 上自将击韩王信，破其军。信亡走匈奴。白土[16]人曼丘臣、王黄等立赵利，收信兵，谋攻汉。匈奴使左、右贤王将万骑，与王黄等南至晋阳，汉击之，辄

1　太常：古官名，汉朝九卿之首，掌礼乐、郊庙社稷事宜。
2　理官：掌管司法的官员。
3　百行：各种品行。
4　俗化：习俗教化。
5　政治：政事的治理。
6　几席：几和席，为古人凭依、坐卧的器具。
7　明达：通达。
8　功烈：功勋业绩。
9　糠秕：谷皮和瘪谷，比喻粗劣而无价值之物。
10　谐俗：迎合世俗。
11　沦没：消失，湮没。
12　何如其大也：为什么说他们是大儒。
13　开迹：发迹，起家。
14　自用：按照自己的意图行事。
15　平城：古县名，治所位于今山西省大同市东北。
16　白土：古县名，治所位于今陕西省榆林市神木县秃尾河上游。

败走。已复屯聚[1]，汉兵乘胜追之。会天大寒，雨雪，士卒堕指[2]者什二三。上闻冒顿居代谷[3]，使人觇[4]之。冒顿匿其壮士、肥牛马，但见老弱羸畜[5]。使者十辈[6]来，皆言匈奴可击。上复使刘敬往使，未还，悉兵三十二万北逐之。敬还报曰："两国相击，此宜矜夸[7]，见所长。今臣往，徒见羸瘠[8]老弱，此必欲见短，伏奇兵以争利，愚以为匈奴不可击也。"时兵已业行[9]，上怒骂曰："齐虏[10]以口舌得官，今乃妄言沮[11]吾军。"械系敬广武。遂先至平城，兵未尽到，冒顿纵精兵四十万骑围帝于白登[12]七日，汉兵中外[13]不得相救饷[14]。帝用陈平秘计，使使间厚遗阏氏。冒顿乃解围去，汉亦罢兵归。斩前使十辈，赦刘敬，曰："吾不用公言，以困平城。"封为建信侯。更封陈平为曲逆侯。平从帝征伐，凡六出奇计，辄益封邑焉。

十二月，还至赵上还，过赵，赵王敖执子婿礼，甚卑。上箕倨慢骂[15]之。赵相贯高、赵午等皆怒，曰："吾王，孱王[16]也。"乃说王，请杀之。敖啮[17]其指出血，曰："君何言之误？先人亡国，赖帝得复。德流子孙，秋毫[18]皆帝力也。愿君无复出口。"高等相谓曰："吾王长者，不倍德。且吾等义不辱，何污王为？事成归王，事败则独身坐耳。"

1　已复屯聚：随后又聚集起来。
2　堕指：冻掉手指。
3　代谷：古地名，位于今山西省忻州市代县西北。
4　觇：暗中察看。
5　羸畜：瘦弱的牲畜。羸，瘦弱。
6　十辈：从事同一或同类事务的前后十人。十，约数。
7　矜夸：骄傲自满，自我夸耀。
8　羸瘠：瘦弱。
9　已业行：已经出发了。已业，已经。
10　齐虏：指刘敬（原名娄敬），本齐国人，因此称齐虏。
11　沮：阻止。
12　白登：古山名，位于今山西省大同市东北，今名马铺山。
13　中外：里外。
14　救饷：援助粮饷。
15　箕倨慢骂：箕倨，两脚张开，两膝微曲地坐着。慢骂，辱骂，谩骂。
16　孱王：懦弱的君王。
17　啮：咬。
18　秋毫：鸟兽在秋天新长的细毛，比喻微小的事物。

匈奴寇代。代王喜弃国自归。立子如意为代王。

春，令郎中有罪耏以上请之，民产子，复勿事二岁[1]。

二月，帝至长安，始定徙都萧何治未央宫，上见其壮丽，甚怒，曰："天下匈匈数岁，成败未可知，是何治宫室过度也？"何曰："天下方未定，故可因以就宫室。且天子以四海为家，非壮丽无以重威，且无令后世有以加也。"上悦，遂自栎阳徙都之。

司马公曰：王者以仁义为丽，道德为威，未闻其以宫室填服[2]天下也。天下未定，当克己节用以趋民之急，而顾以宫室为先，岂可谓之知所务哉？昔禹卑宫室而桀为倾宫[3]，创业垂统之君，躬行节俭以训示子孙，其末流[4]犹入于淫靡[5]，况示之以侈[6]乎？孝武卒以宫室罢敝天下，未必不由酂侯[7]启之也。

置宗正[8]官。

夏，四月，帝如洛阳。

壬寅八年（公元前 199 年）

冬，击韩王信余寇于东垣[9]上东击韩王信余寇，过柏人[10]。贯高等壁人[11]于厕中。上欲宿，心动[12]而去。

十二月，还宫。

1　令郎中有罪耏以上请之，民产子，复勿事二岁：命令郎官中有罪行大到要处以耏刑以上的，要向上请示。百姓如果生儿子了，可以免去两年的赋税和徭役。耏，一种比较轻的刑罚名，剔去须眉。
2　填服：镇服。填，通"镇"。
3　倾宫：巍峨的宫殿。望之似欲倾坠，故称。
4　末流：后世，后人。
5　淫靡：过分享受，恣意浪费。
6　侈：浪费。
7　酂侯：萧何的爵号，代称萧何。
8　宗正：古官名，掌管皇帝亲族或外戚勋贵等有关事务之官。
9　东垣：古县名，治所位于今河北省石家庄市东北。
10　柏人：古县名，治所位于今河北省邢台市隆尧县西。
11　壁人：藏人于夹墙之中。
12　心动：心跳，突感不安。

春，三月，令贾人毋得衣锦、绣、绮、縠、绤、纻、罽[1]，操兵、乘马。

癸卯**九年**（公元前198年）

冬，遣刘敬使匈奴，结和亲[2]匈奴数苦北边，上患之。刘敬曰："天下初定，士卒罢于兵，未可以武服也。冒顿杀父、妻、母，以力为威，未可以仁义说也。独可以计久远，子孙为臣耳[3]。陛下诚以适长公主[4]妻之，彼必慕[5]，以为阏氏，生子必为太子。岁时问遗[6]，谕以礼节。冒顿在，固为子婿，死则外孙为单于，可无战以渐臣[7]也。"帝曰："善。"欲遣长公主。吕后不可，乃取家人子[8]，名为长公主，以妻单于。使刘敬往结和亲约。

司马公曰：刘敬谓冒顿残贼，不可以仁义说，而欲与为婚姻，何前后之相违也？帝王之御外蕃[9]，服则怀之以德，叛则震之以威，未闻与为婚姻也。

十一月，徙齐、楚大族豪杰于关中刘敬言："匈奴河南地，去长安近者七百里，轻骑一日一夜可以至秦中。且诸侯初起时，非齐诸田、楚昭、屈、景莫能兴。今关中少民，北近匈奴，东有强族，一日有变，陛下未得高枕而卧也。愿徙六国后及豪杰名家居关中，无事可以备边[10]，有变率以东伐，此强本弱末之术也。"于是徙昭、屈、景、怀、田氏及豪杰于关中，与利[11]田宅，凡十余万口。

---

1 贾人毋得衣锦、绣、绮、縠、绤、纻、罽：商人不可以穿织锦绣花等的华丽衣服。锦，有彩色花纹的丝织品。绣，用彩色线在布帛上刺成花、鸟、图案等。绮，有花纹或图案的丝织品。縠，有皱纹的纱。纻，用苎麻纤维织的布。罽，羊毛织物。绤，细葛布。
2 和亲：朝廷利用婚姻关系与边疆各族统治者结亲和好。
3 子孙为臣耳：使他的子孙做汉的臣属。
4 适长公主：嫡出的长公主。适，通"嫡"。
5 慕：依恋，向往。
6 问遗：慰劳馈赠。
7 渐臣：渐渐臣服汉朝。
8 家人子：汉代对无官职名号宫人的称呼。
9 外蕃：属国。
10 备边：守边。
11 利：便利的。

春，正月，赵王敖废，徙代王如意为赵王贯高怨家[1]知其谋，上变[2]告之。于是逮捕赵王敖及诸反者。诏敢从者族。赵午等皆自剄，高独怒骂曰："公等皆死，谁白[3]王不反者？"乃辒车胶致[4]诣长安。郎中田叔、客孟舒皆自髡钳为王家奴以从。高对狱[5]，曰："独吾属为之，王实不知。"榜笞刺剟[6]，身无可击者，终不复言。廷尉以闻，上曰："壮士！谁知者？"泄公曰："臣素知之，此固赵国立义[7]不侵，为然诺[8]者也。"上使泄公持节往问之，曰："赵王果有谋不？"高曰："吾三族皆以论死[9]，岂爱王过于吾亲哉？顾[10]为王实不反。"具道所以王不知状。泄公以报，乃赦敖，废为宣平侯，而徙如意王赵。上贤高，赦之。高曰："所以不死者，白王不反也。今王已出，吾责已塞，死不恨矣。且人臣有篡弑之名，何面目复事上哉？"乃仰绝亢[11]，遂死。上召叔等与语，汉廷臣[12]无能出其右者。尽拜守相[13]。

荀悦曰：贯高小亮[14]不塞大逆，私行不赎公罪。《春秋》之义大居正[15]，罪无赦可也。

司马公曰：高帝骄以失臣，贯高狠以亡君。使高谋逆者，帝之过也；使敖失国者，高之罪也。

夏，六月晦，日食。

以萧何为相国。

1　怨家：冤家，仇人。
2　上变：向朝廷告发谋反等非常事变。
3　白：禀告，报告。
4　辒车胶致：辒车，槛车，囚车。胶致，密封。
5　对狱：到案受审。
6　榜笞刺剟：榜笞，鞭笞拷打。刺剟，古代的一种酷刑，以铁器刺人身体。
7　立义：奉行大义。
8　然诺：许诺，答应。也引申指言而有信。
9　论死：判处死刑。
10　顾：表示轻微的转折，相当于"而""不过"。
11　绝亢：刎颈，抹脖子。
12　廷臣：朝臣，朝内大官。
13　守相：郡守和诸侯王之相。
14　小亮：小信，小事情上的诚信。
15　大居正：以恪守正道为贵。大，尊尚。

甲辰**十年**（公元前 197 年）

夏，五月，太上皇崩。秋，七月，葬万年[1]，令诸侯王国皆立庙。

以周昌为赵相，赵尧为御史大夫定陶戚姬有宠，生赵王如意。吕后年长，益疏[2]。上以太子仁弱[3]，谓如意类己，常留之长安，欲废太子而立之。大臣争之，皆莫能得。御史大夫周昌廷争[4]之强，上问其说。昌为人吃[5]，又盛怒，曰："臣口不能言，然臣期期[6]知其不可！陛下欲废太子，臣期期不奉诏！"上欣然而笑。吕后闻之，跪谢昌曰："微君，太子几废。"时赵王年十岁，上忧万岁[7]之后不全也，符玺御史赵尧请为赵王置贵强[8]相，及吕后、太子、群臣素所敬惮者。上问其人，尧以昌对。上乃以昌相赵，而以尧代为御史大夫。

杨氏曰：以高帝之明，惓惓[9]于赵王，其念深矣。然卒用赵尧之策，可谓以金注[10]也。且吕氏以坚忍之资，济之以深怨积怒，其欲甘心于如意也久矣，一贵强相何足以重赵哉？善为高皇计者，盍亦反诸己[11]而已矣。不以燕好[12]之私，乱嫡妾之分，使贵者不陵，贱者不逼[13]，则夫夫妇妇而家道正矣，岂特无母祸而已哉？

上犹欲易太子，于是吕后使建成侯吕释之强要留侯画计[14]，留侯曰："此难

1　万年：本为吉祥语，刘邦以此作为太上皇的陵名，地址位于今陕西省西安市临潼区东北。
2　益疏：更加疏远。
3　仁弱：仁爱懦弱。
4　廷争：在朝廷上向皇帝极力谏诤。
5　吃：口吃，结巴。
6　期期：口吃结巴貌。
7　万岁：帝王死之讳称。
8　贵强：地位尊贵，性格刚强。
9　惓惓：念念不忘。
10　以金注：用黄金作赌注。语出《庄子·达生》："以瓦注者巧，以钩注者惮，以黄金注者殙。"
11　反诸己：反过来从自己身上找原因。
12　燕好：男女欢合。
13　贵者不陵，贱者不逼：地位尊贵的不欺压别人，地位卑贱的不心胸狭隘。陵，欺压。逼，狭窄。
14　画计：筹谋计策。

以口舌争也。顾上有所不能致者四人，曰东园公、绮里季、夏黄公、角里先生，皆以上嫚侮[1]士，故逃匿山中，义不为汉臣。然上高此四人。今令太子为书，卑词安车[2]，固请其来。来，以为客，时从入朝，令上见之，则一助也。"于是吕后使人奉太子书招之。四人至，客建成侯家。

九月，代相国陈豨反，帝自将击之初，上以阳夏侯陈豨为代相国，监赵、代边兵。豨常慕魏无忌之养士，及告归[3]，过赵，宾客随之者千余乘。周昌求见上，言豨宾客甚盛，擅兵[4]数岁，恐有变。上令人覆按[5]豨客诸不法事，多连引[6]豨。豨恐，遂反。上自击之，至邯郸，喜曰："豨不南据邯郸而阻[7]漳水，吾知其无能为矣。"昌奏："常山亡二十城，请诛守、尉。"上曰："守、尉反乎？"对曰："不。"上曰："是力不足，亡罪[8]。"令昌选赵壮士可将者，白见[9]四人，封各千户，以为将。左右谏曰："封此何功？"上曰："非汝所知。赵、代地皆豨有，吾征天下兵未至，今独邯郸中兵耳。吾何爱四千户，不以慰赵子弟？"又闻豨将皆故贾人，上曰："吾知所以与之矣。"乃多以金购[10]之，豨将多降。

乙巳十一年（公元前 196 年）

冬，破豨军。

1　嫚侮：轻蔑侮辱。
2　安车：古代可以坐乘的小车。古代车立乘，此为坐乘，故称安车，供年老的高级官员及贵妇人乘用。高官告老还乡或征召有重望的人，往往赐乘安车。
3　告归：官吏告老回乡或请假回家。
4　擅兵：掌握兵权。
5　覆按：审察，查究。
6　连引：牵连。
7　阻：被阻隔。
8　亡罪：无罪。
9　白见：召见。
10　购：重金收买。

　　春，正月，后杀淮阴侯韩信，夷三族冬，太尉[1]周勃道[2]太原入代地，陈豨军败。淮阴侯信舍人弟上变告，陈豨前过赵、代，过辞信。信辟[3]左右，曰："公之所居，天下精兵处也。而公，陛下之信幸[4]臣也。人言公畔，陛下必不信。再至，则疑矣。三至，必怒而自将。吾为公从中起，天下可图也。"豨曰："谨奉教。"今信阴与豨通谋，欲与家臣夜诈赦诸官徒奴[5]，发以袭吕后、太子。部署已定，待报未发。吕后与萧何谋，诈言豨已得，死，绐信入贺，使武士缚信，斩之。信曰："吾悔不用蒯彻之计，乃为儿女子[6]所诈。"遂夷三族。

　　司马公曰：韩信首建大策[7]，与高祖起汉中，定三秦，遂分兵以北，擒魏取代，仆赵胁燕[8]，击齐灭楚，汉之所以得天下者，大抵皆其功也。观其拒蒯彻之说，迎高祖于陈，岂有反心哉？良[9]由失职怏怏，遂陷悖逆。夫以卢绾王燕，而信乃为列侯，岂非高祖亦有负于信哉？虽然，信灭齐，不报而自王，期共攻楚而不至，当是之时，高祖固有取信之心矣，顾力不能耳。及天下已定，则信复何恃哉？夫乘时而徼利[10]者，市井之志也；酬功[11]而报德者，士君子[12]之心也。信以市井之志利其身，而以士君子之心望于人，不亦难哉？故太史公论之曰：假令信学道谦让，不伐[13]己功，不矜其能，则庶几哉！于汉家勋，可以比周、召、太公之徒，后世血食[14]矣。不务出此，而天下已定，乃谋畔逆，夷灭宗族，不亦宜乎！

1　太尉：古官名，全国最高军事长官，与管政务的丞相、管监察的御史大夫合称三公，共同负责国务。
2　道：取道，经过。
3　辟：通"避"，回避，躲避。
4　信幸：信任宠爱。
5　徒奴：服劳役的罪犯和奴隶。
6　儿女子：妇孺之辈。
7　大策：重大的谋略、决策。
8　仆赵胁燕：败灭赵国，威逼燕国。仆，败灭，倾倒。胁，威逼。
9　良：诚然，的确。
10　徼利：谋利，求利。
11　酬功：奖赏有功劳的人。
12　士君子：有学问而品德高尚的人。
13　伐：自夸。
14　血食：受享祭品。古代杀牲取血以祭，故称。

胡氏曰：功过当相准[1]，信功不可忘也。迎陈之礼，可以赎自王之衅[2]；拒彻之意，可以免失期之罪。未有反计，则当侯以次国。逆谋既露，犹当宥[3]其子孙。如此，则汉祖于记信之功、讨信之罪各尽其道，而无负矣。

韩王信伏诛。

帝还至洛阳上还，闻韩信言"恨不用蒯彻计"，乃诏捕彻。至，上曰："若教淮阴侯反乎？"对曰："然。竖子不用臣计耳。如用臣计，陛下安得而夷之乎？"上怒，曰："烹之。"彻曰："秦失其鹿，天下共逐之，高材疾足[4]者先得。且当是时，臣独知信，非知陛下也。且天下欲为陛下所为者甚众，顾力不能耳，又可尽烹耶？"上曰："置[5]之。"

立子恒为代王。

赦。

二月，立王侯朝献[6]、郡国口赋[7]法诏曰："欲省赋甚，今献未有程[8]。吏或多赋以为献，民疾之。令诸王侯常以十月朝献，及郡各以其口数，率人岁六十三钱，以给献费。"

诏郡国求遗贤诏曰："盖闻王者莫高于周文，伯者莫高于齐桓，皆待贤人而成名。今天下贤者，智能岂特[9]古之人乎？患在人主不交故也，士奚由进[10]？今吾以天之灵，贤士大夫定有天下以为一家，欲其长久，世世奉宗庙无绝也。贤人已与我共平之矣，而不与我共安利[11]之，可乎？贤士大夫有肯从我

1　相准：相抵消。
2　衅：罪过。
3　宥：饶恕，原谅。
4　高材疾足：形容人才能出众，行事敏捷。高材，才能高。疾足，迈步快。
5　置：赦罪，释放。
6　朝献：诸侯或属国朝觐时贡献方物。
7　口赋：古代的人口税。
8　程：法度。
9　岂特：难道只是，何止。
10　患在人主不交故也，士奚由进：原因在于君主不与贤人交往，这样贤能之士又怎能有机会出头。
11　安利：安养。

游者，诸侯王、郡守必身劝，为之驾，遣诣相国府。有而弗言，觉[1]，免。年老癃病[2]勿遣。"

梁王越废，徙蜀。三月，杀之，夷三族上之击陈豨也，征兵于梁。梁王称病，使将将兵诣邯郸。上怒，让之。梁王恐，欲自往谢。其将扈辄曰："往则为擒，不如遂反。"王不听。梁太仆得罪，亡走汉，告之。上使使掩[3]梁王，囚之洛阳。有司治[4]，反形已具，论如法[5]。赦为庶人，传[6]处蜀。至郑，逢吕后从长安来。王为吕后涕泣，自言无罪。后与俱至洛阳。白上曰："彭王壮士，今徙之蜀，此自遗患，不如遂诛之，妾谨与俱来。"乃令人告越复谋反，夷三族，枭首[7]洛阳。下诏："收视[8]者，捕之。"梁大夫栾布使于齐，还，奏事头下，祠[9]而哭之。吏捕以闻。上欲烹之，布曰："方上之困彭城、败荥阳也，王与楚，则汉破；与汉，则楚破。且垓下之会，微彭王，项氏不亡。天下已定，而陛下以苛小[10]案诛灭之，臣恐功臣人人自危也。今彭王已死，臣生不如死，请就烹。"于是上乃释布，拜为都尉。

立子恢为梁王，友为淮阳王。

夏，四月，还宫。

五月，立故秦南海尉赵佗为南粤王初，秦南海尉任嚣病且死，召龙川[11]令赵佗，语曰："秦为无道，天下苦之。闻陈胜等作乱，天下未知所安。番禺[12]负山险，阻南海，东西数千里，颇有中国[13]人相辅，此亦一州之主也，可以立

1　觉：发觉，发现。
2　癃病：衰弱疲病。
3　掩：乘人不备袭击或捉拿。
4　治：审理。
5　论如法：判定按法律规定处理。
6　传：传送。
7　枭首：古刑罚名，把人头砍下并且在高处悬挂示众。
8　收视：收殓顾视。
9　祠：祭祀。
10　苛小：烦琐细小。
11　龙川：古县名，治所位于今广东省河源市龙川县西南，属南海郡。
12　番禺：古地名，治所即今广东省广州市。
13　中国：中原地区。

国。"即被佗书，行南海尉事¹。嚣死，佗即移檄²，绝道聚兵，诛秦吏，击并桂林、象郡，自立为南越武王。至是，诏立以为南粤王，使陆贾即授玺绶³，与剖符通使，使和集⁴百越，无为南边患害。贾至，佗魋结⁵箕倨见之。贾曰："足下中国人，亲戚、坟墓皆在真定⁶。今反天性，弃冠带，欲以区区之越与天子抗衡，为敌国，祸且及身矣。秦失其政，豪杰并起，唯汉王先入关。项羽倍约，王诛灭之。五年之间，海内平定。此非人力，天所建也。王不助天下诛暴逆，将相欲移兵而诛王。天子怜百姓新劳苦，故且休之，遣使授王印绶，剖符通使。王宜郊迎，北面称臣。乃欲以新造未集之越，屈强⁷于此。汉诚闻之，掘烧王先人冢，夷灭宗族，使一偏将⁸将十万众临越，则越杀王降汉如反覆手⁹耳！"于是佗乃蹶然¹⁰起坐，谢曰："居蛮夷中久，殊失礼义。"留贾与饮。数月，曰："越中无足与语，至生来，令我日闻所不闻。"赐橐¹¹，中装直千金。贾卒拜佗，令称臣，奉汉约。归报，帝大悦，拜贾为太中大夫¹²。贾时时前说称《诗》《书》，帝骂之，曰："乃公¹³居马上而得之，安事《诗》《书》？"贾曰："居马上得之，宁可以马上治之乎？且汤、武逆取而以顺守之，文武并用，长久之术也。向使秦已并天下，行仁义，法先圣，陛下安得而有之？"帝有惭色，曰："试为我著秦所以失天下、吾所以得之者，及古成败之国。"贾乃粗述存亡之征，凡著十二篇。每奏一篇，帝未尝不称善，号其书曰《新语》。

1　即被佗书，行南海尉事：随即将任命文书交给赵佗，让他代行南海郡郡尉的职务。被，加，施加。
2　移檄：发布文告晓示。檄，文告。
3　玺绶：古代印玺上所系的彩色丝带，也借指印玺。
4　和集：和睦团结。
5　魋结：结成椎形的髻。
6　真定：古县名，治所位于今河北省石家庄市东北。
7　屈强：倔强。
8　偏将：副将。
9　反覆手：手一反一覆。极言其易。
10　蹶然：疾起貌。
11　橐：一种口袋。
12　太中大夫：古官名，侍从皇帝左右，掌顾问应对，参谋议政，奉诏出使，多以宠臣贵戚充任。
13　乃公：傲慢的自称语，好比今天讲"你老子"。

　　帝有疾帝有疾，恶见人，诏户者[1]无得入群臣。十余日，舞阳侯樊哙排闼[2]直入，大臣随之。上独枕一宦者[3]卧。哙等流涕，曰："始陛下与臣等起丰、沛，定天下，何其壮也！今天下已定，又何惫[4]也！且陛下病甚，大臣震恐。不见臣等计事，顾独与一宦者枕，岂不见赵高之事乎？"帝笑而起。

　　秋，七月，淮南王布反，帝自将击之。立子长为淮南王。布击杀荆王贾，又败楚军，遂引兵西初，淮阴侯死，布已心恐。及彭越诛，醢其肉以赐诸侯。布见醢，大恐，阴令人部聚[5]兵，候伺旁郡警急[6]。中大夫[7]贲赫得罪于布，乘传诣长安上变，言布谋反有端[8]。上系[9]赫，使人验之。布遂族赫家，发兵反。上召故楚令尹薛公问之。令尹曰："往年杀彭越，前年杀韩信。此三人者，同功一体之人也，自疑祸及身，故反尔。使布出于上计，山东非汉之有也；出于中计，胜败之数未可知也；出于下计，陛下高枕而卧，汉无事矣。"上曰："何谓也？"对曰："东取吴，西取楚，并齐，取鲁，传檄燕、赵，固守其所，此上计也；东取吴，西取楚，并韩取魏，据敖仓之粟，塞成皋之口，此中计也；东取吴，西取下蔡[10]，归重[11]于越，身归长沙，此下计也。"上曰："是计将安出？"对曰："布以骊山之徒，自致万乘[12]，此皆为身，不顾后虑者也，必出下计。"时上有疾，欲使太子击布。留侯所召四人者说吕释之曰："太子将兵，有功则位不益，无功则从此受祸矣。君何不急请吕后承间[13]为上泣言：

1　户者：守门的人。
2　排闼：推门，撞开门。闼，门，小门。
3　宦者：宦官。
4　惫：极端疲乏。
5　部聚：部署聚集。
6　候伺旁郡警急：候伺，窥探，侦察。旁郡，附近的州郡。警急，危急。
7　中大夫：古官名，掌论议，侍从皇帝左右，无定员，后改为光禄大夫。
8　端：征兆。
9　系：捆绑。
10　下蔡：古县名，治所即今安徽省淮南市凤台县。
11　归重：借重。
12　万乘：万辆兵车，形容势力之大。古时一车四马为一乘。
13　承间：趁机会。

'黥布，猛将，善用兵。诸将皆陛下故等夷[1]，乃令太子将此属，无异使羊将狼。且使布闻之，则鼓行而西尔。'"后如其言，于是上自将而东。留侯病，自强起，见上曰："臣宜从，病甚。楚人剽疾[2]，愿无与争锋。"因说上令太子为将军，监关中兵。上曰："子房虽病，强卧而傅之。"时叔孙通已为太傅，留侯行少傅事。发关中车骑、巴蜀材官[3]及中尉、卒三万人为皇太子卫，军霸上。布之初反，谓其将曰："上老，厌兵[4]，必不能来。诸将独患淮阴、彭越，今皆已死，余不足畏也。"东击荆，荆王贾走，死。击楚。楚与战徐僮[5]间，为三军，欲以相救为奇。或曰："布善用兵，民素畏之。且兵法，诸侯自战其地为散地[6]，今别为三，彼败吾一军，余皆走，安能相救？"不听。果败，布遂引兵西。

丙午十二年（公元前 195 年）

冬，十月，帝破布军于蕲西，布亡走，长沙王臣诱而诛之上与布兵遇于蕲西，布兵精甚。上望其置陈[7]如项籍军，恶之，遥谓布曰："何苦而反？"布曰："欲为帝尔。"上怒骂之，遂大战。布军败走江南，长沙王臣使人诱，与走越，杀之。

帝还，过沛，复其民，世世无有所与[8]上还，过沛，留，置酒沛宫，悉召故人父老、诸母[9]子弟佐酒[10]，道旧故为笑乐。酒酣[11]，上击筑[12]自歌曰："大风起兮云飞扬，威加海内兮归故乡，安得猛士兮守四方。"于是起舞，忼慨伤怀，

1　等夷：同等，同等的人。
2　剽疾：强悍敏捷。
3　材官：经考试选拔出来的勇猛之卒，不同于一般士兵，也称材官士，为西汉兵种之一。
4　厌兵：厌战。
5　徐僮：即徐县和僮县。徐县，古县名，治所位于今江苏省宿迁市泗洪县东南。僮县，古县名，位于今安徽省宿州市泗县东北。
6　散地：指诸侯在自己领地内作战，其士卒在危急时容易逃亡离散，故名。
7　置陈：摆开阵势。
8　无有所与：不再予以征收。
9　诸母：称与父亲同辈或年龄相近的妇女。
10　佐酒：陪同饮宴。
11　酒酣：酒喝得尽兴，畅快。
12　筑：古代弦乐器，形似琴，有十三弦。演奏时，左手按弦的一端，右手执竹尺击弦发音。

泣数行下，谓沛父兄曰："游子悲故乡。吾虽都关中，千秋万岁后，吾魂魄犹思沛。且朕自沛公以诛暴逆，遂有天下。其以沛为朕汤沐邑[1]，复其民，世世无有所与。"

太尉周勃诛陈豨，定代地。

立兄子濞为吴王更以荆为吴国。濞，喜之子也。

十一月，过鲁，以太牢[2]祠孔子。

遂还宫上还长安，疾益甚，愈欲易太子。张良谏，不听。因辞疾，不视事[3]。叔孙通谏曰："晋献公以骊姬故，废太子，国乱数十年。秦以不早定扶苏，自使灭祀[4]。此陛下所亲见。今必欲废嫡而立少，臣愿先伏诛，以颈血污地。"帝曰："公罢矣，吾直戏[5]耳。"通曰："太子，天下本。本一摇，天下振动，奈何以天下为戏乎？"上佯许而犹欲易之。后置酒，太子侍，留侯所招四人者从，年皆八十余，须眉皓白[6]，衣冠甚伟[7]。上怪，问之。四人前对，各言姓名。上乃大惊，曰："吾求公数岁，公避逃我，今何自从吾儿游乎？"四人曰："陛下轻士善骂，臣等义不辱，故恐而亡匿。今闻太子为人仁孝[8]，恭敬爱士，天下莫不延颈[9]愿为太子死者，故臣等来耳。"上曰："烦公幸卒调护太子[10]。"四人者出。上召戚夫人，指视之，曰："我欲易之，彼四人者辅之，羽翼已成，难动矣。"戚夫人泣。上起，罢酒。遂不易太子，留侯本招此四人之力也。

胡氏曰：善乎，子房之能纳说[11]也！不先事而强聒[12]，不后事而失几[13]，不问则

1　汤沐邑：国君、皇后、公主等收取赋税的私邑。
2　太牢：古代祭祀时，献祭牛、羊、豕三牲的祭品。
3　视事：官吏到职办公，就职治事。
4　灭祀：断绝宗庙祭祀。也借指朝代灭亡。
5　直戏：直，只是。戏，开玩笑。
6　皓白：雪白，洁白。
7　伟：盛大，壮美。
8　仁孝：仁爱孝顺。
9　延颈：伸长脖子。引申指仰慕，渴望。
10　烦公幸卒调护太子：拜托你们在我死后调教辅佐太子。调护，调教辅佐。
11　纳说：进谏。
12　强聒：形容别人不愿意听，还絮絮叨叨说个不停。聒，声音吵闹。
13　失几：错过时机。

不言，言则必当其可。故听之易，而用之不难也。至于招致四人以安太子，则其绩尤伟。而司马公乃致疑焉，以为若审有此，是子房为子植党以拒父也。夫高祖之雄杰[1]，岂四叟所能抗？而大臣力谏之强，岂不贤于四叟之助？呜呼！是未知《春秋》深许首止之盟[2]，而《易》有纳约自牖[3]之象也。故今特据旧史，复详载其事云。

下相国何廷尉狱，数日，赦出之萧何以长安地狭，上林中多空地，弃，请令民得入田，毋收稿[4]，为禽兽食。上大怒，下何廷尉，械系之。数日，王卫尉[5]侍前，问曰："相国何大罪，陛下系之暴[6]也？"上曰："吾闻李斯相秦，有善归主，有恶自与。今相国多受贾竖[7]金，而为之请吾苑以自媚于民，故系治[8]之。"王卫尉曰："夫职事[9]苟有便于民而请之，真宰相事，陛下奈何乃疑相国受贾人钱乎？且陛下距楚数岁，相国一摇足[10]，则关以西非陛下有也。相国不以此时为利，今乃利贾人之金乎？且秦以不闻其过亡天下，李斯之分过[11]，又何足法哉？陛下何疑宰相之浅也？"帝不怿[12]，即赦出之。何年老，素恭谨，入，徒跣[13]谢。帝曰："相国休矣！相国为民请苑，吾不许，我不过为桀纣主，而相国为贤相。吾故系相国，欲令百姓闻吾过也。"

燕王绾谋反。春，二月，遣樊哙以相国将兵讨之，立子建为燕王陈

1　雄杰：才智出众。
2　首止之盟：公元前 655 年，齐桓公组织诸侯国在首止会盟，鲁僖公、宋桓公、陈宣公、卫文公、许僖公、曹昭公等参加。会上诸侯王会见了周王世子郑（后来的周襄王），目的是通过尊太子而安定周王室。
3　纳约自牖：出自《周易·坎卦·六四》："樽酒，簋贰，用缶，纳约自牖，终无咎。"《周易程氏传》解释说："牖，开通之义。室之暗也，故设牖所以通明。自牖，言自通明处也。"不管送进去还是求取，都是从窗户这样光明正大的地方。牖，窗户。
4　稿：禾类植物的茎秆。
5　卫尉：古官名，九卿之一，为统率卫士守卫宫禁之官。
6　暴：急躁。
7　贾竖：旧时对商人的贱称。
8　系治：谓囚禁而治其罪。
9　职事：职务，职业。
10　摇足：动足。喻稍有举动。
11　分过：分担过失。
12　怿：喜悦。
13　徒跣：赤足步行。

豨之反，燕王绾发兵击其东北。以豨求救于匈奴，亦使其臣张胜于匈奴，言豨军破。故燕王臧荼子衍在胡，谓胜曰：“燕所以久存，以诸候数反，兵连不决也。今公欲急灭豨，豨亡，次亦至燕矣。”胜以为然，还以告绾。绾乃阴使胜为间于匈奴，而使范齐通计谋于豨，欲令久亡，连兵[1]勿决。至是，豨裨将降，言之。帝召绾，绾恐，谓其幸臣[2]曰：“非刘氏而王，独我与长沙耳。往年春族淮阴，夏诛彭越，皆吕氏计。今上病，吕后专欲以事诛异姓王者及大功臣。”遂称病不行，语颇泄。又得匈奴降者，言张胜为燕使胡状。于是上怒，曰：“绾果反矣。”使樊哙将兵击之。

立南武侯织为南海王。

诏陈平斩樊哙，以周勃代将其军。平传哙诣长安帝病甚，人或言樊哙党[3]于吕氏，即一日上晏驾[4]，欲以兵诛赵王如意之属。帝大怒，用陈平谋，召绛侯周勃受诏床下，曰：“陈平驰传[5]载勃代哙将，至军中，即斩哙头。”二人行，计之曰：“哙，帝之故人也，功多，又吕后弟[6]媭之夫，有亲且贵，今帝特以忿怒故，欲斩之，恐后悔。宁囚而致上，上自诛之。”未至军，为坛，以节[7]召哙。反接[8]，载槛车[9]，传诣[10]长安，令勃代将，定燕反县。

夏，四月，帝崩上击黥布时，为流矢[11]所中，行道，疾甚。吕后迎良医，入见，曰：“疾可治。”上谩骂之，曰：“吾以布衣提三尺[12]取天下，此非天命乎？命乃在天，虽扁鹊何益？”罢之。后问：“陛下百岁后，萧相国死，谁令

---

1 连兵：交兵，交战。
2 幸臣：得宠的臣子。
3 党：结党，结伙。
4 晏驾：古时称帝王死。
5 驰传：驾驭驿站车马疾行。
6 弟：妹妹。
7 节：符节，古代使者持有作为凭证。
8 反接：把双手在背后捆绑起来。
9 槛车：用栅栏封闭的车，用于囚禁犯人或装载猛兽。
10 传诣：转送到，移送到。
11 流矢：乱飞的或无端飞来的箭。
12 三尺：指剑，剑约长三尺，故以三尺为剑的代称。

代之？"曰："曹参。"其次，曰："王陵，然少戆[1]，陈平可以助之。平知有余，然难独任。周勃重厚少文[2]，然安刘氏者，必勃也。"复问其次，上曰："此后亦非乃所知也。"遂崩于长乐宫。吕后与审食其谋尽族诸将，以故不发丧。郦商谓食其曰："诚如此，天下危矣。今陈平、灌婴守荥阳，樊哙、周勃定燕、代，闻此，必连兵还乡。大臣内畔，诸将外反，亡可跂足[3]待也。"乃发丧。

卢绾亡入匈奴。

五月，葬长陵[4]初，高祖不修文学[5]，而性明达，好谋，能听，自监门、戍卒[6]，见之如旧。初，顺民心，作三章之约。天下既定，命萧何次[7]律令，韩信申军法，张苍定章程，叔孙通制礼仪。又与功臣剖符作誓，丹书铁券[8]，金匮[9]石室，藏之宗庙。虽日不暇给[10]，规摹[11]弘远矣。

太子盈即位，尊皇后曰皇太后。

赦樊哙，复爵、邑。

令郡国立高庙[12]。

丁未**孝惠皇帝元年**（公元前 194 年）

冬，十二月，太后杀赵王如意太后令永巷[13]囚戚夫人，髡钳，衣赭衣[14]，

1　戆：憨厚而刚直。
2　重厚少文：持重敦厚而少文饰。
3　跂足：踮起脚跟。
4　长陵：汉高祖刘邦的陵墓，位于今陕西省咸阳市东北。
5　文学：泛指文章经籍。
6　戍卒：戍守边疆的士兵。
7　次：编次，编纂。
8　丹书铁券：古代帝王颁授给功臣、重臣的一种特权凭证。
9　金匮：铜制的柜，古时用以收藏文献或文物。
10　日不暇给：事情繁多，时间不够，来不及做完。暇，空闲。给，足够。
11　规摹：规模。
12　高庙：祭祀汉高祖刘邦的宗庙。
13　永巷：宫中官署名，掌管后宫人事，有令、仆射等，汉武帝时改为掖庭，有狱监禁宫人。
14　赭衣：古代囚衣。因以赤土染成赭色，故称。

令春[1]。召赵王如意。三反[2]，相周昌曰："高祖属臣赵王，闻太后欲诛之，臣不敢遣。王亦病，不能奉诏。"太后怒，召昌至，复召赵王来。帝自迎入宫，挟与[3]起居饮食。太后欲杀之，不得间。帝晨出射，赵王少，不能早起。太后使人持酖饮之。遂断戚夫人手足，去眼，熏[4]耳，饮瘖药[5]，使居厕中，命曰"人彘"。召帝视，帝惊，大哭，因病，岁余不能起。使人谓太后曰："此非人所为。臣为太后子，终不能治天下。"遂日饮，为淫乐[6]，不听政。

司马公曰：为人子者，父母有过则谏；谏而不听，则号泣而随之。若孝惠者，可谓笃于小仁而未知大义也。

徙淮阳王友为赵王。

春，正月，始城[7]长安西北方。

戊申二年（公元前193年）

冬、十月，齐王肥来朝齐悼惠王来朝，饮太后前。帝以王兄也，置之上坐。太后怒，酌酖酒赐之。帝欲取饮，太后恐，自起泛[8]之。齐王大恐，出献城阳郡为鲁元公主汤沐邑，乃得归。

春，正月，两龙见兰陵井中。

陇西地震。

夏，旱。

秋，七月，相国、酇侯萧何卒。以曹参为相国相国何病，上问曰："君即百岁后，谁可代君？"对曰："知臣莫如主。"帝曰："曹参何如？"何顿首曰："帝得之矣，臣死不恨。"七月，薨，谥曰文终。何置田宅必居穷僻处，为家不

1　舂：把东西放在石臼或钵里捣去皮壳或捣碎。
2　三反：多次往返。
3　挟与：带着一起。
4　熏：用火烧灼。
5　瘖药：服用后使人失音变哑的毒药。
6　淫乐：纵欲作乐。
7　城：筑城。
8　泛：通"覂"，倾覆。

治垣屋[1]。曰：“后世贤，师吾俭；不贤，毋为势家[2]所夺。”参闻何薨，告舍人趣治行[3]。居无何[4]，使者果召参。参去，属其后相[5]曰：“以齐狱市为寄[6]，慎勿扰也。”后相曰：“治无大于此者乎？”参曰：“狱、市所以并容[7]也，今扰之，奸人何所容乎？”始参微时，与何善。及为将相，有隙。至何且死，所推贤唯参。参代何为相，举事无所变更，一遵何约束。择吏木讷重厚长者，召为丞相史。言文刻深[8]、欲务声名者，辄斥去之。日夜饮醇酒[9]。宾客见参不事事[10]，皆欲有言。参辄饮以醇酒，莫得开说[11]。见人有细过[12]，专掩匿覆盖之，府中无事。参子窋为中大夫。帝怪参不治事，使窋私问之。参怒，答窋，曰：“趣[13]入侍，天下事非若所当言也。”至朝时，帝让参曰：“乃者[14]我使谏君也。”参免冠谢曰：“陛下自察圣武[15]孰与高帝？”上曰：“朕乃安敢望先帝？”“臣孰与萧何贤？”上曰：“君似不及也。”参曰：“陛下言是也。高帝与萧何定天下，法令既明，今陛下垂拱，参等守职，遵而勿失，不亦可乎？”帝曰：“善。”参为相三年，百姓歌之曰：“萧何为法，较若画一[16]。曹参代之，守而勿失。载其清净，民以宁一[17]。”

己酉三年（公元前192年）

春，城长安。

1　垣屋：有围墙的房屋。
2　势家：有权势的人家。
3　治行：整理行装。
4　无何：不久，很短时间之后。
5　后相：继任的相国。
6　以齐狱市为寄：把齐国的狱讼和市集交易拜托给你。狱市，狱讼和市集交易。
7　并容：把不同的人都包括进来。
8　刻深：文字古奥峭拔。
9　醇酒：味道醇厚的美酒。
10　事事：做事。
11　开说：进言，陈述。
12　细过：轻微的过失。
13　趣：赶快，从速。
14　乃者：从前，往日。
15　圣武：圣明英武，旧时称颂帝王之词。
16　较若画一：明确一致。
17　宁一：安定统一。

与匈奴和亲匈奴冒顿方强，为书遗高后[1]，辞极亵嫚[2]。后怒，议斩其使，发兵击之。樊哙曰："臣愿得十万众，横行匈奴中。"季布曰："哙可斩也。前匈奴围高帝于平城，汉兵三十二万，哙为上将军，不能解围。今歌吟未绝，伤夷[3]甫起，而欲摇动天下，妄言以十万众横行，是面谩[4]也。且冒顿诡诈不测，得其善言不足喜，恶言不足怒也。"后曰："善。"令报书逊谢[5]，遗以车马。冒顿复使来谢，曰："未尝闻中国礼义，陛下幸而赦之。"因献马，遂和亲。

夏，五月，立闽越君摇为东海王都东瓯[6]。

庚戌**四年**（公元前 191 年）

冬、十月，立皇后张氏后，帝姊鲁元公主女也，太后欲为重亲[7]，故以配帝。

春，正月，举民孝弟力田[8]者，复其身。

三月，帝冠。

赦。

省[9]法令妨吏民者。

除挟书律[10]。

立原庙[11]帝以朝长乐宫，数跸烦民[12]，乃筑复道武库[13]南。叔孙通谏曰："此

1　高后：即吕后，汉高祖刘邦的皇后。
2　亵嫚：轻慢，不庄重。
3　伤夷：创伤。多喻指疾苦。
4　面谩：当面欺蒙。
5　逊谢：谦让辞谢。
6　东瓯：古地名，一名古瓯城，位于今福建省南平市辖建瓯市东南。
7　重亲：婚姻之家复结婚姻，亲上加亲。
8　孝弟力田：汉代选拔官吏的科目之一，奖励有孝的德行和能努力耕作的人。
9　省：废除。
10　挟书律：秦始皇在焚书时实行的一项法令，对收藏违禁书籍的人处以灭族的酷刑。
11　原庙：在正庙以外另立的宗庙。
12　数跸烦民：经常驱散行人，使百姓惊扰。跸，帝王出行时，开路清道，禁止通行。
13　武库：军械库，贮存武器和军事装备的地方。

高帝月出游衣冠[1]之道也，子孙奈何乘宗庙道上行哉？"帝惧，曰："急坏之。"
通曰："人主无过举。今已作，百姓皆知之矣。愿陛下为原庙于渭北，衣冠月
出游之，益广宗庙，大孝之本。"乃诏有司[2]立原庙。

　　司马公曰：过者，人之所必不免也。古之圣王，患其不自知也，故设谤
木[3]，置谏鼓[4]，岂畏百姓之闻其过哉？仲虺美成汤曰："改过不吝。"傅说戒高宗
曰："无耻过作非。"是为人君者，固不以无过为贤，而以改过为美也。今叔
孙通乃教其君以文过遂非[5]，岂不谬哉？！

　　胡氏曰：天子七庙，致其诚敬足矣。又作原庙，则通之过也。其曰：人主
无过举。作原庙，非过举乎？使后世致隆于原庙而简于太庙，则通说启之矣。

　　宜阳雨血。

辛亥五年（公元前190年）

　　冬，雷。桃李华[6]，枣实。

　　春，正月，城长安。

　　夏，大旱江河水少，溪谷水绝。

　　秋，八月，相国、平阳侯曹参卒谥曰懿。

　　九月，长安城成。

壬子六年（公元前189年）

　　冬，十月，以王陵为右丞相，陈平为左丞相。

　　夏，留侯张良卒谥曰文成。

1　游衣冠：汉代制度，每月初一将高帝的衣冠从陵墓的宫殿中移到祭祀高帝的宗庙里去。
2　有司：官吏。古代设官分职，各有专司，故称。
3　谤木：相传尧舜时于交通要道竖立木柱，让人在上面写谏言，称"谤木"。
4　谏鼓：设于朝廷，供进谏者敲击以闻的鼓。
5　文过遂非：掩饰过失，顺随错误。遂非，坚持掩饰错误。
6　华：开花。

以周勃为太尉。

癸丑七年（公元前 188 年）

春，正月朔，日食。

夏，五月，日食，既[1]。

秋，八月，帝崩。

太后使吕台、吕产将南、北军帝崩，太后哭泣不下。张良孙辟强谓陈平曰："帝无壮子，太后畏君等。今请拜吕台、吕产为将，居南、北军，诸吕皆居中用事，如此，太后心安，君等脱祸矣。"从之。诸吕权由此起。

九月，葬安陵[2]。太子即位，太后临朝称制[3]初，太后命张皇后取他人子养之，而杀其母，以为太子，至是即位。

甲寅（公元前 187 年）

高皇后吕氏元年。

冬，十一月，太后以王陵为帝太傅，陈平为右丞相，审食其为左丞相，任敖为御史大夫太后议欲立诸吕为王，王陵曰："高帝刑[4]白马盟曰：'非刘氏而王，天下共击之。'"陈平、周勃曰："高帝定天下，王子弟。今太后称制，王诸吕，无所不可。"及退，陵让平、勃曰："始与高帝啑血[5]盟，诸君不在邪？今欲阿意[6]背约，何面目见高帝地下乎？"平、勃曰："面折廷争[7]，臣不如君；全社稷，定刘氏之后，君亦不如臣。"于是太后以陵为帝太傅，实夺之相权。陵遂病免[8]，归。乃以平为右丞相，审食其为左丞相，不治事，令监

1　既：食尽。指日全食。
2　安陵：汉惠帝刘盈的陵墓，位于今陕西省咸阳市东北，接高陵、泾阳二县界。
3　称制：代行皇帝的职权。
4　刑：杀。
5　啑血：歃血。会盟时以牲血涂于口旁，表示诚信。啑，通"歃"。
6　阿意：迎合他人的意旨。
7　面折廷争：面折，当面指责别人的过失。廷争，在朝廷上争论。
8　病免：以病免职。

宫中。食其故得幸于太后，公卿皆因而决事。太后怨赵尧，乃抵[1]尧罪。任敖尝为沛狱吏，有德于太后，故以为御史大夫。

胡氏曰：自已然[2]论之，王陵之不如平、勃固也。使太后未崩，而平、勃先死，则如此言何哉？是亦侥幸而已矣。向使[3]太后有议，而将相大臣皆以为不可，太后亦安能独行其意乎？平、勃许之，犹且数月，再遣张释风谕[4]大臣，而后乃王诸吕，则知向者平、勃阿意之罪大矣。故程子论之曰："汉祖之与群臣，以力相胜而臣之耳。其臣之者，非心悦诚服而愿为之臣也。是以当此之时，无一人肯死节[5]者。其后成功，亦幸而已。人臣之义，当以王陵为正。"至哉言乎！

追尊父吕公为宣王，兄泽为悼武王欲以王诸吕为渐[6]也。

春，正月，除三族罪、妖言令[7]。

二月，置孝弟力田二千石者一人。

夏，四月，立张偃为鲁王张敖子也。

封山、朝、武为列侯，立强为淮阳王，不疑为恒山王皆太后所名孝惠子也。

立吕台为吕王太后使大谒者[8]张释风[9]大臣，大臣乃请割齐之济南郡[10]为吕国，立台为王。

秋，桃、李华。

1　抵：诋毁。
2　已然：既成事实。
3　向使：如果，假使。
4　风谕：以委婉的言辞劝告开导。
5　死节：为保全节操而死。
6　渐：逐渐。
7　三族罪、妖言令：三族罪，罪行重大，要诛及三族的罪过。妖言令，老百姓不得发表任何旨在议论皇帝过失的言论，凡是触犯这一规定，一律弃市。
8　大谒者：古官名。秦、汉时朝廷置谒者，掌传宣帝命，其长官名谒者仆射，亦称大谒者。
9　风：通"讽"，委婉劝告。
10　济南郡：古郡名，辖今山东济南、泰安、长清、肥城、章丘、济阳、邹平等市县地，以治所东平陵在古济水之南，故名济南。

乙卯（公元前 186 年）

二年。

冬，十一月，吕王台卒。

春，正月，地震，武都山¹崩。

夏，五月，太后封齐王子章为朱虚侯，令入宿卫²。

六月晦，日食。

秋，七月，恒山王不疑卒。

行八铢钱。

太后立山为恒山王，更名义。

丙辰（公元前 185 年）

三年。

夏，江、汉³水溢。

秋，星昼见⁴。

伊、洛、汝⁵水溢。

丁巳（公元前 184 年）

四年。

夏，四月，太后封女弟⁶嫘为临光侯。

1　武都山：古山名，位于今甘肃省陇南市武都区西。
2　宿卫：在宫禁中值宿，担任警卫。亦指皇帝的警卫人员，禁军。
3　江、汉：长江、汉水。汉水，古水名，出今陕西省西南部宁强县，东流到勉县东与襃河
　　汇合后称汉水，东南流经陕西省南部、湖北省西北部和中部，在湖北省武汉市入长江。
4　昼见：白昼出现。
5　伊、洛、汝：伊水、洛水、汝水。伊水，古水名，洛水支流，源出河南省洛阳市栾川县
　　伏牛山北麓，东北流至偃师市南入洛水。洛水，古水名，即今河南洛河，黄河支流。汝
　　水，古水名，淮水支流，即今河南省汝河。
6　女弟：妹妹。

废少帝，幽杀[1]之。五月，立恒山王义为帝，更名弘。以朝为恒山王少帝浸长[2]，自知非皇后子，乃出言曰："后杀吾母，我壮，即为变。"太后幽之永巷中，谓群臣曰："帝病久，迷惑昏乱，不能治天下，其代之。"群臣顿首奉诏。遂废，杀之。立义为帝，不称"元年"，以太后制天下事故也。

以曹窋为御史大夫。

戊午（公元前 183 年）

五年。

春，南越王佗反有司请禁南越关市、铁器，南越王曰："此必长沙王计，欲倚中国击灭南越而并王之，自为功也。"遂自称南越武帝，攻长沙，败数县而去。

秋，八月，淮阳王强卒，太后立武为淮阳王。

初令戍卒岁更[3]。

己未（公元前 182 年）

六年。

冬，十月，太后废吕王嘉，立台弟产为吕王。

春，星昼见。

匈奴寇狄道[4]。

行五分钱。

庚申（公元前 181 年）

七年。

1　幽杀：囚禁处死。幽，囚禁。
2　浸长：逐渐长大。浸，逐渐。
3　岁更：一年轮流更换一次。
4　狄道：古县名，治所即今甘肃省定西市临洮县，古时为狄人所居，故名狄道。

冬，十二月，匈奴寇狄道。

春，正月，太后幽杀赵王友友以诸吕女为后，弗爱。女怒去，谗之太后曰："王言：'吕氏安得王？太后百岁后，吾必击之。'"太后召至邸[1]，饿死。以民礼葬之民冢次[2]，是为幽王。

日食，昼晦太后见日食，恶之，曰："此为我也。"

二月，太后徙梁王恢为赵王，吕王产为梁王。

秋，七月，立太为济川王太后所名孝惠子也。

封营陵侯泽为琅邪王将军刘泽，高祖从祖昆弟[3]，其妻吕嬃女也。田生为之说大谒者张卿曰："诸吕之王也，大臣未服。今营陵侯泽，诸刘最长，王之，吕氏王益固矣。"张卿言之，乃割齐之琅邪郡[4]封泽为王。

赵王恢自杀，太后立吕禄为赵王赵王恢以吕产女为后。王有爱姬，后鸩杀[5]之。王悲愤自杀。太后以为用妇人弃宗庙礼[6]，废其嗣。使使告代王恒，欲徙王赵。代王谢，愿守代边。太后乃立兄子禄为赵王。是时，诸吕擅权用事。朱虚侯章年二十，有气力，忿刘氏不得职。尝入侍燕饮[7]，太后令为酒吏[8]。章自请曰："臣将种[9]也，请得以军法行酒。"太后许之。酒酣，章为《耕田歌》，曰："深耕穊[10]种，立苗欲疏。非其种者，锄而去之。"太后默然。顷之，诸吕有一人醉，亡酒[11]。章追，斩之，还报。左右皆大惊。业已许其军法，无以罪也。自是，诸吕惮之。

杨氏曰：余观刘章言耕田事，及诛亡酒者，未尝不为之寒心也。使其由是

1　邸：高级官员、贵族办事或居住的地方。
2　民冢次：百姓坟墓的旁边。冢，坟墓。
3　从祖昆弟：同曾祖的兄弟。
4　琅邪郡：古郡名，辖今山东青岛、胶州、胶南、即墨、诸城、日照诸市及沂水、五莲、海阳、莒南及江苏赣榆县等地。
5　鸩杀：用鸩酒毒杀。
6　用妇人弃宗庙礼：因一妇人而轻弃事奉宗庙的大礼。
7　燕饮：宴饮。
8　酒吏：古代宴饮时主持酒政的人。
9　将种：将门的后代。
10　穊：稠密。
11　亡酒：逃席以避酒。

以才见忌[1]，而不得宿卫禁中，则后虽欲有为，尚可得乎？然则其获免而成功，亦幸而已。

　　陈平尝燕居深念[2]，陆贾往，直入坐，而平不见。陆生曰："何念之深也？"平曰："生揣[3]我何念？"生曰："足下极富贵，无欲矣。不过患诸吕、少主耳。"平曰："然奈何？"生曰："天下安，注意[4]相；天下危，注意将。将、相和调[5]，则士豫附[6]。天下虽有变，权不分。为社稷计，在两君掌握耳。君何不交欢太尉？"因为平画吕氏数事。平用其计，两人深相结，吕氏谋益衰。

　　九月，燕王建卒，太后杀其子，国除[7]。

　　遣将军周灶将兵击南越。

辛酉（公元前180年）

　　八年。

　　冬，十月，太后立吕通为燕王。

　　夏，江、汉水溢。

　　秋，七月，太后崩。遗诏产为相国，禄女为帝后，审食其为帝太傅

初，太后祓[8]。还，过轵道，见物如苍犬，来樴掖[9]。卜之，云赵王如意为祟[10]。遂病，掖伤。病甚，乃令禄为上将军，居北军，产居南军。戒曰："我崩，大臣

1　见忌：被嫉恨。见，被。
2　燕居深念：闲居在家，对往事产生深深的怀念。燕居，闲居。
3　揣：猜想，推测。
4　注意：重视，关注。
5　和调：和睦，使和睦。
6　豫附：乐意归附。
7　国除：汉代采用郡国制，诸侯分封的地方，称为"国"，可以有自己的军队和官员。如果该国国王犯罪，皇帝剥夺他的封地，不允许他的后代继承，就会废掉他的国家，就是国除。
8　祓：古代一种除灾去邪的祭祀活动，有斋戒、沐浴、举火或用牲口的血涂身等形式。
9　樴掖：用手拘持腋窝。樴，用手拘持。掖，通"腋"。
10　为祟：作怪，捣乱。

恐为变。必据兵卫官，慎毋送丧，为人所制。"至是崩。

齐王襄发兵讨诸吕。相国产使大将军灌婴击之。婴留屯荥阳，与齐连和。九月，太尉勃、丞相平、朱虚侯章诛产、禄及诸吕，齐王、灌婴兵皆罢诸吕欲为乱，未敢发。朱虚侯以吕禄女为妇，知其阴谋，告其兄齐王襄，令发兵西，已为内应，以诛诸吕，立齐王为帝。于是齐王发兵击济南，遗诸侯王书，陈诸吕罪。产等遣灌婴将兵击之。婴至荥阳，谋曰："诸吕欲危刘氏，今我破齐，是益其资[1]也。"乃谕齐王，与连和，以待吕氏变，共诛之。齐王乃还兵西界，待约。时太尉勃不得主兵，郦商老病，其子寄与禄善。平、勃使人劫商，令寄绐说禄曰："高帝与吕后共定天下，刘氏所立九王，吕氏所立三王，皆大臣之议，诸侯亦以为宜。今太后崩，帝少，而足下不急之国，乃将兵留此，为大臣、诸侯所疑。何不归将印，以兵属太尉，请梁王归相印，与大臣盟而之国？齐兵必罢，足下高枕而王千里，此万世之利也。"禄然其计。诸吕老人或以为不便，犹豫未决。九月，平阳侯窋见产，会郎中令贾寿使从齐来，具以灌婴与齐、楚合从告产，且趣产急入宫。窋闻其语，驰告平、勃。勃欲入北军，不得，乃令襄平侯纪通持节矫内[2]勃北军。复令寄说禄解印，以兵授勃。勃入军门[3]，令曰："为吕氏右袒[4]，为刘氏左袒。"军中皆左袒。然尚有南军。平乃召朱虚侯章佐勃。勃令章监军门，令窋告卫尉，毋入产殿门。产欲入宫为乱，至殿门，弗得入，徘徊往来。勃尚恐不胜，未敢公言诛之，乃谓章曰："急入宫卫帝。"予卒千余人。入宫门，击产，杀之。帝遣谒者持节劳[5]章。章欲夺其节，不得，则从舆载[6]，因节信[7]驰斩长乐卫尉吕更始。还报勃，勃起拜贺。遂遣人分部悉捕诸吕男女。无少长，皆斩之，而废鲁王张偃。遣章告齐

1　资：能力。
2　矫内：假托命令迎入。
3　军门：军营的门。
4　右袒：脱右袖，露出右臂。
5　劳：慰劳。
6　从舆载：和谒者一起同车共载。
7　节信：符节。节为信物，故称。

王罢兵，灌婴兵亦罢归。

　　班固[1]曰：孝文时，天下以郦寄为卖友。夫卖友者，谓见利而忘义也。若寄父为功臣而又执劫[2]，虽摧吕禄以安社稷，义存君亲可也。

　　杨氏曰：诸吕擅兵，谋危刘氏，忠臣所共切齿。寄乃与之友善，而商亦莫之禁也。虽摧吕禄，乃以劫而后从，功亦不足以赎其罪矣。卖友与否，非所论也。

　　胡氏曰：太尉左袒之令，非也。有如军士不应，或皆右袒，或参半焉，则如之何？故程子谓是时直当驱之以义而已，不当问其从不从也。况将之于军，如臂之于指，其为刘氏与不为刘氏，非惟不当问，亦不必问也。

　　诸大臣迎立代王恒。后九月，至，即位，诛吕后所名孝惠子弘等，赦诸大臣谋曰："少帝及诸王，皆非真孝惠子也，吕后诈名他人子而立之，以强吕氏。即长，用事，吾属无类[3]矣。"或言："齐王，高帝长孙，可立。"大臣皆曰："吕氏几危宗庙，今齐王舅驷钧，虎而冠[4]，即立齐王，复为吕氏[5]矣。代王，高帝子最长，仁孝宽厚，太后家薄氏谨良[6]。"乃召代王。代郎中令张武等曰："汉大臣习兵，多诈，愿称疾毋往，以观其变。"中尉[7]宋昌曰："秦失其政，豪杰并起，卒践[8]天子之位者，刘氏也，天下绝望，一矣；高帝封王子弟，地犬牙相制[9]，此所谓磐石[10]之宗也，天下服其强，二矣；除秦苛政，约法令，施德惠[11]，人人自安，难动摇，三矣。夫以吕太后之严，立三王，擅权制[12]，

1　班固：东汉史学家，著有《汉书》。
2　执劫：劫持。
3　无类：无遗类，无幸存者。
4　虎而冠：为人残酷凶暴，好像戴着冠帽的老虎。
5　吕氏：像吕氏一样的外戚。
6　谨良：谨慎善良。
7　中尉：古官名，西汉诸侯国置，职掌维持王国治安，督察军吏，典领军队，与傅、相共同辅王。
8　践：特指皇帝登临皇位。
9　犬牙相制：地界连接，如犬牙交错，可以互相牵制。制，牵制。
10　磐石：厚而大的石头。比喻分封的宗室。
11　德惠：德泽恩惠。
12　权制：权柄，统治的权力。

然而太尉以一节¹入北军，一呼，士皆左袒，此乃天授，非人力也。今大臣虽欲为变，百姓弗为使，故因天下之心而欲迎立大王，大王勿疑也。"于是王遣太后弟昭往见勃，勃等具为昭言所以迎立王意。昭还报，王乃命昌参乘，武等六人乘传诣长安。至渭桥²，群臣拜谒称臣，王下车答拜。太尉勃进曰："愿请闲³。"昌曰："所言公，公言之；所言私，王者无私。"勃乃跪，上天子玺、符。王谢曰："至邸而议之。"后九月，晦，至邸，丞相平等皆再拜，言曰："子弘等皆非孝惠帝子，不当奉宗庙。大王，高帝长子，宜为嗣。愿大王即天子位。"王西向让者三，南向让者再⁴，遂即位。章弟东牟侯兴居请除宫⁵。乃与太仆滕公入宫，载少帝出。奉法驾⁶迎帝，即夕⁷入未央宫。夜，拜宋昌为卫将军⁸，镇抚南、北军；以张武为郎中令，行殿中。有司分部⁹诛少帝及诸王于邸。帝还坐前殿，夜，下诏书赦天下。

壬戌**太宗孝文皇帝元年**（公元前179年）

冬，十月，徙琅邪王泽为燕王，封赵幽王子遂为赵王。

以陈平为左丞相，周勃为右丞相，灌婴为太尉，论功益户有差¹⁰陈平谢病，曰："高祖时，勃功不如臣。及诛诸吕，臣功亦不如勃，愿以右丞相让勃。"从之。勃朝罢趋出，意得¹¹甚，上礼之恭，常目送之。郎中袁盎进曰："丞相何如人也？"上曰："社稷臣¹²。"盎曰："丞相，功臣，非社稷。夫社稷

---

1 节：符节。
2 渭桥：长安附近渭水上的桥梁，本名横桥，今称中渭桥，故址位于今陕西省咸阳市东。
3 请闲：请求在空隙之时奏事，不欲对众言之。
4 再：两次。
5 除宫：清扫宫室。喻宫廷易主。
6 法驾：天子车驾的一种。天子出行时扈从的仪仗队分大驾、法驾、小驾三种，其仪卫之繁简各有不同。
7 即夕：当天晚上。
8 卫将军：将军名号，与大将军、骠骑将军、车骑将军皆位比公，掌宿卫。
9 分部：部署，分派。
10 益户有差：益户，增加食邑的户数。有差，不一，有区别。
11 意得：称心如意，洋洋自得。
12 社稷臣：关系国家安危的重臣。

臣，主在与在，主亡与亡。方吕氏时，刘氏不绝如带[1]。时丞相本[2]兵柄，不能正。吕后崩，大臣共诛诸吕，丞相适会其成功。今丞相如有骄主色，而陛下谦让，臣、主失礼，窃为陛下弗取也。"后朝，上益庄[3]，丞相益畏。

十二月，除收孥相坐律令[4]诏曰："法者，治之正也。今犯法已论，而使无罪之父母、妻子、同产[5]坐之，及为收孥，朕甚不取。其除收孥诸相坐律令。"

春，正月，立子启为皇太子有司请早建太子。上曰："朕既不德[6]，纵不能博求天下贤圣有德之人而禅天下焉，而曰豫建[7]太子，是重吾不德也。其安之。"有司曰："豫建太子，所以重宗庙、社稷，不忘天下也。"上曰："楚王，季父也，春秋高[8]，阅天下之义理多矣，明于治国家之体。吴王，兄也。淮南王，弟也。皆秉德[9]而陪朕，岂不豫[10]哉？今不选举[11]焉，而曰必子，人其以朕为忘贤、有德者而专于子，非所以忧天下也。"有司固请曰："古者殷、周有国，治安皆千余岁，用此道也。立嗣必子，所从来远矣。高帝平天下为太祖，子孙继嗣[12]，世世不绝。今释[13]宜建，而更选于诸侯及宗室，非高帝之志也。更议[14]不宜。子启最长，纯厚慈仁[15]，请建以为太子。"上乃许之。

三月，立窦氏为皇后后，太子母也，故立之。后弟广国，与兄长君厚赐

---

1 不绝如带：形容局势危急，像差点儿就要断掉的带子一样。
2 本：执掌，统辖。
3 庄：庄重。
4 收孥相坐律令：秦代法律规定，罪人的父母、兄弟、姊妹、妻子和子女都要连坐，重则处死，轻则没入为官奴婢。收孥，一人犯法，妻子连坐，没为官奴婢。孥，儿女，亦指妻子儿女。
5 同产：同母所生者。
6 不德：不修德行，谦词，帝王自称。
7 豫建：预先确定。豫，预先。
8 春秋高：年纪大。春秋，年纪，年数。
9 秉德：保持美德。
10 不豫：不参与。
11 选举：选拔举用贤能。
12 继嗣：后嗣，后代。
13 释：舍弃，抛弃。
14 更议：改议。
15 纯厚慈仁：纯厚，淳厚，淳朴。慈仁，慈爱仁德。

田宅，家于长安。周勃、灌婴等曰："吾属不死，命且悬此两人。两人所出微，不可不为择师傅、宾客。又复效吕氏，大事也。"于是乃选士之有节行者与居。两人由此为退让君子，不敢以尊贵骄人。

诏定振穷[1]养老之令诏曰："方春和[2]时，草木群生[3]皆有以自乐，而吾百姓鳏寡孤独[4]或阽[5]于危亡，而莫之省忧[6]。为民父母，将何如？其议所以振贷[7]之。"又曰："老者非帛不暖，非肉不饱。今岁首，不时[8]使人存问[9]长老，又无布帛、酒肉之赐，将何以佐天下子孙孝养其亲哉？具为令[10]。"有司请八十以上，月赐米、肉、酒；九十以上，加帛絮[11]。长吏阅视，丞若尉致[12]。二千石遣都吏循行[13]，不称者督之。刑者及有罪耐以上，不用此令。

楚王交卒谥曰元。

夏，四月，齐、楚地震，山崩，大水溃出。

康熙御批：汉文帝即位之初，善政累累，顾有地震、山崩之异，殆所谓天心仁爱而示以时保[14]之义耶？

令四方毋来献时有献千里马者。帝曰："鸾旗[15]在前，属车[16]在后，吉行[17]

1　振穷：救助穷困的人。
2　春和：春日和暖。
3　群生：众生，一切生物。
4　鳏寡孤独：泛指失去依靠，需要照顾的人。鳏，死了妻子的男人。寡，死了丈夫的妇女。孤，幼而无父。独，老而无子。
5　阽：临近。
6　省忧：省视疾苦。
7　振贷：赈济。
8　不时：不及时。
9　存问：慰问，慰劳。多指尊对卑，上对下。
10　具为令：全部制定法令条文。诏书结尾常用语。
11　帛絮：绢帛棉絮。
12　长吏阅视，丞若尉致：各县的高级官员要亲自检查，由县丞或县尉送上门。若，或者。
13　二千石遣都吏循行：郡国俸禄二千石以上的长官要派出负责监察的都吏，巡行监察所属各县。都吏，古官名，郡守佐吏，负责督察纠举所领各县违法之事。
14　时保：即"与时保之"的简称，出自《诗经·周颂》，时时保佑我们国家太平安康。
15　鸾旗：天子仪仗中的旗子，上绣鸾鸟，故称。
16　属车：帝王出行时的侍从车。
17　吉行：为吉事而出行。

日五十里，师行¹三十里，朕乘千里马，独先安之？"于是还其马，与道里费，而下诏曰："朕不受献也。其令四方毋复来献。"

封宋昌为壮武侯帝既施惠天下，诸侯四夷远近欢洽²，乃修代来功³，封宋昌为壮武侯。

胡氏曰：文帝修代来功，在三时⁴之后。又所侯者，才宋昌一人，此可以为后法矣。后世有自藩王入继大统者，汲汲⁵施恩于其故邸之属，每加隆焉，曾不知其示不广于天下也。

秋，八月，右丞相勃免帝益明习⁶国家事。朝而问右丞相勃曰："天下一岁决狱几何⁷？"勃谢不知。又问："一岁钱谷⁸入几何？"勃又谢不知，惶愧⁹，汗出沾背。上问左丞相平，平曰："有主者¹⁰。"上曰："谓谁？"平曰："陛下即问决狱，责廷尉；问钱谷，责治粟内史。"上曰："然则君所主者何事也？"平谢曰："陛下不知其驽下¹¹，使待罪¹²宰相。宰相者，上佐天子，理阴阳，顺四时，下遂万物之宜。外镇抚要荒¹³诸侯，内亲附百姓，使卿大夫各得任其职焉。"帝乃称善。勃大惭，出让平曰："君独不素¹⁴教我对？"平笑曰："君居其位，不知其任邪？且陛下即问长安中盗贼数，君欲强对邪？"于是勃自知其能不如平远矣。人或说勃曰："君既诛诸吕，立代王，威震天下，而久处尊位，祸及身矣。"勃亦自危，乃谢病免。平专为丞相。

1　师行：率军出征。
2　欢洽：欢乐而融洽。
3　修代来功：为跟随自己从代地过来的人员论功行赏。
4　三时：春、夏、秋三季。
5　汲汲：形容急切的样子。
6　明习：明了熟习。
7　天下一岁决狱几何：全国一年中判决的案件有多少。决狱，判决诉讼的案件。
8　钱谷：钱币、谷物，常借指赋税。
9　惶愧：惶恐羞愧。
10　主者：主管的人。
11　驽下：资质驽钝，才能低下。
12　待罪：古代官吏任职的谦称，意谓不胜其职而将获罪。
13　要荒：古称王畿外极远之地，亦泛指远方之国。要，要服。荒，荒服。
14　素：预先。

　　遣太中大夫陆贾使南越。南越王佗称臣奉贡[1]初，隆虑侯灶击南越，会暑湿，大疫[2]，不能逾岭。赵佗因此以兵威、财物赂遗[3]闽越、西瓯、骆[4]，役属[5]焉。东西万余里，乘黄屋左纛[6]，称制，与中国侔[7]。帝乃为佗亲冢[8]在真定者置守邑，岁时奉祀[9]，召其昆弟厚赐之。复使陆贾使南越，赐佗书曰："朕，高皇帝侧室[10]之子也，弃外，奉北藩于代。道里辽远，壅蔽朴愚[11]，未尝致书。高皇帝弃群臣，孝惠皇帝即世，高后自临事[12]，不幸有疾，诸吕为变，赖功臣之力，诛之已毕。朕以王、侯、吏不释之故，不得不立。乃者，闻王遗将军隆虑侯书，求亲昆弟，请罢长沙两将军。朕以王书罢将军博阳侯，亲昆弟在真定者，已遣人存问，修治先人冢。前日闻王发兵于边，为寇不止。长沙苦之，南郡尤甚。虽王之国，庸独利乎[13]？必多杀士卒，伤良将吏，寡人之妻，孤人之子，独人父母，得一亡十，朕不忍为也。得王之地，不足以为大；得王之财，不足以为富。服[14]岭以南，王自治之。虽然[15]，王之号为帝，两帝并立，亡[16]一乘之使以通其道，是争也。争而不让，仁者不为也。愿与王分弃前恶，终今以来[17]，通使如故。"贾至南越。佗恐，顿首谢罪，愿奉明诏，长为藩臣，奉贡职。下令国中

1　奉贡：纳贡。
2　大疫：瘟疫流行。
3　赂遗：以财物赠送或买通他人。
4　闽越、西瓯、骆：闽越，古越人的一支，秦汉时分布于今福建北部、浙江南部的部分地区。西瓯，古越人的一支，秦汉时分布于今岭南一带。骆，即骆越，古越人的一支，分布于今云南、贵州、广西之间。
5　役属：使隶属于己而役使之。
6　黄屋左纛：黄屋，古代皇帝车上用黄缯做里子的车盖。左纛，古代皇帝车上用牦牛尾做的装饰物，设在车衡的左边。
7　侔：相等，齐等。
8　亲冢：亲人的坟墓。
9　奉祀：供奉祭祀。
10　侧室：正夫人以外的偏房，妾。
11　壅蔽朴愚：壅蔽，隔绝蒙蔽。朴愚，质朴愚钝。
12　临事：处事，也特指治理政事。
13　庸独利乎：怎么会单单受益。庸，岂，怎么。
14　服：通"覆"，覆盖。
15　虽然：即使如此。
16　亡：没有。
17　终今以来：从今天以后。

曰："两雄不俱立，两贤不并世。汉皇帝，贤天子。今去帝制、黄屋、左纛。"
因为书，称："蛮夷大长[1]、老夫臣佗昧死[2]再拜，上书皇帝陛下。老夫，故越吏
也，高皇帝幸赐臣佗玺，以为南越王。孝惠皇帝义不忍绝，所赐老夫者甚厚。
高后用事，别异蛮夷，出令曰：'毋与蛮夷越金铁、田器[3]、马、牛、羊。即予，
予牡[4]，毋予牝。'老夫处僻[5]，马、牛、羊齿已长。自以祭祀不修，有死罪。使
内史[6]藩、中尉高、御史平凡三辈上书谢过，皆不反。又风闻父母坟墓已坏削，
兄弟宗族已诛论[7]。吏相与议曰：'今内不得振[8]于汉，外亡以自高异[9]。'故更号
为帝，自帝其国，非敢有害于天下。高皇后闻之，大怒，削去南越之籍，使使
不通。老夫窃疑长沙王谗臣，故发兵以伐其边。老夫处越四十九年，于今抱孙
焉。然夙兴夜寐[10]，寝不安席，食不甘味，目不视靡曼[11]之色，耳不听钟鼓之音
者，以不得事汉也。今陛下幸怜，复故号，通使汉如故。老夫死，骨不腐。改
号，不敢为帝矣。"

　　召河南[12]守吴公为廷尉，以贾谊为太中大夫上闻河南守吴公治平[13]为天
下第一，召以为廷尉。吴公荐洛阳人贾谊，帝召以为博士。时年二十余。一岁
中，超迁[14]至太中大夫。请改正朔，易服色[15]，定官名，兴礼乐，以立汉制，更
秦法。帝谦让，未遑[16]也。

1　大长：首领。
2　昧死：冒昧而犯死罪。古时臣下上书帝王习用此语，表示敬畏之意。
3　金铁、田器：金铁，铜和铁。田器，农具。
4　牡：雄性的鸟或兽，亦指植物的雄株，与"牝"相对。牝，雌性的。
5　处僻：地处偏远。
6　内史：古官名，诸侯国置，掌民政。
7　诛论：定死罪。
8　振：赈济，救济。
9　高异：高超卓异。
10　夙兴夜寐：早起晚睡，形容勤奋。夙，早。兴，起来。寐，睡。
11　靡曼：华美，华丽。
12　河南：古郡名，辖今河南省黄河以南洛水、伊水下游，双洎河、贾鲁河上游地区及黄河
　　以北原阳县。
13　治平：官吏治理政事的功绩。
14　超迁：越级升迁。
15　改正朔，易服色：正朔，帝王新颁的历法。服色，车、马和祭牲的颜色，历代各有所尚。
16　未遑：没有时间顾及。

癸亥二**年**（公元前 178 年）

冬，十月，丞相、曲逆侯陈平卒谥曰献。

诏列侯之国上曰："古者诸侯各守其地，民不劳苦。今列侯居长安，吏卒给输[1]费苦，而列侯亦无由教训其民，其各之国。"

十一月，以周勃为丞相。

是月晦，日食。诏举贤良方正[2]、能直言极谏[3]者诏曰："人主不德，天示之灾以戒不治。朕下不能治育群生，上以累三光[4]之明，不德大矣。令至，其悉思朕之过失，及知见[5]之所不及，匄[6]以启告朕。及举贤良方正、能直言极谏者，以匡朕之不逮。因各敕以职任[7]，务省繇费[8]以便民。罢卫将军。太仆见马遗财足，余皆以给传置[9]。"颍阴侯骑贾山上书曰："臣闻雷霆之所击，无不摧折者；万钧之所压，无不麋灭[10]者。今人主之威，非特雷霆也；势重，非特万钧也。开道[11]而求谏，和颜色而受之，用其言而显其身，士犹恐惧而不敢自尽，又况于纵欲恣暴、恶闻其过乎？昔者周盖千八百国，以九州之民养千八百国之君，君有余财，民有余力，而颂声作。秦皇帝以千八百国之民自养，力罢不能胜其役，财尽不能胜其求。身死才数月尔，天下四面而攻之，宗庙灭绝矣。秦皇帝居灭绝之中而不自知者，何也？亡养老之义，亡辅弼[12]之臣，退诽谤之人，

1　给输：供应运输。
2　贤良方正：贤良，才能、德行好。方正，正直。
3　极谏：尽力规劝。古多用于臣下对君主。
4　三光：日、月、星。
5　知见：见识，见解。
6　匄：语气助词，无义，置于字词首。
7　职任：官员的职位和职责。
8　繇费：徭役和税费。繇，通"徭"。
9　太仆见马遗财足，余皆以给传置：太仆将现有马匹仅留下够朝廷使用的，其余马匹全部拨给驿站使用。传置，驿站。
10　麋灭：腐烂消灭。
11　开道：开放言路。
12　辅弼：辅佐。

杀直谏之士。是以道谀¹，偷合苟容²，比其德则贤于尧、舜，课³其功则贤于汤、武，天下已溃，而莫之告也。今陛下使天下举贤良方正之士，天下之士莫不精白⁴以承休德⁵。乃直与之驰驱射猎，一日再三出。臣恐朝廷之解弛⁶，百官之堕⁷于事也。陛下节用爱民，平狱⁸缓刑，天下莫不说喜⁹。臣闻山东吏布诏令，民虽老羸癃疾¹⁰，扶杖而往听之，愿少须臾毋死，思见德化¹¹之成也。今功业方就，名闻方昭¹²，四方向风而从，豪俊¹³之臣，方正之士，直与之日日猎射，击兔伐狐，以伤大业，绝天下之望，臣窃悼¹⁴之。古者大臣不得与宴游¹⁵，使皆务其方，以高其节，则群臣莫敢不正身修行，尽心以称大礼。夫士，修之于家而坏之于天子之廷，臣窃悯之。陛下与众臣宴游，与大臣、方正¹⁶朝廷论议，游不失乐，朝不失礼，议不失计。轨¹⁷，事之大者也。"上嘉纳¹⁸其言。上每朝，郎、从官¹⁹上书疏²⁰，未尝不止辇受其言。言不可用，置之；言可用，采之。未尝不称善。帝从霸陵上，欲西驰下峻阪²¹。中郎将²²袁盎骑，并车揽辔²³。上曰："将军怯邪？"

1　道谀：阿谀奉承。
2　偷合苟容：奉承迎合别人，使自己能苟且地生活下去。偷，苟且。
3　课：考核。
4　精白：纯洁清白。
5　休德：美德。
6　解弛：懈怠松弛。解，通"懈"。
7　堕：荒废，废弃。
8　平狱：公正判案。
9　说喜：喜悦，欢欣。
10　老羸癃疾：老羸，年老体弱。癃疾，衰弱疲病。
11　德化：道德教化。
12　功业方就，名闻方昭：功业刚刚成就，好名声刚刚显露。
13　豪俊：才智杰出。
14　悼：悲痛，哀伤。
15　宴游：宴饮游乐。
16　方正：指选拔出来的贤良方正之臣。
17　轨：法则，法度。
18　嘉纳：赞许并采纳。
19　从官：君王的随从、近臣。
20　书疏：奏疏，信札。
21　帝从霸陵上，欲西驰下峻阪：汉文帝从霸陵上山，想要向西纵马奔驰下山。霸陵，古地名，位于今陕西省西安市东北。峻阪，陡坡。
22　中郎将：古官名，职掌宫禁宿卫，随行护驾，亦常奉诏出使，职位清要。
23　揽辔：挽住马缰。

盎曰："臣闻千金之子，坐不垂堂[1]。圣王不乘危[2]，不侥幸。今陛下骋六飞驰下峻山[3]，有如马惊车败，陛下纵自轻，奈高庙、太后何？"上乃止。上所幸慎夫人，在禁中[4]常与皇后同席坐。及幸上林，布席，盎引却[5]慎夫人坐。夫人怒，上亦怒。盎因前说曰："臣闻尊卑有序则上下和。今已立后，夫人乃妾，妾、主岂可与同坐哉？且陛下独不见'人彘'乎？"上悦，语夫人。赐盎金五十斤。

春，正月，亲耕籍田[6]贾谊说上曰："一夫不耕，或受之饥；一女不织，或受之寒。生之有时而用之亡度，则物力必屈。古之治天下，至纤至悉[7]，故其畜积[8]足恃。今背本而趋末者甚众，淫侈[9]之俗，日日以长，生之者甚少而靡[10]之者甚多，天下财产何得不蹶[11]？即不幸有方二三千里之旱，国胡以相恤[12]？卒然边境有急，数十百万之众，国胡以馈之？兵、旱相乘，天下大屈，有勇力者聚徒而衡击[13]，远方之能僭拟[14]者并举而争起矣。乃骇[15]而图之，岂将有及乎？夫积贮[16]者，天下之大命也。苟粟多而财有余，何为而不成？以攻则取，以守则固，以战则胜，怀敌附远[17]，何招而不至？今驱民而归之农，皆著[18]于本。使天下各食其力，末技游食之民转而缘南亩[19]，则畜积足而人乐其所矣。"上感谊言，诏

1　垂堂：靠近堂屋檐下。因檐瓦坠落可伤人，故用以比喻危险的境地。
2　乘危：登上或踏上危险之地，冒险。
3　骋六飞驰下峻山：放纵驾车的六匹骏马从险峻的高山奔驰而下。骋，纵马向前奔驰。
4　禁中：帝王所居宫内。
5　引却：退却。
6　籍田：古代天子、诸侯征用民力耕种的田。相传天子籍田千亩，诸侯百亩。每逢春耕前，由天子、诸侯执耒耜在籍田上三推或一拨，称为"籍礼"，以示对农业的重视。
7　至纤至悉：极其细致周密。
8　畜积：积聚，储备粮食。
9　淫侈：奢侈，浪费过度。
10　靡：浪费。
11　何得不蹶：何得，怎能，怎会。不蹶，不枯竭。
12　国胡以相恤：国家靠什么去救济百姓。胡，什么。恤，救济。
13　衡击：横行劫击。衡，通"横"。
14　僭拟：越分妄比。谓在下者自比于尊者。
15　骇：惊慌失措。
16　积贮：积累保存起来。
17　怀敌附远：对敌人采取怀柔政策，使远方之人来归附。怀，来，使亲近。
18　著：明了。
19　末技游食之民转而缘南亩：让工商业者、不劳而食的游民都改为从事农耕。南亩，南坡向阳，利于农作物生长，古人田土多向南开辟，故称。

曰："夫农者，天下之本也。其开籍田，朕亲率耕[1]以给宗庙粢盛[2]。"

三月，**立赵幽王子辟强为河间王，朱虚侯章为城阳王，东牟侯兴居为济北王，子武为代王，参为太原王，揖为梁王**有司请立皇子为诸侯王。诏先立河间、城阳、济北王，然后立皇子。

夏五月，**除诽谤妖言法**诏曰："古之治天下，朝有进善之旌，诽谤之木[3]，所以通治道而来谏[4]者也。今法有诽谤妖言之罪，是使众臣不敢尽情，而上无由闻过失也，将何以来远方之贤良？其除之。"

秋，九月，**赐天下今年田租之半**诏曰："农，天下之大本也，民所恃以生也。而民或不务本而事末，故生不遂[5]。朕今亲率群臣农[6]以劝之，其赐天下民今年田租之半。"

甲子三年（公元前177年）

冬，十月晦，日食。十一月晦，又食。

丞相、绛侯勃免就国诏曰："前遣列侯之国，或辞未行。丞相，朕之所重，其为朕率列侯之国。"

以灌婴为丞相，罢太尉官。

淮南王长来朝，杀辟阳侯审食其初，赵王敖献美人于高祖，得幸，有娠。及贯高事发，美人亦坐系[7]。美人弟因审食其言吕后，吕后妒，弗肯白。美人已生子，恚[8]，即自杀。吏奉其子诣上，上悔之，封以为淮南王。王早失母，附吕后，故吕后时得无患。而常怨食其，以为不强争之，使其母恨而死也。及

1　率耕：古代天子欲劝天下务农，为表示身先天下，故于孟春之月亲耕籍田，谓之率耕。
2　粢盛：古代盛在祭器内以供祭祀的谷物。
3　进善之旌，诽谤之木：相传尧时，在四通八达的地方，设进善旌，谁有好主意，都可以站在旌下发表，又在街头设通往进谏之所的指路标，称诽谤木。旌，旗子。
4　通治道而来谏：疏通治理国家的方针政策，鼓励臣民前来进谏。治道，治理国家的方针政策。
5　遂：顺心，称意。
6　农：种庄稼。
7　坐系：获罪入狱。
8　恚：恨，怒。

上即位，骄蹇[1]不奉法，上常宽假[2]之。是岁入朝，往见食其，自袖铁椎椎杀之，驰走阙下，肉袒谢罪。帝伤其志为亲，故赦，弗治。以此归国益骄恣，警跸[3]称制，拟于天子。袁盎谏曰："诸侯太骄，必生患。"上不听。

夏，五月，匈奴入寇。帝如甘泉，遣丞相婴将兵击走之。遂如太原。济北王兴居反，遣大将军柴武击之。秋，七月，还宫。八月，兴居兵败，自杀初，诛诸吕，朱虚侯功尤大，大臣许以赵王章，以梁王兴居。帝闻其初欲立齐王，故绌其功，割齐二郡以王之。兴居自以失职夺功，颇怏怏。闻帝幸太原，以为天子且自巡边，遂发兵反。帝遣柴武击之，兵败，自杀。

胡氏曰：刘章忠勇著[4]于平、勃之前，而功亦不在平、勃之下。文帝以其欲立齐王而绌之，大臣又无开陈[5]，使盛德之主终负疵议[6]，惜哉！

以张释之为廷尉释之初为骑郎[7]，十年不得调。袁盎荐之为谒者。朝毕，因前言事，上曰："卑之，毋甚高论[8]，令今可行也。"释之乃言秦、汉间得失，上悦，拜谒者仆射[9]。从行登虎圈[10]，上问上林尉[11]诸禽兽簿。尉不能对。虎圈啬夫[12]从旁代尉对，甚悉[13]，欲以观其能，口对[14]响应[15]无穷者。帝曰："吏不当若是邪？"诏释之拜啬夫为上林令。释之久之前，曰："陛下以周勃、张相如何如人也？"上曰："长者。"释之曰："此两人言事曾不能出口，岂效此啬夫喋喋

1　骄蹇：傲慢，不顺从。
2　宽假：宽恕。
3　警跸：古代帝王出入时，于所经路途侍卫警戒，清道止行。
4　著：显著，突出。
5　开陈：陈述，解说。
6　疵议：非议，指责。
7　骑郎：古官名，即骑将所属之郎中，平时在宫中值班宿卫，皇帝外出则充车骑侍从护卫。
8　卑之，毋甚高论：讲实际问题，不要空发议论。
9　谒者仆射：古官名，统领诸谒者，职掌朝会司仪，传达策书，皇帝出行时在前奉引。
10　虎圈：养虎之所。
11　上林尉：古官名，帝王私家苑囿上林苑的次官，其主官为上林令。
12　啬夫：古官名，汉时小吏的一种。
13　悉：详尽。
14　口对：随口应对。
15　响应：比喻应答敏捷。

利口捷给¹哉？且秦以任刀笔之吏²，争亟疾苛察³相高，其敝徒文具而无实，不闻其过，陵迟⁴至于土崩⁵。今陛下以啬夫口辩而超迁之，臣恐天下随风而靡，争为口辩而无其实。夫下之化上，疾如景响⁶，举错⁷不可不审也。"帝曰："善。"就车，召使参乘。徐行，问秦之敝。拜公车令⁸。顷之，太子与梁王共车入朝，不下司马门。释之追，止之，劾不敬。薄太后闻之，帝免冠⁹谢："教儿子不谨。"后乃使使承诏¹⁰赦太子、梁王，然后得入。帝由是奇释之，拜为中大夫。从至霸陵，上谓群臣曰："以北山石为椁¹¹，用纻絮斮陈，漆其间¹²，岂可动哉？"左右皆曰："善。"释之曰："使其中有可欲者，虽锢南山¹³犹有隙。使其中无可欲者，虽无石椁又何戚焉？"帝称善。是岁为廷尉。上行出中渭桥¹⁴，有一人从桥下走，乘舆¹⁵马惊。捕，属廷尉。释之奏："犯跸¹⁶，当罚金。"上怒。释之曰："法者，天子所与天下公共¹⁷也。今法如是，更重之，是法不信于民也。且方其时，上使使诛之则已，今已下廷尉。廷尉，天下之平也。一倾¹⁸，天下用法皆为之轻重，民安所错¹⁹其手足？唯陛下察之。"上良久曰："廷尉当是也。"其后人

---

1 喋喋利口捷给：喋喋，言语烦琐，说话没完没了。利口捷给，能说会道，言辞敏捷，善于应对。利口，伶俐的口齿。给，言辞敏捷，敏捷的应对。
2 刀笔之吏：古人用简牍时，如有错讹，即以刀削之，故古时的读书人及政客常常随身带着刀和笔，以便随时修改错误。因刀笔并用，历代的文职官员也被称作"刀笔吏"。
3 亟疾苛察：急剧猛烈，以苛刻烦琐为明察。
4 陵迟：衰微。
5 土崩：比喻崩溃破败，无法收拾。
6 景响：如影随形，如响应声。
7 举错：任用与废黜。
8 公车令：古官名，又称公车司马令，九卿之一卫尉的属官，掌皇宫的外门司马门的警卫和接待工作，夜间巡行宫中。
9 免冠：脱去帽子，古时表示谢罪。
10 承诏：奉诏旨。
11 椁：套在棺材外面的大棺材。
12 用纻絮斮陈，漆其间：用切碎的苎麻丝絮充塞石椁缝隙，再用漆粘涂在上面。
13 锢南山：被铜铁铸塞的南山。
14 中渭桥：古桥名，初名横桥，位于今陕西省西安市西北。
15 乘舆：天子或诸侯所乘坐的车子。
16 犯跸：冲撞皇帝的车驾。
17 公共：公有的，公用的。
18 一倾：一旦有倾向。
19 错：通"措"，放置。

有盗高庙坐前玉环，得，下廷尉治。释之奏：“当弃市。”上大怒曰：“人无道，乃盗先帝器。吾欲致之族，而君以法奏之，非吾所以共承宗庙意也。”释之免冠，顿首，谢曰：“法如是足也。今盗宗庙器而族之，有如万分一[1]，假令愚民取长陵一抔土[2]，陛下且何以加其法乎？”帝乃白太后，许之。

杨氏曰：释之之论犯跸，其意善矣。然曰方其时，上使人诛之则已，则是开人主妄杀人之端也。既曰法者，天子所与天下公共，则犯法者天子必付之有司，以法论之，安得越法而擅诛乎？

康熙御批：啬夫利口，足动一时之听。张释之恐天下闻风而靡，咸以口给希进，深识治体之言，汉廷诸臣皆所未及。

乙丑四年（公元前 176 年）

冬，十二月，丞相婴卒。以张苍为丞相苍好书[3]，博闻，尤邃律历[4]。

召河东守季布至，罢归郡上召河东守季布，欲以为御史大夫。有言其使酒[5]难近者。至，留邸一月，见罢。布因进曰：“臣无功窃宠，待罪河东。陛下无故召臣，此人必有以臣欺陛下者；今臣至，无所受事罢去，此人必有毁臣者。夫以一人之誉而召臣，以一人之毁而去臣，臣恐天下有识闻之，有以窥陛下之浅深也。”上默然，惭，良久曰：“河东，吾股肱[6]郡，故特召君尔。”

以贾谊为长沙王太傅上议以贾谊任公卿之位。大臣多短[7]之，曰：“年少初学，专欲擅权[8]，纷乱诸事。”上于是疏之，不用其议，以为长沙王太傅。

1　万分一：万分之一，表示可能性极小的假设。
2　长陵一抔土：长陵前的一捧土。长陵，汉高祖刘邦与吕后合葬墓，位于今陕西省咸阳市东。抔，量词，相当于“捧”“把”等。
3　好书：喜欢读书。
4　尤邃律历：尤其精通乐律和历法。邃，精通。
5　使酒：因酒使性。
6　股肱：原指大腿和胳膊，均为躯体的重要部分。此处借指拱卫某一中心城市、与之有密切关系的地方。
7　短：指摘缺点，揭发过失。
8　专欲擅权：专欲，专注于个人欲望。擅权，独揽权力。

　　下绛侯周勃廷尉狱，既而赦之周勃既就国，每河东守、尉行县至绛[1]，勃恐诛，常被甲，令家人持兵以见之。人有告勃欲反，下廷尉，逮治[2]。勃恐，不知置辞[3]。吏稍侵辱[4]之。勃以千金与吏，吏乃书牍背[5]示之，曰："以公主为证。"公主者，帝女也，勃太子胜之尚之[6]。薄太后亦谓帝曰："绛侯始诛诸吕，绾[7]皇帝玺，居北军，不以此时反，今居一小县，顾欲反邪？"帝亦见勃狱辞，乃使使持节赦之，复爵、邑。勃既出，曰："吾尝将百万军，然安知狱吏之贵乎？"

　　作顾成庙[8]。

丙寅**五年**（公元前175年）

　　春，二月，地震。

　　胡氏曰：文帝之时，有此大异，何也？曰：天地之变非一端也，尽以为人事致之，则牵合附会，泥[9]而不通；尽以为气数[10]使然，则古人修德正事，反灾为祥者，亦不少矣。要之，为天下主，父天母地。父母震怒，声色异常，人子当祗栗恐惧[11]，思所以平格[12]。不当指为情性所发，而遂已也。文帝之时，虽有此异，然帝方躬修德化，节用爱人，此其所以虽有此异，而无其应欤！

　　夏，四月，更造四铢钱，除盗铸令初，秦用半两钱，高祖嫌其重，更

1　绛：古县名，治所位于今山西省临汾市曲沃县西南。
2　逮治：逮捕惩治。
3　置辞：申辩。
4　侵辱：凌辱。
5　牍背：书板背面。
6　勃太子胜之尚之：周勃的大儿子周胜之娶她为妻。西汉时列侯之子亦称太子。
7　绾：控制。
8　顾成庙：文帝为自己建的庙。颜师古注引应劭曰："文帝自为庙，制度卑狭，若顾望而成，犹文王灵台不日成之，故曰顾成。"
9　泥：阻塞，阻滞。
10　气数：气运，命运。
11　祗栗恐惧：敬慎恐惧。
12　平格：公正至善。

铸荚钱[1]。于是物价腾踊[2]，米石万钱。至是，更造四铢钱，除盗铸钱令。贾谊谏曰：“法使天下公[3]得铸钱，敢杂以铅铁者，其罪黥。然铸钱非淆杂[4]为巧，则不可得赢；而淆之甚微，为利甚厚。夫事有召祸，而法有起奸[5]。今令细民[6]人操造币之势，各隐屏[7]而铸作，因欲禁其厚利微奸，虽黥罪日报，其势不止。夫悬法以诱民，使入陷阱，孰多于此？又民用钱，郡县不同，吏急而一之乎，则为太烦苛，而力不能胜。纵而弗呵[8]乎，则市肆[9]异用，钱文大乱。苟非其术，何向而可哉[10]？今农事弃捐[11]，而采铜者日蕃[12]，奸钱[13]日多，善人怵而为奸邪，愿民[14]陷而之刑戮。国知患此，吏议必曰‘禁之’。禁之，则钱必重。重则其利深，盗铸如云而起，弃市之罪又不足以禁矣。奸数[15]不胜，而法禁数溃，铜使之然也。不如收之。”贾山亦谏，以为：“钱者，无用器也，而可以易富贵。富贵者，人主之操柄[16]也。令民为之，是与人主共操柄，不可长也。”皆不听。时太中大夫邓通方宠幸，上欲其富，赐之蜀严道[17]铜山，使铸钱。吴王濞有豫章[18]铜山，招致天下亡命者以铸钱，东煮海水为盐，以故无赋而国用饶足[19]。以是吴、邓钱布天下。

　　徙代王武为淮阳王。

1　荚钱：榆荚钱的简称，又名五分钱，汉初一种轻而薄的钱币，钱重三铢，文为“半两”。
2　腾踊：物价飞涨。
3　公：共同。
4　淆杂：混杂。
5　起奸：招致奸邪之事产生。
6　细民：小民，老百姓。
7　隐屏：掩藏隐蔽。
8　纵而弗呵：放任而不管制。
9　市肆：市场。
10　苟非其术，何向而可哉：如果关于钱币的法律不完善，到哪里寻求标准呢。
11　弃捐：抛弃，废置。
12　日蕃：一天天增加。蕃，增长，增加。
13　奸钱：私铸的钱币。
14　愿民：朴实善良之民。
15　奸数：诈术。
16　操柄：权柄。
17　严道：古县名，治所位于今四川省雅安市荥经县西，属蜀郡。
18　豫章：古郡名，辖今江西省地。
19　国用饶足：国用，国家的经费。饶足，富足。

丁卯**六年**（公元前 174 年）

冬，十月，桃、李华。

淮南王长谋反，废，徙蜀，道死[1]淮南王长自作法令行于其国，逐汉所置吏，请自置相。帝曲意[2]从之。又擅刑杀不辜[3]及爵人[4]至关内侯[5]，数上书不逊顺[6]。帝重自切责之，乃令薄昭与书，引管、蔡、兴居以为警戒。王不悦。谋反事觉，召至长安。丞相、御史、宗正、廷尉奏："长罪当弃市。"赦，徙处蜀，载以辎车，县次传之[7]。袁盎谏曰："上素骄淮南王，弗为置严傅、相，以故至此。今暴摧折之，臣恐卒逢雾露[8]病死，陛下有杀弟之名，奈何？"上曰："吾特苦之尔，今复之。"王果愤恚[9]不食死。雍令发封[10]，以死闻。上哭甚悲，逮考[11]诸县传送[12]不发封、馈侍[13]者，皆弃市。谥曰厉王，以列侯葬雍，置守冢[14]三十户。

匈奴冒顿死，子老上单于立，复请和亲初，冒顿遗汉书曰："前时，皇帝言和亲事，称书意，合欢[15]。汉边吏侵侮右贤王，王与相距[16]。绝二主之约，离兄弟之亲，故罚，使西击月氏。以天之福，尽夷灭、降下[17]之，及其旁二十六国，皆已为匈奴。诸引弓[18]之民并为一家，北州[19]以定。愿休兵养马，除

1　道死：死于路上。
2　曲意：委曲己意而奉承别人。
3　不辜：无罪之人。辜，罪，罪行。
4　爵人：以爵位或官职授人。
5　关内侯：古爵位名，秦汉二十等爵位中第十九等，仅低于彻侯。
6　逊顺：谦逊恭顺。
7　县次传之：经过之县依次传递解送。
8　雾露：冒霜露，犯寒暑。
9　愤恚：痛恨，怨恨。
10　发封：打开封闭的囚车。
11　逮考：逮捕拷问。
12　传送：传递解送。
13　馈侍：送食物侍奉。
14　守冢：守墓者。
15　称书意，合欢：与书信的意思一致，双方都很高兴。
16　相距：对峙。距，通"拒"。
17　降下：使降服归顺，俯伏称臣。
18　引弓：持弓，谓善于骑射。
19　北州：塞北，我国长城以北地区。

前事，复故约，以安边民。"帝报书曰："单于欲复故约，朕甚嘉之。此古圣王之志也。汉与匈奴约为兄弟，所以遗单于甚厚。倍约、离兄弟之亲者，常在匈奴。然右贤王事已在赦前，单于勿深诛。单于若称书意明告诸吏，使无负约，有信[1]，敬如单于书。"至是，冒顿死，子老上单于立，帝复遣宗室女翁主[2]为单于阏氏，使宦者中行说傅[3]翁主。说不欲行，强使之。说至，降单于，甚亲幸[4]。说曰："匈奴人众不能当汉之一郡，然所以强者，以衣食异，无仰于汉也。今变俗，好汉物。汉物不过什二，则匈奴尽归于汉矣。"其得缯絮[5]，以驰草棘[6]中，皆裂敝[7]，以示不如旃裘[8]之完善也。得汉食物，皆去之，以示不如湩酪[9]之便美[10]也。教单于左右疏记[11]，以计课[12]其人畜。遗汉书牍及印封[13]，皆令长大[14]，倨傲[15]其辞，自称"天地所生、日月所置匈奴大单于"。

以贾谊为梁王太傅 谊上疏曰："臣窃惟[16]今之事势，可为痛哭者一，可为流涕者二，可为长太息者六，若其他背理而伤道者，难遍以疏举[17]。进言者皆曰天下已安已治矣，臣独以为未也。曰安且治者，非愚则谀，皆非事实知治乱之体者也。夫抱火厝之积薪之下[18]，而寝其上，火未及燃，因谓之安。方今之势，

1　有信：守信用。
2　翁主：汉代诸王之女，相当于后世的郡主。
3　傅：辅佐。
4　亲幸：宠幸。
5　缯絮：缯帛丝绵所制的衣服。
6　草棘：丛生的草木。
7　裂敝：破裂损坏。
8　旃裘：毡裘，毛制的衣服。
9　湩酪：奶酪。
10　便美：味美而适口。
11　疏记：分条记载。
12　计课：计算、征收赋税。
13　印封：盖印的封泥。
14　长大：又长又大。
15　倨傲：傲慢不恭。倨，傲慢。
16　窃惟：私下考虑。
17　疏举：逐条列举。
18　抱火厝之积薪之下：把火放到柴堆下面。厝，放置。薪，柴草。

何以异此？夫树国固、必相疑之势，下数被其殃，上数爽其忧¹，甚非所以安上而全下也。臣窃迹²前事，大抵强者先反。长沙乃二万五千户尔，功少而最完³，势疏而最忠，非独性异人也，亦形势然也。曩⁴令樊、郦、绛、灌据数十城而王，今虽以残、亡可也；令信、越之伦⁵列为彻侯而居，虽至今存可也。然则天下之大计可知已。欲诸王之皆忠附⁶，则莫若令如长沙王；欲臣子勿菹醢⁷，则莫若令如樊、郦等。欲天下之治安，莫若众建诸侯而少其力。力少则易使以义，国小则亡邪心。令海内之势，如身之使臂，臂之使指，莫不制从⁸。诸侯之君不敢有异心，辐辏⁹并进而归命天子。割地定制，令齐、赵、楚各为若干国，使其子孙以次受之。分地众而子孙少者，建以为国，空而置之，须其子孙生者举使君之。一寸之地，一人之众，天子亡所利焉，诚以定治¹⁰而已。天下之势方病大肿，一胫之大几如腰，一指之大几如股¹¹，平居¹²不可屈伸，失今不治，必为锢疾¹³。可痛哭者，此病是也。天下之势方倒悬¹⁴。凡天子者，天下之首也。蛮夷者，天下之足也。今匈奴慢侮侵掠¹⁵，而汉岁致金絮采缯¹⁶以奉之。夷狄征令，主上共贡¹⁷，足反居上，首顾居下，倒悬如此，莫之能解，犹谓国有人乎？可为

---

1 树国固、必相疑之势，下数被其殃，上数爽其忧：分封的诸侯国过于强大，必然形成中央与诸侯相猜疑的形势，诸侯已多次遭受祸害，朝廷也多次受到诸侯叛乱的伤害。爽，伤败，败坏。
2 迹：追寻，追踪。
3 完：完备，完整。
4 曩：以往，从前。
5 伦：类。
6 忠附：忠顺。
7 菹醢：古时的一种酷刑，把人剁成肉酱。
8 制从：服从。
9 辐辏：形容人或物聚集，像车辐集中于车毂一样。
10 定治：稳定治理。
11 一胫之大几如腰，一指之大几如股：一条小腿肿得和腰一样粗，一根脚趾肿得像大腿一样。胫，小腿。
12 平居：平日，平素。
13 锢疾：积久难治的疾病。
14 倒悬：头向下、脚向上悬挂着，比喻极其艰难、危险的困境。
15 慢侮侵掠：慢侮，轻慢侮辱。侵掠，用强力掠夺。
16 金絮采缯：金絮，银两与绢。采缯，彩色丝织品。
17 夷狄征令，主上共贡：夷狄之人对我大汉征召、施令，君王您却向他们奉献贡品。

流涕者此也。今不猎猛敌而猎田彘[1]，不搏反寇而搏畜菟[2]，玩细娱[3]而不图大患，德可远施，威可远加，而只数百里外，威令不伸。可为流涕者此也。今帝之身自衣皂绨[4]，而富民墙屋被文绣[5]。天子之后以缘其领者，庶人孽妾以缘其履[6]。此臣所谓舛[7]也。夫百人作之不能衣一人，欲天下亡寒，胡可得也？一人耕之，十人聚而食之，欲天下亡饥，不可得也。饥、寒切于民之肌肤，欲其亡为[8]奸邪，不可得也。可为长太息者此也。商君遗礼义，弃仁恩，并心于进取。行之二岁，秦俗日败。故家富子壮则出分[9]，家贫子壮则出赘[10]。借父耰锄，虑有德色；母取箕帚，立而谇语；抱哺其子，与公并倨；妇姑不相悦，则反唇而相稽[11]。其慈子耆利[12]，不同禽兽者亡几[13]耳。今其遗风余俗，犹尚未改，弃礼义，捐廉耻，日甚月异而岁不同矣。今其甚者，杀父兄矣。而大臣特以簿书不报期会之间以为大故[14]，至俗流失，世坏败，因恬[15]而不知怪，以为是适然[16]尔。夫移风易俗，使天下回心而向道，类[17]非俗吏之所能为也。俗吏之所务，在于刀笔筐箧[18]，而

1　田彘：野猪。
2　畜菟：家兔。菟，通"兔"。
3　细娱：游乐。游乐对军国大事言为细事。
4　皂绨：用黑色厚缯做成的衣服。此代指粗陋的衣服。
5　富民墙屋被文绣：富裕百姓的房屋都装饰着刺绣精美的丝织品。墙屋，房屋。文绣，刺绣精美的丝织品或衣服。
6　天子之后以缘其领者，庶人孽妾以缘其履：天子的皇后装饰衣领的饰品，平民的小妾却用来装饰鞋子。
7　舛：错乱。
8　亡为：不要做。亡，无，不要。
9　出分：富有人家分一些财产给儿子，使其自立门户。
10　出赘：男子到女家就婚，成为女家的一员。
11　借父耰锄，虑有德色；母取箕帚，立而谇语；抱哺其子，与公并倨；妇姑不相悦，则反唇而相稽：儿子借农具给父亲，脸上有施恩的表情；母亲来拿簸箕扫帚，立即遭到责骂；儿媳抱着婴儿喂奶，竟与公爹并排而坐；媳妇与婆婆关系不好，就回嘴争吵。耰锄，农具。谇语，斥责，责骂。反唇，回嘴。
12　耆利：贪利。
13　亡几：很少。
14　特以簿书不报期会之间以为大故：竟把郡县地方官员没有在规定期限内向朝廷上交文书作为重大失误。簿书，官署中的文书簿册。
15　恬：安逸，舒适。
16　适然：当然。
17　类：大抵，大都。
18　筐箧：用竹枝等编制的狭长形箱子。

不知大体。陛下又不自忧，窃为陛下惜之。管子曰：'礼、义、廉、耻，是谓四维[1]。四维不张，国乃灭亡。'是岂可不为寒心哉？岂如今定经制[2]，令君君臣臣，上下有差，父子六亲[3]各得其宜。此业一定，世世常安，而后有所持循[4]矣。若夫经制不定，是犹渡江河亡维楫[5]，中流而遇风波，船必覆矣。可为长太息者此也。夏、殷、周为天子，皆数十世。秦为天子，二世而亡。人性不甚相远也，何三代之君有道之长，而秦无道之暴也？古之王者，太子乃生，固举以礼[6]，有司齐肃端冕[7]，见之南郊。过阙则下，过庙则趋[8]。故自为赤子[9]，而教固已行矣。孩提有识，三公、三少[10]明孝、仁、礼、义以导习[11]之，逐去邪人，不使见恶行。选天下之端士[12]、有道术[13]者使与居处。故太子乃生而见正事，闻正言，行正道，左右前后皆正人也。夫习与正人居之，不能毋正，犹生长于齐，不能不齐言也。习与不正人居之，不能毋不正，犹生长于楚，不能不楚言也。孔子曰：'少成[14]若天性，习惯如自然。'习与智长，故切而不愧[15]；化与心成，故中道若性[16]。夫三代之所以长久者，以其辅翼太子有此具也。秦使赵高傅胡亥而教之狱，所习者非斩、劓人，则夷人之三族也。故今日即位而明日射人，忠谏者

1　维：治国的纲纪准则。
2　经制：治国的制度。
3　六亲：六种亲属，具体说法不一，较早的一种说法指父、母、兄、弟、妻、子，也泛指亲属。
4　持循：遵循。
5　维楫：系船的绳和船桨。
6　太子乃生，固举以礼：太子从婴儿时起，一定要接受道德礼义的教育。乃，才。
7　齐肃端冕：庄重肃穆，衣冠整齐。端冕，玄衣和大冠，古代帝王、贵族的礼服。
8　过阙则下，过庙则趋：经过宫门一定要下车，经过宗庙一定要恭敬地小步快走。阙，宫门。
9　赤子：初生的婴儿。
10　三少：三公的副职，少保、少傅、少师。
11　导习：指导教习。
12　端士：正直的人。
13　道术：道德学问。
14　少成：年少时养成的习性。
15　切而不愧：行为切合规范，没什么需要羞愧的事情。
16　中道若性：所作所为都符合道德规范，像是天生养成的本性一样。

谓之诽谤，深计[1]者谓之妖言，其视杀人若艾草菅[2]然，岂惟胡亥之性恶哉？彼其所以导之者非其理故也。鄙谚曰：'前车覆，后车诫。'天下之命，悬于太子。太子之善，在于早谕教[3]与选左右。夫心未滥而先谕教，则化易成也。教得而左右正，则太子正而天下定矣。凡人之智，能见已然，不能见将然。夫礼者，禁于将然之前；而法者，禁于已然之后。是故法之所为用易见，而礼之所为生难知也。若夫庆赏以劝善，刑罚以惩恶。先王执此之政，坚如金石；行此之令，信如四时。据此之公，无私如天地，岂顾[4]不用哉？然而曰礼云、礼云者，贵绝恶于未萌，而起教于微眇[5]，使民日迁善远罪而不自知也。盖世主[6]欲民之善同，而所以使民善者异。或导之以德教，或驱之以法令。导之以德教者，德教洽而民气乐；驱之以法令者，法令极而民风哀。哀、乐之感，祸、福之应也。夫人之置器[7]，置诸安处则安，置之危处则危。天下，大器也，在天子之所置之。汤、武置天下于仁义礼乐，累子孙数十世，此天下所共闻也。秦王置天下于法令刑罚，祸几及身，子孙诛绝[8]，此天下之所共见也。是非其明效大验[9]与？人之言曰：'听言之道，必以其事观之，则言者莫敢妄言。'今或言礼义之不如法令，教化之不如刑罚，人主胡不引殷、周、秦事以观之也？人主之尊譬如堂，群臣如陛[10]，众庶如地。故陛九级上，廉[11]远地，则堂高；陛无级，廉近地，则堂卑。高者难攀，卑者易陵，理势然也。故古者圣王制为等

---

1 深计：深入周密地谋划。
2 艾草菅：割草。艾，斩除。草菅，杂草。
3 谕教：晓谕教诲。
4 岂顾：何必。
5 微眇：细小，微末。
6 世主：国君。
7 置器：放置器皿。
8 诛绝：诛灭，灭绝。
9 明效大验：非常显著的效果。
10 陛：帝王宫殿的台阶。
11 廉：厅堂的侧边。

列¹，内有公卿²、大夫、士，外有公、侯、伯、子、男，然后有官师³、小吏，延
及庶人，等级分明，而天子加⁴焉，故其尊不可及也。谚曰：'欲投鼠而忌器。'
此善谕⁵也。鼠近于器，尚惮不投，恐伤其器，况于贵臣之近主乎？廉耻节礼⁶
以治君子，故有赐死而无戮辱⁷，是以黥、劓之罪不及大夫。礼，不敢齿君之
路马，蹴其刍者有罚⁸。所以为主上豫远不敬也。今自王侯、三公之贵，皆天子
之所改容⁹而礼之者也，古之所谓伯父、伯舅也。而令与众庶同黥、劓、髡、
刖¹⁰、弃市之法，然则堂不无陛乎¹¹？被戮辱者不泰迫¹²乎？廉耻不行，大臣无乃
握重权，大官而有徒隶¹³无耻之心乎？夫望夷¹⁴之事，二世见当以重法¹⁵者，投鼠
而不忌器之习也。臣闻之，履虽鲜不加于枕，冠虽敝不以苴履¹⁶。夫已尝在贵宠
之位，天子改容而体貌¹⁷之矣，吏、民当俯伏以敬畏之矣。今而有过，帝令废
之可也，退之可也，赐之死可也，灭之可也。若夫束缚之，系绁¹⁸之，输之司
寇，编之徒官，小吏詈骂而榜笞之¹⁹，殆非所以令众庶见也。夫卑贱者习知尊贵

---

1 等列：等级品位。
2 公卿：三公九卿的简称。
3 官师：百官，较低级的官吏。
4 加：凌驾。
5 善谕：很好的比喻。
6 节礼：节操礼义。
7 戮辱：受刑被辱。
8 不敢齿君之路马，蹴其刍者有罚：不敢察看为君主驾车的马年岁大小，用脚踢了为君主
   驾车的马所吃的草料，就要受到处罚。
9 改容：改变仪容，动容。
10 髡、刖：髡，古代刑罚名，剃去男子的头发。刖，古代酷刑名，把脚砍掉。
11 然则堂不无陛乎：这样不正如同殿堂没有台阶了吗。
12 泰迫：太接近君主。泰，通"太"。
13 徒隶：刑徒奴隶，服劳役的犯人。
14 望夷：古宫名，故址位于今陕西省咸阳市泾阳县东南，因东北临泾水以望北夷，故名。
   赵高迫杀秦二世于此。
15 二世见当以重法：秦二世胡亥被判以重罪。
16 苴履：用以垫鞋底。苴，鞋底的草垫。履，鞋。
17 体貌：以礼貌相待，敬重。体，通"礼"。
18 系绁：捆绑。
19 输之司寇，编之徒官，小吏詈骂而榜笞之：押送到司寇那里，罚他做为官府服劳役的犯人，
   主管的小吏可以对他任意责骂鞭打。司寇，官名，中央政府中掌管司法和纠察的长官。

者之一旦吾亦乃可以加此也¹，非所以尊尊、贵贵之化也。古者大臣有坐不廉而

废²者，曰'簠簋不饬³'；坐污秽淫乱者，曰'帷薄不修⁴'；坐罢软⁵不胜任者，

曰'下官不职'。故贵大臣定有罪矣，犹未斥然⁶正以呼之也，尚迁就而为之

讳也。其在大谴大何⁷之域者，则白冠氂缨，盘水加剑，造请室而请罪尔，不

执缚系引而行也⁸。其有中罪⁹者，闻命而自弛，上不使人颈盭而加也¹⁰。其有大罪

者，北面再拜，跪而自裁，上不使人捽抑¹¹而刑之也，曰：'子大夫¹²自有过尔，

吾遇子有礼矣。'遇之有礼，故群臣自憙¹³；婴以廉耻，故人矜节行¹⁴。化成俗定，

则为人臣者，皆顾行¹⁵而忘利，守节而仗义，故可以托不御之权，可以寄六尺

之孤¹⁶。此厉廉耻、行礼义之所致也，主上何丧焉？此之不为，而顾¹⁷彼之久行，

故曰可为长太息者此也。"上深纳其言，养臣下有节，是后大臣有罪，皆自杀，

不受刑。

1　卑贱者习知尊贵者之一旦吾亦乃可以加此也：卑贱的人熟知达官贵人一旦犯罪也会被贬
　　责，就认为我也可以对他进行凌辱。
2　坐不廉而废：因为不廉洁而被罢免。
3　簠簋不饬：簠、簋，均为古代食器，也用作放祭品。不饬，不整饬，借指贪污。
4　帷薄不修：帷薄，帐幔和帘子，古代用以障隔内外。修，整饬。
5　罢软：疲沓软弱，无主见。
6　斥然：公然斥责貌。
7　大谴大何：受到了君主的严厉谴责、呵斥。
8　白冠氂缨，盘水加剑，造请室而请罪耳，不执缚系引而行也：头戴白色帽子，系着氂
　　缨，带着盛水的盘和佩剑，自己来到请室接受处置，君主并不派人去捆绑带走他。白冠，
　　白色帽子，丧服。氂缨，以毛做成的帽带，古时大臣犯罪时用，以示自请罪谴。请室，
　　清洗罪过之室，即囚禁有罪官吏的牢狱。如淳曰："水性平，若己有正罪，君以平法治
　　之也。加剑，当以自刎也。或曰杀牲者以盘水取颈血，故示若此也。"
9　中罪：介于轻罪与重罪之间的罪行。
10　闻命而自弛，上不使人颈盭而加也：得到了判决罪名就自杀，君主不派人去斩下他的首
　　级。自弛，师古曰："弛，废也，自废而死。"颈盭，苏林曰："不戾其颈而亲加刀锯也。"
11　捽抑：揪住往下按。
12　子大夫：古代国君对大夫、士或臣下的美称。
13　自憙：自乐，自我欣赏。
14　婴以廉耻，故人矜节行：君主以廉耻约束臣子，人们就会重视气节品行。婴，缠绕，反
　　复盘绕其上。
15　顾行：顾全德行。
16　可以托不御之权，可以寄六尺之孤：君主可以授予臣子不受约束的权力，可以把尚未成
　　人的太子托付给臣子辅佐。六尺之孤，个子小、没有成年的孤儿。
17　顾：观看，瞧。

戊辰**七年**（公元前 173 年）

夏，四月，赦。

六月，未央宫东阙罘罳[1]灾。

己巳**八年**（公元前 172 年）

夏，封淮南厉王子四人为列侯民有歌淮南王者曰："一尺布，尚可缝。一斗粟，尚可舂。兄弟二人不相容！"帝闻而病之。封王子安等四人为列侯。贾谊知上必将复王之也，上疏谏曰："淮南王悖逆无道，天下孰不知其罪？今奉尊[2]罪人之子，适足以负谤[3]于天下尔。此人少壮，岂能忘其父哉？淮南虽小，黥布尝用之矣，汉存，特幸尔。夫擅仇人[4]足以危汉之资，于策不便。予之众，积之财，所谓假贼兵、为虎翼[5]者也。"上勿听。

长星[6]出东方。

庚午**九年**（公元前 171 年）

春，大旱。

辛未**十年**（公元前 170 年）

冬，将军薄昭有罪，自杀薄昭杀汉使者。帝不忍加诛，使公卿从之饮酒，欲令自引分[7]。昭不肯，使群臣丧服往哭之，乃自杀。

司马公曰：李德裕以为："汉文诛薄昭，断则明矣，于义则未安也。太后

1　东阙罘罳：东阙，宫殿东门前的望楼。罘罳，古代设在门外或城角上的网状建筑，用以守望和防御。
2　奉尊：尊重。
3　负谤：蒙受责难。
4　擅仇人：让仇人据有。擅，据有。
5　假贼兵、为虎翼：借给贼人武器、为老虎添一对翅膀。假，借。兵，武器。
6　长星：古星名，类似彗星，有长形光芒。古人认为长星出，代表有兵革之事。
7　引分：引决，自杀。

唯一弟而杀之，何以慰母氏之心哉？"臣愚以为，法者，天下之公器[1]，惟善持法[2]者，亲疏如一，无所不行，则人莫敢有所恃而犯之也。夫薄昭杀汉使者，非有恃而然乎？若又从而赦之，则与成、哀之世[3]何异哉？魏文帝曰："舅后之家，但当养育以恩，而不当假借以权，既触罪法，又不得不诛。"讥文帝之始不防闲[4]昭也，斯言得之矣。然则欲慰母心者，将慎之于始乎！

程子曰：二公皆执一[5]之论，未尽于义也。义既未安，则非明也。有所不行，岂害其为公器哉？盖不得于义，则非恩之正。害恩之正，则不得为义矣。使薄昭盗长陵土，则太后虽不食而死，昭不可不诛也。其杀汉使，为类亦有异焉。若昭有罪，命使往治，昭执而杀之，太后之心可伤也，昭不可赦也。后若必丧其生，则存昭以全后可也。或与忿争而杀之，则贷[6]昭以慰母心可也。此之谓能权，盖先王之制也。八议[7]设，而后重轻得其宜，义岂有屈乎？法主于义，义当而谓之屈法，不知法者也。

壬申十一年（公元前 169 年）

夏，梁王揖卒，徙淮阳王武为梁王梁怀王薨，无子。贾谊上疏曰："陛下不定制[8]，如今之势，不过一传再传，汉法不得行矣。陛下所以为蕃捍[9]，唯淮阳、代二国尔。代，北边匈奴，能自完则足矣。而淮阳之比大诸侯，廑如黑子之着面[10]，不足以有所禁御。臣愿举淮南地以益淮阳，而为梁王立后，割东郡以

1　公器：共用之器，多用于比喻。
2　持法：执行法律。
3　成、哀之世：指汉成帝、汉哀帝在位的时候，为汉朝衰落的时代。
4　防闲：防，堤也，用于制水。闲，圈栏也，用于制兽。连用，引申为防备和禁阻。
5　执一：固执一端，不知变通。
6　贷：饶恕，宽恕。
7　八议：古代刑律规定的对八种人犯罪必须交由皇帝裁决或依法减轻处罚的特权制度，分别是：议亲、议故、议贤、议能、议功、议贵、议勤、议宾。
8　定制：拟定制度或法式。
9　蕃捍：藩屏，护卫。蕃，通"藩"。
10　廑如黑子之着面：仅像一个黑痣附着在脸上一样。廑，仅。着，附着。

益梁。梁起于新郪[1]以北，着之河[2]；淮阳包陈以南，捷之江[3]。则大诸侯之有异心者破胆而不敢谋。梁足以捍齐、赵，淮阳足以禁吴、楚，陛下高枕，终无山东之忧矣，此二世之利也。当今恬然[4]，适遇诸侯之皆少，数岁之后，陛下且见之矣。夫秦日夜苦心劳力以除六国之祸，今陛下力制天下，颐指[5]如意，高拱[6]以成六国之祸，难以言智。苟身无事，畜乱宿祸[7]，万年之后，传之老母弱子，将使不宁，不可谓仁。"于是徙淮阳王武为梁王，北界泰山，西至高阳，得大县四十余城。后岁余，贾谊亦死，死时年三十三矣。

匈奴寇狄道时匈奴数为边患，太子家令[8]晁错言曰："兵法曰：'有必胜之将，无必胜之民。'繇[9]此观之，安边境，立功名，在于良将，不可不择也。臣又闻用兵之急者三：一曰得地形，二曰卒服习[10]，三曰器用利[11]。步兵、车骑、弓弩、长戟、矛铤[12]、剑盾之地，各有所宜。不得其宜者，或十不当一。士不选练，卒不服习，百不当一。兵不完利[13]，甲不坚密，弩不及远，射不能中，中不能入，五不当一。故曰：器械不利，以其卒予敌也；卒不可用，以其将予敌也；将不知兵，以其主予敌也；君不择将，以其国予敌也。四者，兵之至要也。臣又闻小大异形，强弱异势，险易异备。夫卑身以事强，小国之形也；合小以攻大，敌国之形也；以蛮夷攻蛮夷，中国之形也。今匈奴地形、技艺与中

---

1 新郪：古县名，治所位于今安徽省阜阳市太和县北。
2 着之河：附着于黄河。
3 捷之江：连接到长江。捷，连接。
4 恬然：安然，不在意貌。
5 颐指：以下巴的动向示意而指挥人。
6 高拱：两手相抱，高抬于胸前。安坐时的姿势。
7 畜乱宿祸：滋养祸乱。
8 太子家令：古官名，太子家事总管，掌仓谷饮食。
9 繇：古通"由"。
10 卒服习：士兵训练有素。服习，习熟武艺。
11 器用利：武器精良。
12 铤：古代一种铁柄短矛。
13 完利：坚固锋利。

国异，上下山阪[1]，出入溪涧，险道倾仄[2]，且驰且射，风雨罢劳[3]，饥渴不困，此匈奴之长技也。若夫平原易地，轻车突骑[4]，劲弩长戟，射疏及远，下马地斗，剑戟相接，此中国之长技也。然兵，凶器；战，危事。以大为小，以强为弱，在俯仰之间尔。跌而不振，则悔无及也。帝王之道，出于万全。今降胡、义渠来归谊[5]者，饮食、长技与匈奴同。可赐之坚甲絮衣[6]，劲弩利矢，益以边郡之良技，令明将能知其习俗、和辑[7]其心者将之。即有险阻，以此当之。平地通道，则以轻车、材官制之。两军相为表里，而各用其长技，此万全之术也。"帝嘉之，赐书，宠答[8]焉。错为人峭直刻深[9]，以其辩得幸太子，号曰"智囊"。

募民徙塞下[10] 晁错又言曰："兵起而不知其势，战则为人擒，屯则卒积死[11]。胡人衣食之业，不着[12]于地，其势易以扰乱边境，往来转徙[13]，时至时去，此胡人之生业[14]，而中国之所以离南亩也。今胡人数转牧、行猎于塞下，以候备塞之卒，卒少则入。不救，则边民绝望而降敌；救之，才到则胡又去。聚而不罢，为费甚大；罢之，则胡复入。如此连年，则中国贫苦而民不安矣。陛下幸忧边境，发卒治塞，甚大惠也[15]。然令远方之卒守塞，一岁而更，不知胡人之能。不如选常居者家室田作[16]，且以备之，以便为之高城深堑[17]。要害之处，调立[18]

1　山阪：山坡。
2　倾仄：倾斜，倒向一边。
3　罢劳：疲劳，疲惫。
4　突骑：用于冲锋陷阵的精锐骑兵。
5　归谊：归附正义。谊，通"义"。
6　絮衣：棉衣。
7　和辑：指与他人、他族等和睦相处。
8　宠答：指皇帝对臣下有嘉许之意的答复。
9　峭直刻深：峭直，严峻刚正。刻深，苛刻严酷。
10　塞下：边塞附近，亦泛指北方边境地区。
11　屯则卒积死：屯守最终会被敌人困死。
12　着：附着，依赖。
13　转徙：辗转迁移。
14　生业：赖以生活的职业。
15　甚大惠也：这是对边境百姓很大的恩惠了。
16　家室田作：家室，安家。田作，耕作。
17　深堑：深沟。
18　调立：统筹安排，统筹设置。

城邑，毋下¹千家。先为室屋，具田器，乃募民，免罪拜爵，复其家，予冬夏衣，禀食²，能自给而止。胡人入驱而能止其所驱者，以其半予之，县官为赎³。其民如是，则邑里相救助，赴胡⁴不避死。其与东方之戍卒，不习地势而心畏胡者，功相万⁵也。且使远方无屯戍⁶之事，塞下之民父子相保，无系虏之患，岂不美哉？"上从其言。错复言："陛下幸募民以实塞下，使屯戍益省，输将⁷益寡，甚大惠也。下吏⁸诚能称厚惠，奉明法，存恤老弱，善遇其壮士⁹，和辑其心而勿侵刻¹⁰，使先至者安乐而不思故乡，则贫民相慕而劝往矣。臣闻古之徙民者，相其阴阳之和，尝其水泉之味，然后营邑立城，制里割宅，置器物焉。使民至有所居，作有所用，此民所以轻去其乡而劝之新邑也。为置医巫¹¹以救疾病，修祭祀，男女有昏¹²，生死相恤，坟墓相从，种树畜长¹³，此所以使民乐其处而有长居之心也。古之制边县以备敌也，使五家为伍，十伍一里，四里一连，十连一邑，皆择其贤材有护¹⁴、习地形、知民心者为之长。居则习民于射法，出则教民于应敌。服习以成，勿令迁徙，幼则同游，长则共事。夜战声相知，则足以相救；昼战目相见，则足以相识。欢爱之心，足以相死¹⁵。如此而劝以厚赏，威以重罚，则前死而不还踵矣。所徙之民非壮有材者，但费衣粮，不可用

1　毋下：不要低于。
2　禀食：官家给食。
3　胡人入驱而能止其所驱者，以其半予之，县官为赎：匈奴入侵，有人能从匈奴手中夺回所掠财物，就把其中的一半给他，由官府赎买。
4　赴胡：赶去与胡人搏斗。
5　相万：相差万倍，极言相差之大。
6　屯戍：驻防，军队驻守边境。
7　输将：运送。
8　下吏：低级官员。
9　称厚惠，奉明法，存恤老弱，善遇其壮士：履职能与陛下对百姓深厚的恩惠相称，遵奉陛下英明的法令，对迁来的应募百姓，照顾其中的老弱，厚待其中的壮士。
10　侵刻：侵害，剥夺。
11　医巫：治病的人。古代医生往往兼用巫术治病，故称。
12　昏：古通"婚"，婚姻。
13　畜长：饲养六畜。
14　贤材有护：贤明的人才中有保护能力的。
15　相死：以死相救。

也；虽有材力[1]，不得良吏，犹亡功也。陛下绝匈奴不与和亲，臣窃意其冬来南也。一大治，则终身创矣[2]。欲立威者，始于折胶[3]。来而不能困，使得气[4]去，后未易服也。"

癸酉十二年（公元前 168 年）

冬，十二月，河决酸枣，东溃金堤[5]。兴卒塞之。

春，三月，除关，无用传[6]。

诏民入粟边[7]，得拜爵免罪。赐农民今年半租晁错言曰："圣王在上而民不冻、饥者，非能耕而食之、织而衣之也，为开其资财之道也。今海内为一，无有水旱之灾，而畜积未及者，何也？地有遗利[8]，民有余力，生谷之土未尽垦，山泽之利未尽出，游食[9]之民未尽归农也。夫腹饥不得食，肤寒不得衣，虽慈父不能保其子，君安能以有其民哉？明主知其然也，故务民于农桑，薄赋敛，广畜积，以实仓廪，备水旱，故民可得而有也。夫珠玉金银，饥不可食，寒不可衣，然而众贵之者，以上用之故也。其为物轻微易藏，在于把握[10]，可以周海内而无饥寒之患。此令臣轻背其主，而民易去其乡，盗贼有所劝，亡逃者得轻资[11]。粟米布帛，生于地，长于时，聚于力，非可一日成也。数石之重，中人弗胜，不为奸邪所利[12]，一日弗得，而饥寒至。是故明君贵五谷而贱金玉。今

1 材力：勇力，才能。
2 一大治，则终身创矣：边境一旦政治修明，局势安定，就可以重创匈奴，使他们终身恢复不了元气。
3 折胶：秋冬季节。
4 得气：得以逞其志气。
5 金堤：古水名，黄河下游支流，发源于河南省新乡市新乡县，流向东北，经豫、鲁两省，至台前县张庄附近穿临黄堤入黄河。
6 除关，无用传：废止关隘检查制度，吏民出行不必带证明身份的符传。
7 入粟边：输送粮食到边境地区。入粟，缴纳粮食到官府，用以买官或赎罪。
8 遗利：未尽其用的利益。
9 游食：居处不定，到处谋食。
10 把握：掌握，执持。
11 轻资：便于携带的财物。
12 中人弗胜，不为奸邪所利：普通人无法搬运，不会成为盗贼劫夺的目标。

农夫五口之家，其服役者不下二人，其耕不过百亩，收不过百石。春耕夏耘，秋获冬藏，伐薪樵[1]，治官府[2]，给徭役，四时之间，亡日休息。又私自送往迎来，吊死问疾，养孤长幼在其中。勤苦如此，复被水旱之灾，急政暴赋，朝令夕改。有者半贾[3]而卖，无者取倍称[4]之息，于是有卖田宅、鬻[5]子孙以偿债者矣。而商贾，大者积贮倍息[6]，小者坐列[7]贩卖，操其奇赢[8]，日游都市，乘上之急，所卖必倍。男不耕耘，女不蚕织，衣必文采[9]，食必粱肉[10]，交通王侯，力过吏势[11]，乘坚策肥[12]，履丝曳缟[13]，此商人所以兼并[14]而农民所以流亡者也。方今之务，莫若使民务农而已矣。欲民务农，在于贵粟[15]。今募天下入粟县官，得以拜爵、除罪，则富人有爵，农民有钱，粟有所渫[16]，而贫民之赋可损。所谓损有余，补不足，令出而民利者也。神农[17]之教曰：‘有石城十仞[18]，汤池[19]百步，带甲百万，而无粟，弗能守也。’爵者，上之所擅[20]，出于口而无穷；粟者，民之所种，生于地而不乏。使人入粟于边以受爵、免罪，不过三岁，塞下之粟必多矣。”帝从

1　薪樵：柴火。
2　治官府：修缮官府房屋。
3　半贾：半价。
4　倍称：加倍偿还，借一还二。
5　鬻：卖。
6　积贮倍息：积贮，积累保存起来。倍息，加倍的利息。
7　坐列：坐在店铺内。
8　奇赢：商人所获的赢利。
9　文采：华美的纺织品或衣服。
10　粱肉：以粱为饭，以肉为肴。粱，精美的饭食。
11　交通王侯，力过吏势：和王侯结交，势力比官吏还大。
12　乘坚策肥：坐牢固的车，驾肥壮的马。形容生活豪华。坚，坚固的车子。策，鞭打。肥，肥壮的马。
13　履丝曳缟：穿丝履，着缟衣。形容奢侈。丝履，以丝织品制成的鞋。缟衣，白绢衣服。
14　兼并：侵吞别国的领土或别人的产业。
15　贵粟：以粮食为贵重之物，古代奖励农业生产的重要措施。
16　渫：散布，消散。
17　神农：传说中的人物，始教民为耒耜，务农业，故称神农氏。又传他曾尝百草，发现药材，教人治病。
18　仞：古代长度单位，周制一仞合八尺，汉制合七尺。
19　汤池：护城河中的水像滚水一样，使人不能靠近。比喻防卫严固。
20　擅：独揽。

之。错复言："边食[1]足以支五岁，可令入粟郡县；郡县足支一岁，可时赦[2]，勿收农民租。如此，德泽加于万民，民愈劝农，大富乐[3]矣。"诏曰："导民之路，在于务本。朕亲率天下农，而野不加辟，岁一不登，民有饥色[4]，是吏奉吾诏不勤，而劝民不明也。且吾农民甚苦，而吏莫之省，将何以劝焉？其赐农民今年租税之半。"

康熙御批：天生烝民[5]，厥有恒性[6]。其即于匪彝[7]，不从教令者，多为饥寒所迫，非尽出于性恶也。晁错云虽慈父不能得之于其子，入情入理，不可以人废言。

甲戌十三年（公元前 167 年）

春，二月，诏具[8]亲耕桑礼仪诏曰："朕亲耕以供粢盛，皇后亲桑以奉祭服。其具礼仪。"

夏，除秘祝[9]初，秦时祝官有秘祝，即有灾祥[10]，辄移过于下。至是诏曰："祸自怨起，福由德兴。百官之非，宜由朕躬[11]。今秘祝之官移过于下，朕甚不取。其除之。"

五月，除肉刑[12]齐太仓令[13]淳于意有罪当刑，其少女[14]缇萦上书曰："妾父

---

1 边食：边境地区的粮饷。
2 时赦：随时赦免。
3 富乐：富裕而安乐。
4 野不加辟，岁一不登，民有饥色：田野尚得不到充分开垦，每逢年景不好，百姓就处于饥饿状态。
5 烝民：民众，百姓。
6 厥有恒性：才产生固有的本性。厥，文言副词，才，乃。恒性，常性，固有的本性。
7 匪彝：违背常规的行为。
8 具：准备，备办。
9 秘祝：负责祈求祝祷的官员。
10 灾祥：祸福。
11 朕躬：我，我身，多用于天子自称。
12 肉刑：施加于罪犯肉体的惩罚，包括死刑、鞭笞和监禁。
13 太仓令：古官名，主受郡国漕谷，管理国家粮仓。
14 少女：最年幼的女儿。

为吏，齐中皆称其廉平[1]，今坐法当刑。妾伤夫[2]死者不可复生，刑者不可复属[3]，虽欲改过自新，其道无由。愿没入[4]为官婢，以赎父刑罪。"天子怜、悲其意，诏曰："今人有过，教未施而刑已加，欲改行[5]而无由至，朕甚怜之。夫刑至断支体[6]，刻[7]肌肤，终身不息，何其痛而不德也，岂为民父母之意哉？其除肉刑，有以易之。具为令。"丞相、御史请定律，曰："诸当髡者为城旦、春[8]，当黥、髡者钳[9]为城旦、春，当劓者笞三百，当斩左止[10]者笞五百，斩右止及杀人先自告、及吏坐受赇[11]、枉法[12]、守县官财物而即盗之、已论而复有笞罪者，皆弃市。为城旦、春者，各有岁数以免。"制曰："可。"上既躬修玄默[13]，而将相皆旧功臣，少文多质[14]。惩恶[15]亡秦之政，论议务在宽厚，耻言人之过失。化行天下[16]，告讦[17]之俗易。吏安其官，民乐其业，畜积岁增，户口浸息[18]。风流笃厚，禁罔疏阔，罪疑者予民[19]，是以刑罚大省，至于断狱四百，有刑错之风焉[20]。

六月，除田之租税诏曰："农，天下之本务[21]莫大焉。今勤身从事而有租税之赋，是为本、末者无以异也，其除之。"

1　廉平：清廉公平。
2　夫：语气助词，用于句中，舒缓语气。
3　刑者不可复属：受刑残肢不能再接。
4　没入：没收财物、人口等入官。
5　改行：改变行为。
6　支体：整个身体。亦仅指四肢。
7　刻：伤害。
8　春：古代因犯罪或被俘等成为春膳的奴隶。
9　钳：古代刑罚名，用铁圈束颈、手、足。
10　左止：左脚。下文"右止"即为右脚。
11　受赇：接受贿赂。
12　枉法：歪曲和破坏法律。
13　玄默：清静无为。
14　少文多质：少文采而多质朴。
15　惩恶：憎恶惩戒。
16　化行天下：教化施行于天下。
17　告讦：责人过失或揭人阴私，告发。
18　户口浸息：人口逐渐繁衍增长。息，生长，滋息。
19　风流笃厚，禁罔疏阔，罪疑者予民：风俗日渐笃实厚道，法令粗疏，证据不足的疑犯就释放。风流，风俗教化。
20　至于断狱四百，有刑错之风焉：以至于一年之内全国只审判了四百起案件，出现了不再动用刑罚的景象。刑错，置刑罚不用。
21　本务：根本事务。

乙亥**十四年**（公元前 166 年）

冬，匈奴入寇，遣兵击之，出塞而还匈奴十四万骑入朝那、萧关[1]，杀北地都尉印，虏人畜甚多，使骑兵入，烧回中宫[2]，候骑[3]至雍甘泉[4]。诏发车千乘，骑卒十万，上亲勒兵[5]，欲自征匈奴。群臣谏，不听，皇太后固要[6]，上乃止。以张相如、栾布为将军，击、逐出塞而还。

赦作徒[7]魏尚，复为云中守上辇过郎署[8]，问郎署长冯唐曰："父[9]家安在？"对曰："赵人。"上曰："吾居代时，尚食监[10]高袪数为我言赵将李齐之贤，战于钜鹿下。今吾每饭，意未尝不在钜鹿也。父知之乎？"对曰："尚不如廉颇、李牧之为将也。"上搏髀[11]曰："嗟乎，吾独不得颇、牧为将！吾岂忧匈奴哉？"唐曰："陛下虽得之，弗能用也。"上曰："公何以知之？"对曰："上古[12]王者之遣将也，跪而推毂[13]，曰：'闑[14]以内者，寡人制之；闑以外者，将军制之。'军功、爵赏皆决于外，归而奏之。此非虚言也。李牧为赵将军，市租[15]皆自用飨士，赏赐不从中覆[16]。委任而责成功，故牧得尽其智能[17]，而赵几霸。今臣窃闻魏尚为云中守，其军市租尽以飨士卒，私养钱[18]自飨宾客、军吏、舍

1　朝那、萧关：朝那，古县名，治今宁夏回族自治区固原市彭阳县西南。萧关，古关隘名，位于今宁夏回族自治区固原市东南，为关中至塞北的交通要冲。
2　回中宫：古离宫名，位于今陕西省宝鸡市陇县西北。
3　候骑：负责侦察的骑兵。
4　甘泉：古山名，位于今陕西省咸阳市淳化县西北。
5　勒兵：治军，操练或指挥军队。
6　固要：竭力劝阻。
7　作徒：被判徒刑而罚作劳役的人。
8　郎署：宿卫侍从官的公署。
9　父：对老年男子的尊称。
10　尚食监：古官名，负责膳食的近臣。
11　搏髀：指在大腿上打节拍，以应和歌曲和表示叹息或欢乐。
12　上古：较早的古代。
13　推毂：推车前进，古代帝王任命将帅时的隆重礼遇。毂，车轮中心有洞可以插轴的部分，借指车轮。
14　闑：门槛。
15　市租：商业税。
16　中覆：朝廷的批复。
17　智能：智谋与才能。
18　私养钱：私人赡养家属的俸钱。

人，是以匈奴远避，不近云中之塞。虏曾一入，尚击之，所杀甚众。夫士卒起田中从军，安知尺籍伍符[1]？终日力战，斩首捕虏[2]，上功幕府，一言不相应，文吏以法绳之[3]。其赏不行，而法必用。且尚坐上功首虏差六级[4]，陛下下之吏，削其爵，罚作[5]之。由此言之，陛下虽有颇、牧，弗能用也。"上悦。是日令唐持节[6]赦魏尚，复以为云中守，而拜唐为车骑都尉[7]。

春，增诸祀坛场、珪币[8]诏广增诸祀坛场、珪币，且曰："先王远施，不求其报；望祀，不祈其福。右贤左戚[9]，先民后己，至明之极也。今吾闻祠官祝厘[10]，皆归福于朕躬，不为百姓，朕甚愧之。其令祠官致敬，无有所祈！"

丙子十五年（公元前 165 年）

春，黄龙见成纪[11]初，张苍以汉得水德，鲁人公孙臣以为当土德，其应黄龙见，苍以为非是，罢之。至是帝召臣为博士，与诸生申明土德，草改历服色[12]事。苍由此自绌。

夏，四月，帝如雍，始郊见五帝[13]。

赦。

秋，九月，亲策[14]贤良能直言极谏者，以晁错为中大夫错以对策高

1　尺籍伍符：记载军令、军功的簿籍和军士中各伍互相作保的守则。
2　捕虏：俘获。
3　上功幕府，一言不相应，文吏以法绳之：向衙门报功时，一个字不相符，负责文书的官员就依据法律制裁他们。幕府，将帅办公的地方。
4　尚坐上功首虏差六级：魏尚因为上报杀敌数时多报了六个人罪。
5　罚作：汉代刑罚之一，处轻罪犯以一年苦役。
6　持节：古代使臣奉命出行，必执符节以为凭证。
7　车骑都尉：古官名，掌领中尉和郡国车士。
8　增诸祀坛场、珪币：扩大各类祭祀场所的规模，增加祭品的数量。珪币，祭祀用的玉帛。
9　右贤左戚：重用有品德、有才能的人，而把自己的亲戚朋友放在次要位置。
10　祠官祝厘：主管祭祀的人向天祈祷赐福。祠官，掌管祭祀之官。祝厘，祈求福佑，祝福。
11　黄龙见成纪：黄龙在成纪出现。黄龙，古代传说中的动物名，谶讳家以为是帝王之瑞征。成纪，古县名，位于今甘肃省平凉市静宁县西南。
12　改历服色：更改正朔及车马、祭牲、服饰等的颜色。
13　五帝：古代所谓五方天帝。五帝，苍曰灵威仰，太昊食焉；赤曰赤熛怒，炎帝食焉；黄曰含枢纽，黄帝食焉；白曰白招拒，少昊食焉；黑曰汁光纪，颛顼食焉。
14　策：考试，就政治和经济问题发问，应试者对答。

第 [1]，擢为中大夫。又言宜削诸侯及法令可更定 [2] 者，书凡三十篇。上虽不尽听，然奇其材。

作渭阳 [3] 五帝庙 赵人新垣平言长安东北有神气，成五采，于是作渭阳五帝庙。

丁丑**十六年**（公元前 164 年）

夏，四月，亲祠之，以新垣平为上大夫上郊祀渭阳五帝庙，贵 [4] 平至上大夫，而使博士、诸生刺 [5] 六经 [6] 中作《王制》，议巡狩、封禅事。

分齐地，立悼惠王子六人为王 齐王则薨，无子，国除。上乃分齐地，立悼惠王肥子将闾为齐王，志为济北王，贤为菑川王，雄渠为胶东王，卬为胶西王，辟光为济南王。

分淮南地，立厉王子三人为王 安为淮南王，勃为衡山王，赐为庐江王。

诏更以明年为元年 治汾阴庙新垣平言阙下有宝玉气，而使人持玉杯诣阙 [7] 献之，刻曰"人主延寿"。又言候日再中，居顷之，日却复中 [8]。于是始更以十七年为元年，令天下大酺。平言："周鼎在泗水中。今河决，通于泗，而汾阴有金宝气，意鼎出乎？"于是治庙汾阴，欲祠出鼎 [9]。

戊寅**后元年**（公元前 163 年）

冬，十月，新垣平伏诛 人有上书告平所言皆诈也，下吏治，诛夷平。是

---

1 高第：经过考核，名列前茅。
2 更定：改订，修订。
3 渭阳：渭水北岸。五帝庙位于今陕西省西安市境内，渭水北岸。
4 贵：使尊贵。
5 刺：探取，采取。
6 六经：《诗》《书》《礼》《易》《乐》《春秋》等六部儒家经典的合称。
7 诣阙：赴朝堂，赴京都。
8 又言候日再中，居顷之，日却复中：又说太阳会再回到天空中央，不一会儿，太阳果然又退回到中央。
9 欲祠出鼎：想用祭祀唤出周鼎。

后上亦怠于改正服[1]、鬼神之事。渭阳五帝，使祠官领，以时致礼，不往焉。

诏议可以佐百姓者诏御史曰："间者[2]数年不登[3]，又有水旱疾疫之灾，朕甚忧之。意朕之政有所失而行有过与？何以致此？夫度田非益寡，计民未加益，而食之甚不足者，无乃百姓之从事于末以害农者蕃[4]，为酒醪[5]以靡[6]谷者多，六畜之食焉者众与？其与丞相、列侯、吏二千石[7]、博士议之，有可以佐百姓者，率意远思[8]，无有所隐。"

己卯二年（公元前162年）

夏，**复与匈奴和亲**匈奴连岁入边，杀略[9]甚多，云中、辽东郡万余人。上患之，乃遗匈奴书。单于亦使当户[10]报谢，复和亲。

秋，八月，**丞相苍免。**以申屠嘉为丞相张苍免。帝以后弟广国贤，有行[11]，欲相之，曰："恐天下以吾私广国，久念，不可。"而申屠嘉故以材官蹶张[12]从高帝，为人廉直[13]，门不受私谒[14]，遂以为丞相。是时，太中大夫邓通方爱幸[15]，嘉尝入朝，通居上旁，怠慢嘉。奏事毕，因言曰："陛下幸爱群臣，即富贵之。至于朝廷之礼，不可以不肃。"上曰："君勿言，吾私之。"罢朝，嘉坐府中，为檄召通，不来且斩。通恐，言上。上曰："汝第往。"通诣丞相，免冠徒跣，顿首谢。嘉坐自如，责曰："朝廷者，高帝之朝廷也。通小臣，戏殿

---

1 正服：正朔与服色。
2 间者：近来，最近。
3 登：成熟，丰收。
4 蕃：众多。
5 酒醪：汁滓混合的酒，后泛指酒。
6 靡：浪费。
7 吏二千石：汉郡守俸禄为两千石，即月俸百二十斛，因有此称。
8 率意远思：率意，悉心尽意。远思，从长远考虑。
9 杀略：杀戮掳掠。
10 当户：古匈奴官名。
11 有行：有德行。
12 蹶张：以脚踏强弩，使之张开。谓勇健有力。
13 廉直：清廉正直。
14 私谒：因私事而干谒请托。
15 爱幸：宠爱。下文"幸爱"亦指宠爱。

上，大不敬，当斩。吏，今行斩之。"通顿首，出血不解[1]。上度丞相已困通，使使持节召通而谢丞相："此吾弄臣[2]，君释之。"通至，为上泣曰："丞相几杀臣。"

杨氏曰：文帝之不相广国，盖以私意自嫌[3]，而不以至公处己也。广国果贤邪，虽亲不可废；果不贤邪，虽亲不可用，吾何容心[4]哉？

庚辰三年（公元前 161 年）

春，匈奴老上单于死，子军臣单于立。

辛巳四年（公元前 160 年）

夏，四月晦，日食。

五月，赦。

壬午五年（公元前 159 年）

癸未六年（公元前 158 年）

冬，匈奴寇上郡、云中。诏将军周亚夫等屯兵以备之匈奴入上郡、云中，杀略甚众，烽火[5]通于甘泉、长安。遣将军令免屯飞狐[6]，苏意屯句注[7]，张武屯北地，周亚夫次细柳[8]，刘礼次霸上，徐厉次棘门，以备胡。上自劳军至霸上，及棘门军，直驰入，将以下骑送迎[9]。已而之细柳军，军士、吏被甲，锐兵

1　不解：不止。
2　弄臣：为帝王所宠幸狎玩之臣。
3　自嫌：心有顾忌，自生疑忌。
4　容心：在意，留心。
5　烽火：古代边防报警时所烧的烟火。
6　飞狐：即茧狐，古要隘名，位于今河北省保定市涞源县北，蔚县南。
7　句注：古山名，一名西陉山、雁门山，位于今山西省忻州市代县西北。
8　细柳：古地名，位于今陕西省咸阳市西南渭河北岸。
9　将以下骑送迎：将军和他的部属都骑着马迎送文帝出入。

刃，彀[1]弓弩，持满[2]。先驱至，不得入，曰："天子且至！"军门都尉[3]曰："将军令曰：'军中闻将军令，不闻天子之诏。'"上至，又不得入。于是上乃使使持节诏将军："吾欲劳军。"亚夫乃传言[4]开壁门[5]。门士[6]请车骑曰："将军约，军中不得驱驰[7]。"于是天子乃按辔[8]徐行。至营，亚夫持兵，揖曰："介胄[9]之士不拜，请以军礼见。"天子为动，改容式车[10]。使人称谢："皇帝敬劳将军。"成礼而去。群臣皆惊。上曰："嗟乎，此真将军矣！曩者[11]霸上、棘门军，若儿戏耳，其将固可袭而虏也。至于亚夫，可得而犯邪？"称善者久之。月余，匈奴远塞，兵罢，拜亚夫为中尉。

夏，大旱，蝗。诏弛[12]利省费以振民令诸侯无入贡，弛山泽，减诸服御[13]，损郎吏[14]员，发仓庾[15]以振民，民得卖爵[16]。

甲申七年（公元前 157 年）

夏，六月，帝崩，遗诏短丧[17]遗诏曰："万物之生，靡有[18]不死。死者，天地之理，物之自然，奚可甚哀？当今之世，咸嘉生[19]而恶死，厚葬以破业，

1　彀：把弓张满。
2　持满：把弓弦拉足。
3　军门都尉：古官名，守卫军营的将官，职位略低于将军。
4　传言：传令，传话。
5　壁门：军营的门。
6　门士：守门的士卒。
7　驱驰：策马快奔。
8　按辔：扣紧马缰使马缓行或停止。
9　介胄：披甲戴盔。
10　改容式车：改变表情，用手扶车前的横木，表示尊重。
11　曩者：以往，从前。
12　弛：放下。
13　服御：服饰、车马、器用之类。
14　郎吏：郎官，皇帝左右亲近的高级官员，执掌护卫陪从、随时建议等。
15　仓庾：贮藏粮食的仓库。
16　卖爵：汉初，百姓得到爵位后可以出卖，换取利益。
17　短丧：缩短服丧期限，如以日易月，改三年的三十六月为三十六日之类。
18　靡有：没有。
19　嘉生：喜欢生。

重服以伤生，吾甚不取。且朕既不德，无以佐百姓，今崩，又使重服久临[1]，哀人父子，损其饮食，绝鬼神之祭祀，以重吾不德，谓天下何？朕获以眇眇[2]之身，托于天下君王之上二十有余年矣。赖天之灵，社稷之福，方内[3]安宁，靡有兵革。朕既不敏[4]，常畏过行[5]，以羞先帝之遗德。惟年之久长，惧于不终[6]。今乃幸以天年得复供养于高庙，其奚哀念[7]之有？其令天下吏民，令到出临[8]三日，皆释服[9]。毋禁嫁娶、祠祀[10]、饮酒、食肉。自当给丧事服临者[11]，皆无践[12]。经带[13]无过三寸，毋布车[14]及兵器，毋发民哭临[15]宫殿中。殿中当临者，皆以旦夕[16]各十五举音[17]，礼毕罢。已下棺，服大功[18]十五日，小功十四日，纤[19]七日，释服。他不在令中者，皆以此令比类从事。霸陵[20]山川因其故，毋有所改。归夫人以下至少使[21]。"

胡氏曰：孝文溺于小仁，短丧废礼，信[22]有罪矣。然行而有悖于义，虽有

1　重服久临：重服，服丧过度，重丧服。久临，长久地哭丧悼念。
2　眇眇：微末。
3　方内：国内，域中。
4　不敏：不聪明，不才，谦词。
5　过行：错误的行为。
6　不终：不得善终，不能终其天年。
7　哀念：悲伤的念头。
8　出临：吊唁。临，为丧事而悲痛哭泣。
9　释服：除去丧服。
10　祠祀：祭祀。
11　自当给丧事服临者：亲戚中应当参加丧事、穿丧服哭吊的。
12　践：光着脚，不穿鞋袜。
13　经带：古代丧服所用的麻布带子。
14　布车：以布为帷幔的车。
15　哭临：帝、后死丧，集众定时举哀。
16　旦夕：一早一晚。
17　举音：为悼死者而放声哀哭。
18　大功：丧服五服之一，服期九月，其服用熟麻布做成，较齐衰稍细，较小功为粗，故称大功。小功其服亦以熟麻布制成，视大功为细，较缌麻为粗，服期五月。
19　纤：祭服的颜色，黑经白纬曰纤。此代指五服中的"缌麻"，五服中之最轻者，孝服用细麻布制成，服期三月。
20　霸陵：汉文帝刘恒的陵墓，亦作灞陵，位于今陕西省西安市东郊，因靠近灞河，因此得名。
21　归夫人以下至少使：后宫夫人以下直至少使，全都遣返回娘家。少使，皇帝后宫侍妾最低一级称号。
22　信：果真，的确。

父令，不可从也。况三年之丧，所以尽生者之孝心，又非父之所得令者也。然则孝景之薄于君亲，其罪益大矣。

　　葬霸陵帝即位二十三年，宫室、苑囿、车骑、服御无所增益，有不便，辄弛以利民。尝欲作露台[1]，召匠计之，直百金。上曰："百金，中人[2]十家之产也。吾奉先帝宫室，常恐羞之，何以台为？"身衣弋绨[3]，所幸慎夫人，衣不曳地[4]，帷帐无文绣，以示敦朴[5]，为天下先。治霸陵，皆瓦器，不得以金、银、铜、锡为饰，因其山，不起坟。吴王诈病不朝，赐以几杖[6]。群臣、袁盎等谏说虽切，常假借纳用[7]焉。张武等受赂金钱，觉，更加赏赐，以愧其心。专务以德化民，是以海内安宁，家给人足，后世鲜能及之。

　　太子启即位，尊皇太后曰太皇太后，皇后曰皇太后。

　　九月，有星孛于西方。

　　长沙王著卒，无子，国除初，高祖贤文王芮[8]，制诏御史："长沙王忠，其定著令[9]。"传国数世，至是乃绝。

1　露台：露天台榭。
2　中人：常人，普通人。
3　弋绨：黑色粗厚的丝织物。弋，通"黓"。
4　曳地：拖地。
5　敦朴：敦厚朴实。
6　几杖：坐几和手杖，皆老者所用，古代常用为敬老者之物。
7　假借纳用：假借，宽容。纳用，采用。
8　贤文王芮：赏识长沙文王吴芮的贤德。
9　其定著令：应该把他的做法写入著令中确定下来。著令，书面写定的规章制度。

卷

四

起乙酉汉景帝元年，尽庚午[1]汉武帝元鼎六年凡四十六年。

乙酉**孝景皇帝元年**（公元前 156 年）

冬，十月，尊高皇帝为太祖，孝文皇帝为太宗，令郡国立太宗庙丞相嘉等奏："功莫大于高皇帝，德莫盛于孝文皇帝。高皇帝宜为太祖之庙，孝文皇帝宜为太宗之庙，天子世世献[2]，郡国宜各立太宗庙。"制曰："可。"

春，正月，诏听民徙宽大地[3]诏曰："郡国或硗狭[4]，无所农桑；或饶广[5]，水泉利。其议民欲徙宽大地者，听之。"

夏，赦。

复收民田半租，三十而税一。

减笞法[6]初，文帝除肉刑，外有轻刑之名，内实杀人，笞五百者，率多死。是岁诏曰："加笞重罪无异，幸而不死，不可为人[7]。其定律：笞五百曰三百，三百曰二百。"

以张欧为廷尉欧事帝于太子宫，虽治[8]刑名家，为人长者，未尝言按人，专以诚长者处官，官属亦不敢大欺[9]。

丙戌**二年**（公元前 155 年）

冬，十二月，有星孛于西南。

1　庚午：即公元前 111 年。
2　献：献祭。
3　宽大地：面积大的地方。
4　硗狭：瘠薄狭隘，亦指瘠薄狭隘的土地。
5　饶广：肥沃广阔。
6　笞法：施行笞刑的法规。笞刑，鞭打的刑罚。
7　加笞重罪无异，幸而不死，不可为人：增加笞打数与处死没有什么不同，即便侥幸保住性命，也成了残废，无法维持生计。
8　治：研究。
9　为人长者，未尝言按人，专以诚长者处官，官属亦不敢大欺：张欧为人宽厚，做官未曾说过查办别人，专门以真诚宽厚居官用事，他的部属也不敢太欺蒙他。

令男子二十始傅[1]。

春，三月，立子德为河间王，阏为临江王，余为淮阳王，非为汝南王，彭祖为广川王，发为长沙王。

夏，四月，太皇太后崩。

六月，丞相嘉卒时内史[2]晁错数请间言事，辄听，宠幸倾九卿，法令多所更定。丞相嘉自绌，疾错。错内史门东出不便，更穿一门南出。南出者，太上皇庙堧垣[3]也。嘉闻，为奏，请诛错。客有语错，错恐，夜入宫，自归[4]。至朝，嘉请，上曰："错所穿乃外堧垣，故冗官[5]居其中。且我使为之，错无罪。"嘉罢朝，曰："吾悔不先斩错，乃为所卖。"欧血[6]而死。

以陶青为丞相，晁错为御史大夫。

彗星出东北。

秋，衡山[7]雨雹大者五寸，深者三尺。

荧惑[8]逆行，守北辰[9]。月出北辰间，岁星[10]逆行天庭中。

丁亥三年（公元前154年）

冬，十月，梁王武来朝梁孝王以窦太后少子故，有宠。居天下膏腴[11]之地，赏赐不可胜道，府库金钱、珠玉、宝器多于京师。筑东苑，方三百余里，

1　傅：到官府登记成为正丁，承担国家的徭役和兵役。
2　内史：古官名，掌治京师。
3　堧垣：宫殿外墙之外的短墙。堧，古代宫殿的外墙。
4　自归：自行投案。
5　冗官：无专职而备执行临时使命的官吏。
6　欧血：吐血。
7　衡山：即衡山国，以境内包有衡山（今安徽霍山）周围地区而得名，辖今河南信阳市、湖北红安县、黄州市以东，安徽霍山、怀宁县以西，南至长江，北至淮河。
8　荧惑：即火星，因隐现不定，令人迷惑，故名。
9　北辰：北极星。
10　岁星：即木星。古人认识到木星约十二年运行一周天，其轨道与黄道相近，每年行经一个星次，即以其所在星次来纪年，故称岁星。
11　膏腴：肥沃。

广睢阳[1]城七十里，大治宫室，为复道三十余里。招延[2]四方豪俊之士。每朝，入则侍上同辇，出则同车射猎，留或半岁。梁侍中、郎、谒者著籍引出入天子殿门[3]，与汉宦者无异。上尝与宴饮，从容言曰："千秋万岁后，传于王。"王辞谢，虽知非至意[4]，然心内喜。詹事[5]窦婴引卮酒进上曰："天下者，高祖之天下。父子相传，汉之约也，何以得传梁王？"太后因此憎婴。婴因病免，太后除婴门籍[6]。梁王以此益骄。

　　春，正月，赦。

　　长星出西方。

　　洛阳东宫灾。

　　吴王濞、胶西王卬、胶东王雄渠、菑川王贤、济南王辟光、楚王戊、赵王遂反。以周亚夫为太尉，将兵讨之。杀御史大夫晁错。二月，亚夫大破吴、楚军，濞亡走越，戊自杀初，孝文时，吴太子入见，得侍皇太子饮博[7]。争道，不恭，皇太子引博局[8]提杀之。吴王称疾不朝，京师系治验问[9]吴使者，吴王恐，始有反谋。后使人为秋请[10]，文帝复问之，对曰："察见渊中鱼，不祥[11]。唯上弃前过，与之更始[12]。"于是文帝乃赦吴使者，归之，而赐吴王几杖。老，不朝。吴谋益解。然以铜盐故，百姓无赋，卒践更，辄与平

1　睢阳：古县名，时为梁国国都，治所位于今河南省商丘市睢阳区南。
2　招延：招请，延请。
3　著籍引出入天子殿门：只须在名簿上登记上姓名，使可以带领出入天子殿门。
4　至意：极诚挚的情意。
5　詹事：古官名，掌皇后、太子家中之事。
6　门籍：古代悬挂在宫殿门前的记名牌，长二尺，竹制，各书官员姓名、年龄、身份等，册籍上有名方可出入。
7　饮博：饮酒博戏。博戏，古代的一种棋戏。
8　博局：棋盘。
9　系治验问：系治，囚禁而治其罪。验问，查验审问。
10　秋请：侯王于秋季朝见天子。
11　察见渊中鱼，不祥：典出《列子·说符》，能清楚地看见深渊中的鱼有多少条，是不吉利的。
12　更始：重新开始。

贾，岁时存问茂材，赏赐闾里[1]，他郡、国吏欲来捕亡人者，公共禁，弗予[2]。如此者四十余年。晁错数言吴过可削，文帝不忍。及帝即位，错曰："高帝封三庶孽，分天下半。今吴王不朝，于古法当诛。文帝不忍，德至厚。王当改过自新，反益骄，诱天下亡人谋作乱。今削之亦反，不削亦反。削之，其反亟，祸小；不削，其反迟，祸大。"上令列侯、公卿、宗室杂议，莫敢难[3]，独窦婴争之。错又言楚、赵有罪，皆削一郡。胶西有奸，削其六县。方议削吴。吴王恐，因发谋举事。闻胶西王勇，好兵，使人说之，又身至胶西面约[4]。遂发使约齐、菑川、胶东、济南，皆许诺。初，楚元王好书，与鲁申公、穆生、白生俱受《诗》于浮丘伯。及王楚，以三人为中大夫。穆生不嗜酒[5]，元王每为设醴[6]。及孙戊即位，常设，后忘设焉。穆生退曰："可以逝[7]矣。醴酒不设，王之意怠。不去，楚人将钳我于市。"遂称疾，卧。申公、白生强起之，曰："独不念先王之德与？今王一旦[8]失小礼，何足至此？"穆生曰："君子见几而作，不俟终日[9]。先王之所以礼吾三人者，为道存也。今而忽之，是忘道也。忘道之人，胡可与久处？岂为区区之礼哉？"遂谢病，去。戊稍淫暴[10]，太傅韦孟作诗讽谏[11]，不听，亦去。戊坐削地事，遂与吴通谋。申公、白生谏戊，戊胥靡之，衣之赭衣，使雅舂[12]于市。及削吴会稽、豫章郡书至，吴王遂起兵，杀汉吏。胶西、胶东、菑川、济南、楚、赵亦皆反。楚相张尚、太傅赵夷吾、赵相建德、内史

1　然以铜盐故，百姓无赋，卒践更，辄与平贾，岁时存问茂材，赏赐闾里：然而他所在的封国因为有铜、盐的收益，百姓没有赋税。士兵受钱代人服役，给价公平。每年在一定时候去慰问有才能的人，给平民赏赐。践更，古代的一种徭役，轮到的可以出钱雇人代替，受钱代人服役也叫践更。
2　公共禁，弗予：吴国公然一起阻拦，不把罪犯交出去。
3　难：责难。
4　面约：当面约定。
5　嗜酒：贪酒。
6　醴：甜酒。
7　逝：离去。
8　一旦：一天之间。
9　见几而作，不俟终日：见到事物变化的苗头就要开始应对，一天也等不了。
10　淫暴：暴虐无度。
11　讽谏：用含蓄委婉的话向君主进行规劝。
12　雅舂：正身舂米。

悍皆谏，被杀。齐王后悔，背约城守。济北王城坏未完，其郎中令劫守，王不得发兵。胶西、胶东、菑川、济南共攻齐，围临菑。赵王遂发兵住其西界，北使匈奴，与连兵。吴王悉其士卒二十余万，闽、东越亦发兵从。起广陵，西涉淮，并楚兵，遗诸侯书，罪状[1]晁错，欲合兵诛之。破梁棘壁[2]，乘胜，锐甚。梁遣将军击之，皆败还，走。初，文帝且崩，戒太子曰："即有缓急，周亚夫真可任将兵。"至是，上乃拜亚夫为太尉，将三十六将军往击吴、楚。遣郦寄击赵，栾布击齐，窦婴屯荥阳监齐、赵兵。初，错更令三十章，诸侯欢哗[3]。错父闻之，从颍川来，谓错曰："上初即位，公为政用事，侵削诸侯，疏人骨肉，口语[4]多怨，公何为也？"错曰："不如此，天子不尊，宗庙不安。"父曰："刘氏安矣，而晁氏危。"遂饮药[5]死，曰："吾不忍见祸逮身！"后十余日，七国反，以诛错为名。上与错议出军事，错欲令上自将兵而身居守。徐僮之旁吴所未下者，可以予吴。错素与吴相袁盎不善，未尝同堂语。至是，谓丞、史曰："袁盎多受吴王金钱，专为蔽匿[6]，言不反。今果反，欲请治盎，宜知其计谋。"人有告盎。盎恐，夜见窦婴，为言吴所以反，愿至前，口对状[7]。婴入言，上乃召盎。盎入，上方与错调兵食。问之，盎对曰："不足忧也。"上曰："吴王即[8]山铸钱，煮海为盐，诱天下豪杰，白头[9]举事，何以言其无能为也？"对曰："吴铜盐之利则有之，安得豪杰而诱之？诚令吴得豪杰，亦且辅而为义[10]，不反矣。"上曰："计安在？"盎对："愿屏左右。"上屏人，独错在。盎曰："臣所言，人臣不得知。"乃屏错。盎曰："吴、楚相遗书，言贼臣晁错擅适[11]诸

1　罪状：宣布他人罪行。
2　棘壁：古地名，位于今河南省商丘市宁陵县西南。
3　欢哗：喧哗，大声说笑或叫喊。
4　口语：言论，议论。
5　饮药：服毒。
6　蔽匿：隐藏，隐瞒。
7　口对状：臣子亲口向皇帝陈述事状。
8　即：靠近，接近。
9　白头：白发，借指年老。
10　辅而为义：辅佐他按仁义行事。
11　擅适：擅自处罚。

侯，削夺之地，以故反。欲西共诛错、复故地而罢。今独有斩错，发使赦之，复其故地，则兵可无血刃[1]而俱罢。"上默然良久，曰："顾诚何如[2]，吾不爱一人以谢天下。"乃拜盎为太常，密装[3]治行。令丞相、廷尉劾奏错："不称主上德信[4]，欲疏群臣百姓，又欲以城邑与吴，无臣子礼，大逆无道。错当要斩，父母、妻子、同产，无少长，皆弃市。"制曰："可。"错殊不知[5]。上使中尉召错，绐载行市[6]，错衣朝衣[7]斩东市。乃使盎使吴。谒者仆射邓公为校尉，以言军事见上。上曰："道军所来[8]，闻晁错死，吴、楚罢不？"邓公曰："吴为反数十岁矣，以诛错为名，其意不在错也。夫晁错患诸侯强大不可制，故请削之以尊京师，万世之利也。计划始行，卒受大戮[9]，内杜忠臣之口，外为诸侯报仇，臣窃为陛下不取也。"帝喟然曰："公言善，吾亦恨之！"盎至吴，吴欲劫使将，盎得间[10]脱亡[11]归报。周亚夫言于上曰："楚兵剽轻[12]，难与争锋。愿以梁委之[13]，绝其食道[14]，乃可制也。"上许之。亚夫乘六乘传[15]，将会兵荥阳。发至霸上，赵涉遮说[16]亚夫曰："吴王素富，怀辑[17]死士久矣。知将军且行，必置间人[18]于殽、渑阨狭[19]之间。且兵事尚神密[20]，将军何不从此右去，走蓝田，出武关，抵洛阳，

1　血刃：血沾刀口，谓杀戮。
2　顾诚何如：不管结果怎么样。
3　密装：秘密整装。
4　德信：恩德与威信。
5　殊不知：竟不知道。
6　绐载行市：让人骗他，说请他到市场上去巡视民情，然后用车将他载到市场。
7　朝衣：上朝时穿的礼服。
8　道军所来：从军队所在的地方过来。
9　大戮：杀而陈尸示众。
10　得间：得到机会。
11　脱亡：逃亡。
12　剽轻：强悍轻捷。
13　以梁委之：把梁国放弃给他们。委，放弃。
14　食道：运粮的道路。
15　乘传：古代驿站用四匹下等马拉的车子。
16　遮说：拦路诉说。
17　怀辑：招致引来。
18　间人：间谍。
19　阨狭：险隘，险要的关口。
20　神密：神秘莫测，极端秘密。

间¹不过差一二日。直入武库，击鸣鼓²。诸侯闻之，以为将军从天而下也。"亚夫如其计。至洛阳，喜曰："吾乘传至此，不自意全³。今吾据荥阳，荥阳以东，无足忧者。"使吏搜敖、渑间，果得吴伏兵。乃请涉为护军，而东北走昌邑。吴攻梁急，梁数使使求救，亚夫不许。又诉于上，上使告亚夫救梁。亚夫不奉诏，而使轻骑出淮泗口⁴，绝吴、楚兵后，塞其食道。梁使韩安国、张羽为将军。羽力战，安国持重⁵，乃得颇败⁶吴兵。吴兵欲西，梁城守，不敢西。即走汉军，亚夫坚壁不战。军中夜惊，内相攻击，扰乱至帐下，亚夫坚卧不起，顷之，复定。吴奔壁东南陬⁷，亚夫使备西北。已而其精兵果奔西北，不得入。吴、楚士卒多饥、死、叛、散，乃引而去。二月，亚夫出精兵追击，大破之。吴王濞弃军，夜亡走。楚王戊自杀。吴王之初发也，其臣田禄伯曰："兵屯聚而西，无他奇道⁸，难以立功。臣愿得五万人，别循江、淮而上，收淮南、长沙，入武关，与大王会，此亦一奇也。"王太子谏曰："王以反为名，此兵难以属人⁹，人亦且反王，奈何？"王即不许禄伯。桓将军曰："吴多步兵，步兵利险。汉多车骑，车骑利平地。愿大王所过城不下，直去，疾西据洛阳武库，食敖仓粟，阻山河之险以令诸侯，虽无入关，天下固已定矣。大王徐行，留下城邑，汉军车骑至，驰入梁、楚之郊，事败矣。"王亦不用。

是月晦，日食。

越人诛濞。齐王将闾及卬、遂皆自杀，雄渠、贤、辟光皆伏诛，徙

1　间：时间。
2　鸣鼓：鼓。
3　不自意全：自己没有料到还能保全性命。
4　淮泗口：古地名，即今江苏省淮安市淮阴县西泗水入淮之口。
5　持重：谨慎，稳重。
6　颇败：稍微挫败。颇，略微，稍。
7　陬：隅，角落。
8　奇道：出奇制胜之道。
9　属人：委托给人。

济北王志为菑川王吴王渡淮，走丹徒[1]，保东越[2]，东越人杀之。三王之围临菑
也，齐王使路中大夫[3]告于天子。天子复令还报，告齐王坚守："汉兵今破吴、
楚矣。"路中大夫至，三国兵围临菑数重，三国将与盟曰："若反，言：'汉已
破矣，齐趣下三国[4]，不，且见屠。'"路中大夫既许，至城下，望见齐王，曰：
"汉已发兵百万，击破吴、楚，方引兵救齐，齐必坚守无下。"齐初围急，阴
与三国通谋。会路中大夫从汉来，其大臣乃复劝王无下。而栾布等兵至，击破
三国兵。后闻齐初有谋，欲伐之。孝王惧，饮药自杀。胶西王卬亦自杀，胶东、
菑川、济南王皆伏诛。郦寄攻赵，七月不下。栾布还，并兵引水灌之，王遂自
杀。帝以齐迫劫[5]有谋，非其罪也，召立其太子寿。济北王亦欲自杀，齐人公
孙玃为说梁王曰："夫济北之地，东接强齐，南牵吴、越，北胁燕、赵，此四
分五裂之国。权不足以自守，劲不足以捍寇，又非有奇怪[6]以待难也，虽坠言[7]
于吴，非其正计[8]也。向使济北见情实[9]，示不从之端，则吴必先历齐，毕济北，
招燕、赵而总之，如此，则山东之从结而无隙矣[10]。今吴王连兵，西与天子争
衡[11]，济北独底节[12]不下，使吴失与[13]而无助、破败而不救者，未必非济北之力也。
功义[14]如此，尚见疑于上，臣恐藩臣守职者疑之。臣窃料之，能历西山，径长

---

1 丹徒：古县名，治所位于今江苏省镇江市丹徒区东南。
2 东越：古越人的一支，相传为越王勾践的后裔，秦、汉时分布于今天浙江省东南部、福
   建省北部一带。
3 路中大夫：姓路名印，官职为中大夫。
4 趣下三国：赶快投降三国。下，投降。三国，即胶西、菑川、济南。
5 迫劫：被胁迫。
6 奇怪：不寻常的人或事物。
7 坠言：失言。
8 正计：根本大计。
9 情实：实情，真相。
10 吴必先历齐，毕济北，招燕、赵而总之，如此，则山东之从结而无隙矣：吴国一定会先
   放过齐国，攻占济北国，招揽燕国、赵国并统领它们，这样崤山以东的诸侯就会结成联
   盟，连成完整的一片，无隙可乘。历，经过。毕，完结。总，统领。
11 争衡：互相争斗，较量高低。
12 底节：砥砺节操。底，通"砥"。
13 与：盟国，友邦。
14 功义：功劳与大义。

乐，抵未央，攘袂而正议[1]者，独大王耳。上全亡国，下安百姓，德沦骨髓[2]，恩加无穷，愿大王留意详惟[3]之！"孝王以闻，济北王得不坐，徙封菑川。

徙淮阳王余为鲁王，汝南王非为江都王，立楚元王子礼为楚王，子端为胶西王，胜为中山王初，欲续[4]吴、楚，太后曰："吴王首为纷乱，奈何续其后？"许立楚后，乃立礼。

戊子**四年**（公元前 153 年）

春，复置关，用传出入[5]。

夏，四月，立子荣为皇太子，彻为胶东王。

赦。

冬，十月晦，日食。

徙衡山王勃为济北王，庐江王赐为衡山王初，七国反，吴使者至衡山，衡山王坚守，无二心。上以为贞信[6]，徙王于济北以褒之。庐江王以边越，数通使，徙王衡山。

己丑**五年**（公元前 152 年）

春，正月，作阳陵[7]邑，募民徙居之。

遣公主嫁匈奴单于。

徙广川王彭祖为赵王。

1　攘袂而正议：撸起衣袖，并公正地发表议论。
2　德沦骨髓：你的恩德使人刻骨铭心。
3　惟：思考。
4　续：使人继承。
5　复置关，用传出入：重新设置关卡，凭符传出入。
6　贞信：正直诚实。
7　阳陵：汉景帝刘启及其皇后的合葬陵墓，位于今陕西省咸阳市渭城区的咸阳原上，地跨咸阳市渭城区、泾阳县、西安市高陵区三县区。

庚寅六年（公元前 151 年）

冬，十二月，雷，大霖雨。

秋，九月，废皇后薄氏。

辛卯七年（公元前 150 年）

冬，十一月，废太子荣为临江王初，燕王臧荼孙女臧儿嫁王仲，生男信与两女。仲死，更嫁田氏，生蚡。文帝时，臧儿长女为金王孙妇，生女俗。卜筮[1]之，曰："两女皆当贵。"臧儿乃夺金氏妇，内之太子宫，生男彻。及帝即位，长公主嫖欲以女嫁太子荣，其母栗姬以后宫诸美人[2]皆因公主见帝，怒，不许。公主欲予彻，王夫人许之。由是公主日谗栗姬而誉彻之美，帝亦自贤之。王夫人知帝嗛[3]栗姬，因怒未解，阴使人趣大行[4]，请立栗姬为皇后。帝怒曰："是而所宜言邪？"遂按诛[5]大行而废太子。太傅窦婴力争，不能得，乃谢病，免。栗姬恚恨[6]而死。

是月晦，日食。

春，丞相青免，以周亚夫为丞相，罢太尉官。

夏，四月，立夫人王氏为皇后，胶东王彻为皇太子。

以郅都为中尉始，都为中郎将，敢直谏。尝从入上林，贾姬如厕，野彘卒来[7]，入厕。上目[8]都，都不行。欲自救姬，都伏上前曰："亡一姬，复一姬进，天下所少，宁贾姬等乎？陛下纵自轻，奈宗庙、太后何？"上乃还。都为人，

1　卜筮：古代用龟甲占卜叫卜，用蓍草占卜叫筮，合称卜筮。
2　美人：妃嫔的称号。
3　嗛：怀恨。
4　趣大行：趣，催促。大行，古官名，协助大鸿胪掌管安排诸侯王、列侯入朝之迎送接待、朝会、封授等活动，百官朝会、少数民族使节朝见之礼仪。
5　按诛：依据律法诛杀。
6　恚恨：愤恨，怨恨。
7　野彘卒来：野猪突然出来。野彘，野猪。卒，通"猝"，突然。
8　目：用眼示意。

勇悍公廉[1]，不发私书[2]，问遗[3]无所受，请谒[4]无所听。及为中尉，先严酷，行法不避贵戚。列侯、宗室见都，侧目而视，号曰"苍鹰"。

壬辰中元年（公元前 149 年）

夏，四月，赦。

地震。

衡山原都[5]雨雹大者尺八寸。

癸巳二年（公元前 148 年）

春，三月，征临江王荣下吏，荣自杀临江王荣坐侵太宗庙壖垣[6]为宫，征诣[7]中尉府对簿[8]。王欲得刀笔[9]为书谢上，而郅都禁吏不予。窦婴使人间与之。王既为书，因自杀。太后闻之，怒，后竟以危法中都[10]，杀之。

夏，四月，有星孛于西北。

立子越为广川王，寄为胶东王。

秋，九月晦，日食。

梁王武使人杀袁盎初，梁孝王以至亲[11]有功，得赐天子旌旗，出跸入警[12]。王宠信羊胜、公孙诡。胜、诡使王求为汉嗣[13]。栗太子[14]废，太后欲以梁王为嗣，

1　勇悍公廉：勇悍，勇猛强悍。公廉，公正清廉。
2　私书：隐秘不公开的书信。
3　问遗：贿赂。
4　请谒：请求，干求。
5　衡山原都：衡山国的原都。原都，古地名，位于今河南省济源市西北。
6　壖垣：宫外的矮墙。
7　征诣：召往。
8　对簿：受审。簿，狱辞的文书，相当于今天的起诉状。受审时据状核对事实，故称对簿。
9　刀笔：古代书写工具，用笔书写于竹简之上，有误则用刀削去重写。
10　危法中都：用严酷之法中伤郅都。危法，严酷之法。
11　至亲：景帝与梁王武为一母同胞兄弟，因此称"至亲"。
12　出跸入警：帝王出行时的仪节，出入时警戒清道，禁止行人。
13　使王求为汉嗣：怂恿梁孝王争取成为汉景帝的继承人。
14　栗太子：即栗姬所生的前太子、临江王刘荣。

尝因置酒谓帝曰：“宫车晏驾，用梁王为寄¹。”帝跪曰：“诺。”袁盎等曰：“昔宋宣公不立子而立弟，以生祸乱，五世不绝。小不忍，害大义，故《春秋》大居正。”由是太后议格²。梁王由此怨盎，乃与胜、诡谋，阴使人刺杀盎及他议臣十余人。于是天子意梁³，逐贼，果梁所为。遣田叔往，按捕⁴诡、胜。诡、胜匿王后宫。内史韩安国见王泣曰：“主辱臣死。大王无良臣，故纷纷⁵至此。今胜、诡不得，请辞，赐死。”王曰：“何至此？”安国泣数行下，曰：“大王诛邪臣浮说，犯上禁，挠明法⁶。天子以太后故，不忍致法⁷。太后日夜涕泣，幸大王自改，大王终不觉寤⁸。有如太后宫车即晏驾，大王尚谁攀乎？”语未卒，王泣数行下，令胜、诡自杀，出之。使邹阳见皇后兄王信，曰：“长君弟⁹得幸于上，而长君行迹¹⁰多不循道理者。今梁王即伏诛，太后无所发怒，切齿、侧目于贵臣，窃为足下忧之。长君诚为上言，毋竟¹¹梁事，太后德长君入骨髓，而长君之弟幸于两宫，金城¹²之固也。昔者象日以杀舜为事¹³，及舜立为天子，封之于有庳¹⁴，是以后世称之。以是说天子，徼幸¹⁵梁事不奏。”长君乘间言之，帝怒稍解。时太后忧梁事不食，日夜泣不止，帝亦患之。田叔等还，至霸昌厩¹⁶，悉烧梁狱辞，空手来见。帝曰：“梁有之乎？”对曰：“死罪，有之。”上曰：

1　宫车晏驾，用梁王为寄：你去世后，就让梁王做你的继承人吧。宫车晏驾，宫车迟出，旧为帝王死亡的讳辞。晏，迟。
2　格：搁置。
3　意梁：怀疑与梁王有关。意，怀疑。
4　按捕：查究逮捕。
5　纷纷：忙乱。
6　挠明法：挠，扰乱。明法，明确的法令。
7　致法：以法治罪。
8　觉寤：觉悟。寤，通“悟”。
9　长君弟：长君您的妹妹。长君，对他人长兄的尊称。
10　行迹：事迹，行为。
11　竟：深究。
12　金城：如金属铸成的坚固城墙。
13　象日以杀舜为事：舜的弟弟象，整日只想杀死舜。
14　有庳：古地名，又名鼻墟、鼻亭，位于今湖南省永州市道县北。
15　徼幸：侥幸，由于偶然的原因得到成功或免去灾害。
16　霸昌厩：即霸昌观的马厩，位于今陕西省西安市西。厩，汉代设置的养马机构，负责保障马匹的供应。

"其事安在？"田叔曰："上毋以梁事为问也。今梁王不伏诛，是汉法不行也。伏法而太后食不甘味，卧不安席，此忧在陛下也。"上大然之，使叔等谒太后曰："梁王不知也。为之者，幸臣羊胜、公孙诡之属耳，谨已伏诛，梁王无恙也。"太后立起坐餐，气平复。梁王因上书请朝。至关，乘布车，从两骑，伏斧质[1]于阙下谢罪。太后、帝大喜，相泣，复如故。然帝益疏王，不与同车辇矣。以田叔为贤，擢[2]为鲁相。

甲午三年（公元前 147 年）

冬，十一月，罢诸侯御史大夫官。

夏，四月，地震。

旱，禁酤酒[3]。

立子乘为清河王。

秋，九月，蝗。

有星孛于西北。

是月晦，日食。

丞相亚夫免初，上废栗太子，周亚夫固争之，不得。而梁王每与太后言亚夫短。太后欲侯[4]王信，帝与亚夫议之，亚夫曰："高帝约：'非有功不侯。'信虽后兄，无功，侯之，非约也。"帝默然而止。后匈奴王徐卢等六人降，帝欲侯之，以劝后。亚夫曰："彼背其主而降，侯之，则何以责人臣不守节者乎？"帝曰："丞相议不可用。"乃悉侯之。亚夫因谢病，免。

以刘舍为丞相。

---

1 斧质：即斧锧，古代一种腰斩刑具。将人放在锧上，用斧砍断。锧，腰斩时所用铡刀座。
2 擢：提拔，提升。
3 酤酒：卖酒。
4 侯：封侯。

乙未四年（公元前 146 年）

夏，蝗。

冬，十月，日食。

丙申五年（公元前 145 年）

夏，立子舜为常山王。

六月，赦。

大水。

秋，八月，未央宫东阙灾。

九月，诏狱疑者谳之[1] 诏曰："狱者，人之大命[2]。死者不可复生，朕甚怜之。诸狱疑，若虽文致[3]于法，而于人心不厌[4]者，辄谳之。"

康熙御批：汉景帝诏谳疑狱，可谓得钦恤[5]之心矣。盖听狱之际，未必尽得其情，及爰书[6]既成，难若一无可议，其中尚多隐伏[7]。况有几微疑窦[8]，何忍置之不问乎？

地震。

丁酉六年（公元前 144 年）

冬，十月，梁王武来朝王上疏[9]，欲留，上不许。王归国，意忽忽[10]不乐。

1　诏狱疑者谳之：下诏要求有疑问的案件，将案情上报，重新审理。谳，将案情上报，请示。
2　大命：大事，要事。
3　文致：舞文弄法，致人于罪。
4　不厌：不合。
5　钦恤：意指理狱量刑要慎重不滥，心存矜恤。语本《尚书·尧典》："钦哉钦哉，惟刑之恤哉！"
6　爰书：古代记录囚犯供辞的文书。
7　隐伏：隐瞒。
8　疑窦：可疑之处。
9　上疏：臣子向帝王进呈奏章。
10　忽忽：失意貌。

改诸官名奉常¹曰太常，廷尉曰大理，典客²曰大行令。

春，二月，郊五畤³。

三月，雨雪。

夏，四月，梁王武卒，分梁地，王其子五人梁孝王薨，太后哭，不食，曰："帝果杀吾子。"帝哀惧⁴，不知所为。乃分梁为五国，尽立孝王男五人为王：买为梁王，明为济川王，彭离为济东王，定为山阳王，不识为济阴王。女五人，皆食汤沐邑。太后乃悦，为帝加一餐。

更减笞法，定箠令⁵既减笞法，笞者犹不全。乃更减笞三百曰二百，笞二百曰一百。又定箠令：箠长五尺，其本⁶大一寸，竹也。末⁷薄半寸，皆平其节⁸。当笞者笞臀。毕一罪，乃更人。自是笞者得全。然死刑既重，而生刑又轻，民易犯之。

六月，匈奴寇雁门、上郡匈奴入雁门、上郡。李广为上郡守，尝从百骑出，卒遇匈奴数千骑，广骑欲驰还。广曰："吾去大军数十里，今走，匈奴追射我，立尽。今我留，匈奴必以我为大军之诱，不敢击。"令诸骑曰："前。"未到匈奴阵⁹二里所，令皆下马解鞍，以示不走。匈奴有白马将出，护其兵。广上马，与十余骑奔，射杀之而还，解鞍，令士皆纵马卧¹⁰。会暮，胡兵终怪之，不敢击，夜引而去。

秋，七月晦，日食。

以甯成为中尉自郅都死，长安宗室多暴犯法。上乃召甯成为中尉。其治

1　奉常：古官名，九卿之一，掌宗庙礼仪，汉初取"尊大"之意，名太常，惠帝改为奉常，景帝复原名。
2　典客：古官名，九卿之一，掌管王朝对少数民族接待、交往等事务。
3　五畤：古地名，又称五畤原，位于今陕西省宝鸡市凤翔县南，秦汉时祭祀天帝的处所。
4　哀惧：悲伤恐惧。
5　箠令：笞刑之法。箠，笞杖。
6　本：草木的根或靠根的茎干。
7　末：末端，尾部。
8　平其节：把竹节磨平。
9　阵：战阵，行列。
10　纵马卧：放开战马，卧地休息。

效郅都，其廉不如。然宗室豪杰人人惴恐。

戊戌**后元年**（公元前 143 年）

春，正月，诏治狱者务先宽诏曰："狱，重事也。人有智愚，官有上下。狱疑者谳有司，有司所不能决，移廷尉，谳而后不当，谳者不为失。欲令治狱者务先宽。"

三月，赦。

夏，五月，大酺五日，民得酤酒。

地震震凡二十二日，坏上庸城垣。

丞相舍免。

秋，七月晦，日食。

八月，以卫绾为丞相，直不疑为御史大夫初，绾以中郎将事文帝，醇谨无他¹。上为太子时，召文帝左右饮，而绾称病不行。文帝且崩，属上曰："绾长者，善遇之。"故上亦宠任²焉。不疑为郎，同舍有告归³，误持其同舍郎金去。同舍郎意不疑，不疑买金偿。后告归者至而归金，亡金郎大惭，以此称为长者。人或毁不疑，以为盗嫂⁴。不疑曰："我乃无兄。"然终不自明⁵也。不疑，南阳人。

下条侯周亚夫狱。亚夫不食死帝召周亚夫赐食，独置大胾⁶，无切肉，又不置箸⁷。亚夫心不平，顾⁸谓尚席⁹取箸。上视而笑曰："此非不足君所乎¹⁰？"

1　醇谨无他：醇谨，淳厚谨慎。无他，无二心，专一。
2　宠任：宠爱重用。
3　告归：官吏告老回乡或请假回家。
4　盗嫂：私通其嫂。
5　自明：自我表白。
6　胾：切成大块的肉。
7　箸：筷子。
8　顾：回头。
9　尚席：古官名，掌管宴席。
10　此非不足君所乎：这些不能满足您的需要吗。杨树达《古书疑义举例续补》卷二："所者，意也；不足君所者，于君意有不足者也。"

亚夫免冠谢上，上曰："起。"亚夫因趋出。上目送之，曰："此鞅鞅，非少主臣[1]也。"居无何，亚夫子为父买工官尚方甲楯可葬者[2]，为人所告，事连污[3]亚夫。召诣廷尉，不食五日，呕血而死。

己亥二年（公元前142年）

春，正月，地一日三动。

禁内郡食马粟，没入之[4]以岁不登故也。

夏，四月，诏戒二千石修职事[5]诏曰："雕文刻镂[6]，伤农事者也。锦绣纂组[7]，害女工者也。农事伤则饥之本，女工害则寒之原也。夫饥、寒并至而能亡为非者寡矣。朕亲耕，后亲桑，以奉宗庙粢盛、祭服，为天下先。不受献，减大官，省繇赋[8]，欲天下务农蚕，素有畜积，以备灾害。强无攘[9]弱，众无暴[10]寡，老耆[11]以寿终，幼孤得遂长[12]。今岁或不登，民食颇寡，其咎安在？或诈伪为吏，以货赂[13]为市，渔夺百姓，侵牟万民[14]。县丞，长吏也，奸法与盗盗[15]，甚无谓[16]也。其令二千石各修其职，不事官职耗乱[17]者，丞相以闻，请其罪。"

1　少主臣：年少君主的臣子。
2　工官尚方甲楯可葬者：从工官那里买了专给皇室制造的可用于殉葬的五百件铠甲盾牌。工官，掌管工务的官员。尚方，古代制造帝王所用器物的官署。
3　连污：连累。
4　禁内郡食马粟，没入之：禁止内地各郡臣民用粮食喂养马匹，有违此禁令，官府没收他的马匹。
5　职事：职务内的事情，分内事。
6　雕文刻镂：器物的精雕细镂。
7　锦绣纂组：丝织品的锦绣多彩。
8　繇赋：徭役和赋税。繇，通"徭"。
9　攘：侵夺，偷窃。
10　暴：欺凌。
11　老耆：泛指六十岁以上的老人。
12　遂长：生产，成长。
13　货赂：贿赂。
14　渔夺百姓，侵牟万民：剥削百姓，侵夺万民。渔夺，侵夺，掠取。侵牟，侵害掠夺。
15　奸法与盗盗：执法犯法，与盗贼共盗。
16　无谓：没有意义。
17　耗乱：昏乱。

　　诏訾算四得官[1]诏曰："今訾算十以上乃得官，廉士[2]算不必众，朕甚闵之。訾算四得官，亡令廉士久失职，贪夫长利[3]。"

　　秋，大旱。

庚子三年（公元前141年）

　　冬，十月，日、月皆赤凡五日。

　　十二月，雷，日如紫。五星[4]逆行守太微[5]，月贯天庭中。

　　春，正月，诏劝农桑，禁采黄金珠玉诏曰："农，天下之本也。黄金珠玉，饥不可食，寒不可衣。间岁或不登，意为末者[6]众，农民寡也。其令郡国务劝农桑，益种树，可得衣食物。吏发民若取庸[7]采黄金珠玉者，坐赃[8]为盗。二千石听[9]者，与同罪。"

　　帝崩，太子彻即位年十六。

　　尊皇太后为太皇太后，皇后为皇太后。二月，葬阳陵。

　　班固曰：孔子称："斯民也，三代之所以直道而行也[10]。"信哉！周、秦之敝，罔密文峻，而奸轨不胜[11]。汉兴，扫除烦苛[12]，与民休息。至于孝文，加之以恭俭，孝景遵业[13]。五六十载之间，至于移风易俗，黎民醇厚[14]。周云成、康，汉

1　诏訾算四得官：下诏规定，家中资财达到四万钱的就可以做官。訾算，汉代为官时应具备的资财数。
2　廉士：有节操、不苟取的人。
3　长利：长远的利益。
4　五星：水星、金星、火星、木星、土星，最初分别叫辰星、太白、荧惑、岁星、镇星。
5　太微：古星官名，位于北斗之南，轸、翼之北，大角之西，轩辕之东，以五帝座为中心，作屏藩状。
6　意为末者：打算从事工商业的人。末，古代以农为本，反本为末，即工商业。
7　取庸：雇佣工人。
8　坐赃：犯贪污罪。
9　听：任凭，不采取措施。
10　斯民也，三代之所以直道而行也：夏、商、周三代的人都是这样的，所以他们沿着正道前进。
11　罔密文峻，而奸轨不胜：法网严密而律令苛峻，但触法犯罪的仍不可胜数。
12　烦苛：繁杂苛细，多指法令。
13　遵业：遵守世业。
14　醇厚：敦厚朴实。

言文、景，美矣。

又曰：汉初，接秦之弊，作业[1]剧而财匮[2]，自天子不能具钧驷[3]，而将相或乘牛车，齐民[4]无藏盖[5]。天下已平，高祖乃令贾人不得衣丝、乘车，重租税以困辱之。孝惠、高后时，为天下初定，复弛[6]商贾之律，然市井[7]之子孙，亦不得仕宦[8]为吏。量吏禄，度官用，以赋于民。漕转山东粟以给中都官[9]，岁不过数十万石。继以文、景清净恭俭，安养天下，七十余年之间，国家无事，非遇水旱，则人给家足，都鄙廪庾[10]皆满，而府库余资财。京师之钱累钜万[11]，贯朽而不可校[12]。太仓[13]之粟陈陈相因[14]，充溢、露积[15]于外，至腐败[16]不可食。众庶街巷有马，乘牸牝者摈而不得聚会[17]。守闾阎者食粱肉，为吏者长子孙，居官者以为姓号[18]。故人人自爱而重犯法，先行义而后绌辱焉[19]。然罔疏民富，役财骄溢，或至兼并，豪党之徒以武断于乡曲[20]。宗室有土，公卿以下争于奢侈，僭上无度[21]。

1　作业：作孽，造孽。业，罪孽。
2　匮：缺乏。
3　钧驷：毛色纯一的驷马。驷马，一辆车所套的四匹马。
4　齐民：平民。
5　藏盖：储藏。
6　弛：放松。
7　市井：古代城邑中集中买卖货物的场所。也借指商贾。
8　仕宦：做官。
9　中都官：汉代京师各官署的统称。
10　都鄙廪庾：都鄙，京城和边邑。廪庾，粮仓。
11　钜万：形容为数极多。
12　贯朽而不可校：串钱的绳子朽烂，钱币散落，没法统计了。贯，串钱的绳子。校，统计。
13　太仓：古代京师储谷的大仓。
14　陈陈相因：皇仓之粮逐年增加，陈粮上压陈粮。
15　露积：露天堆积。
16　腐败：物体腐烂。
17　众庶街巷有马，乘牸牝者摈而不得聚会：百姓居住的大街小巷都能看见马匹，以至乘母马的人就会受排斥，不能参加聚会。牸牝，母马。
18　守闾阎者食粱肉，为吏者长子孙，居官者以为姓号：把守里巷大门的人吃的是精美的饭食，做官的人长期任职，可在任期内把子孙抚养成人，有的人甚至把官名作为自己的姓。闾阎，里巷内外的门。
19　先行义而后绌辱焉：以行义为先，避免以后感到屈辱。
20　罔疏民富，役财骄溢，或至兼并，豪党之徒以武断于乡曲：因为法度宽疏而百姓富实，因此有人倚仗钱财骄横不法，以至于侵占吞并，那些豪强之辈，在乡间作威作福，横行霸道。
21　僭上无度：不顾地位名分僭越于上，没有限度。

物盛而衰，固其变也。自是之后，孝武内穷侈靡[1]，外攘夷狄，天下萧然[2]，财力耗矣。

　　胡氏曰：文、景养民厚矣，稽[3]诸仲尼之言，则亦富庶之而已，未有以教之也。然文帝宽厚长者，以德化人。无事则谦抑[4]如不能，有事则英气奋发。景帝刻薄任数[5]，以诈力御下。平居则诛赏[6]肆行，缓急则惴栗[7]失措，其大致悬绝如此。而又以无宠废正后，而夫妇之道薄；以无罪废太子，而父子之恩睽[8]。过爱梁王，轻许传位，而兄弟之好不终；信谗用潜，绌申屠嘉，戮晁错，杀周亚夫，而君臣之道乖缺，其视文帝益相辽[9]矣。独节俭爱民一事，克[10]遵前业耳。夫岂可与成、康同得美称哉？

辛丑 世宗孝武皇帝建元元年（公元前140年）

　　冬，十月，举贤良方正、直言极谏之士。以董仲舒为江都相，治申、韩、苏、张[11]之言者，皆罢之举贤良方正、直言极谏之士，上亲策问[12]之。广川[13]董仲舒对曰："臣谨按[14]：《春秋》之中，视前世已行之事，以观天人相与之际，甚可畏也。国家将有失道之败，而天乃先出灾害以谴告之。不知自省，又出怪异以警惧[15]之。尚不知变，而伤败乃至。以此见天心之仁爱人

1　侈靡：奢侈浪费。
2　萧然：扰乱骚动的样子。
3　稽：考察。
4　谦抑：谦逊。
5　刻薄任数：刻薄，待人处事挑剔、无情。任数，用权谋，使心计。
6　诛赏：责罚与奖赏。
7　惴栗：恐惧而战栗。
8　睽：不顺，乖离。
9　辽：远。
10　克：能。
11　申、韩、苏、张：即申不害、韩非、苏秦、张仪。
12　策问：以经义或政事等设问要求解答，考核士人。
13　广川：古县名，治所位于今河北省衡水市景县西南。
14　谨按：引用论据、史实开端的常用语。
15　警惧：警戒恐惧。

君，而欲止其乱也。自非大亡道[1]之世者，天尽欲扶持而全安[2]之，事在勉强而已矣。勉强学问，则闻见博而知益明；勉强行道，则德日起而大有功。此皆可使还至[3]而立有效者也。道者，所由适于治之路也，仁义、礼乐皆其具[4]也。故圣王已没，而子孙长久安宁数百岁，此皆礼乐、教化之功也。夫人君莫不欲安存而恶危亡，然而政乱国危者甚众，所任者非其人，而所由者非其道，是以政日以仆灭[5]也。夫周道衰于幽、厉，非道亡也，幽、厉不由。至于宣王，思昔先王之德，兴滞补敝，明文、武之功业，周道粲然复兴。上天佑之，为生贤佐[6]，后世称诵，至今不绝。此夙夜不懈[7]行善之所致也。故治乱兴废在于己，非天降命不可反也。臣闻命者，天之令也；性者，生之质也；情者，人之欲也。尧、舜行德则民仁寿[8]，桀、纣行暴则民鄙夭[9]。有治、乱之所生，故不齐也。王者欲有所为，宜求其端于天。天道之大者在阴阳。阳为德，阴为刑[10]，刑主杀而德主生。是故阳常居大夏，而以生育长养[11]为事；阴常居大冬，而积于空虚不用之处。以此见天之任[12]德不任刑也。王者承天意以从事，故任德教[13]而不任刑也。今废先王德教之官，独任执法之吏，而欲德教之被四海，难矣。为人君者，正心以正朝廷，正朝廷以正百官，正百官以正万民，正万民以正四方。四方正，远近莫敢不一于正，而亡有邪气奸[14]其间者。是以阴阳调而风雨时，群

1　亡道：荒淫失政。
2　全安：保全而使之平安。
3　还至：归来，回到。
4　具：工具。
5　仆灭：毁灭，覆灭。
6　贤佐：贤明的辅臣。
7　夙夜不懈：形容日夜工作，勤奋不懈。夙，早上。
8　仁寿：有仁德而长寿。
9　鄙夭：性情贪鄙，寿命不长。
10　刑：惩罚。
11　长养：抚育培养。
12　任：使用。
13　德教：道德教化。
14　奸：干犯。

生和而万物殖[1]，诸福之物，可致之祥[2]，莫不毕至，而王道终矣。今陛下贵为天子，富有四海，行高而恩厚，知明而意美，爱民而好士，可谓谊主[3]矣。然而天地未应而美祥[4]莫至者，凡以教化不立而万民不正也。夫万民之从利，如水之走下，不以教化堤防之，不能止也。古之王者莫不以教化为大务。立学校以教于国，设庠序以化于邑，渐民以仁，摩民以谊，节民以礼[5]，故其刑罚甚轻而禁不犯者，教化行而习俗美也。圣主之继乱世也，扫除其迹而悉去之，复修教化而崇[6]起之。教化已明，习俗已成，子孙循之，行五六百岁尚未败也。至秦灭先圣之道，而专为自恣苟简之治[7]，故立为天子十有四年而亡。然其遗毒余烈[8]，至今未灭，使习俗薄恶[9]，人民顽嚚[10]，虽欲善治之，亡可奈何。法出而奸生，令下而诈起，譬之琴瑟不调[11]，甚者必解而更张[12]之，乃可鼓也；为政而不行，甚者必变而更化[13]之，乃可理也。汉得天下以来，常欲治，而至今不可善治者，失之于当更化而不更化也。"上复策之。仲舒对曰："臣闻圣主之治天下也，少则习之学，长则材诸位[14]，爵禄以养其德，刑罚以威其恶，故民晓于礼义而耻犯其上。武王行大义，平残贼，周公作礼乐以文[15]之。至于成、康，图圄[16]空虚四十余年。此教化之渐而仁义之流也。至秦则不然。师申、韩之说，

1　殖：孳生。
2　祥：吉兆。
3　谊主：明礼义的国君。谊，通"义"。
4　美祥：吉兆。
5　渐民以仁，摩民以谊，节民以礼：用仁德浸润百姓，用仁义教育百姓，用礼约束百姓。渐，浸润。摩，砥砺，教育。
6　崇：推崇，尊崇。
7　颛为自恣苟简之治：专门施行自我放纵、草率简陋的治国方法。颛，通"专"。自恣，放纵自己，不受约束。苟简，草率而简陋。
8　余烈：余威。
9　薄恶：风俗等浇薄，不淳厚。
10　顽嚚：愚妄奸诈。
11　琴瑟不调：琴瑟合奏时，声音不和谐。
12　更张：更换琴弦。
13　更化：改制，改革。
14　少则习之学，长则材诸位：年幼时就让他努力学习知识，成年后就给他官位，磨砺他的才能。
15　文：修饰，文饰。
16　图圄：监狱。

憎帝王之道，以贪狼¹为俗，诛名²而不察实，为善者不必免，而犯恶者未必刑
也。是以百官皆饰虚辞而不顾实。外有事君之礼，内有背上之心，造伪饰诈，
趋利无耻。是以刑者甚众，死者相望，而奸不息，俗化³使然也。今陛下并有
天下，莫不率服⁴。而功不加于百姓者，殆王心未加焉。曾子曰：'尊其所闻，
则高明矣；行其所知，则光大矣。高明、光大，不在于他，在乎加之意而已。'
愿陛下因用所闻，设诚于内而致行之，则三王何异哉？陛下夙寤晨兴⁵，务以求
贤，亦尧舜之用心也，而未云获者，士不素厉⁶也。夫不素养士而欲求贤，譬
犹⁷不琢玉而求文采⁸也。故养士莫大乎太学。太学者，贤士之所关也，教化之
本原也。愿兴太学，置明师，以养天下之士，数考问⁹以尽其材，则英俊¹⁰宜可
得矣。郡守、县令，民之师帅¹¹，所使承流而宣化¹²也。师帅不贤，则主德不宣，
恩泽不流。今吏既亡教训于下，或不承用主上之法，暴虐百姓，与奸为市，贫
穷孤弱，冤苦失职¹³，甚不称陛下之意。是以阴阳错缪¹⁴，氛气¹⁵充塞，群生寡遂¹⁶，
黎民未济也。夫长吏多出于郎中、中郎、吏二千石子孙，选郎、吏又以富訾¹⁷，
未必贤也。且古所谓功者，以任官称职为差，非谓积日累久也。故小材虽累
日，不离于小官；贤材虽未久，不害为辅佐。是以有司竭力尽知，务治其业而

1　贪狼：贪婪狠毒。
2　诛名：根据名义、表面现象而定是非善恶。
3　俗化：习俗教化。
4　率服：相继服从。
5　夙寤晨兴：早起晚睡，形容勤勉。
6　素厉：平时勉励于此。
7　譬犹：譬如。
8　文采：华丽的色彩。
9　考问：考察询问。
10　英俊：才智出众的人。
11　师帅：表率。
12　承流而宣化：官员奉君命教化百姓。
13　暴虐百姓，与奸为市，贫穷孤弱，冤苦失职：残酷地虐待百姓，与坏人勾结，贪求财利，百姓贫困孤弱，冤屈痛苦，失去生计。
14　错缪：交错纠缠。缪，通"纠"。
15　氛气：凶邪之气。
16　寡遂：少有如意的。遂，顺，如意。
17　富訾：富有资财。訾，通"赀"。

以赴功[1]。今则不然。累日以取贵，积久以致官，是以廉耻贸乱[2]，贤不肖混淆，未得其真也。臣愚以为，使诸列侯、郡守各择其吏民之贤者，岁贡各三人以给宿卫，且以观大臣之能。所贡贤者有赏，所贡不肖者有罚。夫如是，诸侯、吏二千石尽心于求贤，天下之士可得而官使[3]也。毋以日月为功[4]，实试贤能为上，量材而授官，录德而定位，则廉耻殊路，贤不肖异处矣。"上三策之。仲舒复对曰："臣闻天者，群物之祖，故遍覆包函而无所殊。圣人法天而立道，亦溥爱[5]而亡私。春者，天之所以生也；仁者，君之所以爱也。夏者，天之所以长也；德者，君之所以养也。霜者，天之所以杀也；刑者，君之所以罚也。孔子作《春秋》，上揆之天道，下质[6]诸人情，参之于古，考之于今。故《春秋》之所讥，灾害之所加也；《春秋》之所恶，怪异之所施也。书邦家[7]之过，兼灾异之变，以此见人之所为，其美恶之极，乃与天地流通而往来相应，此亦言天之一端也。天令之谓命，命非圣人不行；质朴之谓性，性非教化不成；人欲之谓情，情非制度不节。是故王者，上谨于承天意，以顺命也；下务明教化民，以成性也；正法度之宜，别上下之序，以防欲也。修此三者，而大本举矣。人受命于天，固超然异于群生。入有父子兄弟之亲，出有君臣上下之义。会遇[8]相聚，有耆老[9]长幼之施。粲然有文以相接，欢然有恩以相爱。故孔子曰：'天地之性，人为贵。'明于天性，知自贵于物，然后知仁义；知仁义，然后重礼节；重礼节，然后安处善[10]；安处善，然后乐循理[11]；乐循理，然后谓之君子。臣又闻之，聚少成多，积小致巨，故圣人莫不以暗致明，以微致显。是以尧发于

1　赴功：建立功业。
2　贸乱：混乱。
3　官使：授之官职以使其才。
4　毋以日月为功：不要用任职时间长短计算功劳。
5　溥爱：广布仁爱，博爱。
6　质：验证。
7　邦家：国家。
8　会遇：会见。
9　耆老：老年人。
10　安处善：安心讲善言、做善事。
11　循理：依照道理或遵循规律。

诸侯，舜兴乎深山，非一日而显也，盖有渐以致之矣。言出于己，不可塞也；行发于身，不可掩也。言、行，治之大者，君子之所以动天地也。故尽小者大，慎微[1]者著。积善在身，犹长日[2]加益而人不知也；积恶在身，犹火销膏[3]而人不见也。此唐、虞之所以得令名[4]，而桀、纣之可为悼惧[5]者也。夫乐而不乱、复而不厌[6]者，谓之道。道者，万世亡敝[7]。敝者，道之失也。先王之道必有偏而不起[8]之处，故政有眊[9]而不行，举其偏者以补其弊而已矣。三王之道，所祖不同，非其相反，将以救溢扶衰[10]，所遭之变[11]然也。故王者有改制之名，无变道之实。夏尚忠、殷尚敬、周尚文者，所继之救，当用此也[12]。道之大原出于天，天不变，道亦不变。是以禹继舜，舜继尧，三圣相授而守一道，无救敝[13]之政也。由是观之，继治世者其道同，继乱世者其道变。今汉继大乱之后，若宜少损周之文致[14]，用夏之忠者。夫古之天下，亦今之天下，共是天下，以古准[15]今，一何不相逮之远也。意者有所失于古之道与？有所诡[16]于天之理与？夫天亦有所分予[17]，予之齿者去其角，傅[18]之翼者两其足，是所受大者不得取小也。古之所予禄者，不食于力，不动于末[19]，与天同意[20]者也。夫已受大，又取小，天不

1　慎微：谨慎及于细微之处。
2　长日：整天，终日。
3　销膏：灯烛燃烧时耗费油膏。
4　令名：美名。
5　悼惧：恐惧。
6　乐而不乱、复而不厌：快乐而不淫乱，反复行善而不厌倦。
7　亡敝：没有弊端。
8　偏而不起：有所偏废，不能发挥作用。
9　眊：昏聩，惑乱。
10　救溢扶衰：补救过失，扶助衰败。
11　所遭之变：面对的社会情况起变化。
12　所继之救，当用此也：他们要各自拯救前朝的缺失，必须使用各自不同的方法。
13　救敝：纠正弊端。
14　文致：礼乐。
15　准：揣测，揣度。
16　诡：违反。
17　分予：分别给予。
18　傅：附着，加上。
19　不动于末：不从事工商业。
20　同意：意旨相同。

能足，而况人乎？此民之所以嚣嚣[1]苦不足也。身宠而载[2]高位，家温而食厚禄，因乘富贵之资力[3]，以与民争利于下，民安能如之哉？民日削月朘[4]，浸以大穷[5]。富者奢侈羡溢[6]，贫者穷急愁苦。民不乐生，安能避罪？此刑罚之所以蕃，而奸邪不可胜者也。天子、大夫者，下民之所视效[7]，远方之所四面而内望[8]也，岂可以居贤人之位，而为庶人行哉？夫皇皇[9]求财利常恐乏匮者，庶人之意也；皇皇求仁义常恐不能化民者，大夫之意也。若居君子之位，当君子之行，则舍公仪休[10]之相鲁，无可为者矣。《春秋》大一统者，天下之常经[11]，古今之通义[12]也。今师异道，人异论，百家殊方[13]，指意不同，是以上无以持一统。法制数变，下不知所守。臣愚以为诸不在六艺之科、孔子之术者，皆绝其道，勿使并进。邪辟[14]之说灭息，然后统纪[15]可一，而法度可明，民知所从矣。"天子善其对，以仲舒为江都相。丞相卫绾因奏："所举贤良，或治申、韩、苏、张之言乱国政者，请皆罢。"奏可。仲舒少治《春秋》，为博士，进退容止[16]，非礼不行，学士[17]皆师尊之。及为江都相，事易王。王，帝兄，素骄，好勇。仲舒以礼匡正，王敬重焉。尝问之曰："粤王句践与大夫泄庸、种、蠡伐吴，灭之。寡人以为粤有三仁，何如？"仲舒对曰："昔鲁君问伐齐于柳下惠，惠有忧色，曰：'吾

1　嚣嚣：喧哗貌。
2　载：处，登。
3　资力：财力。
4　日削月朘：日日削减，月月缩小。也指时时受到搜刮。朘，缩小，减少。
5　大穷：十分困窘。
6　羡溢：富裕，丰足。
7　视效：仿效，效法。
8　四面而内望：从四面八方向中央观望。
9　皇皇：彷徨不安貌。皇，通"惶"。
10　公仪休：春秋时鲁国人，曾官至宰相，因为廉政守法而流传后世，教导的学生都很有名。
11　常经：永恒的规律。
12　通义：普遍适用的道理与法则。
13　殊方：不同的方法、方向或旨趣。
14　邪辟：乖谬不正。
15　统纪：纲纪。
16　容止：仪容举止。
17　学士：读书人。

闻伐国不问仁人，此言何为至于我哉？'徒见问耳，犹且羞之，况设诈以行之乎？夫仁人者，正其义不谋其利，明其道不计其功，是以仲尼之门，五尺之童羞称五伯，为其先诈力而后仁义也。由此言之，则粤未尝有一仁也。"王曰："善。"后公孙弘亦治《春秋》，而希世[1]用事。仲舒以弘为从谀[2]，弘嫉之。以胶西王亦上兄，尤纵恣[3]，数害吏二千石。言于上，使仲舒相之。王素闻其贤，善待之。仲舒两事骄王，皆正身以率下[4]，所居而治。及去位家居，不问产业，专以讲学著书为事。朝廷有大议[5]，使使就问之，其对皆有明法。

程子曰：正其义不谋其利，明其道不计其功，此董子所以度越[6]诸子也与。又曰：汉之诸儒，唯董子有儒者气象。

春，二月，赦。

行三铢钱。

夏，六月，丞相绾免。以窦婴为丞相，田蚡为太尉，赵绾为御史大夫，王臧为郎中令，迎申公为太中大夫上雅向儒术，婴、蚡俱好儒，推毂[7]赵绾为御史大夫，王臧为郎中令。绾请立明堂[8]，荐其师申公。上使使者奉安车蒲轮[9]、束帛加璧[10]迎之。既至，问治乱之事。申公年八十余，对曰："为治者不在多言，顾力行何如耳！"时上方好文词，见申公对，默然。然已招致，则以为太中大夫，舍鲁邸，议明堂、巡狩、改历、服色事。

胡氏曰：申公之言当矣，第未知所谓力行者何事耳。申公开端而未告，武

1　希世：迎合世俗。
2　从谀：怂恿奉承。从，通"怂"。
3　纵恣：肆意放纵。
4　率下：做下属表率。
5　大议：朝廷的重大决策。
6　度越：超越，胜过。
7　推毂：荐举。
8　明堂：古代帝王宣明政教的地方，凡朝会、祭祀、庆赏、选士、养老、教学等大典，都在此举行。
9　安车蒲轮：让被征者坐在安车上，并用蒲叶包着车轮，以便行驶时车身更为安稳。表示皇帝对贤能者的优待。
10　束帛加璧：束帛之上又加玉璧，古时表示贵重的礼物。束帛，帛五匹。璧，指平圆、正中有孔的玉器。

帝咈意[1]而不问，惜哉！然明堂、巡狩、改历、服色，岂力行之急务哉？对既不合，又留不去，其不逮穆生，又可见矣。

壬寅二年（公元前 139 年）

冬，十月，淮南王安来朝上以安属为诸父[2]而才高，甚尊重之。

赵绾、王臧下吏，自杀。丞相婴、太尉蚡免，申公免归[3]。以石建为郎中令，石庆为内史太皇太后好黄老言，不悦儒术。赵绾请毋奏事东宫[4]。太后大怒，阴求绾、臧奸利[5]事以让上。上因废明堂事，下绾、臧吏，皆自杀，婴、蚡免，申公亦以疾免归。初，景帝以石奋及四子皆二千石，号奋为"万石君"。万石君无文学，而恭谨无与比。子孙为小吏，来归谒[6]，必朝服见之，不名[7]。有过失，不责让，为便坐[8]，对案不食。然后诸子相责，因长老肉袒谢罪[9]，改之，乃许。子孙胜冠[10]者在侧，虽燕居必冠。其执丧，哀戚[11]甚悼。子孙遵教，皆以孝谨闻。及绾、臧获罪，太后以为儒者文多质少，今万石君家不言而躬行，乃以其子建为郎中令，庆为内史。建在上侧，事有可言，屏人恣言[12]极切，至廷见，如不能言者。上以是亲之。

春，二月朔，日食。

三月，以许昌为丞相。

1　咈意：违背意愿。
2　诸父：伯父和叔父。
3　免归：免除职务并遣送回乡。
4　东宫：汉代太后所居之宫。因太后的长乐宫在未央宫东，故称。
5　奸利：非法谋取的利益。
6　归谒：回来拜见他。
7　不名：不称呼名字。
8　便坐：坐于别室。
9　因长老肉袒谢罪：通过族中长辈求情，本人裸露上身表示认错。
10　胜冠：男子成年后可以加冠。
11　哀戚：悲痛伤感。
12　恣言：畅所欲言。

以卫青为太中大夫陈皇后骄妒[1]，擅宠[2]而无子，宠浸衰。上尝过姊平阳公主，悦讴者[3]卫子夫。主因奉送入宫，恩宠日隆。皇后恚，几死者数矣。子夫同母弟青，冒姓卫氏，为侯家骑奴[4]。召为建章监[5]、侍中，既而以子夫为夫人，青为太中大夫。

夏，四月，有星如日，夜出。

置茂陵[6]邑。

癸卯三年（公元前138年）

冬，十月，中山王胜来朝议者多冤[7]晁错之策，务摧抑[8]诸侯王，数奏暴其过恶，吹毛求疵[9]，诸侯王莫不悲怨[10]。至是置酒，胜闻乐声而泣。上问其故，胜具以吏所侵闻。上乃厚诸侯之礼，省[11]有司所奏诸侯事，加亲亲之恩焉。

河水溢于平原[12]。

大饥，人相食。

秋，七月，有星孛于西北。

闽越击东瓯[13]。遣使发兵救之，遂徙其众于江淮间初，闽越发兵围东瓯，东瓯使人告急。天子问田蚡，对曰："越人相攻击，固其常。又数反复，

1　骄妒：骄矜忌妒。
2　擅宠：独受宠信或宠爱。
3　讴者：歌女。讴，歌唱。
4　骑奴：骑马随从的奴仆。
5　建章监：古官名，掌管建章宫。
6　茂陵：汉武帝刘彻的陵墓，位于今陕西省咸阳市辖兴平市东北。
7　冤：冤枉。
8　摧抑：挫折压制。
9　吹毛求疵：吹开皮上的毛寻找小毛病。比喻故意挑剔别人的缺点。求，找寻。疵，小毛病。
10　悲怨：悲伤怨恨。
11　省：察看。
12　平原：古郡名，辖今山东省平原、陵县、禹城、齐河、临邑、商河、惠民、阳信等市县地。
13　东瓯：古越族的一支，相传为越王勾践的后裔，分布于今天浙江省南部瓯江、灵江流域。

自秦时弃，不属[1]，不足以烦中国往救也。"庄助曰："小国以穷困来告急，天子不救，又何以子万国乎？且秦举咸阳而弃之，何但[2]越也？"上曰："太尉不足与计，吾新即位，不欲出虎符发兵郡国。"乃遣助以节发兵会稽。会稽守欲距[3]法不为发，助乃斩一司马喻意[4]，乃发兵浮海救东瓯。未至，闽越引兵罢。东瓯请举国内徙，乃悉举其众来，处于江淮之间。

九月晦，日食。

帝始为微行，遂起上林苑上招选天下文学材知[5]之士，简拔[6]其俊异者宠用之。庄助、朱买臣、吾丘寿王、司马相如、东方朔、枚皋、终军等并在左右。每令与大臣辩论，中外[7]相应以义理之文，大臣数屈焉。然相如特以辞赋得幸。朔、皋不根[8]持论，好诙谐，上以俳优[9]畜之。朔时直谏，有所补益。是岁，上始为微行，与左右能骑射者期[10]诸殿门，常入南山[11]下射猎，驰骛[12]禾稼之地，民皆号呼骂詈[13]。鄠、杜[14]令欲执之，示以乘舆[15]物，乃得免。又尝夜至柏谷[16]，逆旅[17]主人疑为奸盗，聚少年欲攻之。主人姁[18]睹上状貌而异之，止其翁。不听，饮翁以酒，醉而缚之，少年皆散走。后乃私置更衣[19]十二所，又使吾丘

1　不属：不依附。
2　何但：岂止。
3　距：通"拒"，抗拒。
4　喻意：表明意思。
5　材知：才能智慧。知，通"智"。
6　简拔：选拔，选择。
7　中外：宫内和宫外。
8　不根：没有根据，荒谬。
9　俳优：古代以乐舞谐戏为业的艺人。
10　期：相约。
11　南山：即今陕西省秦岭山脉。
12　驰骛：疾驰，奔腾。
13　骂詈：骂，斥骂。
14　鄠、杜：鄠县、杜陵。鄠县，古县名，治今陕西省西安市户县北。杜陵，古县名，治今陕西省西安市长安区东南。
15　乘舆：天子和诸侯所乘坐的车子。也借指帝王。
16　柏谷：古地名，位于今河南三门峡市辖灵宝市西南。有柏谷水经此流入黄河，故曰柏谷。
17　逆旅：客舍，旅店。
18　姁：母亲。
19　更衣：换衣休息之处。

寿王除¹上林苑，属之南山。东方朔进谏曰："夫南山，天下之阻，陆海²之地也。山出玉石、金银、铜铁、良材，百工所取给³，万民所卬⁴足也。又有粳、稻、梨、栗、桑、麻、竹箭之饶，土宜姜、芋，水多蛙、鱼，贫者得以给足⁵，无饥寒之忧。故丰镐⁶之间，号为土膏⁷。其贾⁸亩一金。今规⁹以为苑，绝陂池¹⁰水泽之利，而取民膏腴之地，上乏国用，下夺农业，其不可一也。盛荆棘之林，大虎狼之墟¹¹，坏人冢墓，发人室庐，其不可二也。垣而囿之，骑驰车骛，有深沟大渠¹²。夫一日之乐，不足以危无堤之舆¹³，其不可三也。且殷作九市之宫¹⁴而诸侯畔，灵王起章华之台¹⁵而楚民散，秦兴阿房之殿而天下乱。粪土¹⁶愚臣，逆盛意，罪当万死。"上乃拜朔为太中大夫、给事中¹⁷，赐黄金百斤。然遂起上林苑。

上又好自击熊、豕、野兽，司马相如谏曰："陛下好陵阻险¹⁸，射猛兽，卒然遇逸材之兽¹⁹，骇不存之地，犯属车之清尘，舆不及还辕，人不暇施巧²⁰，虽有乌

---

1 除：修治，修整。
2 陆海：物产富饶之地。
3 取给：取得物力或人力以供需用。
4 卬：仰仗，依赖。
5 给足：丰富充裕。
6 丰镐：古地名。丰京为周文王所建，位于今陕西省西安市长安区西北沣河中游西岸；镐京为周武王所建，位于今陕西省西安市长安区西北沣河中游东岸。
7 土膏：肥沃的土地。
8 贾：价。
9 规：划分土地而占有。
10 陂池：池沼，池塘。
11 墟：处所，居所。
12 垣而囿之，骑驰车骛，有深沟大渠：筑墙为苑，骑马驰骋于东西，驾车驱奔于南北，周围还有深沟大渠作为屏障。
13 无堤之舆：天子无限的富贵。
14 九市之宫：设有市场的宫殿，形容其大。九市，古时买卖货物的场所。
15 章华之台：古台名，位于今湖北省荆州市监利县西北，台高十丈，基广十五丈。
16 粪土：比喻卑贱低劣的事物。
17 给事中：古官名，为加官，位次中常侍，加此号得常侍皇帝左右，备顾问应对，每日上朝谒见。
18 好陵阻险：喜欢登上险峻难行之处。
19 逸材之兽：凶猛异常的野兽。逸材，过人之材。逸，通"轶"，超越。
20 骇不存之地，犯属车之清尘，舆不及还辕，人不暇施巧：它们因无藏身之地而惊起，冒犯了您车马的正常前进，车子来不及掉头，人来不及随机应变。

获、逢蒙之技不得用，枯木朽株，尽为难矣[1]。虽万全而无患，然本非天子之所宜近也。且夫清道而后行，中路[2]而后驰，犹时有衔橛之变[3]，况乎涉丰草，骋丘墟[4]，前有利兽之乐，而内无存变之意[5]，其为害也不难矣。夫轻万乘之重不以为安，乐出万有一危之途以为娱，臣窃为陛下不取。盖明者远见于未萌，而知者避危于无形，祸固多藏于隐微，而发于人之所忽者也。故鄙谚曰：'家累千金，坐不垂堂。'此言虽小，可以谕大。"上善之。

甲辰**四年**（公元前 137 年）

夏，有风如血[6]。

旱。

秋，九月，有星孛于东北。

乙巳**五年**（公元前 136 年）

春，罢三铢钱，行半两钱。

置五经博士[7]。

夏，五月，大蝗。

丙午**六年**（公元前 135 年）

春，二月，辽东高庙灾。

1　虽有乌获、逢蒙之技不得用，枯木朽株，尽为难矣：即便是有乌获、逢蒙的超群技艺，也来不及使用，那么枯树朽木也会成为祸害。乌获，战国时秦国力士名。逢蒙，帝尧时善于射箭的勇士名。

2　中路：路的中央。

3　衔橛之变：泛指行车中的事故。

4　涉丰草，骋丘墟：在茂密的草丛里穿过，在小丘土堆里奔驰。

5　前有利兽之乐，而内无存变之意：前面有捕获猎物的诱惑，而心中没有预防意外的准备。

6　有风如血：有大风卷起滚滚红尘，其色如血一般。

7　五经博士：古官名，专门传授儒家经学的学官。汉初，《易》《书》《诗》《礼》《春秋》每经置一博士，各以家法教授，故称五经博士。

夏，四月，高园便殿[1]火，帝素服五日。

五月，太皇太后崩。

六月，丞相昌免。以田蚡为丞相蚡骄侈[2]，治宅甲诸第[3]，田园极膏腴，听受四方赂遗。每入奏事，坐语移日[4]，所言皆听。荐人或起家[5]至二千石，权移主上[6]。上乃曰：“君除吏[7]已尽未？吾亦欲除吏。”尝请考工[8]地益宅[9]，上怒曰：“君何不遂取武库？”是后乃稍退。

秋，八月，有星孛于东方，长竟天[10]。

闽越击南越。遣大行王恢等将兵击之。闽越王弟余善杀王郢以降。立余善为东越王。南越遣太子婴齐入宿卫闽越王郢击南越，南越王胡不敢擅兴兵，使人上书告天子。天子多[11]其义，大为发兵，遣王恢出豫章，韩安国出会稽，击闽越。淮南王安上书谏曰：“越，方外[12]之地，劗发文身[13]之民，不可以冠带之国[14]法度理也。自三代之盛，胡、越不受正朔，非强不能服，威不能制。以为不居之地，不牧之民，不足以烦中国也。今自相攻击，而陛下发兵救之，是反以中国而劳蛮夷也。且越人轻薄反复，不用法度，非一日之积。一不奉诏，举兵诛之，臣恐后兵革无时得息也。间者，岁比[15]不登，民生未复。

1　高园便殿：高园，汉高祖刘邦的陵园。便殿，陵园之正殿。因宫庙均有正殿，于是称陵园之殿曰便殿。
2　骄侈：骄纵奢侈。
3　宅甲诸第：住宅规模、豪华超过了所有贵族的府第。
4　移日：移动日影。指不很短的一段时间。
5　起家：从家中征召出来，授以官职。
6　权移主上：侵犯了天子的权力。
7　除吏：拜官授职，任用官吏。
8　考工：古官署名，掌造兵器，兼主织绶诸杂工。
9　益宅：扩大住宅。
10　竟天：满天。
11　多：赞许，推崇。
12　方外：域外，边远地区。
13　劗发文身：古代荆楚、南越一带的习俗，截短头发，身刺花纹，以为可避水中蛟龙的伤害。
14　冠带之国：讲礼仪的国家和习于礼教的人民。
15　比：连续，频频。

今发兵、资粮，行数千里，夹以深林丛竹，多蝮蛇[1]猛兽，夏月暑时，欧泄[2]、霍乱之病相随属[3]也。曾未施兵接刃，死伤者必众矣。臣闻军旅之后，必有凶年。言以其愁苦之气，薄阴阳之和，感天地之精，而灾气为之生也。陛下德配天地[4]，泽及草木，一人有饥寒，不终其天年[5]而死者，为之凄怆[6]于心。今方内无狗吠之警，而使甲卒暴露中原，沾渍[7]山谷，边境之民早闭晏[8]开，朝不及夕，臣安窃为陛下重之。且越人绵力薄材，不能陆战，及无车骑、弓弩之用，然而不可入者，以保地险[9]，而中国之人不耐其水土也。臣闻道路[10]言，闽越王弟甲弑而杀之，甲以诛死，其民未有所属。陛下若使重臣临存[11]，施德垂赏以招致之，此必携幼扶老以归圣德。若无所用之，则存亡继绝，建其王侯，此必委质为臣，世共[12]贡职。陛下以方寸之印，丈二之组，填抚[13]方外，不劳一卒，不顿一戟，而威德并行。今以兵入其地，此必震恐，逃入山林。背而去之，则复群聚。留而守之，历岁经年，则士卒罢倦[14]，食粮乏绝，一方有急，四面皆耸[15]。臣恐变故之生，奸邪之作，由此始也。臣闻天子之兵有征而无战，言莫敢校[16]也。如使越人徼幸以逆执事，厮舆[17]之卒，有一不备而归，虽得越王之首，臣犹羞之。陛下以九州为家，生民皆为臣妾。夷狄之地，何足以为一日之间而烦

1　蝮蛇：蛇名，头呈三角形，体色灰褐而有斑纹，口有毒牙，以鼠、鸟、蛙等为食，也能伤人畜。
2　欧泄：上吐下泻。
3　随属：接连，连续。
4　德配天地：道德可与天地匹配。极言道德之高尚盛大。
5　终其天年：过完应有的寿数。指寿长而善终。终，竟，尽。天年，自然的寿数。
6　凄怆：凄惨，悲伤。
7　沾渍：沾污，弄脏。
8　晏：迟。
9　地险：险要之地。
10　道路：路上的人，众人。
11　临存：亲临探望。
12　共：通"供"。
13　填抚：安抚。填，通"镇"。
14　罢倦：疲倦。
15　耸：惊惧，惊动。
16　校：对抗，抗衡。
17　厮舆：干杂事劳役的奴隶，后泛指受人驱使的奴仆。

汗马之劳¹乎?《诗》云:'王犹允塞,徐方既来²。'言王道甚大,而远方怀之
也。臣安窃恐将吏之以十万之师为一使之任也。"是时,汉兵遂出,未逾岭,
闽越王郢弟余善杀王,使使奉其头致王恢。恢以便宜按兵³,告安国,而使使奉
王头驰奏。诏罢兵,立无诸孙繇君丑为越繇王,奉闽越先祭祀。余善既杀郢,
威行于国,繇王不能制。因立余善为东越王,与繇王并处。上使庄助谕意⁴南
越。南越王胡顿首曰:"天子乃为臣兴兵讨闽越,死无以报德!"遣太子婴齐
入宿卫,谓助曰:"国新被寇,使者行矣,胡方日夜装⁵,入见天子。"助既去,
南越大臣皆谏曰:"先王昔言:'事天子,期,无失礼。'要之,不可以说好语⁶
入见,则不得复归,亡国之势也。"于是胡称病,竟不入见。

以汲黯为主爵都尉⁷始,黯为谒者,以严见惮⁸。东越相攻,上使黯往视
之。不至,还报曰:"越人相攻,固其俗然,不足以辱天子之使。"河内⁹失火,
延烧千余家,上使往视之,还报曰:"家人¹⁰失火,屋比延烧¹¹,不足忧也。臣过
河南,贫人伤水旱万余家,或父子相食,臣谨以便宜,持节发仓粟¹²以赈之。
臣请归节,伏矫制¹³之罪。"上贤而释之。以数切谏¹⁴,不得留内,迁为东海守,
好清静,择丞、史任之,责大指¹⁵而已,不苛小。黯多病,卧闺¹⁶内不出。岁余,

---

1 汗马之劳:征战的劳苦。
2 王犹允塞,徐方既来:王的谋略无处不在,迫使徐国来投降归顺。允塞,充满,充实。
3 按兵:止兵,屯兵不动。
4 谕意:示意,表明意思。
5 日夜装:日夜收拾行装。
6 说好语:汉朝使臣讲的甜言蜜语。
7 主爵都尉:古官名,在汉代位列九卿,主要负责诸侯国各王及其子孙封爵、夺爵等事宜。
8 见惮:被忌惮。见,被。
9 河内:古郡名,辖今河南省黄河以北,太行山以南,安阳、滑县以西地区。
10 家人:平民。
11 屋比延烧:住房密集,火势蔓延开去。比,连接,接近。延烧,火势蔓延。
12 仓粟:仓库中贮藏的米谷。
13 矫制:假托君命行事。
14 切谏:直言极谏。
15 大指:大要。
16 闺:内室,卧室。

东海大治。召为主爵都尉。其治务在无为，引大体，不拘文法[1]。为人性倨[2]少礼，面折，不能容人之过。时天子方招文学[3]，尝曰"吾欲"云云。黯对曰："陛下内多欲而外施仁义，奈何[4]欲效唐、虞之治乎？"上怒，罢朝，谓左右曰："甚矣，汲黯之戆[5]也！"群臣或数黯，黯曰："天子置公卿辅弼之臣，宁令从谀承意[6]，陷主于不义乎？且已在其位，纵爱身，奈辱朝廷何？"黯多病，赐告[7]者数，不愈。庄助复为请告[8]。上曰："汲黯何如人哉？"助曰："使黯任职居官，无以逾人。然至其辅少主，守城深坚，招之不来，麾之不去，虽自谓贲育[9]，亦不能夺之矣。"上曰："然。古有社稷之臣，至于黯，近之矣。"

胡氏曰：汲黯"多欲"之言，岂惟[10]深中武帝之病？凡为人君，莫不然矣。尧、舜、禹、汤、文、武，则无欲者也。自余[11]贤主，则能窒欲[12]者也。屈于物欲，不知自反，则昏乱危亡之君；内多欲而外施仁义，则五伯假[13]之之徒也。所谓欲，或酒，或色，或货利，或宫室，或游畋[14]，或狗马，或博弈，或词艺[15]图书以为文，或抚剑疾视以为武，或辟土服远[16]以为功，或耽[17]佛好仙以为高，虽污洁不齐，欲有大小，然皆足以变移志虑[18]，荒废政理[19]。虽欲，勉行仁义，而行之无本，其不足以感人心而正民志矣。故人君莫大乎修身，而修身莫先于寡

---

1 文法：法制，法规。
2 倨：傲慢。
3 文学：古官名，或称文学掾、文学史，以明经者为之，职掌地方教育。
4 奈何：如何。
5 戆：鲁莽，愣。
6 承意：逢迎。
7 赐告：皇帝优赐其假，准其带印绶、僚属归家治病。汉律，官二千石者病满三月当免。
8 请告：请求休假或退休。
9 贲育：战国时勇士孟贲和夏育的并称。
10 岂惟：难道只是，何止。
11 自余：此外。
12 窒欲：抑制欲望。
13 假：授予，给予。
14 游畋：游戏田猎。
15 词艺：文词的才艺。
16 辟土服远：开拓疆土，使远方顺服。
17 耽：喜好，沉溺。
18 志虑：精神，思想。
19 政理：政治。

欲。欲诚不行，则心虚而善入[1]，气平而理胜，动无非理，事无不善，唐、虞之治，不越此矣。

与匈奴和亲 匈奴来请和亲，天子下其议。王恢，燕人，习兵事，曰："匈奴和亲，不过数岁，即复倍约。不如勿许，兴兵击之。"御史大夫韩安国曰："匈奴迁徙鸟举[2]，难得而制。今行数千里与之争利，则人马罢乏[3]，虏以全制其敝[4]，此危道也。不如和亲。"群臣议者多附安国，于是许之。

丁未元光元年（公元前134年）

冬，十一月，初令郡国举孝廉[5]各一人 从董仲舒之言也。

遣将军李广、程不识将兵屯北边 广与不识俱以将兵有名当时。广行无部伍行陈[6]，就善水草舍止[7]，人人自便，不击刁斗[8]自卫，莫府省约文书[9]。然亦远斥候[10]，未尝遇害。不识正部曲、行伍、营陈，击刁斗，治军簿至明，军不得休息，亦未尝遇害。然匈奴畏李广之略，士卒亦多乐从广而苦于不识。

司马公曰：《易》曰："师出以律，否臧凶[11]。"言治众而不用法，无不凶也，故曰"兵事以严终"。为将者，亦严而已矣。然则效程不识，虽无功，犹不败。效李广，鲜不覆亡[12]哉！

夏，四月，赦。

---

1 心虚而善入：虚心并善于接纳别人的意见。
2 鸟举：鸟飞。比喻居无定处。
3 罢乏：疲乏。
4 虏以全制其敝：敌人就会以逸待劳，全力对付我们的弱点。制，对付。敝，弱点。
5 孝廉：汉武帝时设立察举考试，选拔官员的一种科目，考核内容为是否孝顺亲长、廉能正直。
6 部伍行陈：部伍，军队的编制单位，这里借指严密的部队编制。行陈，巡行军阵。陈，通"阵"。
7 舍止：驻扎，居留。
8 刁斗：古代行军用具，又名金柝、焦斗，斗形有柄，铜质，白天用作炊具，晚上击以巡更。
9 莫府省约文书：幕府简化公文簿册。
10 斥候：侦察，候望。
11 师出以律，否臧凶：军队行军打仗要有严明的纪律，没有严明的纪律就会有凶险。
12 覆亡：灭亡。

五月，诏举贤良、文学，亲策之。

秋，七月，日食。

戊申二年（公元前 133 年）

冬，十月，帝如雍，祠五畤。

始亲祠灶[1]。遣方士求神仙李少君以祠灶却老方[2]见上，尊之。少君匿其年及生长[3]，善为巧发奇中[4]，言祠灶则致物，而丹砂[5]可化为黄金，蓬莱仙者可见。见之，以封禅则不死。于是天子始亲祠灶，遣方士入海求蓬莱安期生之属，而事[6]化丹沙诸药齐[7]为黄金。久之，少君病死，天子以为化去，不死。而海上燕、齐怪迂[8]之士多更来言神仙事矣。

康熙御批：汉武帝信李少君之说，遂遣方士入海求安期生之属，化丹砂诸药以冀成金，惑已甚矣。至少君既死，犹以为化去，何其迷而不悟耶？

立太一[9]祠亳[10]人谬忌奏祠太一，方[11]曰："天神贵者太一，太一佐曰五帝。"于是天子立其祠长安东南郊。

夏，六月，遣间诱匈奴单于入塞，将军王恢等伏兵邀[12]之，不获。恢以罪下吏，自杀雁门马邑豪聂壹因大行王恢言[13]："匈奴初和亲，亲信边[14]，可

1　祠灶：祭祀灶神。
2　却老方：避免衰老的秘方。
3　生长：出生的地方。
4　巧发奇中：形容善于乘机发表意见，又能为事实所证实。发，射箭，比喻发言。
5　丹砂：即朱砂，一种深红色矿物质，味甘，性微寒，含毒，古时被用作炼制丹药的原材料。
6　事：致力于。
7　药齐：药剂。
8　怪迂：怪异迂阔。
9　太一：天神名，秦朝时称为太皇，它与秦汉时流行的天皇、地皇并称三皇。
10　亳：古地名，帝喾及商朝的都城，故址位于今河南省商丘市东南。
11　方：上奏用的方形木简，上面写字。
12　邀：阻拦，截击。
13　雁门马邑豪聂壹因大行王恢言：雁门郡马邑城的首领聂壹，借大行王恢向皇上进言。豪，统师，首领。因，依靠，凭借。
14　亲信边：亲近信任边地之民。

诱以利，伏兵袭击，必破之道也。"上召问公卿。恢曰："臣闻全代之时[1]，北有强胡之敌，内连中国之兵，然匈奴不轻侵也。今以陛下之威，海内为一，然匈奴侵盗不已者，无他，以不恐之故耳。臣窃以为击之便。"韩安国曰："臣闻高皇帝尝围于平城，七日不食。及解围反位[2]，而无忿怒之心。夫圣人以天下为度者也，不以己私怒伤天下之功，故结和亲，至今为五世利。臣窃以为勿击便。"恢曰："不然。高帝所以不报平城之怨者，非力不能，所以休天下之心也。今边境数惊，士卒伤死，中国槥车[3]相望，此仁人之所隐[4]也。故曰击之便。"安国曰："不然。臣闻人君谋事必就祖，发政占古语，重作事也[5]。用兵者，以饱待饥，正治以待其乱，定舍以待其劳。故接兵覆众，伐国堕城，常坐而役敌国[6]，此圣人之兵也。今将卷甲轻举，深入长驱，难以为功。从行则迫胁，衡行则中绝[7]，疾则粮乏，徐则后利，不至千里，人马乏食。兵法曰：'遗人获也[8]。'臣故曰勿击便。"恢曰："不然。臣今言击之者，固非发而深入也。将顺[9]，因单于之欲，诱而致之边，吾选枭骑阴伏[10]而处以为之备，审遮险阻[11]以为其戒。吾势已定，或营其左，或营其右，或当其前，或绝其后，单于可擒，百全必取。"上从恢议。六月，以韩安国、李广、王恢为将军，将车骑、材官三十余万匿马邑旁谷中，阴使聂壹亡入匈奴，谓单于曰："吾能斩马邑令、丞，以城降，财物可尽得。"于是单于穿塞[12]，将十万骑入武州塞[13]。未至百余里，见畜布野而无

1 全代之时：代国保有它的全境时。
2 反位：回到本来的职位。
3 槥车：运载棺柩的车子。
4 隐：隐痛。
5 人君谋事必就祖，发政占古语，重作事也：古代的人君谋划事情时必以祖宗成法为例，施政也要查问古代的典故，这是因为重视施政的缘故。
6 接兵覆众，伐国堕城，常坐而役敌国：一旦交战，就会全歼敌人，一旦进攻敌国，就会攻破城防，经常安坐不动就能迫使敌人俯首听命。
7 从行则迫胁，衡行则中绝：纵向深入则两翼受到威胁，横向深入则中路容易被击破。
8 遗人获也：把军队送给敌人，让他们俘获。
9 将顺：顺势促成。
10 阴伏：隐蔽埋伏。
11 审遮险阻：审视有遮拦险阻的地方。
12 穿塞：穿过边塞。
13 武州塞：又作武周塞，位于今山西省大同市左云县至大同市西一带。

人牧者，乃攻亭[1]，得雁门尉史[2]，知汉兵所居。单于大惊，曰："吾固疑之。"乃引兵还。汉兵追至塞，弗及，乃皆罢兵。王恢主别从代出击敌辎重，亦不敢出。上怒，下恢廷尉。当恢逗桡[3]，当斩。恢行千金丞相蚡，蚡言于太后曰："王恢首为马邑事，今不成而诛恢，是为匈奴报仇也。"太后以告上，上曰："首为马邑事者恢，故发天下兵数十万，从其言为此。且纵单于不可得，恢所部击其辎重，犹颇可得以慰士大夫心。今不诛恢，无以谢天下。"于是恢闻，乃自杀。自是匈奴绝和亲，攻当路塞[4]，然尚贪乐[5]关市，嗜汉财物。汉亦关市不绝，以中其意。

己酉三年（公元前 132 年）

春，河徙顿丘[6]。夏，决濮阳春，河水徙，从顿丘东南流。夏，复决濮阳瓠子[7]，注巨野，通淮、泗，泛[8]郡十六。发卒十万塞之，辄复坏。是时，田蚡奉邑[9]食鄃[10]，居河北，河决而南，则鄃无水灾，邑收多。蚡言于上曰："江、河之决，皆天事，未易以人力强塞。"望气[11]者亦以为然。于是久不塞。

庚戌四年（公元前 131 年）

冬，十二月晦，杀魏其侯窦婴初，孝景时，窦婴为大将军，田蚡乃为

1　亭：古代设在边塞观察敌情的岗亭。
2　尉史：汉代官名，边塞郡每百里置尉一人，其佐贰有士史、尉史各二人，任巡逻警戒之职。
3　逗桡：因怯阵而避敌。
4　当路塞：要塞。
5　贪乐：贪恋喜爱。
6　顿丘：古县名，治所位于今河南省濮阳市清丰县西南。
7　瓠子：古地名，亦称瓠子口，位于今河南省濮阳市濮阳县西南。
8　泛：水向四处漫流。
9　奉邑：以收取赋税作为俸禄的封地。奉，通"俸"。
10　鄃：古县名，治所位于今山东省德州市平原县西南。
11　望气：根据云气的色彩、形状和变化来附会人事，预言吉凶的一种占卜法。

诸郎¹。已而蚡日益贵幸²，婴失势，宾客益衰，独颍阴³灌夫不去。婴乃厚遇夫，相为引重⁴。夫刚直使酒，诸有势在己之右⁵者必陵之，数因醉忤⁶蚡。蚡乃奏按⁷夫家属横⁸颍川，得弃市罪。婴上书论救，上令与蚡东朝廷⁹辩之。上问朝臣两人孰是。唯汲黯是婴，韩安国两是之，郑当时是婴，后不敢坚。太后怒，不食，曰："今我在也，而人皆藉¹⁰吾弟。令我百岁后，皆鱼肉之乎？"上不得已，遂族灌夫。使有司按治¹¹婴，得弃市罪。论杀之。

　　春，三月，丞相蚡卒。

　　夏，四月，陨霜杀草¹²。

　　五月，以薛泽为丞相。

　　地震。赦。

辛亥五年（公元前130年）

　　冬，十月，河间王德来朝，献雅乐¹³，对诏策¹⁴。春，正月，还而卒河间献王修学好古，实事求是，以金帛招求四方善书，得书多与汉朝等。时淮南王安亦好书，所招致率多浮辩¹⁵。献王所得，皆古文先秦旧书，《周官》《尚书》《礼》《礼记》《孟子》《毛氏诗》《左氏春秋》之属，采礼乐古事，稍稍增辑

1　诸郎：指郎官。
2　贵幸：位尊且受君王宠信。
3　颍阴：古县名，治所位于今河南省许昌市。
4　引重：标榜，推重。
5　右：古以右为上。
6　忤：违逆，冒犯。
7　奏按：奏请查办。
8　横：横暴，放纵。
9　东朝廷：太后居住的东宫。
10　藉：践踏，凌辱。
11　按治：查办。
12　陨霜杀草：下霜将草冻死，是严重低温的气象特征。而此时为夏季四月，因其奇异而记之。
13　雅乐：帝王朝贺、祭祀天地等大典所用的音乐。
14　诏策：诏书。
15　浮辩：浮夸巧辩。

至五百余篇，被服造次[1]必于儒者，山东诸儒多从之游。是岁十月来朝，献雅乐，对三雍宫[2]及诏策所问三十余事，推道术而言，得事之中，文约指明[3]。天子下太乐官存肄[4]所献雅声，岁时以备数[5]，然不常御[6]。正月，王薨，中尉以闻，曰："王身端行治，温仁[7]恭俭，笃敬爱下，明知深察，惠于鳏寡[8]。"大行令奏："谥法：聪明睿智曰献。谥王曰献王。"

班固曰：昔鲁哀公有言："寡人生于深宫之中，长于妇人之手，未尝知忧，未尝知惧。"信哉，斯言也！虽欲不危亡，不可得也。是故古人以晏安[9]为鸩毒[10]，无德而富贵谓之不幸。汉诸侯王以百数，率多骄淫[11]失道，何则？沉溺放恣[12]之中，居势[13]使然也。"夫唯大雅，卓尔不群[14]。"河间献王近之矣。

司马公曰：景帝之子十有四人，栗太子废，而献王最长。向若遵大义而属重器焉，则帝王之治复还矣。嗟夫！天实不欲礼乐复兴邪？抑斯人之不幸也？

通南夷，置犍为郡[15]。通西夷，置一都尉初，王恢之讨东越也，使番阳令唐蒙风晓[16]南越。南越食蒙以枸酱[17]，问所从来，曰："道西北牂柯江[18]。牂柯江广数里，出番禺城下。"蒙归，问蜀贾人。贾人曰："独蜀出枸酱，多持窃出

1　被服造次：被服，信奉。造次，须臾，片刻。
2　三雍宫：亦称三雍，辟雍、明堂、灵台的合称，是帝王举行祭祀、典礼的场所。
3　文约指明：文辞简约，指向明确。
4　存肄：练习。
5　岁时以备数：每年在一定的时间演奏，以满足相应的需要。
6　御：使用。
7　温仁：温厚仁爱。
8　鳏寡：老弱孤苦者。
9　晏安：安逸享受。
10　鸩毒：毒酒。
11　骄淫：骄纵放荡。
12　放恣：放纵。
13　居势：所处的情势。
14　卓尔不群：超乎寻常，与众不同。卓尔，特出的样子。不群，与众不同。
15　犍为郡：古郡名，又作楗为郡，辖今四川省简阳、彭山等县以南，云南省东部、广西壮族自治区西北部及贵州省大部。
16　风晓：示意，委婉含蓄地告知。
17　枸酱：蒌叶的果实做的酱，有辣味，可食用。
18　牂柯江：又作北盘江，主要指北盘江上游一带，得名于牂柯国，位于今贵州省六盘水市境内。

市夜郎[1]。"夜郎临牂柯江，江广百余步，南越以财物役属之，然亦不能臣使[2]也。蒙乃上书曰："南越王名为外臣，实一州主也。今以长沙、豫章往，水道多绝。窃闻夜郎精兵可十余万，浮船牂柯，出其不意，此制越一奇也。请通夜郎道，为置吏。"上乃拜蒙为中郎将，将千人，从筰关[3]入，见夜郎侯多同，厚赐之。喻以威德，约为置吏。多同等贪汉缯帛，以为道险，汉终不能有，乃且听约。蒙还报，上以为犍为郡。发卒治道数万人，卒多物故[4]，有逃亡者，用军兴法[5]诛之，巴、蜀民大惊恐。上使司马相如责蒙等，因谕告巴、蜀民以非上意。相如还报。时邛筰[6]君长闻南夷得赏赐多，欲请吏。上问相如，相如曰："邛筰、冉駹[7]近蜀，易通，为置郡县，愈于南夷。"上乃拜相如为中郎将，建节[8]往使，因巴、蜀吏币物[9]以赂。西夷皆请为内臣。除边关，关益斥[10]，西至沫、若水[11]，南至牂柯为徼[12]，通零关道[13]，桥孙水[14]以通邛都[15]，为置一都尉，十余县，属蜀。上大悦。

发卒治雁门阻险[16]。

秋，七月，大风拔木。

1　夜郎：古国名，西南地区少数民族建立，约位于今贵州省六盘水市境内。
2　臣使：以臣使之，统治。
3　筰关：古关隘名，位于今四川省泸州市合江县境内。
4　物故：死亡。
5　军兴法：战时的法令制度。
6　邛筰：汉时西南夷邛都、筰都两名的并称，约位于今四川省西昌、汉源一带。后泛指西南边远地区少数民族。
7　冉駹：汉代西南的两个少数民族，亦指其国名。冉，亦作"冄"。
8　建节：执持符节。古代使臣受命，必建节以为凭信。
9　币物：财币货物。
10　斥：扩展。
11　沫、若水：沫，古水名，即今四川省大渡河。若水，古水名，即今四川省雅砻江。
12　徼：边界，边境。
13　零关道：古道路名，自今四川省大渡河南，沿安宁河通向西昌谷地，是沟通四川与云南的重要交通线。
14　桥孙水：在孙水上架桥。孙水，即今四川省凉山彝族自治州西昌市西南的安宁河。
15　邛都：古国名，位于今四川省西昌市东南。
16　阻险：险阻。

皇后陈氏废后以祠祭厌胜媚道[1]，事觉，册收玺绶，退居长门官，供奉如法。窦太主[2]惭惧，稽颡[3]谢，上慰喻[4]之。初，上尝置酒主家，主见所幸卖珠儿[5]董偃，上使之侍饮。常从游戏驰逐，观鸡鞠[6]、角狗马，上大欢乐之。因为主置酒宣室[7]，使谒者引内偃。中郎[8]东方朔辟戟[9]而前曰："董偃有斩罪三，安得入乎？"上曰："何也？"朔曰："偃以人臣私侍公主，一也。败男女之化，乱婚姻之礼，伤王制，二也。陛下富于春秋，方积思于六经，而偃以靡丽奢侈，极耳目之欲，乃国家之大贼，人主之大蜮[10]，三也。"上默然良久，曰："吾业已设饮，后而自改。"朔曰："不可。夫宣室者，先帝之正处也，非法度之政不得入焉。淫乱之渐，其变为篡[11]。"上曰："善。"诏更置酒北宫[12]，引偃从东司马门入。赐朔黄金三十斤。偃宠由是日衰。然是后公主、贵人多逾礼制矣。

诏太中大夫张汤、中大夫赵禹定律令上使张汤、赵禹共定律令，务在深文[13]。拘守职之吏，作《见知法》，吏传相监司[14]。用法益刻[15]自此始。

八月，螟[16]。

1　祠祭厌胜媚道：祠祭，祭祀。厌胜，即厌而胜之，用法术诅咒或祈祷以达到制服所厌恶的人、物或魔怪的目的，通常厌胜物有雕刻的桃版、桃人，厌胜钱刀剑，门神等等。媚道，一种巫术，利用超自然的神秘力量来获取爱情。在汉代，媚道轻则对着人背后吐唾沫、口头诅咒，残酷者甚至斩断婴儿四肢来施展邪术，更有建立神祠向邪神献祭的。
2　窦太主：即武帝的姑母馆陶公主，陈皇后的母亲。
3　稽颡：古代的一种礼节，屈膝下跪，双手朝前，以额触地，表示极度的虔诚。后世称为五体投地。
4　慰喻：解释宽慰，宽慰晓谕。
5　卖珠儿：卖珠子的小子。董偃和母亲曾以卖珠为生。
6　鸡鞠：指斗鸡和蹴球。
7　宣室：汉代未央宫中的宣室殿。
8　中郎：古官名，郎官的一种，即省中之郎，位高于侍郎、郎中，给事禁中，宿卫宫禁，出充车骑，常侍皇帝左右，拾遗补缺，参议政事，在郎官中与皇帝最亲近。
9　辟戟：放下长戟。此时东方朔正持戟在殿阶下守卫。
10　蜮：传说中躲在水里能暗中含沙射人的动物，也比喻暗中害人的阴险分子。
11　淫乱之渐，其变为篡：淫乱的苗头发展下去，就会变成篡夺君位。
12　北宫：古宫殿名，因位于未央宫之北而得名。
13　深文：制定的法律条文苛细严峻。
14　拘守职之吏，作《见知法》，吏传相监司：严格控制在职官吏，制定了官员知人犯罪而不举报就要判刑的《见知法》，使官吏互相监视、互相侦察。
15　刻：刻薄。
16　螟：螟虫，主要生活在稻茎中，吃其髓部，危害很大。此处指发生螟虫的灾害。

以公孙弘为博士是岁，征吏、民有明当世之务、习先圣之术者，县次续食，令与计偕[1]。菑川[2]人公孙弘对策曰："臣闻尧、舜之时，不贵爵赏而民劝善，不重刑罚而民不犯，躬率以正而遇民信也[3]。是故因能任官，则分职治；去无用之言，则事情得；不作无用之器，则赋敛省。不夺民时，不妨民力，则百姓富。有德者进，无德者退，则朝廷尊；有功者上，无功者下，则群臣逡[4]。罚当罪，则奸邪止；赏当贤，则臣下劝。凡此八者，治之本也。故民者，业[5]之则不争，理得则不怨，有礼则不暴，爱之则亲上，此有天下之急者也。礼义者，民之所服也。而赏罚顺之，则民不犯禁矣。气同则从，声比[6]则应。令人主和德于上，百姓和合于下，故心和则气和，气和则形和，形和则声和，声和则天地之和应矣。故阴阳和，风雨时，五谷登，六畜蕃，山不童[7]，泽不涸，此和之至也。臣闻仁者，爱也；义者，宜也；礼者，所履也；智者，术之原也。四者，治之本也。得其要，则天下安乐；不得其术，则主蔽于上，官乱于下。此事之情也。"策奏，天子擢为第一，拜博士，待诏金马门[8]。齐人辕固，年九十余，亦以贤良征。弘仄目[9]事固，固曰："公孙子，务正学以言，无曲学以阿世。"诸儒多疾毁[10]固，遂以老罢归。时凿山通西南夷，道千余里，戍转[11]相饷，数岁不通。士罢饿暑湿，死者甚众。夷又数反，发兵兴击，费以钜万计而无功。诏使弘视焉。还奏，盛毁西南夷无所用，上不听。弘每朝会议，开陈其端，使人主自择，不肯面折廷争。于是上大悦之。尝与汲黯请间，黯先发之，弘推其后。天子常悦，所言皆听。弘尝与公卿约议，至上前，皆倍其约以顺上

1　县次续食，令与计偕：命令应征者与各地进京的上计吏同行，由沿途各县供应饭食。
2　菑川：即菑川国，辖今山东省青州市东北部及昌乐县、寿光市西部地。
3　躬率以正而遇民信也：亲自为臣民做出了正直的表率，而且对待百姓很讲信用。
4　逡：退让。
5　业：使乐业。
6　声比：音调相谐。
7　童：秃。
8　金马门：汉代宫门名，学士待诏之处。
9　仄目：斜着眼看，多表示畏惧、忌恨等情绪。
10　疾毁：嫉妒毁谤。
11　戍转：军事运输。

旨。汲黯廷诘[1]弘多诈不忠,弘谢曰:"知臣者,以臣为忠;不知臣者,以臣为不忠。"上益厚遇之。

壬子**六年**(公元前 129 年)

冬,初算商车[2]。

春,穿渭渠大司农[3]郑当时言:"穿渭为渠,下至河,漕关东粟径易[4],又可以溉渠下民田万余顷。"至是,发卒数万人穿之,三岁而通,人以为便。

匈奴寇上谷。遣车骑将军卫青等将兵击却之匈奴寇上谷,遣卫青等四将军击之。李广军败,为胡所得,络盛[5]置两马间。广佯死,暂腾[6]而上胡儿[7]马,夺其弓,鞭马南驰,遂得归。下吏当死,赎为庶人。两将军亦无功,唯青得首虏多,赐爵关内侯。青虽出于奴虏[8],然善骑射,材力绝人[9]。遇士大夫以礼,与士卒有恩,众乐为用,有将帅材,故每出辄有功。

夏,大旱,蝗。

癸丑**元朔元年**(公元前 128 年)

冬,定二千石不举孝廉罪法诏曰:"朕深诏执事[10],兴廉举孝,庶几成风,绍休圣绪[11]。夫十室之邑,必有忠信;三人并行,厥有我师。今或至阖[12]郡

1　廷诘:在朝廷上诘问。
2　初算商车:开始对商人的车辆征税。
3　大司农:古官名,掌管全国租赋收入和国家财政开支,凡百官俸禄、军费、各级政府机构经费等由其支付,管理各地仓储、水利,官府农业、手工业、商业的经营,调运货物,管制物价等。
4　漕关东粟径易:从水路运输函谷关以东的粮食,路线直而且方便。
5　络盛:用绳子结成的网袋兜住。络,用网状物兜住。
6　暂腾:突然纵身跃起。
7　胡儿:胡人,用为蔑称。
8　奴虏:俘虏,奴隶。
9　绝人:过人。
10　深诏执事:殷切告诫负责的官吏。
11　绍休圣绪:继承祖先圣哲的美好事业。绍,继承。
12　阖:全,总。

而不荐一人，是化不下究，而积行之君子壅于上闻也[1]。且进贤受上赏，蔽贤蒙显戮[2]，古之道也。其议二千石不举者罪。"有司奏："不举孝，不奉诏，当以不敬论；不察廉，不胜任也，当免。"奏可。

皇子据生。

春，三月，立夫人卫氏为皇后。

赦。

秋，匈奴入寇，以李广为右北平太守匈奴号广曰"汉之飞将军"，避之，数岁不敢入右北平。

东夷秽君降，置苍海郡[3]东夷秽君南闾等二十八万人降，为苍海郡。人徒之费，拟于南夷。燕、齐之间，靡然[4]骚动。

以主父偃、严安、徐乐为郎中临菑人主父偃始游齐、燕、赵，皆莫能厚遇，诸生相与排摈[5]不容，假贷[6]无所得。乃西入关，上书阙下。朝奏，暮召入。所言九事，其八事为律令，一事谏伐匈奴。其辞曰："《司马法》曰：'国虽大，好战必亡；天下虽平，忘战必危。'夫怒者，逆德[7]也；兵者，凶器也；争者，末节也。夫务战胜、穷武事者，未有不悔者也。昔秦吞战国，务胜不休，使蒙恬将兵攻胡，辟地千里，地皆沮泽咸卤[8]，不生五谷。乃使天下蜚刍挽粟[9]，起于负海，转输北河，率三十钟而致一石[10]。男子疾耕，不足于粮饷；女子

1　是化不下究，而积行之君子壅于上闻也：这说明教化不能贯彻下去，那些积累了善行的贤人君子进取之路就会被阻塞，使天子无法得知。积行，累积善行。
2　显戮：明正典刑，陈尸示众。
3　苍海郡：古郡名，治所位于今朝鲜江原道境内。
4　靡然：草木顺风而倒貌，比喻望风响应，闻风而动。
5　排摈：排斥摒弃。
6　假贷：借贷。
7　逆德：有背慈善仁爱之事。
8　沮泽咸卤：沮泽，水草丛生的沼泽地带。咸卤，盐碱地。
9　蜚刍挽粟：迅速运输粮草。蜚，通"飞"。
10　起于负海，转输北河，率三十钟而致一石：从沿海郡县开始，运输到北河，大约起运时三十钟粮食，运到目的地仅存一石。钟、石，均为古代计量单位，一钟受六十四斗，一石受十斗。

纺绩[1]，不足于帷幕。百姓靡敝[2]，不能相养，盖天下始叛秦也。夫匈奴难得[3]而制，非一世也。行盗侵驱，所以为业，天性固然。虞、夏、殷、周，固弗程督，禽兽畜之，不属为人[4]。今上不观虞、夏、殷、周之统，而下循近世之失，此臣之所大忧，百姓之所疾苦也。"偃同郡严安亦上书曰："今人用财侈靡，车马、衣裘、宫室、声色、滋味皆竞修饰，以观欲于天下[5]。侈而无节，则不可赡[6]，民离本而徼末[7]。末不可徒得，故缙绅[8]者不惮为诈，带剑者夸杀人以矫夺[9]，而世不知愧，是以逐利无已，犯法者众。臣愿为民制度[10]，以防其淫。使贫富不相耀，以和其心。心志定，则盗贼消，刑罚少，阴阳和，万物蕃也。昔秦王意广心逸，欲威海外，北攻胡，南攻越。宿兵于无用之地十有余年，丁男被甲，丁女转输，苦不聊生，自经于道树者相望[11]。及秦皇帝崩，天下大畔，灭世绝祀，穷兵之祸也。故周失之弱，秦失之强，不变之患也。今徇南夷，朝夜郎，降羌僰[12]，略秽[13]州，建城邑，深入匈奴，燔其龙城[14]，议者美之，此人臣之利，非天下之长策也。"无终徐乐上书曰："臣闻天下之患，在于土崩，不在瓦解。陈涉起穷巷，奋棘矜[15]，偏袒[16]大呼，天下从风[17]，此其故何也？由民困而主不恤，下怨

---

1 纺绩：把丝麻等纤维纺成纱或线。纺指纺丝，绩指缉麻。
2 靡敝：残破，凋敝。
3 难得：不容易。
4 固弗程督，禽兽畜之，不属为人：本来就不对匈奴征收贡赋、实施监督，只当把他们视为禽兽，不应该当作人来看待。
5 观欲于天下：用来向天下人显示自己的欲望。
6 赡：富足。
7 离本而徼末：指脱离农桑本业而去从事工商末业。
8 缙绅：插笏（古代朝会时官宦所执的手板，有事就写在上面，以备遗忘）于带，旧时官宦的装束。亦借指士大夫。
9 矫夺：强行夺取。
10 制度：制定法规。
11 自经于道树者相望：在路边树上上吊自杀，死者一个接一个。
12 羌僰：古代西南地区少数民族名。
13 秽：东夷国名，主要分布在今天辽东、吉长地区和朝鲜半岛。
14 龙城：古地名，匈奴祭天、大会诸部处，位于今蒙古国鄂尔浑河西侧的和硕柴达木湖附近。
15 棘矜：戟的软柄，也代指戟。棘，通"戟"。矜，软柄。
16 偏袒：解衣裸露一臂。
17 从风：比喻迅即附和或响应。

而上不知，俗已乱而政不修。此三者，涉之所以为资也，此之谓土崩。吴、楚七国，号皆万乘，威足以严其境内，财足以劝其士民。然不能西攘尺寸之地，而身为擒者，此其故何也？当是之时，先帝之德未衰而安土乐俗之民众，故诸侯无境外之助，此之谓瓦解。此二体者，安危之明要[1]，贤主之所宜留意而深察也。间者，关东谷数不登，年岁未复，民多穷困，重之以边境之事，推数[2]循理而观之，民宜有不安其处者矣。不安，故易动。易动者，土崩之势也。故贤主独观万化之原，明于安危之机，修之庙堂之上，而销未形之患，其要期于使天下无土崩之势而已矣。"书奏，召见，谓曰："公等皆安在，何相见之晚也？"皆拜为郎中。偃尤亲幸，一岁中凡四迁，为中大夫。大臣畏其口，赂遗累千金。或谓偃曰："太横矣。"偃曰："吾生不五鼎食[3]，死即五鼎烹[4]耳！"

甲寅二年（公元前 127 年）

　　冬，赐淮南王安几杖，毋朝。

　　春，正月，诏诸侯王得分国邑[5]，封子弟为列侯主父偃说上曰："古者诸侯不过百里，强弱之形易制。今诸侯或连城数十，地方千里，缓则骄奢，易为淫乱，急则阻其强而合从以逆京师。以法割削之，则逆节萌起[6]。然诸侯子弟或十数，而嫡嗣代立，余无尺地之封，则仁孝之道不宣。愿陛下令诸侯得推恩分子弟，以地侯之，彼人人喜得所愿。上以德施，实分其国，不削而稍弱矣。"上从之。于是藩国始分，而子弟毕侯矣。

1　明要：明显的关键。
2　推数：推度情理或推算运数。
3　五鼎食：古代行祭礼时，大夫用五个鼎，分别盛羊、豕、肤（切肉）、鱼、腊五种供品。形容高官贵族的豪奢生活。
4　五鼎烹：古代的一种酷刑，用鼎镬烹煮罪人。
5　国邑：指汉代诸侯的封地。
6　逆节萌起：逆节，叛逆的念头或行为。萌起，开始，发生。

匈奴入寇。遣卫青等将兵击走之，遂取河南地¹，立朔方郡²，募民徙之匈奴入上谷、渔阳，遣卫青、李息击走之，遂取河南地。诏封青为长平侯。主父偃言："河南地肥饶，外阻河，城之以逐匈奴，省转戍³，广中国，灭胡之本也。"公卿皆言不便。上竟用偃计，立朔方郡，募民徙者十万口，筑城缮塞，因河为固。转漕甚远，自山东咸被其劳，费数十百钜万，府库并虚。

三月晦，日食。

徙郡国豪杰于茂陵主父偃说上曰："天下豪杰并兼乱众之民，皆可徙茂陵。内实京师，外销奸猾⁴，此所谓不诛而害除。"上从之。轵人郭解，关东大侠也，亦在徙中。卫青为言："郭解家贫，不中徙⁵。"上曰："解，布衣，权至使将军为言，此其家不贫。"卒徙解家。解平生睚眦⁶杀人甚众，上闻之，下吏捕治，所杀皆在赦前。轵有儒生侍使者坐，客誉郭解。生曰："解专以奸犯公法，何谓贤？"解客闻，杀此生，断其舌。吏以此责解，解实不知。吏奏解无罪，公孙弘议曰："解，布衣，为任侠行权⁷，以睚眦杀人，解虽弗知，此罪甚于解杀之，当大逆无道。"遂族郭解。

班固曰：古者天子建国，诸侯立家，自卿大夫以至于庶人，各有等差，是以民服事其上而下无觊觎⁸。周室既微，礼乐征伐自诸侯出。桓、文之后，大夫世权⁹，陪臣¹⁰执命。陵夷¹¹至于战国，合从连衡，由是列国公子，魏有信陵，赵

---

1 河南地：河套以南之地，但并不等于今天的河套平原，因为古时黄河干流走今乌加河，非今日之河道。
2 朔方郡：古郡名，辖今内蒙古自治区河套西北部及后套地区。
3 转戍：转运及戍守。
4 奸猾：诡计多端，奸诈狡猾。
5 不中徙：不合迁徙的标准。
6 睚眦：瞪眼看人。
7 任侠行权：任侠，凭借权威、勇力或财力等手段扶助弱小，帮助他人。行权，改变常规，权宜行事。
8 觊觎：非分的希望或企图。觊，希望，企图。
9 世权：世代继承的权势。
10 陪臣：古代天子以诸侯为臣，诸侯以大夫为臣，大夫又自有家臣。因此大夫对于天子，大夫之家臣对于诸侯，都是隔了一层的臣，即所谓重臣，也称为陪臣。
11 陵夷：衰微，衰败。

有平原，齐有孟尝，楚有春申，皆藉王公之势，竞为游侠，鸡鸣狗盗，无不宾礼[1]。虞卿弃国捐君，以周穷交魏齐之厄[2]；信陵窃符矫将，以赴平原之急。皆以取重诸侯，显名天下，搤腕[3]而游谈者，以四豪为称首。于是背公死党之议成，守职奉上之义废矣。及至汉兴，禁网疏阔[4]，未之匡改[5]也。故陈豨车千乘，而吴濞、淮南皆招宾客，外戚大臣魏其、武安之属，竞逐于京师。布衣游侠剧孟、郭解之徒，驰骛于闾阎，权行州域，力折公侯，众庶荣其名迹[6]，觊而慕之。虽陷于刑辟[7]，自与杀身成名，死而不悔。曾子曰："上失其道，民散久矣。"非明王在上，示之以好恶，齐之以礼法，民曷由知禁而反正乎？五伯，三王之罪人也；而六国，五伯之罪人也；夫四豪者，又六国之罪人也。况于郭解之伦，以匹夫之细，窃生杀之权，其罪已不容于诛矣。观其温良泛爱，振穷周急[8]，谦退不伐[9]，亦皆有绝异[10]之姿。惜乎，不入于道德，苟放纵于末流[11]，杀身亡宗，非不幸也。

荀悦曰：世有三游，德之贼也。立气势，作威福，结私交以立强于世者，谓之游侠；饰辩辞，设诈谋，驰逐于天下以要时势者，谓之游说；色取仁以合时好[12]，连党类、立虚誉以为权利者，谓之游行。此三者，伤道害德，败法惑世，乱之所由生也。国有四民[13]，各修其业。不由四民之业者，谓之奸民。奸民

1　宾礼：以上宾之礼相待。
2　弃国捐君，以周穷交魏齐之厄：不惜离开自己的国家和君主，以解救自己的患难之交魏齐于危难之中。
3　搤腕：握住手腕，表示激动、振奋、悲愤、惋惜等的动作。
4　禁网疏阔：法网不严密。
5　匡改：纠正，改正。
6　名迹：名声与事迹。
7　刑辟：刑法，刑律。
8　温良泛爱，振穷周急：温良，温和善良。泛爱，博爱。振穷，救助穷困的人。周急，周济困急。
9　不伐：不自夸。
10　绝异：独特不凡。
11　末流：颓风弊俗。
12　色取仁以合时好：表面上装出仁义的样子，以迎合世俗的喜好。
13　四民：旧称士、农、工、商。

不生，王道乃成。凡此三游，生于季世[1]，制度不立，纲纪弛废，以毁誉为荣辱，以喜怒为赏罚。是以奔走驰骋，越职僭度[2]，饰华废实，竞趋时利。简[3]父兄之尊而崇宾客之礼，薄骨肉之恩而笃[4]朋友之爱，忘修身之道而求众人之誉，割衣食之业以供飨宴[5]之好，苞苴[6]盈于门庭，聘问交于道路，书记[7]繁于公文，私务众于官事，于是流俗成而正道坏矣。是以圣王在上，经国序民[8]，正其制度。善恶要[9]于功罪，而不淫[10]于毁誉。听其言而责其事，举其名而指其实。故虚伪之行不得设，诬罔[11]之辞不得行，有罪恶者无侥幸，无罪过者不忧惧[12]，请谒无所行，货赂无所用，养之以仁惠[13]，文之以礼乐，则风俗定而大化成矣。

燕王定国、齐王次昌皆有罪，自杀，国除。诛齐相主父偃，夷其族 燕王定国与父姬奸，夺弟妻，杀肥如[14]令郢人。郢人家告之，主父偃从中发其事。公卿请诛之，定国自杀，国除。齐厉王次昌亦与姊通[15]，偃尝欲纳女于齐王，不许。因言于上曰："临菑殷富，非亲爱子弟不得王。今齐王属疏[16]，又与姊乱，请治之。"于是拜偃为齐相。至齐，急治王后宫宦者，辞及王。王惧，自杀。上闻大怒，以为偃劫其王，令自杀，乃征下吏。偃辞不服，上欲勿诛，弘曰："齐王自杀，国除，偃本首恶，不诛之无以谢天下。"乃族诛之。

以孔臧为太常 上欲以孔臧为御史大夫，辞曰："臣世以经学为业，乞为

1　季世：末代，衰败时期。
2　僭度：逾越法度。
3　简：怠慢。
4　笃：厚。
5　飨宴：宴饮。
6　苞苴：原指包裹鱼肉的蒲包，后转指赠送的礼物，再引申为贿赂。苞，通"包"。
7　书记：书写，记载。
8　经国序民：治理国家，规范百姓。
9　要：审查，核实。
10　淫：过度。
11　诬罔：诬陷毁谤。
12　忧惧：忧虑害怕。
13　仁惠：仁慈惠爱。
14　肥如：古县名，治所位于今河北省秦皇岛市卢龙县北。
15　通：通奸。
16　属疏：宗族关系疏远。

太常，典臣家业，与从弟、侍中安国纲纪[1]古训，使永垂来嗣[2]。"上乃以为太常，其礼赐[3]如三公。

乙卯三年（公元前126年）

冬，匈奴军臣单于死，弟伊稚斜单于立。

以公孙弘为御史大夫。春，**罢苍海郡**时通西南夷，东置苍海，北筑朔方之郡。公孙弘数谏，以为罢敝中国，以奉无用之地，愿罢之。天子使朱买臣等难[4]以置朔方之便，发十策，弘不得一。乃谢曰："山东鄙人，不知其便若是，愿罢西南夷、苍海而专奉朔方。"上乃许之。弘为布被，食不重肉[5]。汲黯曰："弘位三公，奉禄[6]甚多，为此，诈也。"上问弘，弘谢曰："有之。夫九卿与臣善者无过黯，然今日廷诘臣，诚中臣之病。臣诚饰诈，欲以钓名。且无黯忠，陛下安得闻此言？"上以为谦让，愈益厚之。

赦。

以张骞为太中大夫初，匈奴降者言："月氏故居敦煌、祁连[7]间，为强国。匈奴攻破之，杀月氏王，以其头为饮器。余众逃遁远去，怨匈奴，无与共击之。"上募能通使月氏者。张骞以郎应募，出陇西，径[8]匈奴中。单于得之，留十余岁。骞得间西走数十日，至大宛。大宛为发导译[9]，抵康居[10]，传致大月氏。大月氏太子为王，既击大夏[11]，分其地而居之，地肥饶，少寇，殊无报胡之心。

---

1 纲纪：治理，管理。
2 来嗣：后世，后代。
3 礼赐：礼遇和赏赐。
4 难：诘问，责难。
5 弘为布被，食不重肉：公孙弘盖的是简陋的布被，一餐不吃两种以上的肉类。
6 奉禄：俸禄，官吏的薪水。奉，通"俸"。
7 敦煌、祁连：敦煌，古郡名，辖今甘肃省疏勒河以西及玉门关以东地区。祁连，祁连山，指今甘肃省西部和青海省东北部边境山地。
8 径：取道，经过。
9 导译：向导兼翻译。
10 康居：古西域国名，位于今哈萨克斯坦东南部巴尔喀什湖和哈萨克斯坦和乌兹别克斯坦交界处的咸海之间。
11 大夏：中亚和南亚次大陆西北部的古国名，国都位于今阿富汗斯坦巴尔赫附近。

骞留岁余，乃还。复为匈奴所得。会匈奴乱，骞乃逃归。初行时百余人，去十三岁，唯二人得还。

匈奴入代郡、雁门。

夏，六月，皇太后崩。

秋，罢西夷[1]。

以张汤为廷尉汤为人多诈，舞智[2]以御人。时上方向文学，汤伴浮慕[3]，事董仲舒、公孙弘等，以倪宽为奏谳掾[4]，以古法义决疑狱[5]。所治即上意所欲罪，与监史[6]深祸[7]者；即上意所欲释，与监史轻平[8]者。上由是悦之。汤于故人子弟调护[9]之尤厚，其造请[10]诸公，不避寒暑，是以得声誉。汲黯数质责[11]汤于上前，曰："公为正卿，上不能褒先帝之功业，下不能抑天下之邪心，安国富民，使囹圄空虚，何空取高皇帝约束纷更之为[12]？而公以此无种[13]矣。"黯时与汤论议，汤辩常在文深小苛[14]，黯伉厉守高[15]，不能屈[16]，忿发[17]，骂曰："天下谓刀笔吏不可以为公卿，果然。必汤也，令天下重足而立[18]，侧目而视[19]矣！"

1　罢西夷：废止了在西夷地区的建置。
2　舞智：玩弄智巧，耍小聪明。
3　浮慕：表面上仰慕。
4　奏谳掾：古官名，廷尉的属吏，掌刑狱案牍上奏事。
5　疑狱：案情不明、证据不充分、一时难于判决的案件。
6　监史：廷尉的属官监与掾史。
7　深祸：执法严厉。
8　轻平：宽缓平允。
9　调护：调教辅佐。
10　造请：登门晋见。
11　质责：质问责备。
12　何空取高皇帝约束纷更之为：为什么只知道把高皇帝所定的律令胡乱变更呢。
13　无种：绝后。
14　文深小苛：文深，援引法律苛刻严峻。小苛，细小繁密的事情。
15　伉厉守高：伉厉，刚直严厉。守高，坚守大的原则。
16　不能屈：无法驳倒张汤。
17　忿发：发怒，愤慨。
18　重足而立：叠足而立，不敢迈步。形容恐惧。
19　侧目而视：斜着眼睛看人。形容憎恨或又怕又愤恨。侧，斜着。

丙辰**四年**（公元前 125 年）

夏，匈奴入代郡、定襄[1]、上郡。

丁巳**五年**（公元前 124 年）

冬，十一月，丞相泽免。以公孙弘为丞相，封平津侯丞相封侯自弘始。时上方兴功业，弘于是开东阁[2]以延贤人，与参谋议。尝奏言："十贼彍弩，百吏不敢前[3]。请禁民毋得挟弓弩，便。"上下其议。侍中吾丘寿王对曰："臣闻古者作五兵[4]，非以相害，以禁暴讨邪也。安居则以制猛兽而备非常，有事则以设守卫而施行阵[5]。秦兼天下，销甲兵，折锋刃，其后民以耰锄、棰梃[6]相挞击[7]，犯法滋众，卒以乱亡。故圣王务教化而省禁防，知其不足恃也。且愚闻圣王合射[8]以明教矣，未闻弓矢之为禁也。且所谓禁者，为盗贼之以攻夺也。攻夺之罪死。然而不止者，大奸之于重诛，固不避也。臣恐邪人挟之而吏不能止，良民以自备而抵法禁[9]，是擅[10]贼威而夺民救也。窃以为大不便。"上以难弘，弘诎服[11]焉。弘外宽内深[12]，诸尝有隙，无近远，虽佯与善，后竟报之。汲黯尝面触[13]弘，弘欲诛之以事，乃言上曰："右内史界部中[14]多贵人宗室，难治，非素重臣不能任，请徙黯为右内史。"上从之。

1　定襄：古郡名，辖今内蒙古和林格尔、清水河、卓资、察哈尔右翼中旗等地。
2　东阁：东向的小门。
3　十贼彍弩，百吏不敢前：十个强盗拉满了弓，能使上百名官吏不敢向前。彍弩，张弓将射。
4　五兵：泛指各种兵器。
5　行阵：军队行列。
6　棰梃：棍棒。
7　挞击：鞭打。
8　合射：聚集在一起举行射礼。
9　法禁：刑法和禁令。
10　擅：助长。
11　诎服：屈服。
12　外宽内深：外貌宽厚而实则城府很深。
13　面触：当面指责。
14　右内史界部中：右内史管辖的区域。内史，古官名，掌治理京师，汉景帝时分置左、右内史。

春，大旱。

匈奴寇朔方。遣卫青率六将军击之。还，以青为大将军匈奴右贤王数侵扰朔方。天子令车骑将军青将三万骑出高阙，将军苏建、李沮、公孙贺、李蔡俱出朔方，李息、张次公俱出右北平，凡十余万人，皆领属[1]青击匈奴。右贤王饮醉，青等夜至，围之。右贤王惊，溃围北去。得裨王[2]十余人，众万五千余人，畜数十百万，于是引兵还。天子使使者持大将军印即军中拜青为大将军，诸将皆属。益封八千七百户，封青三子、诸将校尉七人为列侯。青尊宠，于群臣无二，公卿以下皆卑奉[3]之，独汲黯与亢礼[4]。人或说黯曰："自天子欲群臣下大将军，大将军尊重[5]，君不可以不拜。"黯曰："夫以大将军有揖客[6]，反不重邪？"青闻，愈贤黯，数请问国家朝廷所疑，遇黯加于平日。青虽贵，有时侍中，上踞厕[7]而视之。丞相弘燕见[8]，上或时不冠。至如汲黯见，上不冠不见也。上尝坐武帐[9]中，黯前奏事，上不冠，望见黯，避帐中，使人可其奏。其见敬礼[10]如此。

夏，六月，为博士置弟子五十人诏曰："盖闻导民以礼，风之以乐。今礼坏乐崩，朕甚闵[11]焉。其令礼官劝学兴礼，以为天下先。"于是丞相弘等奏请为博士官置弟子五十人，复其身[12]，第[13]其高下，以补郎中、文学掌故[14]。即有秀才异等，辄以名闻[15]。其不事学若下材，辄罢之。又，使通一艺以上者，请皆选择

1　领属：隶属。
2　裨王：匈奴的小王。
3　卑奉：卑身奉承。
4　亢礼：以对等的礼节相待。
5　尊重：尊贵，显要。
6　揖客：长揖不拜之客。
7　踞厕：坐在厕所里。一说坐于床侧。
8　燕见：古代帝王退朝闲居时召见或接见臣子。
9　武帐：置有兵器的帷帐。
10　敬礼：尊敬并以礼相待。
11　闵：忧虑。
12　复其身：免除他自己的赋税、徭役。
13　第：评定。
14　文学掌故：古官名，掌典章故事，备咨询。
15　有秀才异等，辄以名闻：如有异常优秀者，就提名推荐。

以补右职[1]。上从之。自此公卿、大夫、士、吏彬彬[2]，多文学之士矣。

秋，匈奴入代。

削淮南二县，赐衡山王赐书不朝初，淮南王安好读书属文[3]，喜立名誉。招致宾客、方术之士数千人，多江淮间轻薄士，常以厉王迁死感激安。安乃治战具，积金钱。郎中雷被愿奋击[4]匈奴，安斥免[5]之。是岁，被亡之长安，上书自明。事下廷尉治，踪迹[6]连安。上遣使即讯[7]。太子迁欲使人刺杀汉使，不果。公卿奏安格[8]明诏，当弃市。诏削二县。安耻之，为反谋益甚。安与衡山王赐相责望[9]，礼节间不相能[10]。赐闻安有反谋，恐为所并，亦结宾客为反具[11]，使陈喜、枚赫作辒车锻矢[12]，刻天子玺、将相军吏印。当入朝，过淮南，为昆弟语，除前隙，约束反具。上书谢病，上赐书不朝。

戊午六年（公元前123年）

春，二月，遣卫青率六将军击匈奴大将军青出定襄，公孙敖、公孙贺、赵信、苏建、李广、李沮咸属，斩首数千级而还。

赦。

夏，四月，卫青复率六将军击匈奴，前将军[13]赵信败，降匈奴青复将六将军出定襄，击匈奴，斩首、虏万余人。右将军建、前将军信并军，逢单于兵，与战一日余，汉兵且尽。信将其余骑降匈奴。建尽亡其军，脱身亡，自归。

1　右职：重要的职位。
2　彬彬：文雅的样子。
3　属文：连缀字句成文，即撰写文章。
4　奋击：奋力攻击，奋力搏击。
5　斥免：废免。
6　踪迹：行踪。
7　即讯：到淮南王处询问有关情况。
8　格：抗拒。
9　责望：责怪抱怨。
10　能：友好，和睦。
11　反具：叛乱所用的物品。
12　辒车锻矢：辒车，古代有望楼的战车。锻矢，利箭。
13　前将军：古武官名，位在大将军、骠骑将军之下。

议郎[1]周霸曰：“自大将军出，未尝斩裨将。今建弃军，可斩以明威。”青曰：“青幸得以肺腑[2]待罪行间[3]，不患无威。职虽当斩将，然以臣之尊宠而不敢自擅诛于境外，于以见为人臣不敢专权，不亦可乎？”遂囚建诣行在所[4]。诏赎[5]为庶人。青姊子霍去病，年十八，善骑射，为票姚校尉[6]，与轻勇骑八百，直弃大军数百里赴利，斩捕首虏过当[7]。于是封为冠军侯。校尉张骞以知水草处，军得不乏，封博望侯。信教单于益北绝幕[8]以诱罢[9]汉兵，徼极[10]而取之，毋近塞。单于从之。

六月，诏民得买爵赎罪，置武功爵[11]是时，汉比岁[12]击胡，斩捕首虏之士受赐黄金二十余万斤，而汉军士、马死者十余万，兵甲、转漕之费不与焉。于是大司农经用[13]竭，不足以奉战士。乃诏令民得买爵赎罪，置赏官，名曰武功爵。级十七万。买爵至千夫[14]者，得先除为吏[15]。吏道[16]杂而多端，官职耗废[17]矣。

己未元狩元年（公元前122年）

冬，十月，祠五畤，获一角兽以燎[18]，始以天瑞[19]纪元行幸雍，祠五畤，

1　议郎：古官名，级别与中郎相同，高于侍郎、郎中，不入直宿卫，职掌顾问应对，参与议政，为皇帝近臣。
2　肺腑：比喻帝王的宗室近亲。
3　行间：行伍之间，指军中。
4　行在所：天子所在的地方。
5　赎：用财物脱罪或抵免过失。
6　票姚校尉：古官名，位仅低于将军，掌领兵征伐或驻守。票姚，动作强劲敏捷。
7　直弃大军数百里赴利，斩捕首虏过当：一直把大军抛弃到数百里之后去寻找战机，斩杀和俘获的匈奴人数超过己方的损失。
8　绝幕：横渡沙漠。幕，通“漠”，沙漠。
9　诱罢：诱之深入，使其疲困。
10　徼极：伺其疲困而拦截。
11　武功爵：古爵位名，汉武帝时为筹集军费，令民买爵而设的赏官。
12　比岁：连年。
13　经用：经常用度。
14　千夫：古爵位名，武功爵十一级中的第七级，相当于秦汉二十级军功爵的第九级五大夫。
15　得先除为吏：得以优先被任命为官吏。
16　吏道：做官之途。
17　耗废：混乱荒废。
18　获一角兽以燎：捕获一头独角兽，用以燎祭。燎祭，古代祭祀仪式之一，把玉帛、牺牲放在柴堆上，焚烧祭天。
19　天瑞：上天降下的祥瑞。

获兽，一角而足有五蹄。有司言："陛下肃祗郊祀[1]，上帝报享[2]，锡[3]一角兽，盖麟云。"于是以荐五畤，畤加一牛，以燎。有司又言："元[4]宜以天瑞命，一元曰建，二元以长星曰光，今元以郊得一角兽，曰狩云。"

淮南王安、衡山王赐谋反，自杀淮南王安与宾客左吴等日夜为反谋，召中郎伍被与谋反事。被始以为不可，安固问之，被曰："今诸侯无异心，百姓无怨气。可伪为诏，徙郡国豪杰于朔方，又伪为诏狱[5]，尽逮诸侯太子、幸臣，使民怨，诸侯惧。即使辩士随而说之，傥可徼幸什得一乎[6]？"安又欲使人伪得罪而西，事大将军，一日发兵，即刺杀大将军。且曰："汉廷大臣，独汲黯好直谏，守节死义，难惑以非，至如说丞相弘等，如发蒙振落[7]耳。"会太子谋杀汉使事觉，廷尉逮捕。安欲发兵，犹豫未决。被自诣吏，告与安谋如此。上使宗正以符节治安。未至，安自刭，王后、太子伏诛，诸所与谋反者皆族。捕得陈喜于衡山王子孝家，孝闻"律，先自告[8]，除其罪"，即先自告所与谋反者枚赫、陈喜等。公卿请逮捕赐治，赐自刭，死。王后、太子及孝皆弃市。凡二狱所连引[9]列侯、二千石、豪杰等死者数万人。侍中庄助素与安结交，受其赂遗，上薄[10]其罪。张汤以为助"腹心之臣，与诸侯交私，罪不可赦"，遂弃市。

夏，四月，赦。

立子据为皇太子。

五月晦，日食。

1　肃祗郊祀：虔诚祭祀。肃祗，恭敬。郊祀，于郊外祭祀天地。
2　上帝报享：上帝，天上主宰万物的神。报享，酬答祭享。
3　锡：赐。
4　元：帝王的年号。
5　诏狱：奉皇帝命令拘捕犯人的监狱。
6　傥可徼幸什得一乎：或许可以侥幸有十分之一的希望吧。傥，或许。
7　发蒙振落：把蒙在物体上的东西揭掉，把将要落的树叶摘下来。比喻事情很容易做到。蒙，遮盖，指物品上的罩物。振，摇动。
8　自告：自首。
9　连引：牵连。
10　薄：减轻。

遣博望侯张骞使西域。始通滇国[1]，复事西南夷初，张骞自月氏还，具为天子言西域诸国风俗："大宛在汉正西，可[2]万里。其俗土著[3]，耕田，多善马，有城郭室屋。其东北则乌孙，东则于阗。于阗之西则水，皆西流注西海[4]。其东水东流，注盐泽[5]。盐泽潜行地下，其南则河源[6]出焉。盐泽去长安可五千里。匈奴右方居盐泽以东，至陇西长城，南接羌，鬲汉道焉[7]。乌孙、康居、奄蔡、大月氏，皆行国[8]，随畜牧，与匈奴同俗。大夏在大宛西南，与大宛同俗。臣在大夏时，见邛竹杖、蜀布，问安得此，曰：'市之身毒。'身毒在大夏东南，可数千里，其俗土著，与大夏同。度大夏去汉万二千里，居汉西南。今身毒又居大夏东南数千里，有蜀物，此其去蜀不远矣。今使大夏，从羌中，险，少北[9]则为匈奴所得。从蜀，宜径[10]，又无寇。"天子既闻诸国多奇物而兵弱，贵汉财物，诚得而以义属之，则广地万里，重九译，致殊俗[11]，威德遍于四海，欣然以骞言为然。乃令骞因蜀犍为发间使[12]，四道并出，求身毒国。各行一二千里，其北闭[13]氏、笮[14]，南闭嶲、昆明[15]。杀略汉使，终莫得通。于是始通滇国，乃复事西南夷。

1　滇国：西南少数民族建立的国家，疆域主要在以滇池中心的云南中部及东部地区。
2　可：大约。
3　土著：居处固定。
4　西海：青海湖的别称。
5　盐泽：即今罗布泊。
6　河源：黄河的发源地。
7　鬲汉道焉：将大汉通往西域的道路隔断。鬲，通"隔"，阻隔。
8　行国：游牧的国家。
9　少北：稍稍往北一点。
10　宜径：适合径直走。
11　重九译，致殊俗：远方的人通过辗转翻译来朝见，风俗各异的国家归入中国版图。九译，辗转翻译。
12　间使：秘密行动的使者。
13　闭：阻挡，不通。
14　氏、笮：氏，古族名，分布于今陕、甘、川、滇等省，从事畜牧和农业。笮，古族名，分布于今四川省雅安和凉山地区。
15　嶲、昆明：嶲，古族名，分布于今云南大理以西地区。昆明，古族名，分布于今云南西部洱海一带。

庚申二年（公元前 121 年）

春，三月，丞相弘卒。以李蔡为丞相，张汤为御史大夫。

以霍去病为票骑将军，击匈奴，败之，过焉支[1]，至祁连山[2]而还霍去病为票骑将军，将万骑出陇西，击匈奴。转战六日，过焉支山千余里，斩首虏，获甚众，收休屠王祭天金人。夏，复与公孙敖将数万骑俱出北地，张骞、李广俱出右北平。去病深入二千余里，逾居延[3]，过小月氏，至祁连山，斩首三万，虏获[4]尤多，益封五千户。是时，诸宿将[5]所将兵皆不如去病，去病所将常选[6]，然亦敢深入，常与壮骑先其大军，军亦有天幸[7]，未尝困绝也。而诸宿将常留落不偶[8]，由此去病日以亲贵，比[9]大将军矣。

秋，匈奴浑邪王降。置五属国以处其众匈奴单于怒浑邪、休屠王为汉所杀、虏数万人，欲召诛之。浑邪王与休屠王恐，谋降汉。休屠王后悔，浑邪王杀之，并其众以降。汉发车二万乘迎之。县官无钱，从民贳马[10]。民或匿马，马不具。上怒，欲斩长安[11]令。右内史汲黯曰：“长安令无罪，独斩臣黯，民乃肯出马。且匈奴畔其主而降汉，汉徐以县次传之[12]，何至令天下骚动，罢敝中国而以事夷狄之人乎？”上默然。及浑邪至，贾人与市者坐当死五百余人[13]，黯请间曰：“夫匈奴攻当路塞，绝和亲，中国兴兵诛之，死伤者不可胜计，而费以巨万百数。臣愚以陛下得胡人，皆以为奴婢，以赐从军死事者家。今反虚府库

1　焉支：古山名，又称燕支山、胭脂山，位于今甘肃省金昌市永昌县西，山丹县东南。
2　祁连山：一名雪山，位于今甘肃省酒泉市南。
3　居延：古县名，治所位于今内蒙古自治区阿拉善盟额济纳旗东南。
4　虏获：俘虏敌人，缴获牲畜、财物等。
5　宿将：久经战阵的将领。
6　常选：素常选拔的精兵。
7　天幸：天赐之幸，侥幸。
8　留落不偶：同“流落不偶”，飘泊穷困而无人相知，形容潦倒失意。偶，遇。
9　比：等同。
10　从民贳马：从百姓手中赊欠马匹。贳，赊欠。
11　长安：古县名，治所位于今陕西省西安市西北。
12　徐以县次传之：从容地一个县一个县接力传送。
13　贾人与市者坐当死五百余人：当地商人因与他们做买卖而犯死罪的达五百多人。

赏赐，发良民侍养，譬若奉骄子[1]，愚民安知市买长安中物，而文吏绳以为阑出财物于边关乎[2]？陛下纵不能得匈奴之资以谢天下，又以微文[3]杀无知者五百余人，是所谓'庇其叶而伤其枝'者。臣窃为陛下不取也。"上默然不许，曰："吾久不闻汲黯之言，今又复妄发矣。"居顷之，乃分徙降者边五郡故塞[4]外，因其故俗为五属国。而金城、河西[5]，西并南山至盐泽，空无匈奴，时有候者[6]到而希矣。休屠王太子日磾没入官，输黄门[7]养马。帝游宴，见马，后宫满侧[8]，日磾等数十人牵马过殿下，莫不窃视[9]，至日磾独不敢。日磾长八尺二寸，容貌甚严[10]，马又肥好，上奇焉。即日赐汤沐[11]、衣冠，拜为马监[12]。迁侍中、驸马都尉[13]、光禄大夫[14]，甚信爱[15]之。贵戚多窃怨曰："陛下妄得一胡儿，反贵重之。"上愈厚焉，以休屠作金人为祭天主，故赐日磾姓金氏。

辛酉三年（公元前 120 年）

春，有星孛于东方。

夏，赦。

秋，匈奴入右北平、定襄。

1　骄子：受到骄宠的儿子。
2　而文吏绳以为阑出财物于边关乎：却会被官吏以犯有携带财物非法出关的罪名惩处呢。
3　微文：苛细的法律条文。
4　故塞：旧的要塞。
5　金城、河西：金城，古郡名，辖今甘肃省兰州市以西，青海省青海湖以东的河、湟二水流域和大通河下游地区。河西，古地区名，即今甘肃、青海两省黄河以西，即河西走廊与湟水流域。
6　候者：斥候，军中任侦察之事者。
7　黄门：宫禁。
8　见马，后宫满侧：检阅马匹，身边排满了后宫的美女。
9　窃视：偷看。
10　严：庄重。
11　汤沐：沐浴。
12　马监：古官名，为黄门养马官，掌宫厩马匹。
13　驸马都尉：古官名，掌副车之马。皇帝出行时自己乘坐的车驾为正车，而其他随行的马车均为副车。正车由奉车都尉掌管，副车由驸马都尉掌管。驸，即副。
14　光禄大夫：古官名，掌论议，在大夫中地位最为尊显。
15　信爱：信任喜爱。

　　山东大水，徙其贫民于关西[1]、**朔方山东被水**[2]，民多饥乏。遣使虚仓廪[3]以赈，犹不足，又募富人假贷，尚不能相救。乃徙贫民关西、朔方、新秦中[4]七十余万口，皆仰给[5]县官，数岁贷与产业。使者分护[6]，费以亿计。

　　减陇西、北地、上郡戍卒之半汉既得浑邪王地，陇西、北地、上郡益少胡寇，诏减三郡戍卒之半，以宽天下之繇[7]。

　　作昆明池上将讨昆明，以昆明有滇池，方五百里。乃作昆明池，以习水战。是时法既益严，吏多废免。兵革数动，民多买复及五大夫，征发之士益鲜[8]。于是除千夫、五大夫为吏，不欲者出马。以故吏弄法[9]，皆谪令伐棘上林[10]，穿昆明池。

　　得神马于渥洼[11]**水中**是岁，得神马于渥洼水中。上方立乐府[12]，造为诗赋，弦次[13]以合八音[14]之调。及得神马，次以为歌。汲黯曰："凡王者作乐，上以承祖宗，下以化兆民。今陛下得马，诗以为歌，协于宗庙，先帝百姓岂能知其音邪？"上默然不悦。上招延士大夫，常如不足。然性严峻[15]，虽素所爱、信者，小有犯法，辄按诛之。汲黯谏曰："陛下求贤甚劳，未尽其用，辄已杀之。以有限之士恣无已之诛，臣恐天下贤才将尽，陛下谁与共为治乎？"黯言之甚

1　关西：古地区名，亦称关右，泛指函谷关或潼关以西地区。
2　被水：遭水灾。
3　虚仓廪：拿空粮仓中所有的储备。
4　新秦中：西汉时期，随着移民屯垦的发展，农耕经济向西北推进，自秦长城以南处处阡陌相连、村落相望，关中盆地往北的黄河以南地区尤为繁荣，堪与关中地区相媲美，在当时被称为"新秦中"。
5　仰给：依靠别人供给。
6　分护：分区域进行管理。
7　繇：徭役。
8　民多买复及五大夫，征发之士益鲜：百姓多买爵到五大夫以免除劳役，所以官府能够征调服役的人越来越少。五大夫，爵位名，为二十等爵的第九级。
9　弄法：玩弄法律条文以营私舞弊。
10　谪令伐棘上林：发配到上林御苑去砍伐荆棘。
11　渥洼：古水名，位于今甘肃省敦煌市西南，传说中产神马之处。
12　乐府：古代掌管音乐的官署。
13　弦次：将新作的诗赋配上弦乐。
14　八音：古时对乐器的总称，按制造乐器的主要材料分金、石、土、革、丝、木、匏、竹八类。
15　严峻：严厉，严肃。

怒，上笑而谕之曰："何世无才？患人不能识之耳。且才犹有用之器也，有才而不肯尽用，与无才同，不杀何施？"黯曰："臣虽不能以言屈陛下，而心犹以为非。愿陛下自今改之，无以臣为愚而不知理也。"居久之，坐法¹免。

壬戌四年（公元前 119 年）

冬，造皮币²、白金，铸三铢钱，置盐铁官，算缗钱舟车³有司言："县官用度大空，而富商大贾财或累万金，不佐国家之急。请更钱造币以赡用⁴，而摧浮淫并兼⁵之徒。"时禁苑有白鹿而少府⁶多银、锡，乃以白鹿皮方尺，缘以藻缋⁷，为皮币，直四十万。朝、觐、聘、享必以皮币荐璧⁸，然后得行。又造银、锡为白金三品⁹，大者直三千，次直五百，小直三百。销半两钱，更铸三铢钱，盗铸者罪皆死。于是以齐大煮盐¹⁰东郭咸阳、南阳大冶¹¹孔仅为大农丞，领盐铁事。洛阳贾人子桑弘羊以心计¹²，年十三侍中¹³。三人言利，事析秋豪¹⁴矣。诏禁民敢私铸铁器、煮盐者钛左趾¹⁵，没入其器物。又令诸贾人末作各以其物自占，率缗钱二千而一算¹⁶。及民有船、车者，皆有算¹⁷。匿不自占，占不悉，戍边

---

1 坐法：因犯法而获罪。
2 皮币：用白鹿皮制成的货币。
3 算缗钱舟车：对商人的财产、舟车征税。算，征税，或者征税的计量单位。缗钱，用绳穿连成串的钱。
4 赡用：供给费用。
5 浮淫并兼：浮淫，轻薄淫佚。并兼，兼并，吞并。
6 少府：古官署名，职掌帝室财政，如皇帝私府，管理山泽、陂池、市肆租税收入，供宫廷日常生活、祭祀、赏赐开支。
7 缘以藻缋：装饰以错杂华丽的色彩。缘，装饰。藻缋，错杂华丽的色彩。
8 荐璧：进献玉璧。荐，进献，祭献。
9 白金三品：汉武帝时所铸三种银合金钱币。
10 大煮盐：即大盐商，司马迁称之为"大煮盐"。
11 大冶：大冶炼主。
12 心计：计算，计算的才能。
13 侍中：侍奉宫中。
14 事析秋豪：形容管理非常细致。析，分析。秋毫，鸟兽在秋天新长出的细毛，比喻微小的事物。
15 钛左趾：给左脚加上脚镣。钛，铁镣，加在脚上的锁。
16 令诸贾人末作各以其物自占，率缗钱二千而一算：下令商人和工商业者各自申报自己的财物，全部采用二千贯钱收取一算的税。自占，自行估算。
17 算：征税。

一岁，没入缗钱。有能告者，以其半畀[1]之。其法大抵出张汤。汤每朝奏事，语国家用[2]，日晏[3]，天子忘食。丞相充位[4]，天下事皆决于汤，百姓骚动，不安其生，咸指怨之。

以卜式为中郎，赐爵左庶长初，河南人卜式，数输财县官以助边。天子使使问式："欲官乎？"式曰："臣少田牧[5]，不习仕宦，不愿也。"使者问曰："家岂有冤，欲言事乎？"式曰："臣生与人无分争，邑人贫者贷之，不善者教之，何故有冤？无所欲言也。"使者曰："苟如此，子何欲？"式曰："天子诛匈奴，愚以为贤者宜死节于边，有财者宜输委[6]，如此而匈奴可灭也。"上以问公孙弘，弘曰："此非人情。不轨[7]之臣，不可以为化。"至是，上以式终长者，欲尊显以风百姓，乃召拜式为中郎，赐爵左庶长，赐田十顷，布告天下，使明知之。

春，有星孛于东北。

夏，长星出西北。

遣卫青、霍去病击匈奴。青部前将军李广失道[8]，自杀。去病封狼居胥山[9]而还。诏以青、去病皆为大司马上与诸将议曰："赵信为单于画计，常以为汉兵不能度幕轻留[10]。今大发士卒，其势必得所欲。"乃粟马[11]十万，令大将军青、票骑将军去病各将五万骑，而敢力战深入之士皆属去病。去病出代郡，青出定襄。李广为前将军，公孙贺为左将军，赵食其为右将军，曹襄为后将军，皆属大将军青。既出塞，捕虏[12]知单于所居，乃自以精兵走之，而令前

1　畀：给予。
2　语国家用：奏报国家财用情况。
3　日晏：天色已晚，日暮。
4　充位：徒居其位，无所建树。
5　田牧：打猎放牧。
6　输委：捐献财物。
7　不轨：违反法纪，搞叛乱活动。
8　失道：迷路。
9　狼居胥山：古山名，即今蒙古国肯特山。
10　度幕轻留：越过沙漠，轻易滞留。幕，沙漠。
11　粟马：喂饱战马。
12　捕虏：被俘者。

将军广并于右将军军，出东道。广自请曰："臣部为前将军，且结发[1]而与匈奴战，今乃一得当单于，臣愿居前先死。"青阴受上诫，以为"广老，数奇[2]，毋令当单于"。广固自辞于青，青不听。广不谢而起行，意甚愠怒[3]。青度幕，见单于兵，陈而待。于是令武刚车[4]自环为营，而纵五千骑往当匈奴，匈奴亦纵可万骑。会日且入[5]，大风起，砂砾[6]击面，两军不相见。汉益纵左右翼绕单于。单于遂乘六骡[7]，冒围[8]而去。汉发轻骑夜追之，不得单于，捕、斩万九千级。广、食其军无导，惑失道，后期。青使长史急责广之幕府对簿。广谓其麾下曰："广结发与匈奴大小七十余战，今幸从大将军出接单于兵，而大将军徙广部，行回远[9]而又迷失道，岂非天哉？且广年六十余矣，终不能复对刀笔之吏。"遂自刭。广为人廉，得赏赐辄分其麾下，饮食与士共之，为二千石四十余年，家无余财。猨臂[10]善射。将兵，乏绝之处见水，士卒不尽饮，广不近水；士卒不尽食，广不尝食。士以此爱，乐为用。及死，一军皆哭，百姓皆为垂涕。食其下吏，当死，赎为庶人。去病出代、右北平二千余里，绝[11]大幕，直左方兵[12]，获王、将、相等八十余人，封狼居胥山，禅于姑衍，登临翰海[13]，斩七万级。益封五千八百户。两军出塞，塞阅[14]官、私马凡十四万匹，而复入塞者不满三万匹。

1　结发：出仕，做官。
2　数奇：命运不好，遇事多不利。
3　愠怒：恼怒。
4　武刚车：古代战车名，可以运送士兵、粮草、武器，也可以用来作战。作战用的武刚车，车身要蒙上牛皮犀甲，捆上长矛，立上坚固的盾牌。有的武刚车开上射击孔，弓箭手可以在车内通过射击孔射箭。
5　会日且入：正赶上太阳将要落山。
6　砂砾：细碎的小石子。
7　六骡：六匹骡子所拉的车。
8　冒围：突出重围。
9　回远：迂曲遥远。
10　猨臂：即猿臂，形容臂长如猿，灵活矫健。
11　绝：越过。
12　直左方兵：直，通"值"，面对。左方兵，匈奴左面的军队，即左贤王的军队。
13　封狼居胥山，禅于姑衍，登临翰海：在狼居胥山祭天，在姑衍山祭地，并且登上高山以望翰海。姑衍，古山名，在蒙古大漠以北。翰海，古地名，蒙古高原东北的北海。
14　塞阅：出塞时检阅军队。

乃益置¹大司马位，青、去病皆为之。自是之后，青日退而去病日益贵。青故人、门下士多去事去病，辄得官爵，唯任安不肯。去病为人少言不泄，有气敢往²。天子尝欲教之孙、吴兵法，对曰："顾方略³何如耳，不至学古兵法。"天子为治第⁴，令视之，对曰："匈奴未灭，无以家为也！"由此上益重爱之。然少贵，不省士⁵，其从军，天子为遣太官⁶赍数十乘。既还，重车余弃粱肉⁷，而士有饥者。其在塞外，卒乏粮或不能自振，而去病尚穿域蹋鞠⁸，事多此类。青为人仁，喜士退让，以和柔自媚于上。两人志操⁹如此。是时，汉所杀、虏匈奴合八九万，而汉士卒物故亦数万。是后匈奴远遁，而幕南无王庭。汉渡河，自朔方以西至令居¹⁰，往往通渠¹¹，置田官，吏卒五六万人，稍蚕食匈奴以北。然亦以马少，不复大出击匈奴矣。

　　匈奴请和亲，遣使报之。单于留，不遣匈奴用赵信计，遣使于汉，好辞请和亲。天子下其议，丞相长史任敞曰："匈奴新破，困，宜可使为外臣¹²。"汉使敞于单于，单于大怒，留之不遣。博士狄山议以为和亲便，汤曰："此愚儒无知。"山曰："臣固愚，愚忠；若汤，乃诈忠。"于是上作色曰："吾使生居一郡，能无使虏入盗乎？"曰："不能。"曰："居一县？"对曰："不能。"复曰："居一障¹³间？"山自度辩穷且下吏，曰："能。"于是上遣山乘障¹⁴。至月余，匈奴斩山头而去。自是群臣震慑，无敢忤汤者。

1　益置：增设。
2　少言不泄，有气敢往：寡言少语，不泄露别人的话，有气魄敢做敢为。
3　方略：方法与谋略。
4　治第：修建宅邸。
5　省士：关心士卒。
6　太官：古官名，掌皇帝膳食及燕享之事。
7　重车余弃粱肉：辎重车上丢弃了许多剩余的精美饭食。
8　穿域蹋鞠：穿地划定军营区域，踢球。穿域，穿地划定军营区域。塌鞠，古代一种用于习武、健身和娱乐的踢球运动。
9　志操：志向节操。
10　令居：古县名，位于今甘肃省兰州市永登县西北。
11　通渠：开通河渠。
12　外臣：藩臣。
13　障：古时边塞上险要处为防御寇盗另筑的小城。
14　乘障：登城守卫。

以义纵为右内史，王温舒为中尉先是，甯成为关都尉[1]，吏民出入关者号曰："宁见乳虎，无值甯成之怒。"及义纵为南阳太守，至关，成侧行[2]送迎，纵不为礼。至郡，遂按[3]甯氏，破碎其家。南阳吏民重足一迹[4]。后徙定襄太守，初至，掩狱中重罪轻系[5]及私入视者，一捕，鞫[6]曰"为死罪解脱"。是日，皆报杀四百余人，其后郡中不寒而栗。时赵禹、张汤以深刻[7]为九卿，然其治尚辅法而行，纵专以鹰击[8]为治。是岁，汲黯坐法免，乃以纵为右内史。王温舒始为广平[9]都尉，择郡中豪敢[10]往吏十余人以为爪牙，皆把其阴重罪[11]，而纵使督盗贼。以故齐、赵之郊，盗贼不敢近广平。迁河内太守。以九月至，令郡具私马五十匹为驿[12]，捕郡中豪猾[13]，相连坐二千余家。上书请，大者至族，小者乃死，家尽没入偿赃[14]。奏行不过二三日，得可[15]，事论报[16]，至流血十余里。尽十二月，郡中毋声[17]。其颇不得，之旁郡国追求[18]。会春，温舒顿足叹曰："嗟乎！令冬月益展一月，足吾事矣。"上以为能，擢为中尉。

方士、文成将军少翁伏诛齐人少翁以鬼神方[19]见上。上有所幸王夫人卒，少翁以方夜致鬼，如王夫人之貌，天子自帷中望焉。于是乃拜少翁为文成将

1　关都尉：古官名，负责领兵守卫关隘，稽查行人，兼掌税收。
2　侧行：侧身而行，表示恭敬。
3　按：考查，查实。
4　重足一迹：叠足而立，不敢迈步。形容非常恐惧。
5　轻系：因轻罪而被拘囚。
6　鞫：通"鞫"，审讯或审查。
7　深刻：严峻苛刻。
8　鹰击：鹰展起奋击，比喻严酷凶悍。
9　广平：古郡名，辖今河北省任县、南和、鸡泽、曲周、永年东南及平乡西南、肥乡北部等地。
10　豪敢：才能出众而又性格果敢。
11　皆把其阴重罪：掌握他们每个人隐秘的重大罪行。
12　驿：驿站。驿站是由政府规定而设的，王温舒自行设驿，故用私马。
13　豪猾：强横狡诈、不守法纪的人。
14　偿赃：补偿丢失赃物的人家。
15　得可：得到朝廷批准。
16　论报：论罪得到批准。亦泛指定罪判刑。
17　毋声：无人敢出声。
18　追求：追问，追究。
19　鬼神方：召唤鬼神的方术。

军，以客礼之。文成又劝上为台室，而置祭具，以致天神。居岁余，其方益衰。乃为帛书以饭牛[1]，佯不知，言曰："此牛腹中有奇。"杀视，得书，书言甚怪，天子识其手书，于是诛之。

癸亥五年（公元前 118 年）

春，三月，丞相蔡有罪，自杀坐盗孝景园堧地[2]也。

罢三铢钱，铸五铢钱有司言："三铢钱轻，易作奸诈。请铸五铢钱，周郭其质[3]，令不可摩镕[4]。"

以汲黯为淮阳[5]太守于是民多铸钱，楚地尤甚。乃召拜汲黯为淮阳太守。黯为上泣曰："臣自以为填沟壑，不复见陛下，不意复收用之。臣常有狗马病[6]，力不能任郡事。臣愿为中郎，出入禁闼[7]，补过拾遗，臣之愿也。"上曰："君薄[8]淮阳邪？吾今召君矣，顾淮阳吏民不相得，吾徒得君之重[9]，卧而治之。"黯既辞行，过大行李息，曰："黯弃逐居郡，不得与朝廷议矣。御史大夫汤，智足以拒谏，诈足以饰非[10]，务巧佞[11]之语、辩数[12]之辞，非肯正为天下言，专阿主意[13]。主意所不欲，因而毁之；主意所欲，因而誉之。好兴事[14]，舞文法[15]，内怀诈以御主心，外挟贼吏以为威重。公列九卿，不早言，公与之俱受其戮矣。"

1　乃为帛书以饭牛：于是把写有文书的绢帛喂给牛吃。
2　孝景园堧地：汉景帝陵园外的空地。堧，宫庙外的空地。
3　周郭其质：古钱的圆边及其方孔铸造凸起的轮廓。
4　摩镕：磨擦而取得铜屑。镕，铸器的模型。
5　淮阳：古郡名，辖今河南省淮阳、太康、扶沟、柘城、鹿邑等县地。
6　狗马病：谦称自己的疾病。
7　禁闼：宫廷门户，亦指宫廷、朝廷。
8　薄：轻视，看不起。
9　吾徒得君之重：我只想借重您的威望。
10　饰非：掩盖错误。
11　巧佞：奸诈机巧，阿谀奉承。
12　辩数：奸诈花巧。
13　主意：君主的心意。
14　兴事：引起争端。
15　舞文法：歪曲法律条文以营私作弊。

息不敢言。及汤败，上抵息罪。使黯以诸侯相秩[1]居淮阳，十岁而卒。

胡氏曰：使武帝以待公孙弘之位待董仲舒，退张汤，而使汲黯居御史大夫之职，则当有辅导建明[2]、谏止救正之效，而功烈之疵，亦少损矣。

徙奸猾吏民于边。

夏，四月，以庄青翟为丞相。

帝如甘泉，祠神君上病鼎湖[3]甚，上郡有巫，病而鬼神下之。上召置祠，之甘泉。及病愈，起幸甘泉，置酒寿宫。神君非可得见，闻其言，上使人受，书其言，命之曰"画法"。其所语，世俗之所知也，无绝殊[4]者，而上心独喜。时上卒起，幸甘泉，过右内史界，中道[5]多不治，怒曰："义纵以我为不复行此道乎？"衔[6]之。

甲子**六年**（公元前117年）

冬，十月，雨水，无冰。

遣使治郡国缗钱。杀右内史义纵上既下缗钱令而尊卜式，百姓终莫分财佐县官，于是杨可告缗钱纵矣[7]。可告缗[8]遍天下，中家[9]以上，大抵皆遇告。杜周治之，少反者。分遣御史、廷尉、正监[10]即治郡国缗钱，得民财物、奴婢以亿万计，田宅亦如之。于是商贾中家以上皆破，民媮食好衣[11]，不事畜业[12]。内

1　相秩：丞相的官职。
2　建明：提出正确的建议。
3　鼎湖：古地名，位于今陕西省西安市蓝田县西南，传说黄帝在此乘龙升天，汉武帝在这里修建鼎湖宫。
4　绝殊：特殊，突出。
5　中道：半路，中途。
6　衔：怀恨在心。
7　杨可告缗钱纵矣：由杨可主持，对隐瞒财产者进行的告发和惩处大规模地进行。
8　告缗：告发富户隐匿财产，逃漏税款。
9　中家：中产之家。
10　正监：古官名合称，正和监为二官，属廷尉，掌刑狱审判。西汉时有正、左监、右监各一。
11　媮食好衣：美食美衣。媮食，美食。
12　畜业：蓄藏之事。

史义纵以为此乱民，部吏捕其为可使者。上以纵为废格沮事，弃纵市[1]。

夏，四月，庙立子闳为齐王，旦为燕王，胥为广陵王，初作诰策[2]。

遣博士循行郡国，举兼并及吏有罪者自造白金、五铢钱后，吏民坐盗铸金钱死者数十万人，犯者益众，吏不能尽诛。诏遣博士六人分循郡国，举兼并之徒及守相为吏有罪者。

秋，九月，大司马、票骑大将军、冠军侯霍去病卒。

杀大农令[3]颜异初，异以廉直，至九卿。上既造白鹿皮币，问异，异曰："今王侯朝贺以苍璧，直数千，而其皮荐反四十万，本末不相称。"上不悦。人有告异他事，下张汤治。异与客语初令下有不便者，异不应，微反唇[4]。汤奏当异见令不便，不入言而腹诽[5]，论死。自是之后，有腹诽之法比[6]，而公卿大夫多诌谀取容[7]矣。

乙丑元鼎元年（公元前116年）

夏，赦。

丙寅二年（公元前115年）

冬，十一月，张汤有罪自杀。十二月，丞相青翟下狱，自杀初，御史中丞[8]李文与汤有隙，汤所厚吏鲁谒居阴使人告文奸事，事下汤治，论杀之。

1　内史义纵以为此乱民，部吏捕其为可使者。上以纵为废格沮事，弃纵市：内史义纵认为这些都是乱民，部署官吏逮捕那些被杨可指使的人。武帝认为义纵不实施自己的诏令，败坏了告缗之事，就把他处死示众。废格，同"废阁"，搁置而不实施。
2　诰策：诰令策书。
3　大农令：古官名，掌国家钱谷、财货等财政收支。
4　反唇：反驳。
5　不入言而腹诽：不向陛下进言，却在心中诋毁。腹诽，内心不满，却不说出来，只在心里嘀咕。
6　法比：法律条例。
7　取容：讨好别人以求自己安身。
8　御史中丞：古官名，汉朝时为御史大夫的次官，主要职掌为监察、执法。

上问变事踪迹安起，汤佯惊曰："此殆文故人怨之。"谒居病，汤亲为之摩足[1]。赵王告："汤大臣，乃与吏摩足，疑与为大奸。"事下廷尉。谒居病死，事连其弟。弟告汤与谒居谋共变告[2]李文。事下减宣，穷竟[3]，未奏。会盗发孝文园瘗钱[4]，丞相青翟朝，与汤约俱谢，至前，汤独不谢。上使御史按丞相，汤欲致其文"丞相见知"。丞相长史朱买臣、王朝、边通皆素怨汤，欲死之。乃与丞相谋，使吏捕按[5]贾人田信等，曰："汤且欲奏请，信辄先知之，居[6]物致富，与汤分之。"事辞颇闻[7]。上问汤曰："吾所为，贾人辄先知之，益居其物，是类有以吾谋告之者。"汤不谢，又佯惊曰："固宜有。"减宣亦奏谒居等事。上以汤怀诈面欺[8]，使赵禹切责汤。汤乃为书谢，因曰："陷臣者，三长史也。"遂自杀。汤既死，家产直不过五百金。昆弟、诸子欲厚葬，汤母曰："汤为天子大臣，被污恶言而死，何厚葬乎？"载以牛车，有棺无椁。上闻之，乃尽按诛三长史。丞相青翟下狱，自杀。

春，起柏梁台[9]，作承露盘[10]盘高二十丈，大七围[11]，以铜为之。上有仙人掌以承露，和玉屑[12]饮之，云可以长生。宫室之修，自此日盛。

以赵周为丞相。

三月，大雨雪。

夏，大水，人饿死。

1　摩足：脚底按摩。
2　变告：告发谋反等非常事件。
3　穷竟：彻底追究。
4　瘗钱：陪葬的钱币。
5　捕按：逮捕查办。
6　居：积储。
7　事辞颇闻：很多消息传到了汉武帝耳中。
8　面欺：当面欺诬。
9　柏梁台：古台名，位于今陕西省西安市长安区西北长安故城内。
10　承露盘：立铜仙人舒掌捧铜盘承接甘露，冀饮以延年。承露，承接甘露。
11　围：计量圆周的约略单位，指两只胳膊合围起来的长度，也指两只手的拇指和食指围的长度。
12　玉屑：玉的碎末。

置均输[1]，禁郡国铸钱孔仅为大农令，而桑弘羊为大农中丞，稍置均输，以通货物。悉禁郡国无铸钱，专令上林三官[2]铸。非三官钱，不得行。而民铸益少，计其费不能相当，唯真工大奸[3]乃盗为之。

西域始通，置酒泉、武威郡[4]张骞建言："乌孙王昆莫本为匈奴臣，后兵稍强，不肯复朝事[5]匈奴。匈奴攻，不胜，而远之。今以厚币[6]招以益东，居故浑邪之地，则是断匈奴右臂也。既连乌孙，自其西大夏之属皆可招来而为外臣。"上以为然，拜骞为中郎将，赍金、币、帛直数千巨万。至乌孙，久之，不能得其要领，因分遣副使使大宛、康居、大月氏、大夏、安息、身毒、于阗及诸旁国。乌孙送骞还，使数十人、马数十匹随骞报谢。是岁，骞还。到后，所遣使通大夏之属者，皆颇[7]与其人俱来，于是西域始通于汉矣。西域凡三十六国，南北有大山，中央有河，东西六千余里，南北千余里，东则接汉玉门、阳关[8]，西则限以葱岭[9]。河有两源，一出葱岭，一出于阗，合流东注盐泽。盐泽去玉门、阳关三百余里。自玉门、阳关出西域有两道。从鄯善旁南山[10]北循河西行至莎车，为南道。南道西逾葱岭，则出大月氏、安息。自车师前王庭[11]随北山[12]循河西行至疏勒，为北道。北道西逾葱岭，则出大宛、康居、奄蔡。故皆役属匈奴。匈奴赋税诸国，取富给[13]焉。乌孙既不肯东还，汉乃于浑邪王

1　均输：古官名，即均输令、丞，大司农属官，统一征收、买卖和运输货物。
2　上林三官：汉代主持铸造钱币的官员。
3　真工大奸：真工，手艺高超的工匠。大奸，大奸大恶之人。
4　酒泉、武威郡：酒泉，古郡名，辖今甘肃省疏勒河以东、高台县以西地区，因郡治城下有泉，泉味如酒得名。武威郡，古郡名，辖今甘肃省黄河以西、武威市以东及石羊河流域地区。
5　朝事：臣服。
6　厚币：丰厚的礼物。
7　颇：略微，稍。
8　玉门、阳关：玉门，古关隘名，位于今甘肃省敦煌市西北，因古代西域玉石皆经此输入，故名。阳关，古关隘名，丝绸之路的咽喉要道，位于今甘肃省敦煌市西南。
9　葱岭：即今帕米尔高原。
10　南山：指今新疆南境之喀喇昆仑山及昆仑山。
11　王庭：朝廷。
12　北山：指今新疆天山山脉，因地处塔里木盆地北边，故名。
13　富给：富裕丰足。

故地置酒泉郡，稍发、徙民以充实之。后又分置武威郡，以绝匈奴与羌通之道。上得宛汗血马，爱之，名曰"天马"，使者相望于道以求之。

丁卯三**年**（公元前 114 年）

冬，徙函谷关于新安。

夏，雨雹。

令株送徒[1]入财补郎所忠[2]言："世家子弟、富人乱齐民。"乃征诸犯令，相引数千人，名曰"株送徒"。入财者得补郎，郎选衰矣。

关东饥，人相食。

匈奴伊稚斜单于死，子乌维单于立。

戊辰**四年**（公元前 113 年）

冬，十一月，立后土[3]祠于汾阴脽[4]，上亲祠之。始巡郡国，至荥阳而还。

封周后[5]姬嘉为周子南君。

春，以方士栾大为五利将军，尚[6]公主方士栾大敢为大言，处之不疑。见上，言曰："臣常往来海上，见安期、羡门之属，曰：'黄金可成而河决可塞，不死之药可得，仙人可致也。'然臣师非有求人，人自求之。陛下必欲致之，则贵其使者，令为亲属，以客礼待之，则可使通言也。"乃拜大为五利将军，封乐通侯，食邑，赐甲第[7]，以卫长公主妻之，赏金十万斤。上亲幸其第，

1　株送徒：从先捕获的犯人口供中招出的同案犯。
2　所忠：古人名，汉武帝宠臣。
3　后土：土地神。
4　汾阴脽：汉代汾阴县的一个土丘，汉武帝祭祀土神的地方。脽，小土山。
5　周后：周朝的后裔。
6　尚：娶帝王之女为妻。
7　甲第：豪门贵族的宅第。

贵震天下。于是海上燕、齐之间，莫不搤腕自言有禁方[1]、能神仙矣。

夏，六月，汾阴得大鼎迎至甘泉，荐之郊庙[2]，群臣皆贺。

以倪宽为左内史初，周亚夫为丞相，赵禹为史[3]，府中皆称其廉平，然亚夫弗任，曰："极知禹无害，然文深，不可以居大府[4]。"及禹为少府，酷急。至晚节，吏务为严峻，而禹更名宽平。尹齐素以敢斩伐[5]著名，及为中尉，坐不胜任，抵罪。是时，吏治皆以惨刻[6]相尚，独左内史倪宽劝农业，缓刑罚，理狱讼，务在得人心。择用仁厚士，推情[7]与下，不求名声，吏民大信爱之。收租税时，裁阔狭[8]，与民相假贷，以故租多不入。后有军发，左内史以负租课殿[9]，当免。民闻当免，皆恐失之，大家牛车，小家担负，输租襁属[10]不绝，课更以最[11]。上由此愈奇宽。

遣使喻南越入朝初，南越文王胡遣其子婴齐入宿卫，在长安取樛氏女，生子兴。文王薨，婴齐立，乃藏其先武帝玺，立樛氏为后，兴为嗣。汉数使使者风谕婴齐入朝。婴齐尚乐，擅杀生自恣，因称病不见。薨，谥曰明王。兴代立，其母为太后。太后尝与霸陵人安国少季通。是岁，上使少季往谕王及太后以入朝，比内诸侯。王年少，太后中国人。少季往，复与私通，国人不附太后。太后因使者上书，请比内诸侯，三岁一朝，除边关。天子许之，赐其丞相吕嘉银印，使者留镇抚之。

1　禁方：珍秘的药方或其他配方。
2　郊庙：古帝王祭天地的郊宫和祭祖先的宗庙。
3　史：即丞相史，古官名，初佐丞相掌监察地方，后协助丞相处理具体事务，位在司直、长史下。
4　大府：公府，中央一级的机构。
5　斩伐：诛杀。
6　惨刻：凶狠刻毒。
7　推情：以情义相待。
8　阔狭：缓急。意指有实际困难和应急之需的就暂缓征收。
9　以负租课殿：因欠国家赋税而考课居下。课殿，朝廷对官吏定期考课，政绩最差的称"课殿"。
10　襁属：像钱串一样连贯，形容连续不断。
11　课更以最：考课变成最好的。

　　以方士公孙卿为郎上幸雍，且郊[1]，或曰："五帝，太一之佐也。宜立太一，而上亲郊。"上疑未定。齐人公孙卿曰："汉兴，复当黄帝之时，宝鼎出而与神通，黄帝接万灵明庭[2]。明庭者，甘泉也。黄帝采首山[3]铜，铸鼎于荆山[4]下，鼎既成，有龙垂胡髯[5]下迎，黄帝上骑龙，与群臣后宫七十余人俱登天。"于是上曰："嗟乎，诚得如黄帝，吾视去妻子如脱屣[6]耳！"拜卿为郎。

己巳五年（公元前 112 年）

　　冬，十月，帝祠五畤，遂猎新秦中，以勒[7]边兵上祠五畤于雍，遂逾陇西，登崆峒[8]，出萧关，从数万骑猎新秦中，以勒边兵而归。新秦中或千里无亭徼[9]，于是诛北地太守以下。

　　立泰一[10]及五帝祠坛于甘泉。十一月，朔，冬至，亲郊见[11]是为泰畤[12]，自是三岁天子一郊见。

　　南越相吕嘉杀使者及其王兴，更立建德为王，发兵反南越王、王太后治装入朝，吕嘉数谏，弗听。称病不见汉使者。太后欲诛之，乃置酒请使者，大臣皆侍坐饮。嘉弟为将，将卒居宫外。酒行，太后谓嘉曰："南越内属[13]，国之利也。而相君苦不便者，何也？"以激怒使者。使者狐疑相杖[14]，遂莫敢发。

1　郊：于郊外祭祀天地。
2　明庭：古代帝王祭祀神灵之地。
3　首山：古山名，位于今河南省许昌市襄城县南，为八百里伏牛之首，故名首山。
4　荆山：古山名，位于今河南省三门峡市辖灵宝市西。
5　胡髯：胡须。
6　脱屣：比喻看得很轻，无所顾恋，犹如脱掉鞋子。屣，鞋子。
7　勒：操练。
8　崆峒：古山名，又名笄头山、开头山、鸡头山、薄落山，即今宁夏南部、甘肃东南之六盘山。
9　亭徼：边境上的防御工事。
10　泰一：即太一。
11　郊见：古代天子祀上帝诸神于郊外。
12　泰畤：古代天子祭天神之处。
13　内属：归附朝廷为属国或属地。
14　相杖：相持，争执。

嘉见耳目非是，即起而出。太后怒，欲铁[1]嘉以矛，王止太后。嘉遂出，介[2]其弟兵就舍，称病，阴与大臣谋作乱。汉使壮士韩千秋与太后弟樛乐将二千人往。入境，嘉等遂反，下令国中曰："王年少，太后，中国人也，又与使者乱，无顾赵氏社稷，为万世虑计之意[3]。"乃攻杀王、王太后及汉使者。立明王越妻[4]子建德为王。千秋兵入，破数小邑。越开道给食[5]，未至番禺四十里，击灭之。函封汉使者节置塞上，好为谩辞[6]谢罪，发兵守要害处。

夏，四月，赦。

是月晦，日食。

秋，遣将军路博德等将兵击南越遣伏波将军路博德出桂阳[7]，楼船将军杨仆出豫章，戈船将军严出零陵[8]，下濑将军甲下苍梧[9]，越驰义侯遗发夜郎兵下牂柯江，咸会番禺。

赐卜式爵关内侯齐相卜式上书，请父子与齐习船者往死南越。诏褒美式，赐爵关内侯，布告天下，天下莫应。

九月，尝酎[10]，列侯百有六人皆夺爵，丞相周下狱，自杀时列侯以百数，皆莫求从军击越。会九月尝酎，祭宗庙，列侯以令献金助祭。少府省金[11]，金有轻及色恶者，上皆令劾以不敬，夺爵者百六人。丞相赵周坐知列侯酎金[12]轻，下狱，自杀。

1　铁：用矛刺杀。
2　介：凭借，依靠。
3　为万世虑计之意：为后世永久之计而谋划的意思。
4　明王越妻：明王，圣明的君主，此处代指赵婴齐。越妻，南越族的妻子。
5　给食：供给食用。
6　谩辞：欺诳的言辞。
7　桂阳：古郡名，辖今湖南省桂东、郴州、嘉禾、宁远、道县以南，广东省连县、乐昌及广西壮族自治区兴安等县地。
8　零陵：古郡名，辖今湖南省邵阳、衡阳、武冈等市县以南和广西壮族自治区阳朔、永福等县以北地。
9　苍梧：古郡名，因苍梧山为名，辖今广西壮族自治区都庞岭、大瑶山以东，广东省肇庆、罗定市以西，湖南省江永、江华县以南，广西壮族自治区藤县、广东省信宜市以北。
10　尝酎：祭祀时尝饮新酒。酎，连酿三次的醇酒。
11　省金：察看金子。
12　酎金：汉时诸侯于宗庙祭祀时随同酎酒一起献的黄金。

以石庆为丞相时国家多事，桑弘羊等致利[1]，王温舒之属峻法[2]，而倪宽等推文学，皆为九卿，更进用事。事不关决[3]于丞相，庆醇谨[4]而已。

栾大伏诛大装为入海求其师，乃之泰山。上使人随验，无所见，而大妄言见其师，方又多不售[5]，坐诬罔，腰斩。

西羌[6]反。

庚午六年（公元前 111 年）

冬，讨西羌，平之。

路博德等平南越，获建德、吕嘉，置九郡杨仆入越地，先陷寻狭[7]，破石门[8]，待博德至，俱进，至番禺。南越城守。会暮，仆攻败越人，纵火烧城。博德为营，遣使招降者，赐印绶，复纵，令相招。黎旦[9]，城中皆降。建德、嘉已夜亡入海，博德遣人追，得之。戈船、下濑、夜郎兵未下，南越已平矣。遂以其地为南海、苍梧、郁林、合浦、交趾、九真、日南、珠厓、儋耳郡。

帝如缑氏[10]观大人迹公孙卿言见仙人迹缑氏城上。上亲往视，问卿："得毋效文成、五利乎？"卿曰："仙者非有求人主，人主自求之。其道非宽假[11]，神不来。"言神事如迂诞[12]，积以岁月，乃可致也。上信之。于是郡国各除道[13]，缮治宫观、名山神祠以望幸焉。

1　致利：谋取财利。
2　峻法：法令严酷。
3　关决：报请决定。
4　醇谨：淳厚谨慎。
5　不售：没有应验。
6　西羌：古羌族的一支，出自三苗，居于河西、赐支河和湟河之间。
7　寻狭：古地名，《史记》作"寻陕"，位于今广东省清远市东北、英德市西南。
8　石门：古地名，位于今广东省广州市西北。
9　黎旦：黎明。
10　缑氏：古县名，治所位于今河南省洛阳市辖偃师市东南。
11　宽假：宽容，宽纵。
12　迂诞：迂阔荒诞，不合事理。
13　除道：修治道路。

平西南夷，置五郡驰义侯发南夷兵，且兰[1]君反，杀使者。汉乃发巴、蜀罪人当击南越者击之，诛且兰及邛君、笮侯，遂平南夷，为牂柯郡[2]。夜郎侯入朝，上以为夜郎王。西夷冉駹之属皆震恐，请臣置吏，乃以邛都为越巂郡[3]，笮都为沈黎郡[4]，冉駹为汶山郡[5]，广汉西白马[6]为武都郡[7]。

东越王余善反，遣将军杨仆等将兵击之初，东越王余善请以卒八千人从楼船击吕嘉，兵至揭阳[8]，以海风波为辞，阴使南越。杨仆上书，愿便引兵击东越。上不许，令屯豫章、梅岭[9]以待命。余善闻汉兵临境，遂反，自称武帝。上欲复使杨仆将，为其伐前劳，以书敕责之曰："将军之功，独有先破石门、寻狭，非有斩将搴旗[10]之实也，乌足以骄人哉？前破番禺，捕降者以为虏，掘死人以为获，失期内顾，挟伪干君，受诏不至兰池[11]，明日又不对，推此心在外，江海之间可得信乎？今东越深入，将军能率众以掩过不？"仆皇恐，对曰："愿尽死赎罪！"上乃遣横海将军韩说出句章[12]浮海，楼船将军杨仆出武林[13]，王温舒出梅岭，越侯出若邪、白沙[14]，以击东越。

1　且兰：古国名，位于今贵州省都匀、福泉、黄平、贵定等市县一带。
2　牂柯郡：古郡名，辖今贵州大部、广西西北部和云南东部。
3　越巂郡：古郡名，治邛都（即今四川省西昌市东南），辖今四川省峨边县、冕宁县以南，云南大姚县以北，丽江市以东，金沙江以西地区。
4　沈黎郡：古郡名，治笮都（即今四川省汉源县东北），辖今四川省汉源、石棉、荥经、泸定等县地。
5　汶山郡：古郡名，治冉駹（即今四川省茂县北），辖今四川黑水县，邛崃山以东，岷山以南，北川、都江堰市以西地区。
6　广汉西白马：广汉，古郡名，辖今四川省涪江、沱江、西汉水流域和白龙江下游、嘉陵江上游地区。白马，即白马氏，古代西南地区氏族的一部，分布于今四川西北部及甘肃南部。
7　武都郡：古郡名，境今甘肃省武都、成县、徽县、西和、两当、康县及陕西省凤县、略阳等县地。
8　揭阳：古县名，治所位于今广东省揭阳市西北，以在揭阳岭之南为名。
9　梅岭：古地名，位于江西省南昌市西郊。
10　搴旗：拔取敌方旗帜。
11　兰池：秦离宫名，位于今陕西省咸阳市东。
12　句章：古县名，治所位于今浙江省宁波市辖余姚市东南。
13　武林：古地名，位于今江西省上饶市余干县东北。
14　若邪、白沙：若邪，古山名，位于今浙江省绍兴市南。白沙，古地名，位于今江西省上饶市波阳县西。

置张掖[1]、敦煌郡博望侯既以通西域尊贵，其吏士[2]争上书言外国利害，求使。上为募吏民遣之，妄言、无行之徒争效之。皆贱市[3]县官赍物以私其利，外国亦厌汉使，禁其食物以苦之。而匈奴奇兵又时遮击[4]之。于是天子遣公孙贺、赵破奴将万余骑斥逐[5]匈奴，不使遮汉使，皆不见匈奴一人，乃分武威、酒泉地置张掖、敦煌郡，徙民以实之。

以卜式为御史大夫式既在位，乃言郡国多不便县官作盐铁，苦恶价贵，或强令民买之，而船有算，商者少，物贵。上由是不悦。

胡氏曰：武帝好武功而用不足，式以此两端中上意。官既尊矣，乃始正言以邀名[6]。然其言则天下之公议，举朝不言，而式独言之，听者姑取节[7]焉可也。

帝自制封禅仪初，司马相如病且死，有遗书劝上封泰山。会得宝鼎，上乃令诸儒采《尚书》《周官》《王制》之文，草封禅仪，数年不成。以问倪宽，宽曰："封泰山，禅梁父，昭姓考瑞[8]，帝王之盛节[9]也。然享荐[10]之义，不著于经，非群臣之所能列。唯天子建中和之极，兼总条贯，金声而玉振之，以顺成天庆，垂万世之基[11]。"上乃自制仪，颇采儒术以文之。尽罢诸儒不用。

1　张掖：古郡名，辖今甘肃省永昌县以西，高台县以东地区。
2　吏士：泛指官府属吏。
3　贱市：低价出售。
4　遮击：截击。
5　斥逐：驱逐。
6　邀名：求取好的名声。
7　取节：节取其善。
8　昭姓考瑞：昭明宗姓，考求祥瑞。
9　盛节：盛大的礼仪。
10　享荐：祭祀进献。
11　唯天子建中和之极，兼总条贯，金声而玉振之，以顺成天庆，垂万世之基：只有天子才能掌握中正平和的最高原则，综合条理各种头绪，以钟发声、以磬收韵，奏乐从始至终，以顺利促成这一上天的赐福，作为万世遵奉的法则。金声而玉振之，以钟发声，以磬收韵，奏乐从始至终，比喻音韵响亮、和谐。天庆，上天的赐福。